"十二五"职业教育国家规划教材
经全国职业教育教材审定委员会审定
全国高等职业院校规划教材·精品与示范系列

校级精品课
配套教材

企业管理实务

(第2版)

冯开红 张少华 编著

電子工業出版社
Publishing House of Electronics Industry
北京·BEIJING

内 容 简 介

本书在第1版得到广泛使用的基础上，充分征求教师和专家意见，结合最新的课程改革成果进行修订编写。根据企业管理活动的规律与特点，通过贯穿全书的一个高职院校实习生，从技术人员逐步成长为一个基层管理者的案例，将学员应该具备和掌握的管理知识、技能、方法等，与企业管理活动中遇到的种种困惑与问题结合起来，从对管理认知、企业认知开始，引入企业模拟 BEST 训练（管理者的一天），逐步地解决企业战略管理、生产管理、市场营销、品质管理、物流管理、技术设备管理、财务管理、安全生产、基层管理实践与创新等方面常常遇到的管理问题，使学员提高管理水平，成为优秀的管理者，以适应企业经营与发展的要求。本书配有"教学导航"、"知识分布网络"、"知识梳理与总结"，以方便教学和读者高效率地学习知识与技能。

本书为高等职业本专科院校工商管理、经济管理、市场营销、会计、金融以及理工类各专业企业管理课程的教材，也可作为开放大学、成人教育、自学考试、中职学校、培训班的教材，以及各类企业基层管理人员的参考书。

本书配有电子教学课件和**精品课网站**，详见前言。

图书在版编目（CIP）数据

企业管理实务/冯开红，张少华编著. —2版. —北京：电子工业出版社，2015.8

全国高等职业院校规划教材·精品与示范系列

ISBN 978-7-121-26778-9

Ⅰ. ①企… Ⅱ. ①冯… ②张… Ⅲ. ①企业管理－高等职业教育－教材 Ⅳ. ①F270

中国版本图书馆 CIP 数据核字（2015）第 170483 号

策划编辑：陈健德（E-mail:chenjd@phei.com.cn）

责任编辑：徐　萍

印　　刷：北京盛通商印快线网络科技有限公司

装　　订：北京盛通商印快线网络科技有限公司

出版发行：电子工业出版社

北京市海淀区万寿路173信箱　邮编　100036

开　　本：787×1 092　1/16　印张：19　字数：486.4千字

版　　次：2008年12月第1版

2015年8月第2版

印　　次：2021年11月第11次印刷

定　　价：42.00元

凡所购买电子工业出版社图书有缺损问题，请向购买书店调换。若书店售缺，请与本社发行部联系，联系及邮购电话：（010）88254888，88258888。

质量投诉请发邮件至 zlts@phei.com.cn，盗版侵权举报请发邮件至 dbqq@phei.com.cn。

本书咨询联系方式：chenjd@phei.com.cn。

第 2 版前言

本教材自 2009 年出版以来，受到广大职业院校、企业管理者及培训机构的广泛欢迎，第 1 版教材已连续印刷 8 次，印刷册数已达 21 500 册。选用教材的院校分布在全国各个地区，他们普遍评价本书操作性强，实践能力突出，将枯燥高深的管理理论融于有趣的案例以及各种模拟训练中，教学效果良好。本教材同时被评为“全国农业职业教育教学优秀成果三等奖”“教育部经指委重点建设课程《企业管理》的配套教材”等。特别是教材中的“BEST 训练法”教学实践与创新，撰写成论文发表于《教育与职业》杂志上，受到许多同行的认同，该论文 2013 年获中国职教学会职教科研优秀成果三等奖。

结合近几年本课程内容的新变化，在原教材整体结构不变的前提下，按照岗位活动对管理者的新要求进行修订编写。以企业的技术人员从最基层的管理岗位（班组长）做起，逐步地成长为企业中层管理者（车间主任）为主线，结合不同岗位的工作特点，编制了贯穿全课程的一个学技术的学生（华仔）从技术人员成长为一个管理者的背景案例，以“BEST 模拟训练（模拟管理者的一天）”为载体，系统化设计企业管理课程内容。本着由简单到复杂、由单项到综合，将管理者的各种管理问题与困惑，细分为四大模块 12 项，通过 12 项 BEST 训练，引导学生在组建与经营“自己的企业——虚拟企业”之中，体验管理的内涵，在不断解决问题与困惑的过程中，自觉将管理知识内化为管理能力。

修订后的教材在原教材基础上具有以下特色：

(1) 立足解决现代企业管理中的实际问题，使教学具有较强的实用性、互动性和创新性。将学生的被动学习——“要我学”转变为主动学习——“我要学”，提高教学与训练质量，将管理知识内化为管理能力。

(2) 通过“真实”的情景设计、角色扮演，以体验为中心，变静态的案例教学为动态的模拟训练，使学生能感受到企业的“管理”，为企业管理等课程的实训提供很好的方法与途径。

(3) 增强学生在职业岗位中的适应能力，BEST 训练不只是学生完成学习任务，更重要的是在未来的工作岗位上，能用 BEST 训练不断地找出问题、分析问题、解决问题，实现职业技能与岗位要求零距离融合。

(4) 通过对“虚拟企业”12 项管理制度的建设，有心创业的学员，完全可以把这些“虚拟企业”的规则变为创业中的实际制度加以运用。

(5) 教材具有“企业管理人员实操手册”的特点，修订后的教材更加通俗易懂。

(6) 选取更加贴近实际的大量的翔实案例，有利于学生及企业一线人员学习与掌握；

(7) 配套更加齐全的电子教学参考资料包，以供广大师生使用。

本书为高等职业本专科院校工商管理、经济管理、市场营销、会计、金融以及理工类各专业企业管理课程的教材，也可作为开放大学、成人教育、自学考试、中职学校、培训班的教材，以及各类企业基层管理人员的参考书。根据许多创业咨询培训机构和创业者的反馈意见，本书更是创业者喜爱的教材之一，它能帮助各类人员提高管理水平，实现各自的创业目标。

本书由新疆农业职业技术学院经贸学院副院长冯开红副教授和福建漳州城市学院经管系主任张少华副教授编著。在编写过程中参阅了大量的文献，得到了多位专家学者及编者所在单位领导、同事的大力支持，在此一并致谢。

为了方便教师教学，本书还配有免费的电子教学课件，请有此需要的教师登录华信教育资源网（http://www.hxedu.com.cn）免费注册后再进行下载，有问题时请在网站留言或与电子工业出版社联系（E-mail:hxedu@phei.com.cn）。读者也可通过该精品课网站（http://www.xjnzy.edu.cn/jpkc/jjmy/qygl/）浏览和参考更多的教学资源。

由于编者水平有限，书中难免存在疏漏与不足，敬请读者批评指正。

编者

目　录

第1章 管理的概念、发展与岗位功能

教学导航

教	知识重点	管理的内涵，管理的性质与职能，科学管理的内涵
	知识难点	各管理发展阶段的特点
	推荐教学方式	以课堂案例教学与 BEST 训练为主，双线并行
	教学场所	教室、实训室等
	建议学时	16 学时
学	推荐学习方法	课堂：案例讨论，角色扮演，模拟训练； 课外：成立虚拟企业，查询资料，模拟演练
	必须掌握的理论知识	管理的含义、二重性、职能，科学管理的内涵、特点，现代管理的特点，基层（车间、班组）管理的使命、任务
	需要掌握的工作技能	计划、组织、协调、控制与基层管理的角色认知
	训练	通过 BEST 训练：用泰罗、法约尔等科学管理方法与理论，将本章学习中所遇到的各种管理问题与困惑，展现出来并加以解决
	考核	形式性考核占 50%（包括流程、时间、角色、需要的书面材料等）；实质性考核占 50%（包括小组及个人的实际表现、内容掌握程度、目标实现度等）

案例 1-1 有一年在美国的奥克拉荷马州的土地上发现了石油，该地的所有权属于一位年老的印地安人。这位老人原来一直都生活在贫穷中，当发现石油后，顿时变成了有钱人。于是他买下一辆卡迪拉克豪华轿车，买下一顶林肯式礼帽，打了蝴蝶领结，并抽一支黑色的大雪茄，这就是他出门时的着装打扮。每天他都开车到附近的小奥克拉荷马城。他想看每一个人，也希望被每一个人所看到，他是一个友善的老人。当他开车到城镇时，会把车一会儿开到左边，一会儿开到右边，来和所遇见的每个人说话。有趣的是，他从未撞过人。理由很简单，在那辆大汽车的正前方，有两匹马拉着。听当地的技师讲，那辆车没一点毛病，但这位印地安老人一直学不会插入钥匙去开动引擎。汽车有 100 匹马力，而大家都认为只有两匹马力而已。

案例启示：我们应该学会如何“插入钥匙去开动引擎”，调动车子上的一切元素，让车子开起来，到达目的地。而插入怎样的钥匙？如何开启引擎？怎样让车尽快地到达目标？这就是管理。请大家分析：①如果交给你一个工厂（就像老人的车子），你将如何做才能使工厂效益最佳？②你理解的管理是怎样的？

本章将通过理解相关知识要点、基层管理岗位应用与模拟训练的方式，使大家认知管理。

1.1 管理的概念与性质

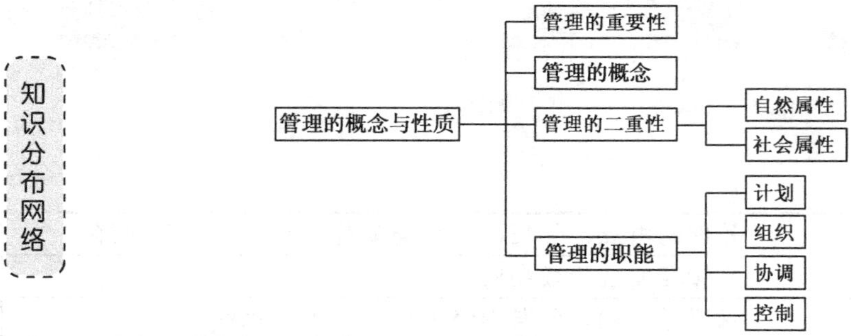

1.1.1 管理的重要性

任何一个单位，不论机关、企业还是学校，它们的总能力都是由技术能力和管理能力两大方面构成的，缺一不可。技术能力包括人员文化、技术水平和使用设备的水平等，管理能力包括人员管理经验的成熟程度与采用的管理理论和方法的科学程度。管理能力在总能力中往往起主导作用。在国外，人们常称管理是科学的科学。科学技术犹如原子能，而管理则是产生原子能的反应堆。科学技术是硬件，而管理则是软件，没有很好的软件，任何硬件都是不会起作用的。

美国有位管理专家麦克纳马拉，在分析了美国经济发展的因素后，提出了美国经济腾飞的秘密所在是采用了三分技术、七分管理的发展模式。也就是说，如果有 100 元钱，美国人会花三分的精力与 30 元钱做技术，而用七分的精力与 70 元钱抓管理，使其产生最大的效益。

1771 年，在英国首先出现了世界上第一个有 600 多人的纺织工厂（英格兰纺织厂），当时困扰纺织厂主的最重要问题，不是技术因素而是管理问题，是如何对生产进行管理的问题。从此以后，人们开始密切注意工厂的管理问题了。马克思说："一个人拉琴不要指挥，但一个乐队就必须有一个指挥"。随着社会的发展、科技的进步，社会化分工越来越细，人们所做的每一件事都离不开他人的配合与协调。

案例 1-2　无论是中国的万里长城的修建，还是埃及金字塔的建造；无论是美国耗资 20 亿美元、耗时 3 年多制造出的第一颗原子弹；还是投资 360 亿美元、由 400 多万名科研人员参加、历时 8 年完成的世界上最大的工程"阿波罗登月计划"，都必须有统一的组织管理。

在世界各国的经济发展中，美、日、德三国始终排在前列。日本和德国在"二战"后能很快地从一片废墟上发展起来，主要也是得益于对管理的重视。

日、德在二战后开始重视技术，引进了许多先进的科学技术及设备，但由于管理工作没跟上，先进的技术没有发挥作用。日本是在 20 世纪 50 年代后才开始重视管理。他们把日本的传统管理、美国的科学管理和中国的工人管理有机地结合起来，形成了自己独特的管理模式。

日本的传统管理是把本民族的武士道精神、家族制度和中国的儒家文化结合起来。在日本的企业里强调不服输的精神，强调等级、服从、团队精神，雇员终身制等；美国的科学管理有两方面，第一是内部生产管理科学化，第二是外部经营管理注重对人的管理和市场研究，强调对顾客的满意度与产品质量；而中国的工人管理的精髓则是"主人翁精神与民主管理"。

德国（原西德）是把美国的现代管理和德意志民族高度的组织性、纪律性与（原南斯拉夫）工人的民主管理结合起来，在生产领域充分发挥人的作用。在产品质量方面，德国人说，把每一件事情干好，因为上帝在看着你。由此形成了独特的管理模式。

又如我国的有些企业自己搞就亏，租给外国人经营就马上赢利。我国有一个汽轮机厂，主要是引进德国西门子公司先进的技术设备建造的，它的厂房、设备比西门子总部的厂房、设备还好，但由于管理水平低，建成后的几年里，生产效率只及西门子总部的十分之一。究其原因，主要还是管理水平没有跟上。

1.1.2　管理的概念

古今中外，人们由于研究问题的立场、方法、角度不同，而对管理的概念有过许多不同的解释，我们应该从这些发展变化中得到启发，并能深刻地领悟管理的基本内涵。

（1）"科学管理之父"泰罗认为，管理就是"确定你要别人去干什么，并使他用最好的方法去干"。

（2）"现代经营管理之父"法约尔认为，管理就是实行计划、组织、控制、协调和指挥。

（3）行为学派的代表梅奥认为，管理就是做人的工作，管理的主要内容是以研究人的心理、生理和社会环境之间的相互关系为核心，激励员工的行为动机，调动人的积极性。

（4）决策学派的代表西蒙认为，管理就是决策，决策贯穿于管理的全过程。

（5）还有人认为，管理从字意上理解就是管辖和处理的意思；亦即管人和理事，管辖指权限，处理是在权限内行使职能。

由此，我们给出管理的概念：管理是组织中的管理者通过实施计划、组织、领导、控制、创新等职能来协调他人的活动，使别人同自己一起实现既定目标的活动过程。

1.1.3 管理的性质

管理具有以下性质。

（1）自然属性：管理是由许多人进行协作劳动而产生的，是有效组织共同劳动所必须的，具有同生产力和社会化大生产相联系的自然属性。

从生产力方面讲，管理是如何合理配置组织中的人、财、物，使各要素充分发挥作用，即如何根据组织目标的要求和社会的需要，合理地使用各种资源，以求得最佳的经济效益和社会效益。也就是我们常说的“理事”。

（2）社会属性：管理又体现着生产资料所有者指挥劳动、监督劳动的意志，具有同生产关系和社会制度相联系的社会属性。

从生产关系方面讲，管理是如何正确处理组织中人与人之间的相互关系，即如何建立和完善组织机构以及各种管理体制等问题；研究如何激励组织内成员，从而最大限度地调动各方面的积极性和创造性，为实现组织目标而服务。也就是我们常说的“管人”。

管理的二重属性是相互联系、相互制约的。一方面，管理的自然属性不可能孤立存在，它总是在一定的社会形式、社会生产关系条件下发挥作用的。同时，管理的社会属性也不可能脱离管理的自然属性而存在，否则管理的社会属性就会成为没有内容的形式。另一方面，管理的二重属性又是相互制约的，管理的自然属性要求具有一定的“社会属性”的组织形式和生产关系与其相适应；同样，管理的社会属性也必然对管理的科学技术等方面产生重大影响以及制约作用。

1.1.4 管理的职能

管理有两种基本的职能，即合理组织生产力的一般职能和维护生产关系的特殊职能。因为社会生产过程原本就是生产力和生产关系的统一体，所以在管理实践中这两种基本职能是结合在一起发生作用的。当它们结合作用于社会生产过程时，就表现为管理的具体职能。

1. 决策

所谓决策，简言之，即对管理中的重大问题进行选择、决定。具体地讲，是根据企业内部条件和外部环境，从多个发展目标中确定本企业未来的发展目标，从多个实现目标的行动方案中选择可行方案的分析判断过程。

对重大问题，如企业的发展方向、产品种类、产品结构的变化、体制改革、设备技术引进和人才开发等，决策正确与否，决定着本企业的兴衰甚至存亡。对一般问题的决策如何，也关系到经济效益的高低。决策贯穿于管理过程的始终，决策也是上下各级管理人员的主要工作。一些管理学者认为：“管理就是决策”，“管理的关键在于决策”，可见其在管理中的地位是何等重要。

案例 1-3 举全国之力修建三门峡水库建设，使得黄河中游重要支流渭河变成悬河，多次发生水灾，沿岸民众受害不浅。学界早已公认其祸首就是三门峡水库，由于设计上的缺陷，使得水库发电和上游泥沙淤积之间形成了尖锐矛盾。近几年，政府开始承认在三门峡建设中存在重大的决策失误，然而由于决策失误所造成的日益恶化的环境问题，早已超出了经济所能涵盖的范围。

2. 计划

所谓计划就是对未来的发展目标进行具体规划，制定长远的发展蓝图、年度的发展计划和日常的工作安排，并用计划指导工作，按计划办事，用计划和实际进行对比检查等。

我们干任何事，都是想好了才干，凡事预则立，不预则废。这里所提到的“预”就是管理职能中最基本也是最重要的计划职能。

计划工作的核心任务是要回答下面的 5W2H。

What—做什么？目标和内容。即预先决定做什么，明确活动的内容与要求。

Why—为什么做？原因。即明确计划工作的目的与原因。

Who—谁去做？人员。即规定此计划由哪些部门和人员负责实施。

Where—何地做？地点。即规定在什么地方实施计划。

When—何时做？时间。即规定在什么时间实施。

How—怎样做？方法。即制定实现计划的方法与手段。

How—多少钱？预算。即实施计划需要多少资金。

3. 组织

所谓组织就是按照整分合的原则，根据已定计划，将企业的各生产要素、各部门、各环节合理组合起来，形成一个有机的整体，充分发挥它们的作用。

整分合原则就是在整体规划下进行明确分工，同时又在分工的基础上进行有效的结合。在企业组织管理中，企业的组织结构分为若干层次和专业部门，这些层次和部门都有明确的职责和不同的分工，但它们都必须接受企业最高层的指令，服从最高层的指挥，这样才能保持和企业总目标的一致性，才能产生管理者所期望的“1+1>2”的结构功能效应。

组织职能的内容十分广泛，包括管理职能的设置、各部门职权的划分、人员的安排、责任的分工等，以及内部核算单位责任制的建立和健全，人员的调配、培训、考核和奖惩等。

4. 指挥

指挥就是对企业下属各类人员的活动进行布置、调度、督促和辅导，朝着一个预定的目标前进。指挥职能的具体要求包括职能部门权责利的划分，对全体员工进行有效的思想激励和物质鼓励，挑选和配备得力的管理人员建立正常的、科学的员工考核，晋升制度，制定必要的员工训练计划等。其目的是保证企业有一个高效统一的集中指挥系统，并使这种集中与民主管理得到完整的结合。

5. 协调

协调实质上是沟通，就是调节和改善企业同外部环境以及企业内部各单位、各部门和各项经济活动之间的关系，上下左右相互配合，步调一致，有效地实现企业预定的目标，协调的全过程都离不开有效的控制，只有通过控制才能把企业计划的任务和目标转化为现实。目标和计划实现不可能一帆风顺，出现一些薄弱环节、比例失调和配合不当等情况和矛盾是常见的。为此，需要经常加强协调。

6. 控制

所谓控制是指在按计划办事的过程中，对计划执行情况进行监督和检查，及时发现问题，并采取干预措施，纠正偏差，确保原订目标和计划按预期要求实现。控制包括质量控制、成本控制等，也包括行政法律、心理学方面的各种控制。

7. 激励

所谓激励是指激发鼓励职工的积极性，引导和教育职工，埋头苦干，实现企业总体目标和任务。激励是指激发人们动机的心理过程。

人们由需要引起动机，动机引起行为，行为指向一定的目标。当目标达到之后，又反馈回去，强化刺激，又开始另一个激励过程，使人们向着更高的目标前进。在激励的过程中要加以引导和教育。教育人们把个人、集体和国家三者利益正确结合起来，为本企业的兴旺发达贡献力量。

1.2 管理的发展阶段

知识分布网络

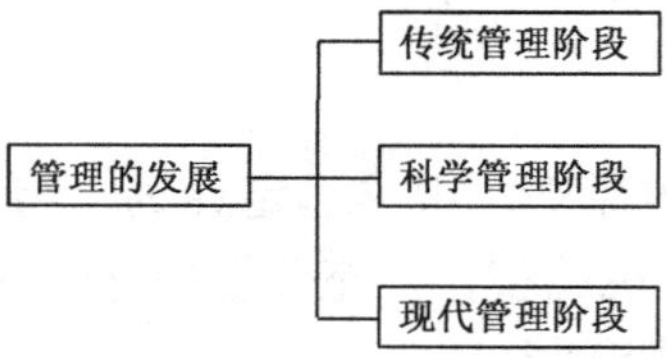

案例 1-4 某工厂厂长过去人们都称其“管得宽”，全厂上至天文地理，下至鸡毛蒜皮，无事不管，忙得吃饭、睡觉的时间都没有，可是厂子经营起色不大，群众意见很大，说厂长不务正业，主观武断，顾此失彼，影响企业发展，要罢他的管（官）。后来，该厂长到一所管理学院学习了几个月，回来后，在工厂实行了厂长负责制。该厂长宣布“从今以后我的权力只管 9 个人，即 3 个副厂长及总会计师，总经济师、总工程师和 3 个直接管的科长”，这 9 个人由我直接布置工作，他们也直接为我负责，除此以外，其他人找我谈话，一律不接待，请他们各找其主。结果工厂当年的效益比以前有显著提高。

案例启示：该厂长从管理中尝到了分工、分权的好处，明白了一点科学管理的方法，就有了明显的效果。

1.2.1 传统管理阶段

传统管理（早期的企业管理）一般指 1771 年—1911 年间采用的管理方式，大约历时 100 多年，实际上是传统的经验管理方式。18 世纪后期，英国等资本主义国家出现了产业革命，即以机器大生产代替作坊手工业的革命，工厂成为资本主义生产的主要形式，从而引起对工厂应如何进行管理的问题，早期的管理思想是伴随着工厂制的出现而形成的。1771 年建立了世界上最早的工厂——英国的英格兰纺织厂，企业中的“管理阶层”应运而生。

1. 传统管理时期的特点

传统管理时期具有如下特点。

（1）两权合一（所有权、经营权）。企业由资本家直接管理，缺乏专职的经营者，由于资本家的知识和经验有限，这时企业的管理是粗放的、低水平的。

（2）企业的生产和管理要凭个人经验办事。工人凭个人经验操作，没有科学的操作规程；管理人员凭个人经验管理，没有科学的管理规章制度。

（3）工人的培养主要靠师傅带徒弟的方式，靠传授个人经验培养工人，缺乏科学的教育与培训。

（4）对管理的认知是肤浅的。管理主要靠经验，即使有管理方面的失误，也按照自己的管理经验去处理。对管理方面的改良也是微小的。

2．传统管理中的主要代表人物及其管理思想

以下介绍传统管理中的主要代表人物及其管理思想。

（1）詹姆斯·斯图亚特，英国的经济学家。他著有《政治经济学原理研究》，提出了实行刺激工资、工作方法研究、管理者与工人之间的分工等重要的管理思想。

（2）亚当·斯密，英国古典经济学家。他的代表作《国富论》，提出了劳动分工、“经济人”假设、管理控制和注意计算投资回收期等重要的管理思想。

（3）查尔顿·巴比奇，英国的数学家。他发表了《机器与制造业经济学》，提出了专业分工，工具使用，时间研究，批量生产，均衡生产，工资应以成本记录、专业技能为基础等重要的管理思想；

（4）罗伯特·欧文，英国的空想社会主义者。他最早研究人力资源在企业中的重要性，比较注重劳动者的福利，认为重视人的因素和尊重人的地位可以使工厂获得更多的利润，他被称为“现代人事管理之父”。

1.2.2　科学管理阶段

科学管理（也称古典管理理论）一般指 1911 年—1945 年间采用的管理方式。从 20 世纪初到“二战”结束，在这一阶段，企业管理发生了很大的变化，科学管理替代了传统的经验管理，把企业管理提高到了一个新阶段，大大促进了生产的发展。

科学管理是随着自由竞争向垄断过渡逐步形成的。随着科学技术的进步，生产的社会化程度不断提高，市场范围和企业规模的扩大，特别是公司的兴起，使企业的管理工作日益复杂，对管理的要求越来越高。资本家单凭个人的经验和能力管理企业，包揽一切，已不能适应生产发展的需要，客观上要求资本所有者与企业经营者实行分离，由那些具有专门管理知识的经理、厂长、工程师来代替资本家管理企业，以提高管理的水平。

案例 1-5　有七个人曾经住在一起，每天分一大桶粥。要命的是，粥每天都是不够的。一开始，他们抓阄决定谁来分粥，每天轮一个人。于是乎每周下来，他们感觉只有一天是饱的，就是自己分粥的那一天。后来他们开始推选出一个道德高尚的人来分粥。强权就会产生腐败，大家开始挖空心思地去讨好他、贿赂他，搞得整个小团体乌烟障气。然后大家开始组成三人的分粥委员会及四人的评选委员会，但他们常常互相攻击，扯皮下来，粥吃到嘴里全是凉的。最后想出来一个方法：轮流分粥，但分粥的人要等其他人都挑完后拿剩下的最后一碗。为了不让自己吃到最少的，每人都尽量分得平均，就算不平均，也只能认了。大家快快乐乐，和和气气，日子越过越好。同样是七个人，不同的分配制度，就会有不同的风气。因此，一个单位应该能制定一套让全体员工都满意的科学管理制度。

1. 以泰罗为代表的科学管理

泰罗被称为“科学管理之父”。他出身于美国费城一个富有的律师家庭，中学毕业后考上哈佛大学法律系，但不幸因眼疾而被迫辍学。1875 年，泰罗进入费城的一家机械厂当学徒工，1878 年转入费城的米德维尔钢铁公司当技工，先后被提为工长、车间主任、总工程师。1898 年—1901 年泰罗受雇于宾西法尼亚州的伯利恒钢铁公司。他所提出的“科学管理”，通常称为“泰罗制”，为科学管理理论在美国和国外的传播做出了贡献。其代表著作有《计件工资制》、《车间管理》和《科学管理原理》等。1911 年发表的《科学管理原理》一书，标志着科学管理时代的到来。泰罗倡导用科学思想、科学方法来处理和解决企业管理问题，侧重于企业内部的生产管理，目的是为了提高生产效率。

泰罗的主要贡献如下。

（1）运用观测分析法制定劳动定额。

案例 1-6 泰罗受雇于伯利恒钢铁公司期间，进行了著名的“搬运生铁块试验”和“铁锹试验”。搬运生铁块实验是在这家公司的 5 座高炉的产品搬运班组大约 75 名工人中进行的，由于这一研究改进了操作方法，训练了工人，其结果使生铁块的搬运量提高了 3 倍。铁锹试验首先是系统地研究铲上的负载应为多大的问题；其次研究各种材料能够达到标准负载的形状、规格问题，与此同时还研究了各种原料装锹的最好方法的问题。此外还对每一套动作的精确时间做了研究，从而得出了一个“一流工人”每天应该完成的工作量。这一研究的结果是非常出色的，堆料场的劳动者从 400～600 人，减少为 140 人，平均每人每天的操作量从 16 t 提高到 59 t，每个工人的日工资从 1.15 美元提高到 1.88 美元。

（2）作业标准化研究，经过大量的研究，总结归纳了一套较科学的操作方法。

案例 1-7 泰罗在米德维尔钢铁公司开始进行的金属切削试验延续了 26 年之久，进行的各项试验达 3 万次以上，80 万磅的钢铁使用试验的工具完成切削，总共耗费约 15 万美元。试验的结果是发现了能大大提高金属切削产量的高速工具钢，并取得了各种机床适当的转速和进刀量以及切削用量标准等资料。泰罗的这些试验集中于“动作”、“工时”的研究，工具、机器、材料和工作环境等标准化研究，并根据这些成果制定了每日比较科学的工作定额和为完成这些定额的标准化工具。

（3）科学挑选工人。泰罗认为为了提高劳动生产率，必须为工作挑选“第一流的工人”，“第一流工人”就是适合其本职工作而又有进取心的人，并对他们进行培训和教育。

（4）实行有差别的计件工资制。为了鼓励工人努力工作，泰罗提出了差别计件工资制，即根据工人完成定额的不同而采取不同的工资率，而不是根据工作类别来支付工资。

（5）把计划职能和作业（执行）职能分开，以便用科学的方法来代替原来的经验工作法。

计划职能归企业管理当局的“计划部门”承担，它的任务是调查、研究、收集工人的工艺知识和实践经验，并使之条理化、系统化，从而编制作业计划制度、定额和作业标准。而工人的职责是服从管理当局的命令，执行计划职能并根据执行情况领工资。

（6）泰罗对管理的组织问题提出了两项主张。

其一是主张职能工长制，尽管后来证明有许多弊端，是多头领导，但其专业化分工的思想很重要。其二是主张例外原则，即领导人员把企业管理中经常发生的问题，拟定成处理意见并规范化（变成管理制度），然后授权给下级管理人员处理，而自己主要去处理那些没有规范化的例外工作，并保留监督下层人员的权力。这样做既有利于发挥下级工作人员的积极性，提高效率，又能使领导人员集中精力研究和解决重大问题，它对分权制有重大意义。

（7）劳资双方的“精神革命”。有了合理的日工作量，有了经过精心挑选的第一流的工人，有了刺激性的付酬制度，还要解决的问题，就是雇主和工人之间建立良好的合作关系。泰罗认为，雇主和工人都必须认识到提高劳动生产率对双方都有利。雇主和工人都必须来一次“精神革命”，即相互合作，共同为提高劳动生产率而努力。

2．以法约尔为代表的管理理论

亨利·法约尔（1841 年—1925 年）是与泰罗同时代的另一位杰出的管理理论家，被称为“现代经营管理之父”。他出生在法国一个资产阶级的家庭，他的代表著作是《工业管理与一般管理》（1916 年）。

亨利·法约尔的主要贡献如下。

（1）企业经营的整体观念：包括以下 6 项活动。

> 任何一个企业都应做好的 6 件事

① 技术活动（指生产、制造、加工等活动）；

② 商业活动（指购买、销售、交换等活动）；

③ 财务活动（指资金的筹措和运用）；

④ 安全活动（指设备的维护和职工安全等活动）；

⑤ 会计活动（指货物盘存、成本统计、核算等）；

⑥ 管理活动（计划、组织、指挥、协调和控制五项职能活动）。

（2）提出了管理的 5 项基本职能（计划、组织、指挥、协调、控制）。

（3）提出了管理的 14 条基本原则，介绍如下。

① 劳动分工。他认为分工是各种机构、团体、组织中进行管理所必不可少的工作。

② 权利与责任。他认为职权是发号施令的权力和要求服从的威望。职权与职责是相互联系的，在行使职权时，必须承担相应的责任。

③ 纪律。纪律是管理所必需的，是对协定的尊重。即组织内的所有成员通过各方面所达成的协议，对自己在组织内的行为进行控制，它对企业的成功与否极为重要，要尽可能地做到严明、公正。

④ 统一指挥。统一指挥是指组织内每个人只能服从一个上级并接受他的命令。

⑤ 统一领导。统一领导是指一个组织，对于目标相同的活动，只能有一个领导，一个计划。

⑥ 个人利益服从整体利益。即个人和小集体的利益不能超越组织的利益。当二者不一致时，主管人员必须想办法使它们一致起来。

⑦ 人员的报酬。报酬与支付的方式要公平，给雇员与雇主以最大可能的满足。

⑧ 集权。集权主要是指权力的集中或分散的程度。要根据各种情况，包括组织的性质、人员的能力等，来决定“产生全面的最大收益”的那种集中程度。

⑨ 等级制度。等级制度是指管理机构中，最高一级到最低一级应建立关系明确的职权等级系列，这既是执行权力的线路，也是信息传递的渠道。一般情况下不要违反它，但在

特殊情况下，为了克服由于统一指挥而产生的信息传递延误，法约尔设计出一种“跳板”，也叫“法约尔桥”。

⑩ 秩序。秩序是指组织中的每个成员应该规定其各自岗位，“人皆有位，人称其职”。

⑪ 公平。主管人员对其下属仁爱、公平，就可能使其下属对上级表现出热心和忠诚。

⑫ 人员稳定。如果人员不断变动，工作将得不到良好的效果。

⑬ 首创精神。首创精神是提高组织内各级人员工作热情的源泉。

⑭ 团结精神。团结精神是指必须注意保持和维护每一集体的团结、协作、融洽关系，特别是人与人之间的相互关系。

3. 以韦伯为代表的组织理论

韦伯（1864 年—1920 年）是德国的社会学家、经济学家，其代表作是《社会组织和经济组织理论》。他是最早提出比较完整的行政组织体系的人，被称为“组织理论之父。”

他认为那种理想的行政组织体系是建立在正式、合法和权威基础上的最好的管理制度，是最符合理性原则、高效率的一种组织结构形式。

韦伯提出了“理想的行政组织体系”理论的基本构架。

（1）按目标定岗位，定权责。

（2）组织结构按等级原则确定。

（3）任用合格人员，要经过考试、培训。

（4）不讲人情，不讲感情，公事公办。

（5）管理者按规定获得薪水和升职。

（6）所有的人（包括各管理者）一视同仁，遵守纪律。

（7）管理者除少数选举外，一般由上级任命。

1.2.3 现代管理阶段

第二次世界大战结束后，要求和平、民主和独立的浪潮席卷全球，不少国家走上了社会主义的道路，工业国家的劳动分工也有了蓬勃的发展，特别是 20 世纪 50 年代前后的工人大罢工，劳资矛盾空前尖锐。资本主义的企业规模在激烈的竞争中迅速扩大，一个工厂、一个公司的活动范围不只局限于一个地区，而且扩大到全国甚至世界，成为跨国公司。科学技术迅速发展，新兴工业不断出现。职工队伍的结构、文化程度都有了变化。由于上述社会经济和政治形式的变化，对企业管理提出了新的要求：第一，突出了企业的经营决策问题。第二，要求运用先进的管理手段。第三，要求管理理论和经营方法能充分调动人的积极性。

1. 现代管理阶段的不同学派

1）以梅奥为代表的行为管理学派

梅奥，美国哈佛大学教授。曾参加 1927 年至 1932 年在芝加哥西方电器公司霍桑工厂进行的实验工作，即“霍桑实验”。分为工厂照明实验、继电器装配室实验、谈话研究、观察研究四个阶段。经过“霍桑实验”，他提出了以下观点。

（1）职工是“社会人”。即职工不仅受金钱的影响，还受社会和心理影响，生产效率主要取决于职工的积极性，取决于职工的家庭和社会生活以及企业中人与人的关系。

（2）企业中存在着“非正式组织”。它通过不成文的规范左右着成员的感情倾向和行为。

（3）新型的领导能力在于提高职工的满意度。企业中的主管人员要同时具有技术、经济技能和人际关系的技能，要学会了解人们的逻辑行为和非逻辑行为，学会通过交谈来了解人们感情的技巧，要使正式组织的经济需要与非正式组织的社会需要取得平衡。

2）现代管理的丛林现象

（1）管理过程学派。该学派的基本观点如下。

① 管理是一个过程，即管理是让别人同自己去实现既定目标的过程。

② 管理过程的职能有五个：计划工作、组织工作、人员配备、指挥、控制。

③ 管理职能具有普遍性，即各级管理人员都执行着管理职能，但侧重点则因管理级别的不同而异。

④ 管理应具有灵活性，要因地制宜，灵活应用。

该学派主张按管理职能建立一个作为研究管理问题的概念框架。法约尔被认为是这个学派的创始人。在“二战”后，该学派的观点得到了很多学者和从事实际工作的管理人员的支持。但由于对管理职能的分类有所不同，出现了各种不同的流派。

（2）社会系统学派。该学派认为，人的相互关系就是一个社会系统，它是人们在意见、力量、愿望以及思想等方面的一种合作关系。管理人员的作用就是要围绕着物质的、生物的和社会的因素去适应总的系统。最早的代表人物之一是巴纳德。

（3）决策理论学派。该学派的基本观点是，由于决策是管理者的主要任务，因而应该集中研究决策问题，而管理又是以决策为特征的，所以应该围绕决策这个核心来形成管理理论。该学派的代表人物是曾获诺贝尔经济学奖的西蒙。

（4）经验主义学派。该学派主张通过分析经验（通常是一些案例）来研究管理问题。该学派认为，通过分析、比较和研究各种各样成功和失败的管理经验，就可以抽象得出某些一般性的结论或原理，有助于学生和从事实际工作的管理者理解管理原理，并使之学会有效地从事管理工作。其代表人物是彼得·德鲁克。

（5）管理科学学派。二战期间，运筹学的方法在组织和管理大规模的军事活动，特别是军事后勤活动中取得了巨大成功。运筹学家们认为，管理基本上是一种数学程序、概念、符号以及模型的演算和推导。他们自称为“管理科学家”。该学派认为，如果管理工作、制定决策是一个合乎逻辑的过程，那么就可以利用数学符号或关系式来描述；在研究和解决管理问题（其中包括决策）时，要着重强调合理性、定量分析和准确衡量，其代表人物是伯法。

2. 现代管理阶段的特点

现代管理阶段的特点包括以经营决策为企业管理的核心，完善组织管理制度，加速新产品开发的进程，重视科学技术与应用科技成果，强调人在企业生产中的重要地位。

（1）把经营决策作为现代企业管理的中心。现代企业管理的中心是经营，经营的重点在决策。

（2）实行产品多样化经营和混合经营。即除经营一种或几种主要产品外，还兼营与主要产品有密切关系的其他产品，甚至有的企业把生产技术上或业务上无联系的作业和产品搞在一起，进行混合经营。

（3）广泛采取集权和分权相结合的管理体制。

（4）把不断发展新产品和进行技术改造，提高生产技术水平，作为企业发展的核心。

（5）广泛运用现代自然科学新成果和现代化管理工具。这一特点的具体表现，是把运筹学、数学、统计方法和电子计算机等现代科学技术，应用于企业的经营管理中。

（6）重视管理人才的选拔、培养与合理使用。发达的工业国家认为，一个企业如果没有一批优秀的技术人员和管理人员，什么事情也干不成。

3．现代管理学体现出的主要观点

现代管理学体现出的主要观点有：战略观点、市场观点、变革观点、竞争观点、服务观点、专业化观点、素质观点、开发观点、经营观点、风险观点等。

1.3 基层管理者的使命与岗位功能

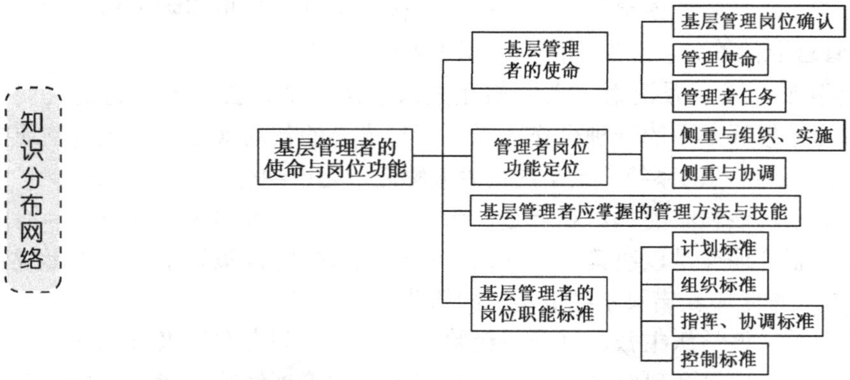

在一个企业中，处在不同的层次和角度上，对管理的理解和认识及管理方法的运用是不同的。作为高职院校毕业的学生，就业的岗位主要是在企业基层（车间、班组）一线。下面我们将从基层管理者的角度来学习管理技能和认知管理。

1.3.1 基层管理者的角色与使命

1．基层管理者的岗位确认

企业的各职能部门、车间、工段、班组等都是企业的基层管理单位，车间、工段、班组的负责人是我们称为基层管理者或称为一线管理者，企业中所有的生产经营活动都是在基层管理单位中进行的。所以，基层部门工作的好坏直接关系着企业经营的成败。基层管理者是生产经营管理的直接组织者与指挥者，有提升产品品质，提高生产效率、生产管理，降低成本，安全生产以及员工管理，辅助上司等使命。在企业经营活动中，无论高层管理者的决策如何，都需要基层管理者的有力支持与密切配合，组织本部门的员工将产品（或服务活动）保质保量地提供出来。从这个意义上讲，基层管理者是企业各项战略决策的终端组织者、指挥者、执行者与责任人。

基层管理者的工作主要是“管人、理事、实现目标”，即将生产资源投入，生产出成品的管理，以及对现场的五要素包括人（工人）、机（机器设备）、法（工艺方法）、料（原材料）、环（工作环境）进行直接组织、指挥与监控，以达到企业要求的管理目标。作为现代企业的基层管理者，肩负着中高层与员工桥梁的使命，自身的角色也越来越多地趋向于一个劳“心”者而非劳“力”者。表 1-1 是不同岗位类型的管理人员在能力、知识等方面的结构要求。

表 1-1　管理人员的能力、知识结构要求

管理人员类型	能力要求	知识要求
上层管理	主要应有战略决策能力	观念　人文
中层管理	主要应有战役决策能力	技　技　技术
一线管理	主要应有战术执行能力	巧　巧　技巧

作为一线管理者应有战术执行能力，在知识要求方面除必须具备一线的技术技巧外，还必须有较强的人文（人际关系、沟通）技巧及一定的观念（战略、策划、决策、政策等）技巧。

2. 基层管理者的使命

基层管理者的使命就是在生产现场，利用“人、机、法、料、环”等条件，高效率地完成自己应承担的组织目标或被分担的任务。通常有“品质、效率、成本、安全”四方面的使命。

（1）提高产品品质。产品品质关乎企业的生命，基层管理者要领导员工按时按量完成高品质的产品。

（2）提高生产效率。在同样的条件下，基层管理者要通过不断的创新、挖潜、改进与提高管理水平，带领员工生产出更多更好的高质量的产品（服务）。

（3）降低成本。基层管理者要充分有效地利用一切资源，在保证产品品质的基础上，节约原材料、能源、人力，降低废品率，达到成本的节约。

（4）确保安全生产。基层管理者要坚持安全第一，防止工伤和重大事故发生。包括努力改进机械设备的安全性能，监督员工严格按照操作规程办事等。

3. 基层管理者的工作任务

基层管理者的任务可归纳为“管理=管人+理事”。

（1）理事。保质保量地完成对产品及服务的提供，把这件“事”按目标干好，同时提升自己的管理水平，如现场作业、工程质量、成本核算、安全防护、材料管理、设备保养等。

（2）管人。领导员工严格执行流程，确认其操作的规范与标准，确认各个控制点经常处于被执行状态。并通过提高员工的能力与素质，创造和谐的工作环境，如人事调配、排班、考勤、情绪管理、业务培训、安全操作、环境卫生、福利、保健、团队建设等。

4. 基层管理者的角色认知

为完成四项使命（提升产品品质、提高生产效率、降低成本、安全生产）与两项任务（管人、理事），其角色可从“执行点、人际点、终结点”三个方面认知。

（1）执行点。基层管理者直接负责企业产品或服务的输出，是各项战略、决策的执行点、责任人。

（2）人际点。基层管理者要给员工明确的目标，激励下属的士气，培养下属做事的能

力与团队精神，给予下属必要的奖惩。班组长还要不断与上司、下属及相关部门进行沟通，从而顺利完成目标。

（3）终结点。基层管理者是企业与员工连接的最后一个管理结点，处于高、中管理层与员工阶层的中间。可见，基层管理者必须非常熟悉操作性、技术性的工作，同时又要非常清楚管理方面的要求并能贯彻执行下去。

1.3.2 基层管理者岗位功能定位

针对以上基层管理者的使命、任务与角色认知，我们对基层管理者的岗位功能定位从以下几个方面界定。

（1）代表管理阶层。基层管理者是在组织整体规划之下来完成目标，他是一个“管理者”，就要有管理的功能。其岗位功能定位应为：计划、组织、指挥、控制。

（2）基层管理者与其他部门之间的功能定位主要是协调与辅助。基层管理者与同级部门之间的功能主要是调节和改善各部门及各项经济活动之间的关系，达到上下左右，相互配合，步调一致，有效地实现企业预定的目标；对上司功能定位主要是起辅助作用。

1.3.3 基层管理者的岗位职能标准

作为基层管理者，他既是一个专业技术人员，更是一个基层管理者。其职能标准除了专业技术标准外，还包括计划、组织、指挥、协调、控制，但与中高层管理者的职能有所不同。它更加细化、具体，带有一定的技术性。

1．计划职能标准

计划职能标准有以下四项。

（1）制定本部门目标与执行计划。依据组织的总体目标与计划，结合本部门的资源，制定本部门的工作目标，寻找实现目标的各种途径并选择最佳途径。把最佳途径转化为每周、每天的工作事项。确定各项任务的完成时间，并落实为文字计划。

（2）本部门资源预算。依据目标计划做出所需的人力、物力、财力的需求预算。

（3）制定实施计划的检查方案。计划在执行中需要不断地检查、监督，不断地纠正，要求有一个信息反馈系统来保证计划的顺利实现。

（4）进行决策。基层管理者对计划目标的实现由谁完成、怎样完成、什么时间完成、如何监督、如何考核等诸多问题进行决策，对由于决策所造成的后果负责。

一项完整的计划应包含的要素，如表1-2所示。

表1-2 计划要素

要　素	所要回答的问题	内　容
前提	该计划在何种情况下有效	预测、假设、实施条件
目标、任务	做什么	最终结果、工作要求
目的	为什么做	理由、意义、重要性
战略	如何做	途径、基本方法、策略
责任	谁做、做得好坏的结果	人选、奖罚措施
时间表	何时做	起止时间、进度安排

续表

要　　素	所要回答的问题	内　　容
范围	涉及哪些部门或何地	组织层次、地理范围
预算	需投入多少资源	费用、代价
应变措施	实际与前提不相符怎么办	最坏情况计划

2．组织职能标准

组织职能标准有以下四项。

（1）依据整分合原则制定组织实施方案。首先依据计划从整体上有充分细致的了解，在此基础上，再将整体工作分解成一个个基本要素，然后进行明确分工，把每项工作规范化，建立责任制度，科学地进行组合，使各个要素在分工的基础上充分合作。

（2）将本部门的人员进行合理的分工与安排。按照何人、在何地、何时、完成何事等的思路，将合适的人放在相应的岗位上。

（3）资源配置与管理。有效配置和妥善地管理各资源，改善组织场所的环境，进行“5S”运动（即整理、整顿、清扫、清洁、修养）。

（4）构建和谐的工作团队。创造一种工作气氛，使每个人都能发挥自己的最好水平，实现团队整体目标。

3．指挥、协调职能标准

指挥、协调职能标准有以下五项。

（1）发布指令，安排工作。

（2）建立信息沟通渠道。利用班前会、班后会将组织的各种信息传达到每个人，引导大家完成目标，及时沟通、协调、咨询与工作相关的问题，修正、消除员工对目标任务的误解与偏差；通过积极参与企业内部各种会议，基层管理者与上司、同级进行沟通，使组织的目标得以尽快实现。

（3）建立部门激励制度。对每个人员的表现进行记录，按照绩效进行考评。激发大家出色地完成任务。

（4）解决冲突。消除障碍，处理突发事件，帮助大家实现目标。

（5）持续的改进与提高。鼓励创新，不断激发员工把工作做得更好。

4．控制职能标准

控制职能标准有以下八项。

（1）建立本部门的工作标准，并将其落实到每个岗位上。

（2）对员工表现进行评价。从两方面进行评价：第一是做得对不对（是否按标准），第二是做得好不好（是否达到目标）。

（3）做好偏差、违规、事故记录。

（4）保持公正的惩戒制度。

（5）建立偏差、违规、事故的预防、纠偏方案。处理员工所抱怨与不满的问题，减少或消除影响目标实现的因素。

（6）建立信息沟通制度。传递偏差、违规、事故信息，为其他部门提供协同工作的信息，倾听员工的建议与抱怨。

（7）对安全、成本、品质与时间的控制要特别重视。

（8）对员工表现进行上报。

以上四方面基层管理者的管理职能，从基层管理者每天的具体工作中得以体现。在现实中，作为基层管理者工作的思路，可以设计为 PDCA 循环，即计划（Plan）、实施（Do）、检查（Check）、处置（Action）。经过不断的循环提高，使基层管理者的职能与使命得以实现。

1.4 BEST 训练（管理者的一天）

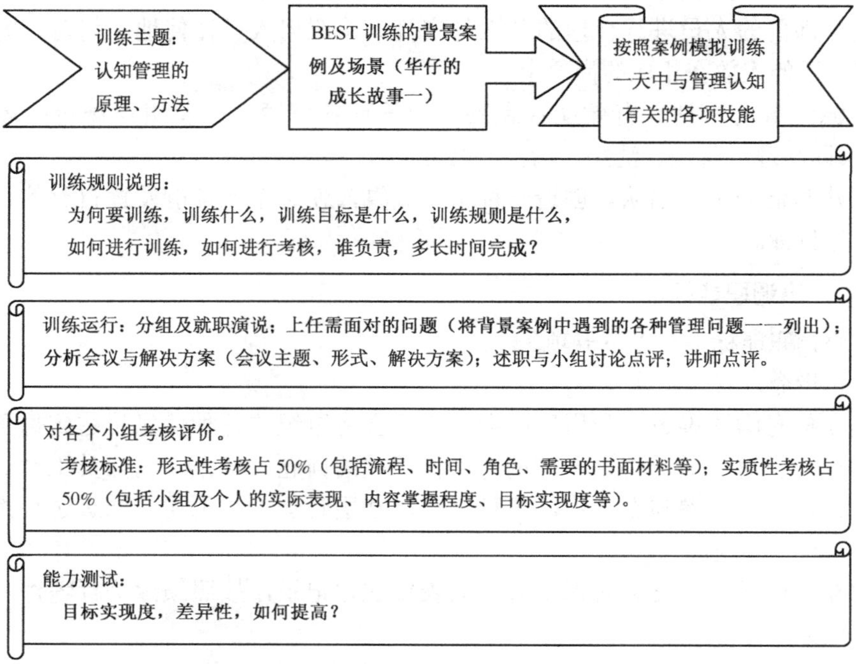

1.4.1 活动安排

BEST 训练最初是源自于日本企业的“模拟总经理的一天”，全称为 BUSINESS EVENTS SIMULATION TEST。目的是把总经理一天的各种活动与问题一一展现出来予以解决。我们在这里把它演绎成管理者的一天，与背景案例及本章内容结合起来，使学员“沉浸在”其中，达到训练的目的。自本章起，我们将在大家学习了各章的知识要点与方法运用后，用贯穿全书的“华仔的成长故事”案例为背景，系统地学习与掌握企业管理的知识和技能。

1. BEST 训练规则

BEST 训练规则有以下六项。

（1）将学员分为 5～6 人一组的小组，各小组指定（或推荐）一名学员为负责人（管理者）来组织活动，下一次活动时更换人员，力求人人都能得到训练。每个小组为一个相对独立的班组，根据训练背景内容的不同，每人扮演不同的角色。

（2）训练内容与范围，各类企业的管理者在一天中，可能遇到的各种与背景案例及本章内容相关的问题。

（3）小组活动的总时间定为 8 h（其中 3～4 h 为小组开展活动的准备时间，不在训练方案时间表中体现），由小组负责人与成员一起按照 BEST 训练标准流程讨论，制定训练方案时间表。训练方案时间表要求格式化，允许有 10%的调整弹性。

（4）训练标准流程：① 训练规则说明；② 分组及就职演说；③ 上任需面对的问题（本章中的案例及可能遇到的各个问题）；④ 分析会议；⑤ 解决方案；⑥ 经营活动总结；⑦ 管理者一天的工作述职；⑧ 小组讨论点评；⑨ 讲师点评。

（5）考核：① 从各小组中抽出一人组成考核组；② 考核对象：每个小组、每个人（特别是小组负责人）；③ 考核内容包括流程考核（小组是否按照训练流程进行训练）、时间考核（小组是否按照训练时间表进行训练）、角色考核（每人角色扮演的形式与实质技能考核）、团队与效果考核（小组整体表现）；④ 考核形式为考核组集体打分；⑤ 考核标准为形式性考核占 50%（包括流程、时间、角色、需要的书面材料等），实质性考核占 50%（包括小组及个人的实际表现、内容掌握程度、目标实现度等）。

（6）保持各项记录。

2．背景案例及场景

案例 1-8　华仔的成长故事一。

华仔今年刚 21 岁，是一所高职学院大三的学生，正在一家机械厂顶岗实习。华仔积极好学，工作踏实，短短的几个月，已被师傅和领导表扬了几次。华仔喜欢自己的专业，计划做一名优秀的工程师，可最近有两件事改变了他的初衷。一是实习单位推行的“今天我来当领导”活动，使华仔有机会当了一天“厂长助理”，感到管理很有意思；二是父亲和他的谈话。父亲经营着一家自行车配件厂。上星期天，父亲告诉他，自己的身体状况不佳，希望华仔能在毕业后子承父业，来管理工厂。看着父亲满含期待的眼光，华仔使劲地点点头。经过认真考虑，华仔决定要系统地学好企业管理知识，做一个管理者。为此，他制定了理论和实践相结合的学习计划，即把企业管理的理论知识应用到实践之中，不断成长为一名管理者的学习计划。今天，他要去实习单位向王厂长请教管理是什么？怎样做一名管理者？也想请王厂长给自己的学习计划提些建议。华仔的内心忐忑不安，王厂长会接待他吗？能满足他的要求吗？

案例 1-9　小张是华仔所在机械厂一车间的一名机械维修工，技工学校毕业，今年 30 岁，年富力强。他干劲大，手艺强，肯负责，人缘好，还带了包括华仔在内的 3 名学徒工，同事和上级都挺喜欢他。车间主任老李更视他为骨干，本月前提拔小张为维修班班长，维修班有 32 名工人。小张上任后，工作积极性很高，脏活、累活抢着干。有工人请假，他就“顶班上岗”，认为“工人身上有多少油，自己身上也有多少油”才是称职的。为此，他每天提前进厂做准备，成天在现场干活。下班后工人们都走了，他才逐一熄灯、关门，小张一直是华仔学习的榜样。小张决心不辜负领导的期望，把班组带成全企业最好的。为此，在小张上任时就召集班组成员开会，在会上严厉地指出了在他来之前班组存在的问题，批评了当天上班迟到的员工，制定了班组管理办法。从第二天起严格执行，结果一月内有 80%的员工因违反规定受到不同程度的处罚。在月末的车间工作小结会上，小张总结了一个月的工作后，也发了一堆牢骚，说工人们都不理他，开始消极怠工，工作效率低下，要求车间李主任罢免他的班组长职务。问题是小张活没少干，但月末却未能完成维修任务。小张很苦恼，向车间主任老李请教如何才能当一个优秀的班组长。车间主任老李如此这般的一席话，使小张茅塞顿开。请大家分析：①小张为何未能完成维修任务，问题主要在哪儿？②车间主任老李会告诉小张些什么？③小张怎样管理才是对的？④从小张师傅这件事上华仔学到了什么？⑤其他的班组长能给出什么好的建议？

3. BEST 训练运习

按照训练的标准流程运行，各个项目内容必需的时间由各小组具体设定。

（1）训练规则说明（建议时间 15～20 min）。

主要是让学员明白为何要训练，训练什么，训练目标是什么，训练规则是什么，如何进行训练，如何进行考核，谁负责，多长时间完成等训练必需的内容。

（2）分组及就职演说（建议时间 15～20 min）。

按照训练规则与班级人数分组，采用角色扮演方式。经过准备后进行就职演说。

（3）上任需面对的问题（本章中的背景案例及可能遇到的各种问题）（建议时间 15～20 min）。

① 案例 1-8 中华仔怎样才能见到王厂长？

② 请你帮华仔设计一个实现愿望的提问提纲。

③ 设想一下，王厂长会给华仔讲些什么？

④ 帮华仔制定一份学习企业管理的成长计划。

⑤ 初当基层管理者应从哪里入手开展工作？

⑥ 如果你是一个基层管理者，应具备哪些技能？如果是中层呢？高层呢？

⑦ 案例 1-9 中小张为何未能完成维修任务，问题主要在哪儿？

⑧ 案例 1-9 中车间主任老李会告诉小张些什么，让小张茅塞顿开？

⑨ 小张怎样管理才是对的？

⑩ 从小张那里华仔学到了什么？

⑪ 帮华仔整理一下今天的收获。

（4）分析会议与解决方案（建议时间 80～100 min）

对以上遇到的问题召集小组会议，逐项进行分析，找到解决方案，指定相应成员从以下五个方面进行完善。

① 会议主题：______________。

② 会议形式：______________。

③ 时间控制：______________。

④ 会议结论：______________。

⑤ 解决方案：______________。

（5）主管（自己所扮演的角色）对一天工作的述职（建议时间 20～30 min）。

对一天工作、学习的过程描述；目标的实现度；自己是如何做的；不足之处在哪里，如何建议等。

（6）小组讨论点评与活动总结（建议时间 15～20 min）。

成员之间对组长及其他成员进行点评。可从目标实现程度、收获、主要问题、更好的方法是什么等方面进行点评。

（7）讲师点评：按照练习、小结（指出正误）、再练习、再小结，直到掌握的程序，对练习进行总结讲评。

（8）对各个小组考核评价（建议时间 20～30 min）。

考核组对各个小组上交的材料，结合考核组对其实际记录及表现进行评价。各个小组需上交给考核组的材料主要有：训练议程安排；人员分组分工及角色扮演名单；各角色的就职演说稿；所面临的问题清单；每个问题的解决方案；会议记录；各角色一天工作述职报告；经营活动总结报告。考核组对每个小组及个人的实际表现、内容掌握深度、目标实现度等的记录。

1.4.2　能力测试

（1）基层管理者都干什么工作？

（2）怎样才能成为一个好的管理者？

（3）你对管理是如何理解的？

（4）根据管理的职能，请你设计一份班级卫生清洁（或文体活动）方案。

（5）每人以“假如我是××管理者”为题，写一份演讲稿，在班级开展比赛。

1.4.3　成长日记（一）

结合本章所学的知识、方法与 BEST 训练写一篇 800 字以上的成长日记。

知识梳理与总结

本章通过对管理的含义、性质和职能的认知，按照管理发展的不同阶段的时代背景、代表人物的主要贡献与管理特点，逐步使大家理解科学管理的原理、方法和现代管理的理论，并以企业车间、班组等基层部门为对象，将管理理论与方法应用其中，使大家充分认识基层管理者应完成的使命、任务与岗位标准。用模拟训练的方式将所学知识运用于实际之中，通过自主学习与系统的考核，达到认知管理，掌握管理的理论、方法，并用其解决实际问题的目的。

第2章

企业的构成与企业制度

教学导航

教	知识重点	企业的特征、功能与使命，企业运行基本活动
	知识难点	企业经营与管理的区别，现代企业制度内涵
	推荐教学方式	以课堂案例教学与BEST训练为主，以企业现场观摩为辅
	教学场所	教室、实训室、企业管理现场等
	建议学时	12学时
学	推荐学习方法	课堂：案例讨论，角色扮演，模拟训练； 课外：企业参观，查询资料，模拟企业演练
	必须掌握的理论知识	企业的内涵、特征、功能、使命，经营与管理的区别，企业运行基本活动，企业成立程序，现代企业制度内涵
	需要掌握的工作技能	熟悉企业使命与运行基本过程，掌握企业成立程序，熟悉并编制现代企业制度
	训练	通过BEST训练：用泰罗、法约尔等科学管理方法与理论，将本章学习中所遇到的各种管理问题展示出来并加以解决
	考核	形式性考核占50%（包括流程、时间、角色、需要的书面材料等）；实质性考核占50%（包括小组及个人的实际表现、内容掌握程度、目标实现程度等）

案例 2-1　韩老四是 E 县 D 区苇塘村的农民。他的祖辈一直以开小餐馆为生，他家祖上有一门绝活，就是烧制一种酱卤的熟食，十分可口，其中以卤鸭最为有名。改革开放以后，韩老四成了韩家卤鸭的一代传人。他专门办起了一家"韩老四卤鸭店"，起初虽然是小本经营，但生意却十分兴隆。钱越赚越多，他先在邻村办分店，渐渐将分店办到了省城，形成了连锁经营。于是韩老四成立了一家韩家卤食公司，产品品种增加，连锁店逐渐扩大，甚至办起一家工厂，专门生产袋装和罐头装卤食。韩老四成了富甲一方的民营企业家，人们都称他为"韩老板"。韩老板认为，公司创出牌子、经营成功的关键是靠韩家的独门绝技，这包括原料选择、卤汁配方、烧烤工艺等全套技术。保持这种独特风味既是公司的长期立足之本，也是公司对爱好其产品的顾客所应承担的责任。为此他提出"质量第一，服务为本"的口号，高薪聘请师傅制作产品，请顾客品尝把关，十分重视对企业中厨工、技师、采购员等与产品品质密切相关的职工的技术培训和考核。在扩充新产品及增设新的连锁店上韩老板极为谨慎，实行宁缺勿滥的方针，决不为盲目扩张规模而损害产品质量。后来经人转荐，香港商人李先生拜访了韩老板。李先生在香港经营多家风味食品店与餐馆，近年还将业务扩充到广东几个市、县，财力雄厚，见多识广。李先生品尝过韩老板的传统美食后，赞不绝口，表现出极大的热情与诚意，愿意投入资金与韩老板合资。对此，韩老板也表现出很大的兴趣。在谈及合资后的打算时，李先生认为：韩家公司目前所采用的传统式直线职能制结构，落后于形势，应当改为按不同产品性质而划分的事业部制结构，以适应公司进一步发展的需要。他还建议韩老板把握产品畅销、名气旺盛的好形势，不失时机地向讲究口感的华南地区发展，进而向中国香港和澳门地区及东南亚华人较多的地区或国家拓展。他还劝说韩老板，牌子已经打响，就不必僵守质量，应将重点转到扩大规模上来，并应利用名牌优势，向牛肉、羊肉、豆制品乃至饮料、酿酒等相关行业扩展。对于李先生的想法，韩老板听后不以为然，说道："我们韩家产品，靠的就是传家的独特风味吸引顾客，为顾客提供优质的服务。你这种快速扩张的主张，违反我韩家传统经营道德，万万不可行。"两人因看法分歧，引起了争辩，唇枪舌剑争吵起来。最后，李先生大声叫道："你真是个顽固不化的土包子，目光如豆，放着眼前发大财的机会不利用，真是不可理喻！"韩老板听后，脸色铁青，拍案而起道："人各有道，我韩某有我传家规矩，你有赚大钱的法子你自己去赚好了，你走你的阳关道，我过我的独木桥。"说完转身走开，李先生则拂袖而去。

案例启示：企业究竟为什么而办？企业的使命与责任是什么？怎样更好地完成企业的使命与责任？微软公司的总裁比尔 · 盖茨认为："企业就是选择正确的事（战略、方向、使命），然后及时地把这件事做正确（经营管理的模式、制度、方法并认真执行）"。我们每个企业都在用自己的经营方式完成使命，使命与经营方式适应社会则基业长青，不适应则如流星而逝。请大家分析：①如果由你来经营韩老板的企业，你会赞同韩老板的观点吗？②案例中李先生的观点是否有你可以吸收的东西？

本章将通过理解企业使命、企业运行规律等知识要点，熟悉现代企业管理制度的内涵，用结合企业模拟训练的方式让大家认知企业。

2.1 企业的构成与经营管理

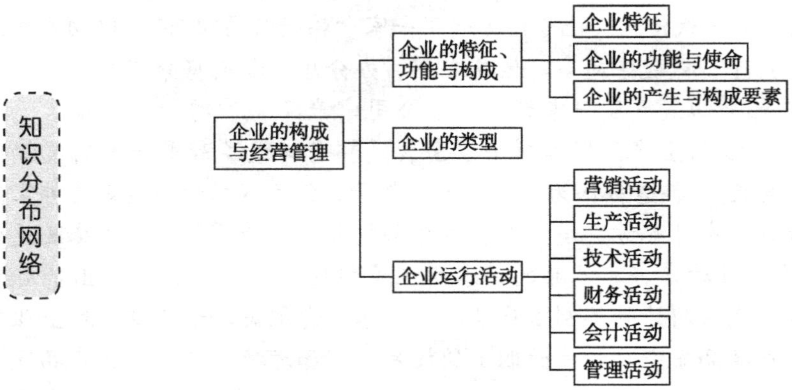

2.1.1 企业的特征、功能与使命

企业是从事生产、流通、服务等经济活动，以产品或服务满足社会需要，实行自主经营、独立核算，依法设立，具有经济法人资格的一种赢利性的经济组织。

1. 企业的特征

一个企业必须同时具备以下特征。

1）直接为社会提供产品（或服务）

产品是指为了满足人们的某种需要，在一定的时间和一定的生产技术条件下，通过有目的的生产劳动而创造出来的物质资料。服务是一种可供销售的活动，是以等价交换的形式为满足社会的需要而提供的劳务活动。企业必须是产品或服务的直接提供者。如工业企业提供的是工业品；商业企业提供的是流通服务，负责把产品传递到消费者手中；金融企业提供的是金融服务；旅游企业提供的是旅游服务。

2）生产经营活动的目的是追求利润

企业是赢利性的经济组织，必须以自己的收入补偿支出并有赢利，企业才能生存和发展。

3）实行独立核算，自负盈亏，拥有经营自主权

企业的盈亏由企业自身承担，企业赢利就可以生存和发展；亏损必须扭亏为盈，否则就会破产倒闭。企业作为一个经济实体，必须拥有独立的生产经营自主权，包括经营决策权、产品决定权、产品销售权、人事权和分配权等。企业有权决定生产什么，生产多少，在何时、何地生产；以什么样的价格出售，选择何种销售渠道和销售方式；雇用什么样的人从事生产和管理，员工工资多少；税后利润如何分配等。没有这些经营自主权，就不能称其为企业。

4）具有法人地位

法人是相对于或区别于自然人而言的，经济法人就是依法成立并能独立地行使法定权利和义务的社会经济组织。企业必须依法履行登记、批准手续，以自己的名义进行活动，

享受权利和承担相应义务，能独立地同其他组织签订有法律效力的合同、协议、契约，并受到国家法律的保护和制约。企业经理（厂长）是企业的法人代表。从事生产经济活动的车间或作业组，不具有独立自主经营权利，也不具有独立法人资格，不能称为企业，而仅仅是企业内部的生产单位。

5）需照章纳税

企业作为经济社会的组成部分，有缴纳税收的义务，必须照章向国家纳税。这是市场经济中企业与国家的唯一关系。

企业是一种赢利性组织，它向社会提供产品和劳务，目标是获取利润。那些不直接从事生产、交换等经济活动的单位，只能称为事业单位或行政单位。

企业是微观经济活动的主体，是一个国家的国民经济的细胞，它直接向社会提供产品和服务，满足人们的需要。企业存在的价值在于通过追求利润来提高社会生活水平。

2．企业的功能与使命

1）企业的功能

企业的特征决定着企业的功能，在市场经济条件下，企业是推动社会经济发展的重要力量，具有经济和社会两方面的功能。

（1）企业的主要经济功能：企业作为生产力的直接组织者和承担者，使潜在的生产力转化为现实的生产力，不断创造更多的社会财富，推动社会生产规模的不断扩大；企业也为技术进步创造了有利条件，市场竞争促使企业采用先进的科技成果，使用新工艺和新材料，改进技术装备，提高劳动生产率，从而推动社会生产力的进步；企业通过生产实践和各种形式的培训，能够提高企业职工的技术素质，培养专门化的技术人才，促进社会生产的发展。

（2）企业的主要社会职能：满足人民群众对产品和服务的需求；创造就业机会；为国家提供财富；推动其他社会和公共事业的发展等。此外，企业还承担着保护消费者权益；保护生态环境；防止污染等社会责任。总之，为国民经济发展和人民物质文化生活水平的提高起着重要的作用。

2）企业的使命和目标

> **企业的目的是创造顾客。**
>
> 彼得·德鲁克

企业的存在是为了在各种不同的环境条件下实现特定的社会目标，或满足某种特殊的社会需要。每个企业从建立开始，就应该承担相应的责任并履行相应的使命。企业使命是指企业区别于其他类型组织而存在的原因，它不是企业经营活动具体结果的表述，而是为企业提供了一种原则、方向。

企业使命有狭义和广义之分。狭义的企业使命是产品导向型的，以确定企业的基本生产经营领域作为企业的生存目的。广义的企业使命是从企业的实际出发，以市场为导向来定义的，它着眼于满足市场的需要。企业使命的市场定义比产品定义更为重要。我们应该把企业的经营活动看做是一个满足顾客需要的过程，而不是一个产品的生产过程。产品是短暂的，而基本需要和顾客需求则是永恒的。

企业宗旨（或者说企业使命的另一种表现）是关于企业存在目的或对社会发展的某一方面做出贡献的陈述。它不仅陈述了企业未来的任务，而且阐明了为什么要完成这些任务，以及完成任务的行为规范是什么。尽管企业宗旨在不同企业中会有千差万别，但它要回答两个基本问题：一是我们这个企业是做什么和按什么原则做的？二是我们这个企业应该树立什么样的社会形象以区别于同类企业？

企业宗旨应包括以下三个方面的基本内容。

（1）企业形成和存在的根本目的。这一内容提出了企业的价值观念，即企业的基本责任以及期望在某方面对社会做出贡献。企业生存目的的定位应该说明企业要满足顾客的哪种需求，决定企业经营什么产品的是顾客，只有顾客愿意购买企业的产品，企业才能将资源变为财富；只有顾客对产品及其价值有看法才可以决定企业经营什么产品、生产什么产品及企业的前途。顾客所购买的并不是产品本身，而是产品所提供的效用，这种效用能满足他们的需要。顾客是企业存在的基础和生存的理由。在此基础上，企业才能不断地开发新技术和新产品，使企业在不断的创新中得到发展。

（2）为实现基本目标应从事的经营活动范围。它说明企业属于什么特定行业和领域。为了清楚地表达企业的经营主线，其经营活动范围常常需要按行业不同来进行描述。这一内容规定着企业在战略期的生产范围和市场范围。

（3）企业在经营活动中的基本行为规范和原则，阐明企业的经营思想。这主要是通过企业对外界环境和内部条件的认识和态度来体现的。对外可以包括企业在处理与顾客、社区、政府等关系的指导思想；对内包括企业对其投资者、员工及其他资源的基本观点。

案例2-2 蒙牛集团的企业文化。

1. 蒙牛集团的使命

百年蒙牛，强乳兴农；

提供绿色乳品，传播健康理念；

为提升消费者的健康品质服务；

为员工搭建人生价值的实现平台。

2. 企业宗旨

对消费者：提供绿色乳品，传播健康理念

对客户：合作双赢，共同成长；

对股东：高度负责，长效回报；

对员工：学习培训，成就自我；

对社会：注重环保，回馈大众。

3. 经营理念——百年蒙牛，强乳兴农。

4. 管理理念——科学化、市场化、系统化。

5. 人才理念——国际化、专业化、品牌化。

6. 质量理念——产品人性化、标准全球化。

案例2-3 哈慈集团的管理模式。从英文字母解释，哈慈的HC管理模式，H：两竖象征两脚着地、脚踏实地、实事求是，由此而建立起简洁、实用、有效的三大管理要素；C：

象征一个钱库，可以向内存钱，也可以向外流钱，本着一个保底经营、积累经济的原则。从中文的角度解释，哈：哈哈笑，和气待人；慈：慈心善意，为客户服务。

2.1.2　企业的产生与发展

1．企业的产生

企业是一个历史范畴，它是生产力发展到一定水平的产物，是劳动分工的产物。在奴隶社会和封建社会，自给自足的自然经济占统治地位，社会生产和消费主要是以家庭为经济单位，以手工劳动为基础的作坊，它们都不是企业。企业是取代家庭经济单位和作坊而出现的一种更高生产效率的经济单位，是商品经济的产物。随着生产力的提高和商品经济的发展，到资本主义社会，企业成为社会的基本经济单位。

2．企业的发展

随着科技的进步，社会生产力水平的不断提高，企业的组织形式也不断地发展完善。主要经历了以下几个阶段。

1）手工业工场

企业组织的萌芽产生于手工作坊，正式形成于手工业工场，在 16～17 世纪逐渐形成。早期的企业规模较小，企业的所有者往往就是企业的管理者。这是由当时落后的生产力水平和小商品经济的生产方式所决定的。

2）工厂制时期

18 世纪产业革命后，随着深刻的技术革命和激烈的市场扩张，资本主义生产开始全面向大机器体系生产过渡，传统的手工业工场也相应向大机器工厂转化。1771 年，在英国出现了第一家有 600 人的纺织厂，标志着企业的真正诞生。到 19 世纪 30～40 年代，工厂制在英、德等国普遍建立。企业的生产经营规模迅速扩张，出现了一批大型工厂，传统的企业组织形式已难以适应企业发展的要求。

3）现代企业时期

从 19 世纪末到 20 世纪初，以公司为代表的现代企业组织形式开始被越来越多的组织采用并得到逐步推广。在组织内，经营权与所有权分离，形成了职业化的管理阶层，企业普遍建立了科学管理制度，形成了一系列的管理理论，使企业走向成熟。

案例 2-4　张老头带着妻子与三个儿子流落到一个村子，在村子左邻右舍的帮助下住了下来。买了几亩地耕作生活。张老头有做豆腐的手艺，为了感谢帮助过他们的村民们，他做了一些新鲜豆腐送给大家。邻居们都夸他的豆腐做得好，鼓励他可以做豆腐来维持生计。几天以后，在这个村子里就有了一个张记豆腐坊。张老头每天做豆腐以很低的价格卖给本村和周边村子的村民们，由于买豆腐的人比较多，张老头的豆腐做得又好，每天做的豆腐很快就卖完了。有天晚上，张老头召集操持家务的妻子和在地里劳作的三个儿子开了个会，决定由张老头和一个儿子负责做豆腐，妻子负责做豆腐的准备，一个儿子专门负责卖豆腐和送货，还有一个儿子继续在地里耕作。很快地，张记豆腐在当地就小有名气了。在一年多的时间里，张老头就把原来的小豆腐坊翻新成几间专门生产豆腐的工厂。张记豆腐坊的招牌换成了张记豆制品公司。现在张老头自己已经不动手亲自做豆腐了，家里的成员都各负责一个方面的工作，有专门负责生产的、供应原料的、销售的、财务的等。在村子里又雇用了 30 多人从事各个方面的工作。生产的不仅仅是新鲜豆腐，还有豆腐干、豆腐皮、豆浆、粉条等，张老头还计划成立包装厂、运输队、豆奶厂等，把产品销到全国各地去。张老头对公司所有人提出的要求是：对人要诚信、热情、心存感激；对事要认真、负责、用心去做；产品要保质、干净，让大家满意。

案例启示：一个企业从发展初期的手工作坊，到现代化工厂，经历了复杂而曲折的过程。同时在企业的成长过程中，企业管理也从无到有并逐渐地形成了独有的风格与价值取向，我们称之为企业存乎于社会的使命。

2.1.3 企业的构成要素

企业要完成自己的使命，必须有组成要件。它主要包括以下六个方面。

（1）人：包括各种人才，如工人、管理者、技术人员等。人是企业的灵魂。企业的“企”字，我们可以这样理解，离开了“人”就“止”。人是企业的核心，只有通过人才能把企业的各个要素组合起来，完成企业的目标；“止”字多了左边的一竖，就无法进步，可见，企业中的团队精神很重要。

（2）财：包括流动资金和固定资金等。财是企业的“血液”，是企业的生命线，不能断线。

（3）物：包括机器、仪器、仪表、厂房、建筑设施、原材料，能源、半成品和成品等，是企业的骨架与肌肉，它能帮助企业实现目标。

（4）信息：包括各种情报、资料、统计材料、文件计划、图纸、工艺、规章、方针政策等，是企业的神经、感觉器官，令企业能确定方向，不断适应变化，协调各种资源实现目标。

（5）时间：任何组织活动都是在一定的时间里完成的。时间是组织最稀有和最特殊的资源，其他组织要素都是在一定时间上的分配和安排，时间是组织要素的坐标。由于时间具有不可逆转性，所以时间是组织成功的关键要素。

（6）环境：任何组织都生存在一定的空间里，在一定环境条件下，受到环境的影响和制约；任何组织的内部因素，即人、财、物、信息等都与环境发生着这样那样的联系，进行各种交换。为此，管理者必须关注组织的生存环境。

企业为完成自己的使命，根据“环境”制定出生存、发展战略，依靠企业的构成要素来实现其目标任务。

2.1.4 企业类型

企业类型有许多种，一般按以下四种方法进行分类。

（1）按照企业的所属行业不同分为：农业企业、工业企业、商业企业、物流企业、交通运输企业、金融企业、建筑安装企业、电信企业、旅游服务企业等。

（2）按照生产要素的比重不同分为：劳动密集型企业、技术密集型企业和资金密集型产业。

（3）按照组织形式不同分为：个体企业、合伙企业、合作制企业、公司制企业。

（4）按照所有制形式不同分：全民所有制企业、集体企业、私营企业、混合所有制企业。

2.1.5　企业运行的基本活动

一个企业在社会中一般只能扮演一到两个角色，但在其运行的活动中基本上都包含了以下几个方面。掌握和熟悉这些基本活动的规律，有助于更好地对其实施控制与管理，从而实现企业的使命。

1．营销性活动

营销性活动主要是从事市场和用户的需求研究，并根据企业的特长进行产品定位、定价、分销、促销、服务和公共关系等方面的决策，沟通外界需求和企业内部能力，使企业的经营能够以市场为导向，并使产品或服务能有效地送到用户手中。

2．生产性活动

生产性活动是将市场信息和用户要求按照工艺要求转化为物质形态的产品的过程，或提供能够满足需要的服务过程。在这个过程中，要进行合理的组织和控制，使企业营销目标能够真正变成可供用户消费的产品或服务。

3．技术性活动

技术性活动是进行产品及其生产方法方面的研究与开发，诸如发展新产品，改进老产品，推广新技术、新工艺，开展标准化工作等，使企业有能力保持经营及生产方式上的先进性和市场竞争优势。

4．财务性活动

财务性活动是对企业资产的经营性活动，包括对各种资金的筹措、分配、运用；对负债、股本、利润的管理；对成本费用的控制，从而使企业的经营活动能在正常的资金条件下进行，使财务结构合理化，提高经济效益，保护投资者利益。

5．会计性活动

会计性活动是对企业的经营活动及其财务状况进行记载、整理、汇总、统计、分析，以提供企业的财务性资料，帮助经营者、投资者、债权人、金融机构、政府管理部门等进行决策分析。财务活动是对资本的经营，而会计活动是对财务活动的记录。

6．管理性活动

管理性活动是通过计划、组织、指挥、协调、控制等职能活动使上述五种活动协调进行，按时达到企业的经营目标。可见，管理性活动是一种综合职能，其核心是组织、协调为实现经营目标所进行的各种活动。

2.1.6　企业经营管理的含义

1．企业经营

经营是指企业根据外部条件和内部条件确定企业的经营目标、生产方向和实现目标所进行的经济活动及全部过程。也就是用内部的人、财、物与外界条件相结合，实现目标的过程。

2．企业管理的概念

企业管理实质上是对企业运行的各项活动进行计划、组织、指挥、协调、控制，以期实现企业的目标。其概念是指企业管理人员根据企业内部条件和外界环境确定企业经营方针和目标，并对人、财、物各要素，产、供、销各环节进行计划、组织、指挥、协调、控制，在提高经济效益的前提下，实现经营目标的全部活动。

3．经营和管理的联系

（1）只要管理不要经营，生产的产品越多可能积压就越多，损失也就越大。

（2）只要经营不要管理：经营方向对，有销路，但如果没有把产品生产出来，或生产出来后，成本太高，也会出现问题。两者是不可分割的统一体。

> **经营是把事情做对，管理是把对的事情做好。**
>
> 作者观点

经营和管理是辩证统一体，从它们的联系看，两者是密不可分的。表现为经营促进管理，管理保证经营。可用下列关系式表示：

经营管理效果=目标方向×工作效率

这个关系式说明两个问题：只讲经营，不讲管理，企业经营管理效果就成了空中楼阁；只讲管理，不讲经营，管理就成了无的放矢。也就是说，上式右边任何一项不能为 0 或负，目标方向是企业经营要解决的问题，工作效率是管理追求的目的。经营是企业经济活动的中心，是管理效果产生和发展的基础；管理从经营中产生、发展之后，又成为控制、调节经营过程，决定经营命运的重要手段。

4．区别

两者在许多方面都有不同之处，从产生条件、各自的功能、作用、结果及产生时间上都有不同，如表 2-1 所示。

表 2-1　企业经营与管理的区别

区别标志	管　理	经　营
1. 产生条件	劳动的社会化	产品生产
2. 功能	计划、组织、指挥、协调、控制	预测，决策，调查，制定供、销方案
3. 作用	侧重于内部	侧重于外部
4. 结果	提高企业生产效率	取得良好的经济效果
5. 产生时间	先	后

2.2　企业制度与企业设立

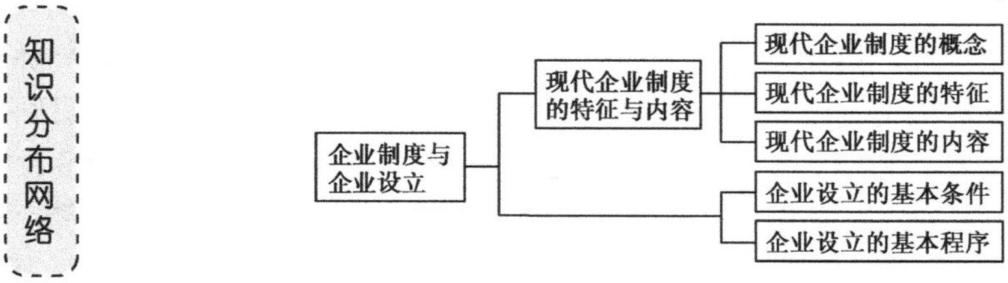

2.2.1　现代企业制度的特征与内容

案例 2-5　鼎立建筑公司原本是一家小企业，仅有 10 多名员工，主要承揽一些小型建筑项目和室内装修工程。创业之初，大家齐心协力，干劲十足，经过多年的艰苦创业和努力经营，目前已经发展成为员工过百的中型建筑公司，有了比较稳定的顾客，生存已不存在问题，公司走上了比较稳定的发展道路。但仍有许多问题让公司经理胡先生感到头疼。

创业初期，人手少，胡经理和员工不分彼此，大家也没有分工，一个人顶上几个人用，拉项目，与工程队谈判，监督工程进展，谁在谁干，大家不分昼夜，不计较报酬，有什么事情饭桌上就可以讨论解决。胡经理为人随和，十分关心和体贴员工。由于胡经理的工作作风以及员工工作具有很大的自由度，大家工作热情高涨，公司因此得到快速发展。

然而，随着公司业务的发展，特别是经营规模不断扩大之后，胡经理在管理工作中不时感觉到不如以前得心应手了。首先，让胡经理感到头痛的是那几位与自己一起创业的“元老”，他们自恃劳苦功高，对后来加入公司的员工，不管现在公司的职位高低，一律不看在眼里。这些“元老”们工作散漫，不听从主管人员的安排。这种散漫的作风很快在公司内部蔓延开来，对新来者产生了不良的示范作用。鼎立建筑公司再也看不到创业初期的那种工作激情了。其次，胡经理感觉到公司内部的沟通经常不顺畅，大家谁也不愿意承担责任，一遇到事情就来向他汇报，但也仅仅是遇事汇报，很少有解决问题的建议，结果导致许多环节只要胡经理不亲自去推动，似乎就要“停摆”。另外，胡经理还感到，公司内部质量意识开始淡化，对工程项目的管理大不如从前，各户的抱怨也正逐渐增多。

上述感觉令胡经理焦急万分，他认识到必须进行管理整顿。但如何整顿呢?胡经理想抓纪律，想把“元老”们请出公司，想改变公司的绩效激励系统……。他想到了许多，觉得有许多事情要做，但一时又不知道从何处入手，因为胡经理本人和其他“元老”们一样，自公司创建以来一直一门心思地埋头苦干，并没有太多地琢磨如何让别人更好地去做事，加上他自己也没有系统地学习管理知识，实际管理经验也欠丰富。

出于无奈，他请来了管理顾问，并坦诚地向顾问说明了自己遇到的难题。顾问在做了多方面调研后，首先与胡经理一起分析公司这些年取得成功和现在遇到困难的原因；其次，提出通过管理制度来管理企业的想法。胡老板听后，非常高兴地说：您如果能把这套制度搞出来，我一定会认真执行的。我想我们的公司也会越办越好的。

案例启示：一个企业，如果没有建立起适合自身发展的企业制度造成管理不善，很快就会破产。企业在运行中必须有一整套制度，将营销、生产、技术、财务、会计、安全、管理等活动有机地组织起来，保证目标的实现，这个制度就是企业制度。

企业制度包括三部分内容，第一，是企业资产的生成制度。它规定了企业生产要素的性质和形成方式，这是其他制度建立的基础。第二，是企业的权益组织制度。它明确了企业权益构成、权益的所有者、利益分配的原则和方法。第三，是企业经营管理制度。它规定了企业管理机制和组织构成，谁负责企业的经营管理，如何开展企业的经营管理等。

1．现代企业制度的概念

所谓现代企业制度，是指以企业法人制度为基础，企业产权制度为核心，适应社会主义市场经济要求的产权明晰、权责明确、政企分开、管理科学的一种新型企业制度。现代企业制度是最大限度发展和解放生产力的制度，公司制为企业组织制度的主体形态。现代企业制度包括以下几层含义。

（1）现代企业制度是市场经济体制的基础。现代企业制度使企业真正成为市场主体。

（2）公司制度是现代企业制度的主要形态。所谓公司制度，就是指适应社会化大生产和现代市场经济要求的公司法人制度，其典型形式是股份有限公司和有限责任公司。

（3）产权制度是现代企业制度的核心。现代企业制度是以财产终极所有权与法人财产权的分离为前提的。现代企业产权制度就是企业法人财产权制度，在此制度下，终极所有权的实现形式主要是参与企业重大决策，获得收益；企业法人则享有财产的占有权、处置权等。

（4）企业法人制度是现代企业制度的基础。企业作为法人，有独立的民事权利能力和民事行为能力，法人企业享有充分的经营自主权，并以其全部财产对其债务承担责任，而企业所有者在享有终极所有权的同时，以其出资额为限对企业法人的债务承担责任。

2．现代企业制度的特征

（1）产权明晰。企业的设立必须有明确的出资者，必须有法定的资本，由此就产生了企业的产权问题。产权明晰是指产权关系与责任的清晰。

（2）权责明确。权责明确主要表现在出资者和企业法人之间权利和责任的划分。出资者按投入企业的资本额享有所有者权益（即资产受益）、重大决策和选择管理者等权利。企业破产时，出资者只以投入的资本额对企业债务负有限责任。出资者投资企业，企业法人财产权随之确定，对内通过建立科学的法人治理结构，形成规范的企业领导体制和组织制度，界定股东大会、董事会、经理机构、监事会的权利和责任；对外企业以其全部法人财产，按照市场需求组织生产经营，以提高生产效率和经济效益为目的，依法自主经营、自负盈亏、照章纳税，同时对出资者承担资产保值增值的责任。

（3）政企分开。现代企业制度要求企业自主经营，自负盈亏，政府不干预企业的日常生产经营活动。政府可以通过宏观经济杠杆（如税率、利率等）调控企业活动。

（4）科学管理。首先，应建立科学的组织制度。在公司制企业中，实行董事会领导下的经理负责制，所有者通过股东大会选出董事会、监事会，董事会再聘任总经理，使权力机构、监督机构、决策机构和执行机构之间职责分明，相互制约，形成一套完整的组织体制。其次，应建立科学的企业管理制度。包括人力资源管理制度、财务管理制度、激励与约束制度、科学领导制度、员工日常行为规范制度等。第三，应建立科学的市场管理制度。企业的经营管理应以消费者为导向，随时把握市场信息并有效地做出反应。第四，应注重企业的经营发展战略规划。第五，注重有形资产管理的同时，注重无形资产的管理，特别是企业形象的塑造。

3．现代企业制度的基本内容

1）现代企业产权制度

产权制度的核心是企业法人享有独立的法人财产权。而落实企业产权制度的前提条件是企业拥有真正的法人地位，即完善的企业法人制度。

2）有限责任制度

有限责任制度包含两个方面：一是对投资者而言，他们以其出资额为限对公司的债务承担有限责任；二是对公司法人而言，它以其全部财产为限对公司的债务承担责任，有利于经营者放开手脚，独立负责，自主经营，推动公司的快速发展。

3）现代企业的组织制度

现代企业组织制度建设必须做到两点：一是必须充分反映公司股东的整体意志和利益要求，股东能通过有效的渠道引导企业的经营决策和发展方向，确保对公司的最终控制权；二是公司作为企业法人应具有独立的权利能力和行为能力，并能以企业法人的名义独立开展经营活动。现代公司制度作为现代企业制度的代表，最明显的特征是所有者、经营者、生产者之间通过公司的权力机构、决策和管理机构、监督机构，形成各自独立、权责分明、相互制约的关系。

我国《公司法》规定，公司组织机构通常包括股东会（或股东大会）、董事会、监事会、总经理及其下属机构四个部分，并由此形成决策权、监督权和执行权等三种权力形式。公司的组织机构有以下三个。

（1）决策机构。股东会（或股东大会）及其选出的董事会是公司的决策机构，股东会（或股东大会）是公司的最高权力机构，董事会是股东会（或股东大会）闭会期间的经营决策机构。股东会（或股东大会）由出资人或其代表组成。股东会（或股东大会）的职权为选举和罢免董事会和监事会成员，制定和修改公司章程，审议和批准公司的财务预算与决算方案、投资以及收益分配等重大事项。

董事会是公司的经营决策机构。董事会对外代表公司，由公司董事组成。其职责是执行股东大会的决议，对公司的经营做出决策，包括：决定公司的经营计划和投资方案，决定公司内部管理机构的设置和基本管理制度，制定公司财务预算与决算方案、利润分配和亏损弥补方案、公司增减资本和发行公司债券方案等，董事会直接向股东大会负责并执行股东大会决议；董事会负责任免公司是经理并根据总经理的提名聘任和解聘公司副经理、财务负责人等，并决定其报酬。董事长和副董事长由董事会选举产生，董事长可以成为公司法定代表人。

（2）监督机构。公司根据规模可以设监事或监事会，监事或监事会是由股东会（或股东大会）选举产生的，对董事会及其经理人员的活动进行监督检查。监事或监事会成员，由股东和职工代表按一定比例组成，对股东大会负责。为保证监督的独立性，公司的董事、经理及财务负责人一律不得兼任监事。

（3）执行机构。总经理及其下属机构是董事会领导下的公司管理和执行机构。公司总经理负责公司的日常管理，按董事会决议主持公司的生产经营管理工作，组织实施公司年度经营计划和投资方案，拟定公司内部的机构设置方案和管理制度及规章；提请任免公司的副经理、财务负责人，任免其他管理人员。

案例 2-6 史玉柱在反思巨人集团的失败时说：“巨人集团的董事会是空的，监事会是虚的，决策是一个人说了算。因为个人的失误，而给集团整体利益带来巨大的损失。这也恰好说明，权力必须有制约”。

4）现代企业管理制度

科学管理是现代企业制度的特征之一，现代企业制度的建立必须以科学的管理制度为保障。现代企业管理制度主要包括以下四方面的内容。

（1）现代企业领导制度。它是搞好企业管理的一项最根本的工作。

（2）现代企业人力资源管理制度。人力资源管理是应用现代化的科学方法，对人力进行合理的培训、组织和调配，使人力、物力保持最佳比例，同时充分发挥人的主观能动性，人尽其才，以实现企业经营目标。其内容包括员工招聘、选拔、考核、绩效评估、薪酬、激励、培训、组织发展和劳务关系等。

（3）现代企业财务制度。现代企业财务制度是用来处理企业法人与国家、股东、劳动者之间财务信息和财产分配关系的行为总则，保护国家、股东和劳动者的利益不受侵犯。

（4）公司合并、分立、破产、解散清算等制度。

2.2.2 企业设立的基本条件

按照我国《公司法》的规定，有限责任公司与股份有限责任公司的设立都必须具备基本条件，具体条件以现行的《公司法》为准。

1. 有限责任公司设立的基本条件

有限责任公司是股东以其出资额为限对公司承担责任，公司以其全部资产对公司的债务承担有限责任的企业法人。设立有限责任公司应当具备以下条件。

（1）股东符合法定人数。

（2）有符合公司章程规定的全体股东认缴的出资额。

（3）股东共同制定公司章程。公司章程是关于公司组织及其活动的基本规章制度，有限责任公司的章程由股东共同制定，所有股东应该在公司章程上签名盖章。

（4）有公司名称，建立符合有限责任公司的组织机构。有限责任公司在设立自己的名称时，必须符合法律法规的规定，必须在公司名称中标明有限责任公司字样。

（5）有公司住所，是设立公司的基本条件。

2. 股份有限公司设立的基本条件

股份有限公司是以其全部资本分为等额股份，股东以其所持股份为限对公司承担责任，公司以其全部资产对公司的债务承担责任的法人实体。设立股份有限公司应当具备以下条件。

（1）发起人符合法定人数。

（2）有符合公司章程规定的全体发起人认购的股本总额或者社会公开募集的实收股本总额。

（3）股份发行、筹办事项符合法律规定。

股份有限公司发起人必须按规定认购应认购的股份。

（4）发起人制定公司章程，并经创立大会通过。股份有限公司章程由发起人制定。

（5）有公司名称，建立符合股份有限公司的组织机构。设立股份有限公司，必须选定公司名称，必须在公司名称中标明股份有限公司字样。设立股份有限公司，应依法建立法定的组织机构。

（6）有公司住所。

2.2.3 企业设立的程序

1. 有限责任公司的设立程序

有限责任公司的设立程序如图 2-1 所示。

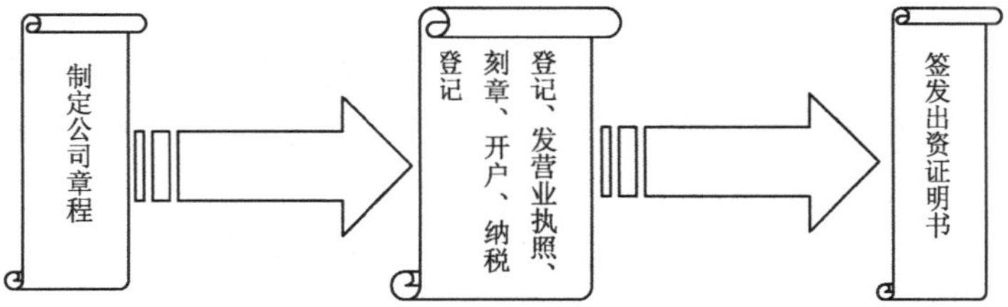

图 2-1 有限责任公司的设立程序

（1）制定公司章程。设立有限责任公司，必须依法制定公司章程。章程制定后，所有股东应该在公司章程上签名、盖章。公司章程对公司、股东、董事、监事、经理均有约束力。国有独资公司的章程由国家授权投资的机构或部门制定，或者由董事会制定报国家授权投资的机构或部门批准。

（2）在公司登记机关办理设立登记。公司登记机关为国家工商行政管理局和省、自治区、直辖市工商行政管理局以及市、县工商行政管理局。

经公司登记机关核准设立登记并发给企业法人营业执照，公司宣告成立。公司营业执照签发日期为有限责任公司成立日期。公司凭公司登记机关核发的企业法人营业执照在指定机关刻制印章，开设银行账户，申请纳税登记。

（3）签发出资证明书。出资证明书是证明股东已经交纳出资额的文件，由公司在登记注册后签发。出资证明书必须由公司盖章。

2. 股份有限公司的设立程序

股份有限公司的设立程序如图 2-2 所示。

（1）报经国务院授权的部门或者省级人民政府批准。股份有限公司的发起人，应将设立股份有限公司的情况报送国务院授权的部门或者省级人民政府。获得批准后，发起人才能进行设立股份有限公司的其他程序。

1. 报经国务院授权的部门或者省级人民政府批准。
2. 设立股份有限公司。有发起设立或者募集设立的方式。
发起设立程序：发起人认购公司应发行的全部股份；
发起人缴纳股款；
选举公司的董事会和监事会。
3. 申请设立登记。
4. 公告。

图 2-2　股份有限公司的设立程序

（2）设立股份有限公司。股份有限公司的设立，可以采取发起设立或者募集设立的方式。

发起设立是指发起人认购公司应发行的全部股份而设立公司，必须经过以下程序。

① 发起人认购公司应发行的全部股份。每一发起人应以书面方式承诺自己将要认购的股份数量。

② 发起人缴纳股款。发起人以书面方式认购股份数量后，应缴纳全部股款，以实物、工业产权、非专利技术或者土地使用权抵做股款的，应依法办理财产权的转移手续。

③ 选举公司的董事会和监事会。

募集设立是指发起人认购公司应发行股份的一部分，其余部分向社会公开募集而设立公司。其设立程序略。

（3）申请设立登记。以发起设立方式设立公司股份有限公司的，发起人在缴纳全部出资并选举董事会和监事会后，应由董事会向公司登记机关申请设立登记。

（4）公告。公司营业执照签发日期为公司成立日期，公司成立后应当进行公告。采取募集设立方式的，还应当将募集股份情况报国务院证券监督管理机构备案。

2.3　BEST 训练（管理者的一天）

训练主题：认知企业与企业制度建设 → BEST 训练的背景案例及场景（华仔的成长故事二） → 按照案例模拟训练一天中与企业制度有关的各项技能

训练规则说明：
为何要训练，训练什么，训练目标是什么，训练规则是什么，
如何进行训练，如何进行考核，谁负责，多长时间完成？

训练运行：分组及就职演说；上任需面对的问题（将背景案例中遇到的各种管理问题一一列出）；分析会议与解决方案（会议主题、形式、解决方案）；述职与小组讨论点评；讲师点评。

对各个小组考核评价。

考核标准：形式性考核占 50%（包括流程、时间、角色、需要的书面材料等）；实质性考核占 50%（包括小组及个人的实际表现、内容掌握程度、目标实现度等）。

能力测试：

目标实现度，差异性，如何提高？

2.3.1 活动安排

1. BEST 训练规则

BEST 训练规则见 1.4.1 节中的 BEST 训练规则。

2. 背景案例及场景

案例 2-7 华仔的成长故事二。

华仔通过与王厂长的接触，对管理产生了浓厚的兴趣。看了一些管理方面的书，他发现每个企业的发展都有一套适合本企业的管理模式。华仔认真学习了海尔集团的 OEC 管理，他将海尔集团的 OEC 管理总结如下："OEC 是英文 Overall EveryControl and Clear 的缩写，即每天对每人每事进行全方位的控制和清理。O: Overall（全方位），E: Everyone（每人），E: Everyday（每一天），E: Everything（每件事），C: Control（控制），C: Clear（清理）。OEC 主要目的是：日事日毕，日清日高。即每天的工作要当天完成，每一天要比前一天提高 1%；OEC 由三部分构成：目标体系—日清体系—激励机制。首先确定目标；日清是完成目标的基础工作；日清的结果必须与正负激励挂钩才有效"。华仔想，若把某种管理模式如海尔集团的 OEC 管理"放在"父亲的工厂里运行，将会起到事半功倍的效果。这个周日，华仔与父亲进行了交流，父亲听了华仔的想法很高兴，但他说，任何一个企业都有他自己的特点，任何一种管理模式或管理方法要让其发挥作用，都要结合企业的实际情况进行"嫁接"、创新才行。父亲让他先对自己的自行车配件厂（华信自行车配件厂，以下简称华信厂）有所了解，然后再说是否推行海尔集团的 OEC 管理。结合对管理的认识，华仔对父亲的企业进行了一次全面调研。华信厂是 1989 年由华仔的父亲创办的，开始只是为上海一家自行车厂供应单一的车座压簧。由于华仔的父亲重质量、讲信誉，短短几年时间就发展为有 100 多名员工、专门生产自行车各类配件的企业。现在，华信厂生产的产品主要是供给国内几个自行车厂商，也在当地做一些销售。工厂由华仔的父亲任厂长，下设几个车间，生产各类自行车配件。由"厂综办"负责产品生产以外的工作，工人实行计件工资，厂子里有时候接到的委托单多，工人们就加班加点地干，奖金也多；有时一个月订单很少，工人们没活干，拿不到钱就有怨言。工厂定了一些制度，但不是很完善；华仔在几个车间都发现有材料浪费与机器空转现象；在一车间，华仔看到几个工友在打牌。回去后，华仔向父亲提出了两点建议：第一，引入海尔集团的 OEC 管理；第二、建立完善的企业制度。请大家分析是否可行及利弊关系。

3. BEST 训练运行

按照训练的标准流程运行，各个项目内容必需的时间由各小组具体设定。

（1）训练规则说明（建议时间 15～20 min）。

训练的目的是让学员明白为何训练，训练什么，训练目标是什么，训练规则是什么，如何进行训练，如何进行考核，谁负责，多长时间完成等训练必需的内容。

（2）分组及就职演说（建议时间 15～20 min）。

按照训练规则与班级人数分组，采用角色扮演方式。准备后进行就职演说。

（3）上任需面对的问题（本章中的背景案例及可能遇到的各种问题）（建议时间 15～20 min）。

① 如果华仔父亲同意华仔的想法，华仔应该做哪些工作？

② 请帮助华仔为华信厂编写企业制度的提纲。

③ 要改变华信厂的现状，还需要做什么？

④ 华仔对海尔集团 OEC 管理的理解是否正确？它与企业制度有什么关系？

⑤ 请你帮华仔将企业制度细化。

⑥ 针对华仔在车间了解的情况，请提出具体的解决办法。

⑦ 帮华仔整理一下今天的收获。

（4）分析会议与解决方案（建议时间 80～100 min）。

对以上遇到的问题召集小组会议，逐项进行分析，找到解决方案，指定相应成员从以下五个方面进行完善。

① 会议主题：______________________。

② 会议形式：______________________。

③ 时间控制：______________________。

④ 会议结论：______________________。

⑤ 解决方案：______________________。

（5）主管对一天工作述职（建议时间 20～30 min）。

对一天工作过程描述；目标的实现度；自己是如何做的；不足之处在哪里，如何建议等。

（6）小组讨论点评与活动总结（建议时间 15～20 min）。

成员对组长及其他成员进行点评。可从目标实现程度、收获、主要问题、寻找更好的方法等方面进行点评。

（7）讲师点评：按照练习、小结（指出正误）、再练习、再小结，直到掌握的程序，对练习进行总结讲评。

（8）对各个小组考核评价（建议时间 20～30 min）。

考核组对各个小组上交的材料，结合考核组对其实际记录及表现进行评价。各个小组需上交给考核组的材料主要有：训练议程安排；人员分组分工及角色扮演名单；各角色的就职演说稿；所面临的问题清单；每个问题的解决方案；会议记录；各角色一天工作述职报告；经营活动总结报告。考核组对每个小组及个人的实际表现、内容掌握深度、目标实现度等的记录。

2.3.2 能力测试

（1）企业的使命是什么？

（2）企业需要哪些活动来完成使命？

（3）企业需要什么样的制度来完成使命？

（4）企业的经营活动与管理活动之间的辩证关系是什么？

（5）通过你对某个企业的调查了解，写出此企业能在社会上立足的理由。

（6）调查某个企业（或其他组织），绘制此企业为社会提供产品（或服务）的流程图，写出每个环节的控制办法。

（7）如果有人向你咨询如何成立有限责任公司与股份有限责任公司，请你给出其程序和需要的条件。

2.3.3　成长日记（二）

结合本章所学的知识与 BEST 训练写一篇 800 字以上的成长日记。

知识梳理与总结

本章通过对企业含义、功能、使命的认识与理解，使大家了解了企业的责任与使命。根据企业的发展历程与运行活动规律，让大家熟悉企业的经营管理过程，通过对现代企业制度内涵的学习，学习现代管理的理论与方法在企业中的应用。用模拟训练的方式将所学知识运用于实际中，通过自主学习与系统的考核，树立企业管理中要“法制”、不要“人治”的思想，达到认知企业，掌握现代企业制度建设的方法与途径，并用其解决实际问题的目的。

第3章 企业管理的原理与艺术

教学导航

教	知识重点	领导、系统、组织、控制、行为原理内涵，基层管理艺术
	知识难点	领导、组织、控制、行为原理及在基层管理岗位的应用艺术
	推荐教学方式	以课堂案例教学与 BEST 训练为主，讨论为辅
	教学场所	教室、实验室等
	建议学时	16 学时
学	推荐学习方法	课堂：案例讨论，角色扮演模拟训练； 课外：成立模拟企业，查询资料，模拟演练
	必须掌握的理论知识	领导的基本含义，系统的观点，组织的原则与组织机构，行为与需求的关系，激励艺术等
	需要掌握的工作技能	领导的职责，团队建设，组织设置程序，基层时间管理，激励艺术等
	训练	通过 BEST 训练：用领导、组织、控制、行为原理等方法与理论，将本章学习中所遇到的各种管理原理与艺术问题及困惑，一一展现出来并加以解决
	考核	形式性考核占 50%（包括流程、时间、角色、需要的书面材料等）；实质性考核占 50%（包括小组及个人的实际表现、内容掌握程度、目标实现度等）

案例 3-1　有家公司淘汰了一批技术落后的设备。董事长说："这些设备不能扔，找个地方放起来。"于是专门为这批设备修建了一间仓库。董事长说："防火防盗不是小事，找个看门人。"于是找了个看门人看管仓库。董事长说："看门人没有约束，玩忽职守怎么办？"于是又派了两个人过去，成立了计划部，一个负责下达任务，一个负责制订计划。董事长说："我们必须随时了解工作的绩效。"于是又派了两个人过去，成立了监督部，一个负责绩效考核，一个负责写总结报告。董事长说："不能搞平均主义，收入应拉开差距。"于是又派了两个人过去，成立了财务部，一个负责计算工时，一个负责发放工资。董事长说："管理没有层次，出了岔子谁负责？"于是又派了四个人过去，成立了管理部，一个负责计划部工作，一个负责监督部工作，一个负责财务部工作，一个总经理——管理部总经理对董事长负责。董事长说："去年仓库的管理成本为 35 万，这个数字太大了，你们一周内必须想出解决办法。"于是，一周之后，看门人被解雇了。

案例启示：企业的组织机构越来越膨胀、制度越来越繁琐、文件越来越多、效率越来越差，很多管理者不仅没有意识到这些问题，反而还陶醉在复杂的事务中沾沾自喜，以为自己正在为"即将到来的成功"而"努力奋斗"；有些人虽然意识到了问题的严重性，可是却不知该从何处下手。

本章将通过对企业管理的基本原理与方法的学习，使学生熟悉管理的基本规则与原理，利用基层管理者对管理原理的创新和 BEST 训练等方式，让大家掌握一定的管理艺术。

3.1　企业管理的基本原理

知识分布网络

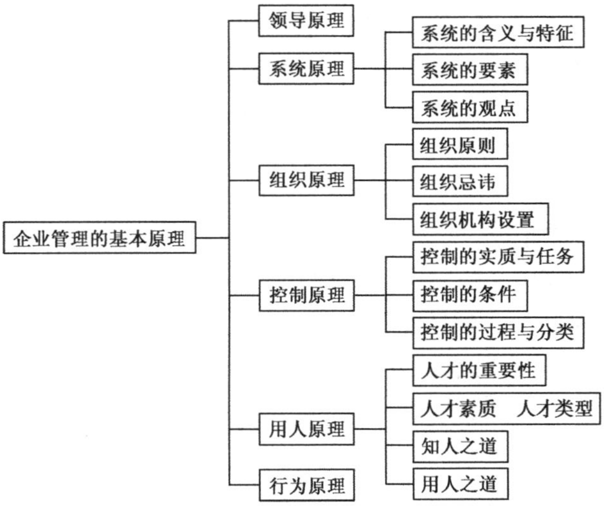

3.1.1　领导原理

1. 领导及其职责

领导：一般而言，是指引导和影响组织或他人，在一定条件下实现目标的行动过程或者说运用一定的权力对组织或他人指挥的过程。

1）领导从属性上讲是一个名词

领导=f（权、责、服务）

（1）权：又称职权。它是领导的基本标志。

① 权力是支配人与事件的力量，是强制性支配力。

② 权威是领导者在群众中的威信或威望，是非强制性的影响力。

③ 权力与权威的区别：权力是法定的，与职位成正比，不因人而异；权威是因人而异的，取决于领导者个人的水平和品质。

如何运用权力和权威呢？一句话：要尽力拉大与群众的水平距离，缩小与群众的感情距离，如表3-1所示。

表3-1 领导水平与群众评价

水平距离	感情距离	效　应 群众对领导态度	评　价
大	小	既敬又亲	好
大	大	敬而不亲	中
小	小	亲而不敬	中
小	大	不敬不亲	差

权力在领导者和被领导者之间的分配是不平等的：领导者拥有相对强大的权力，可以影响组织中其他成员的行为；而组织中其他成员却没有这样的权力，或者说其所拥有的权力并不足以改变其领导的地位。领导者在权力方面的优越性是领导工作得以顺利进行的重要基础。领导者对被领导者可以产生各种影响：领导的本质是影响力。领导者拥有影响其下属思想和行动的权力。正是由于影响力的存在，领导者才能够对组织的活动施加影响，并使得组织或群体成员追随与服从。也正是由于被领导者的追随与服从，才能够保证领导者在组织、群体中的地位，并使领导过程成为可能。

（2）责，又称职责，它是领导的根本属性。领导的主要职责：确定方向、策划未来、激励员工、协调工作、营造环境。对于中层以下的领导者，其职责主要是“贯上维下”，即贯彻上级精神，维护下属利益。现实中只“贯上”的领导，群众往往不满意；而只“维下”的领导，上级不满意。领导要善于把上级精神与下属利益结合起来，把组织目标与个人目标结合起来，带领团队达到目的。

（3）服务，是领导者的根本宗旨。领导者应该是组织的公仆，用社会赋予的权力，组织团队成员协调资源，认真履行职责，为员工、组织与社会服务。

2）领导也引导下属并对下属施加影响

领导=f（领导者、被领导者、环境）

领导者：实施领导过程的人。他们利用影响力带领组织或群体成员达成组织目标。领导者对领导者工作的有效性有着重要的影响。

被领导者：领导的下属，领导工作的客体。被领导者的状况对于领导者工作的有效性和领导方式的选择都会有影响。有人形象地把它比喻为以下三方面。

（1）领导者=火车头。“兵熊熊一个，将熊熊一窝”。

（2）被领导者=火车。按照组织目标，认真执行领导意图。

（3）环境=铁轨。领导要为组织确定方向、策划未来、激励员工、协调工作、营造环境，最终实现目标。

2．领导的工作原理

领导的工作原理从六个方面介绍以下。

（1）指明目标原理：明确目标任务。

（2）协调目标原理：个人与组织目标协调一致，人们的行为就会趋于统一；协调得好，行为就能一致。

（3）命令一致原理：领导发出的各种命令越是一致，人们执行起来矛盾就越小；前后一致，左右一致，范围一致。

（4）直接管理原理：领导与下级接触得越多，了解的情况就越准确，领导效率就越高；便于了解第一手信息，给员工温暖与亲近的感受。

（5）沟通联络原理：领导和下属有准确、有效、及时的沟通，则整个组织就是一个真正的、和谐的整体。

（6）激励原理：下属的需要与愿望越是得到满足，人们的积极性就越高，就越能为组织做出更大的贡献。

3．领导工作的实质

领导工作的实质表现为以下三个方面。

（1）同人打交道，处理好各种关系。

（2）同事打交道，决定各种事务，使管理活动正常进行。

（3）同时间打交道，掌握时间的进度，保持工作的高效率。

4．对领导者的基本要求

对领导者的基本要求可以概括为一句话，即“通过三个方面，达到一个目的”。

（1）三个方面包括如下内容。

① 通畅组织内外的沟通联络渠道。

② 运用适宜的激励措施与方法。

③ 不断改进和完善领导作风与领导方法。

（2）一个目的：创造一个有利于实现组织目标的氛围（其中包括组织风气、员工士气、企业文化）。

5．领导方式与类型

1）按照领导行为划分

领导方式按照领导行为划分有以下三种。

（1）专制或独裁型（专权型领导）：指领导者个人决定一切，布置下属执行。这种领导者要求下属绝对服从，并认为决策是自己一个人的事情。

（2）民主集中型（民主型领导）：指领导者发动下属讨论，共同商量，集思广益，然后决策，要求上下融洽，协同工作。

（3）自由放任型领导：指领导者撒手不管，下属愿意怎样做就怎样做，完全自由，他的职责仅仅是为下属提供信息并与企业外部进行联系，帮助下属的工作。

2）按照任务—关系的变化行为划分

领导方式按照任务—关系的变化行为划分有以下四种。

（1）指导型领导（命令式）（高任务—低关系）。领导者定义角色，告诉下属应该做什么、怎样做以及在何时何地做。

（2）推销型领导（说服式）（高任务—高关系）。领导者同时提供指导行为与支持行为。

（3）参与型领导（低任务—高关系）。领导者与下属共同决策，领导者的主要角色是提供便利条件和沟通。

（4）授权型领导（低任务—低关系）。领导者提供不多的指导或支持。

案例 3-2 有一个学徒刚进厂，思想上比较单独稚嫩，对工厂也很生疏，这时领导应该为他安排好工作，要安排得很具体，并加强指导，对他严格要求。这时的领导行为是高工作—低关系。过了一段时间，他的工作知识和经验逐渐增加，对工作环境也比较熟悉了，对工作也从不能自我控制逐步走向自我控制。这时，领导应该逐步放手，并适当授权，在一定程度上让他独立自主，随时给予鼓励和适当指导。这时领导方式成了高工作—高关系。到了他更成熟的时期，在工作上让他负有更多责任，给与更多自主，让他自己组织安排工作，领导行为也就走向低工作—高关系。随着对方性格与技能的更加成熟，就可以让其独立自主地工作，这时领导方式就变成低工作—低关系。如果对一个老工人，用指导学徒的办法去吩咐他"这个工作应该这么干，那个工作不能那么干"，相反，用安排老工人工作的方法去指导学徒去干活，效果就会不好。

案例 3-3 一分钟经理。美国学者肯尼恩布兰查德的《一分钟经理——明日经理的选择》一书中，提出一种新的管理方法，它包括三条秘诀，具体内容是一分钟目标、一分钟表扬、一分钟指责。

1. 一分钟目标确定要求

（1）就目标取得一致意见。

（2）设想相适应的行为方式。

（3）把每一项目标定在一张纸上，最多不得超过250个字。

（4）把各项目标反复看几遍（每看一遍只需一分钟）。

（5）每天经常抽一分钟来察看自己的工作情况。

（6）看看自己的行为是否符合自己确定的目标。

2. 一分钟表扬

具体做法：

（1）开诚布公地告诉下属，让他知道上司对他工作的了解。

（2）及时表扬员工。

（3）告诉员工为什么说他们干得好，并要具体地指出好在哪里。

（4）告诉员工为此上司是多么高兴，他们的工作对企业和其他人会有多大益处。

（5）沉默片刻，让员工感到上司很高兴。

（6）再接再厉。

（7）与员工们握手，或拍拍肩膀，以此表明上司对他们成功的肯定。

3. 一分钟指责

（1）事先以毫不含糊的语言告诉你的员工，让他们知道在一定的期限内应该怎样工作。

（2）指责要及时。

（3）具体指出问题出在哪里。

（4）以毫不含糊的语言告诉员工，你为他们的错误感到难受。

（5）令人难堪的短暂沉默，让员工们感受到你的心情。

（6）握手并友善地拍拍他们，让员工们明白你与他们同舟共济。

（7）提醒员工，你非常器重他们。

（8）让员工们清楚地懂得，你对他们的印象不错，但是这样干可不行。

（9）说清楚，指责完就不再追究。

（资料来源：肯尼恩布兰查德编写的《一分钟经理》）

3.1.2 系统原理

系统是由事物之间相互依赖、相互作用的若干个要素组合而成的具有特定功能的复合体。凡是客观上存在的由诸多要素组成的各种独立事物，都可以看做一个系统。如一个工厂、一项工程、一个产品等，都可以称为一个系统。在一个大系统内可以分为分系统、子系统等。

1. 系统的特征

系统的特征可从以下三个方面表现。

（1）目的性：所有的系统都有一定的功能、目的。如工业企业是以生产工业产品为目的的，酒店服务企业是以为客户提供服务为目的的。

（2）整体性：系统是由诸多小的系统组成的一个有机整体，局部的发展要与整体的发展协调，整体效果才好，即 2+3>5。

（3）层次性：任何复杂的系统都是有一定层次结构的，如工业企业系统中第一层次是供、产、销等；第二层是供、产、销的具体活动等。

2. 系统（生产型企业）的要素

系统（生产型企业）的要素有以下六个。

（1）任务：产量与利润等。这是建立生产系统的主要目的。

（2）人：包括各种人才，如技术员、管理者等。

（3）财：包括流动资金和固定资金等。

（4）物：原材料、能源半成品和成品等。

（5）机器设备：包括机器、仪器仪表、厂房、建筑设施等。

（6）信息：包括各种情报、资料、统计材料、文件计划、图纸、工艺、规章、方针、政策等。

最主要的因素有两个：人与信息，信息是最活跃的，而人是最关键的。

3. 系统的基本观点

1）全局性观点

我们经常看到媒体报道：某人提前 100 天完成生产任务。从局部看，这是充分发挥了劳动者的积极性，反映了当家作主的主人翁精神，似乎是好事。但从实际效果看，往往又会使上下道工序平衡失调，造成资金积压，不是好事。一个组织内若没有全局性观点，有时真可谓好心办坏事，辛辛苦苦，一事无成。

2）综合性观点

从综合性观点看，就是要运用各种知识来管理现代化大生产，要求管理者掌握多种知识，如技术、社会、心理、数学、管理、物理学等。

案例 3-4 恰逢其时的管理方式。近年来，美国数万家公司纷纷推行一种叫做“洽逢其时”的管理方式。这种管理方式的大体内容是：在电脑的辅助下，大刀阔斧地简化生产过程，减少零件库存。在从原材料进厂到成品上市的整个过程中，每一个环节要十分紧密地衔接，杜绝“停工待料”和“停料待工”现象，有效地提高生产效率。在通用汽车公司生产“土星牌”汽车的生产车间，新安装了 101 扇自动门。这些门平时是关闭着的，用人力打不开，只有到了该门所管辖的那道工序需要某种零件的时候才会自动打开，把零件送进去。

例如在流水线上缓缓运行着的汽车到了需要装配座椅的时候，另一家生产座椅的公司从电脑主机上收到送货指令，随即用卡车把座椅运到通用汽车公司的工厂里来。这时候，靠近装配座椅工段的那道门自动打开，座椅被直接送上装配线，这就叫洽逢其时。

这种管理方式的好处是减少了仓储费用，缩短了从仓库到装配线的运输时间和距离，从而可以降低生产成本。此外，这样也能促使装配线不出任何事故，保证装配过程准确无误，迫使生产部门提高工作质量和产品质量。

推行这种新的管理方式的关键是提高工人的素质，把工人培养成掌握多种技能的多面手，为此，已经或准备实行这项管理制度的美国企业都不惜花费巨款来培训职工。通用汽车公司规定，每个工人每年都要抽出百分之五的工作日参加培训班，学习各种专业技能。

3）满意性观点

从满意性观点看，就是要考虑到各方面的情况，做出最佳决策，以保证各方面都令人满意。如四川西部平原的都江堰，这是古代李冰父子创造的奇迹，他们把全局性、综合性、满意性都处理得很好。灌溉、蓄水、排洪、排沙都考虑得相当周到。而有些城市的规划建设就缺乏系统性，被称做“城市建设靠大家，每个领导上来都要挖”。

4）可行性观点

从可行性观点看，就是在许多可供选用的方案中选取与当时主客观条件相适应的可行方案。

案例 3-5 北宋时皇宫被烧，宋徽宗派丁渭负责，用最短时间重建，他把宫前大街挖成一条河流，通向城外大河，建筑用的大木和巨石，可借水运至本地。挖河取出的土烧制成砖瓦，用于建屋。皇宫建成后，所有建筑垃圾，用之填河。仍可以恢复一条大街，一举三得，这个方案在当时是可行性最强的。

3.1.3 组织原理

所谓组织就是根据一定的原则，对人与事进行有效的组合，形成一个有机整体，以便更好地趋向一个共同目标。

1. 组织原则

1）整分合原则

为提高组织工作效率，必须对整个工作如何完成有充分细致的了解，在此基础上，再将整体工作分解成一个个基本要素，然后明确分工，把每项工作规范化，建立责任制度，科学地进行组合，使各个要素在分工的基础上充分合作，协调一致、有效地进行。现代管理必须在整体规划下进行明确分工，又在分工的基础上进行有效的综合。

2）统一指挥，分级管理的原则

上级命令要逐级下达，下级只接受直接上级的指挥，要处理好上下级之间、集权与分权之间的关系，充分发展各级和各职能机构的作用。

3）专业分工原则

专业分工原则是要量才施用，做到能职相称，适才适用，人尽其才，才尽其用，各尽所能，各得其所。

4）管理跨度原则

管理跨度原则是一个人能直接有效领导下属人数的限度。由于一个人精力、体力、时间和知识的限制，无法直接领导许多下属。因而，必须分设层次，一般上层领导管理 3～5 人为宜，中层领导管理 5～10 人为宜，基层领导管理 10～15 人为宜。它与组织的层次成反比，即管理的有效跨度越大，组织的层次越少。

5）平衡性原则

平衡性原则是要求组织内部各因素维持动态的平衡。如果组织活动中某种资源出现多余，说明组织失衡了，应及时进行调整。

6）效率原则

组织活动始终围绕“效益=产出－投入”这个公式运行。如何讲求效率是衡量组织效率的重要标准。

2. 组织忌讳

组织忌讳有以下十种情况。

（1）职责不清：会造成有功劳大家争，有问题互相推诿。

（2）有责无权：权责不对应，无法行使职权，不能顺利开展工作。

（3）机构臃肿：它将造成人浮于事，难协调，效率不高。

（4）工作范围不清：这将产生混乱。

（5）名位不符：地位相同，职权待遇不同，会影响积极性的调动。

（6）工作指定不合理：造成甲事乙干，引起矛盾，相互猜疑，破坏团结。

（7）包揽不相干的工作：忙忙碌碌工作，抓不到点子上，费力不讨好。

（8）工作轻重倒置：结果是抓了芝麻，丢了西瓜。

（9）多头领导：下级无所适从，不知道应执行谁的指令，工作难办。

（10）多级领导：信息流通线路过长，信息失真，组织运转失灵。

3. 组织机构设置

1）组织机构设置的基本流程

组织机构设置的基本流程如下。

（1）确定企业的目标：要求目标有稳定性和弹性。

（2）工作划分：按企业经营活动的业务范围，如生产、财务、人事、供销等业务划分组织机构，建立部门，实行专业管理。

（3）确定工作规范：根据各项工作的性质、任务、特点，建立起必要的规章制度。

（4）建立岗位责任制：将目标、岗位与人员连接起来，以明确各层次、各岗位的权利。

（5）合理安排人员：应做到因事设职，因职设人，能职相符。

2）组织形式

组织形式有以下五种。

（1）直线制组织（集权式领导），如图3-1所示。

直线型组织结构也称集权式组织结构，是最早使用、也是最为简单的一种组织结构类型。“直线”是指在这种组织结构中职权从组织上层“流向”组织的基层。这种组织结构的特点：每个主管人员对其直接下属直接领导；每个人只能向一位直接上级报告；主管人员在其管辖的范围内，有绝对的职权或完全的职权。

其优点：结构比较简单，责任与职权明确，做出决定比较容易和迅速。

其缺点：在组织规模较大的情况下，业务比较复杂，所有的管理职能都集中由一个人来承担，这是比较困难的；而当该“全能”管理者离职时，会难以找到替代者；部门间协调性差。

该种组织结构类型一般只适用于那些没有必要按职能实行专业化管理的小型组织或应用于现场作业管理。

（2）职能制组织（分权式领导），如图3-2所示。

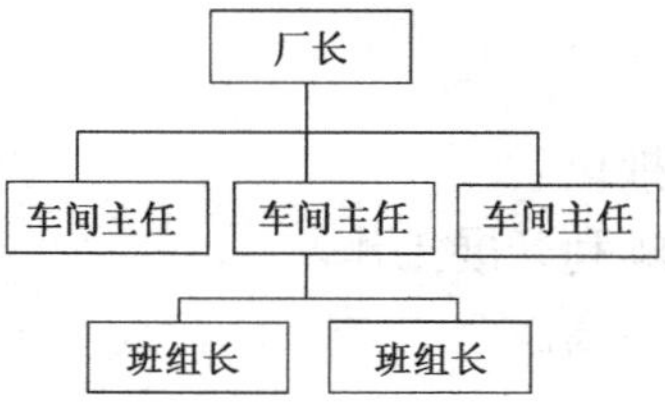

图3-1　直线制组织机构图

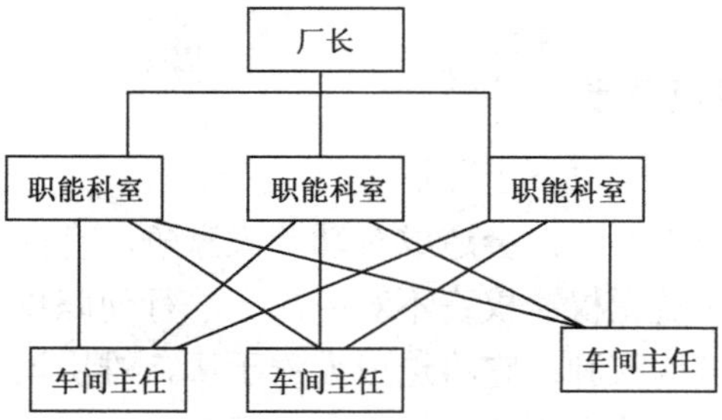

图3-2　职能制组织机构图

职能型组织结构也称为分权式组织结构。其特点是采用按职能分工实行专业化的管理办法来代替直线型的全能管理者。

其优点：具有适应管理工作分工较细的特点，能充分发挥职能机构的专业管理作用；由于吸收专家参与管理，减轻了上层主管人员的负担，使他们有可能集中注意力履行自己的职责。

其缺点：由于实行多头领导，因此妨碍了组织的统一指挥，易造成管理混乱，不利于明确划分职责与职权；各职能机构往往不能很好地配合，横向联系差；在科技迅速发展、经济联系日益复杂的情况下，对环境发展变化的适应性差；强调专业化，使主管人员忽略了本专业以外的知识，不利于培养上层管理者。在实际工作中，事实上不存在纯粹的职能型组织结构。

（3）直线职能制组织，如图 3-3 所示。

直线管理人员：对下级发布命令、指令。职能管理人员：对下级进行业务指导，以贯彻直线管理的指示意图，起到参谋作用。有直线制与职能制两个方面的优点。

（4）事业部制组织，如图 3-4 所示。

事业部是一个大集团公司，有几十个企业，依靠一个总经理很难管理，这时把企业的生产经营活动按产品或地区的不同设立事业部。每个事业部是一个利润中心（分公司），在总公司领导下，实行独立核算、自负盈亏。每个事业部又是一个责任中心，对总公司利润计划负责任。每个事业部还是一个经营中心，在经营管理上享有一定的自主权。但事业部只是总公司的分支机构。

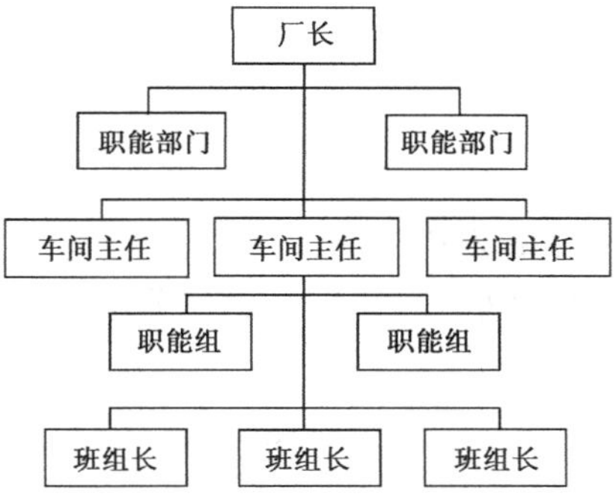

图 3-3　直线职能制组织机构图

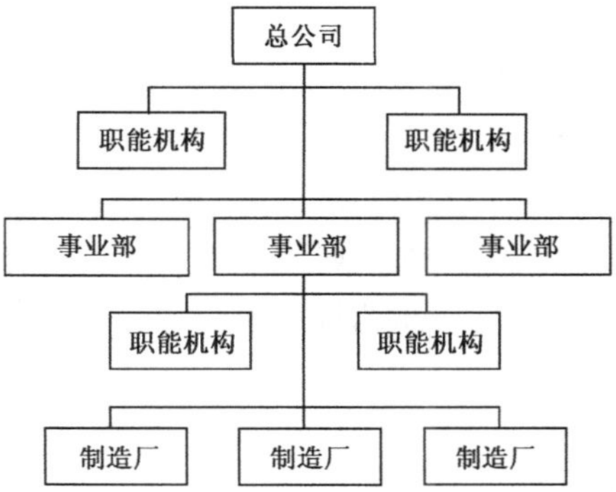

图 3-4　事业部制组织机构图

其优点：

① 有利于总公司领导，摆脱日常行政事务，集中力量，抓好重大经营业务。

② 有利于联合化与专业化的结合，一个事业部下的某个经济组织只生产一种产品，实现高度专业化。

③ 由于各事业部实行单独核算、自负盈亏，因此能进行产品的效益比较，有利于调整产品结构，更好地适应市场需求。

其缺点：

① 容易产生多头主义，只负责本部效率，影响事业部之间的协作。

② 总公司与事业部机构重叠，人员较多。

（5）矩阵式（略）。

3.1.4　控制原理

1. 控制的实质与任务

控制是对各单位（工作）规定的目标以最合理的途径实现的方法。控制的实质是对目标实现所采取的措施。控制的任务有以下六方面。

（1）确定组织内部各个管理层次达成的目标。

（2）引导组织内部各单位协调合作，共同努力，达到既定目标。

（3）把各项作业计划和目标传达给各级有关人员，并催促其实施。

（4）维持组织内部各单位的平衡，维持整体活动的协调。

（5）引导各部门和单位以最有效的方法领导下属。

（6）适时地指出各部门和单位的优点和缺点，找出原因并协助其解决。

2. 控制的过程

控制的过程包括以下三个步骤。

（1）确定控制标准：控制什么事物，这个事物用什么参数去描述，合理地确定这个参数就是确定控制标准。

（2）衡量工作效果：用标准与工作效果进行比较，如果存在偏差，就要分析偏差产生的原因，制定纠正偏差的方案。

（3）采取纠偏行动：反映了控制的强制性。

3. 控制的类型

控制有以下四种分类方法。

（1）按控制点的位置进行划分：事前控制（预先控制）、过程控制（现场控制）、事后控制。

（2）按控制源进行划分：组织控制、群体控制、自我控制。

（3）按控制信息的性质进行划分：反馈控制（总结经验，指导未来）、前馈控制（处理信息，预测未来）。

（4）按控制的手段进行划分：纠正性控制（直接控制）、预防性控制（提高素质，强化法制，避免错误）。

3.1.5 用人原理

1. 人才的重要性

1）人才是企业的重要性资源

人是生产力中最活跃的因素，企业大体包括人、财、物，供、产、销，时、空、事，信息等要素，其中人是最重要的。企业需靠三个轮子才能良好地运转，一是技术，二是管理，还有一个是经营思想，这三者要运转起来必须有轴，而能使三个轮子运转起来的轴就是人才。

案例 3-6 汉高祖刘邦在分析自己为什么能得天下而项羽为什么会失天下时说："运筹帷幄之中，决胜千里之外，我不如张良；治理国家，安抚百姓，调集军粮，使运输军粮的道路畅通无阻，我不如萧何；联络百万大军，战必胜、攻必克，我不如韩信。此三人皆人杰也，我能用之，这是我能得天下的原因。"美国钢铁大王卡内基曾经说："如果把我企业中的所有财产都拿走，只把我的人留下，四年以后，我还会是钢铁大王。"

2）人才是使企业在竞争中取胜的关键

案例 3-7 有一次，美国福特电器公司的一台发电机坏了，请了几位专家也没能修好，最后找到了在一家小工厂工作的德国籍工程师斯坦敏茨。斯坦敏茨答应去看看，他告诉公司的工作人员，在电机旁搭一个帐篷，让他在里面休息。三天后，他要来一架梯子，上到电机上面，在一个部位上划了一条线，告诉公司，故障在此。公司的工作人员打开后，故障很快消除。事后公司问他要多少钱，他说 10 000 美元，公司有人认为太贵了，因为他没有做什么。而斯坦敏茨说：“划一条线只值 1 美元，而知道在什么地方划，值 9 999 美元。”9 999 美元就是人才的价值。后来福特电器公司为了得到斯坦敏茨这个人，甚至不惜多花 1000 万美元将其所在的小工厂买过来，这充分说明美国企业对人才的重视。

2. 人才素质

1）管理型人才的素质

孙子在撰写的《孙子兵法》中写道：“将者，智信仁勇严也。”这就是一个将领（管理者）应具备的五个方面的道德素质修养。

（1）智：必须聪颖而智慧，遇事能做出准确无误的判断以及做出及时合理的决定。

（2）信：必须信赖自己的下属，并能获得下属的信任。

（3）仁：必须体贴爱护下属，时刻关心下属，对下属要仁义相待。

（4）勇：必须有勇气，有魄力，处事果断，雷厉风行。

（5）严：要严以律已，宽以待人，遵纪守法，赏罚分明。

2）各类人才所需素质

我国对各类人才的素质要求主要从以下几个方面考虑。

（1）德（道德修养）：是发挥学识的动力，是人才素质的基础。我们所说的德，主要是指政治品德和思想觉悟，一个人的道德素质可以从他的事业心、责任感、正义感、进取心、探索精神、毅力、牺牲精神、同情心等方面表现出来。

（2）学：指学问，是大脑记忆区的信息库存量，也就是指知识的质和量。知识的积累需要平时的学习，不学无术的人决不是人才，人的才能要靠勤奋的学习和后天的努力才能取得。

（3）才：指才能和智能，是知识的活化和运用的能力，其核心是正确的思维方法和实现能力。

（4）识：指见识，是指广博的知识和胆识。一个理想的人才，不仅要有渊博的知识，并且要有一定的胆量，有识无胆，一般难以成就大事。

（5）体：指人的体质，包括体力素质和脑力强度。没有强壮的身体和发达的脑力，是很难成为有用人才的。

3. 人才类型

按照性格划分，人才有以下三种类型。

（1）活跃性，外向型：这种人善于交际，但往往轻浮，工作不踏实。

（2）沉默型，内向型：这种人不善于交际，不爱说话，但有钻研精神。

（3）中间型：能随客观需要调整性格。

从人才学的角度分析，对这三种人在应用时也应不同。活跃型，宜用在供销、外交、商业等领域工作；沉默型，宜用在科学技术研究领域工作，中间型是领导人才。

4. 知人之法

我国古代有许多认知人才的方法，这里以诸葛亮的知人七道为例来说明。

（1）问之以是非而观其志，就是在大是大非面前考验一个人的志向。

（2）穷之以辞辨而观其变，就是考察一个人的经验和应变能力如何。

（3）资之以计谋而观其识，就是通过座谈讨论，征询其意见，看一个人的知识、能力与见识。

（4）告知以祸难而观其勇，就是在危难之时，考察其勇气和胆略。

（5）醉之以酒而观其性，看一个人的真正性格即其内心世界的本质，是否表里一致。

（6）临之以利而观其廉，就是看一个人在利益面前是否廉洁奉公。

（7）期之以事而观其信，就是布置工作，看一个人能否按时、按质、按量地把事办好。

5．用人之道

以下介绍两种古时的用人之道。

（1）知人善任，人尽其才。不同的人有不同的优势，孔明善谋是好军师，但冲锋陷阵不如张飞；李逵在陆地是虎将，但水中不如张顺；如果人才优势与岗位特点不相符，就会干出张飞升帐，孔明冲锋，张顺上岸、李逵下河的事来。

（2）要用人不疑，疑人不用。在用人才之前，先要对人才的特点进行分析，一旦确定就应该放开手脚让他去做。

6．用人不疑，疑人不用

择其高山，不讳深谷。用人看重的是其优点，不应该怀疑或放大其缺点。

案例 3-8 在克雷洛寓言中有一个故事。有个人想把自己的胡子刮掉，在他面前有两把剃须刀，一把很尖利，一把很钝。这个人想用尖利的剃须刀，但又担心把脸刮破了，为此，他选择用那把很钝的刀子刮脸。结果脸没有刮干净，反而把脸刮破了。

7．人力资源管理的程序

为确保各项任务顺利完成并使系统能够正常运行，企业必须按照组织机构设计的基本要求配置合适的人力资源，并对之进行有效的管理。人力资源计划的整个过程大致可以分为六个步骤。前三个步骤分别是：在组织战略规划框架之下编写人力资源计划、招聘员工、选用员工。这一阶段的目标是要发掘有能力的人才并加以选用。后三个步骤分别是：职前引导、培训、职业生涯发展。这三项活动是为了确保组织既能留住人才，又能使员工技能得以发挥，符合未来的组织发展要求。上述程序都会受到来自于政府政策和法律的约束，如图 3-5 所示。

3.1.6 行为原理

1．行为与需求的关系

行为与需求的关系如图 3-6 所示。

行为学认为，工作不过是人的行为的结果，然而人的行为要由动机来决定，动机要由人的需求来考虑。即需要激发动机，动机决定行为，行为到达目标，目标满足需求，进而产生新的需求，激发新的动机，导致新的行为追求新的目标。

2．人类的五种需求

美国行为学家马斯洛提出了人的需求层次理论。它有两个基本论点。一个基本论点是人是有需要的动物，其需要取决于它得到了什么，缺少什么，只有尚未满足的需要才能影响行为。换言之，已经得到满足的需要不再起到激励作用。另一个基本论点是人的需要都有层次，某一层需要得到满足后，另一层需要才出现。

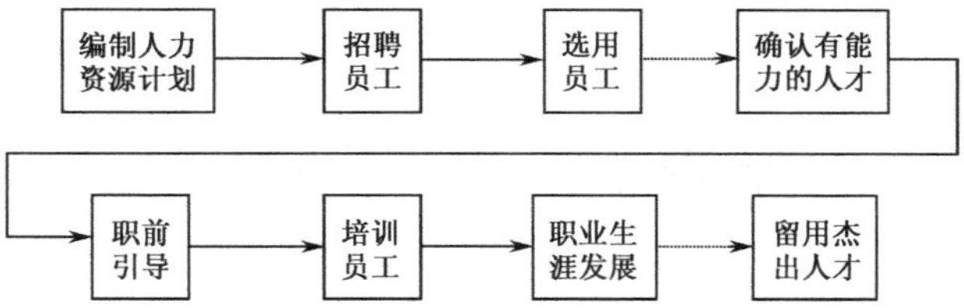

图 3-5　人力资源管理的程序

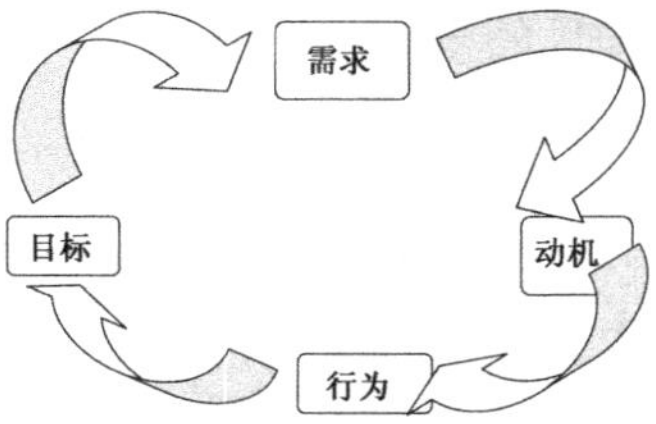

图 3-6　行为与需求的关系

在这两个论点的基础上，马斯洛认为，在特定的时刻，人的一切需要如果都未能得到满足，那么满足最主要的需要就比满足其他需要更迫切。只有前面的需要得到充分的满足后，后面的需要才显示出激励作用。

马斯洛认为，每个人都有五个层次的需要：生理的需要、安全的需要、社交或感情的需要、尊重的需要、自我实现的需要，如图 3-7 所示。

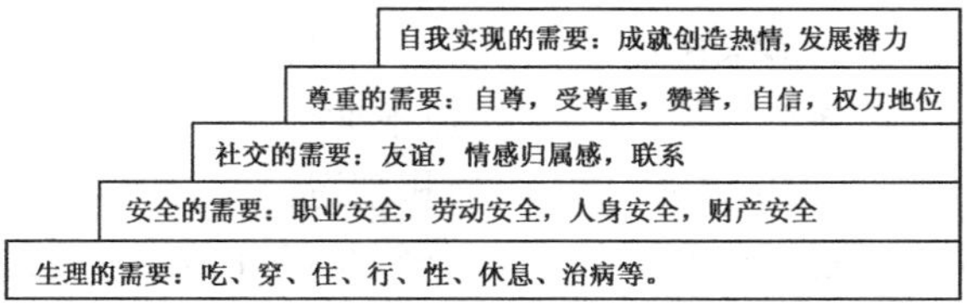

图 3-7　马斯洛关于人的五种需求层次

3. 管理者管理人员的金钥匙

以满足人们的需求来控制人们的行为，从而达到管理者的目的。

4. 五种需求与激励的措施

五种需求与激励的措施如表 3-2 所示。

表 3-2　五种需求与激励的措施

需求层次	生　理	安　全	社交或感情	尊　重	自我实现
追求目标	薪水、健康、良好环境、各种福利	职务保障、安全生产等	友谊，良好的人际关系，团体接纳与组织一致	地位、名誉、权力、责任、薪水高低	能发挥个人特长的组织环境，挑战性工作等
激励措施	安排好医疗、保健、休息、住宅、福利设施等	雇佣保证、退休金、保险等	协助、访谈、团体活动、教育训练、娱乐制度等	人事考核、晋升、表彰、选拔先进、进修等制度	参与决策制度、提案制度、研究发展计划、劳资协商

5. 注意事项

1）快乐公式

$$快乐=\frac{需求满足程度}{欲望}$$

如甲、乙二人，甲每月想挣 5 000 元钱，乙每月想挣 300 元，发工资后，两人都得

4 000 元，乙比甲要快乐得多。

2）要注意自然领袖的作用

在一个组织中，有行政领导与自然领袖共同存在，要注意怎样使组织成员的行为符合行政领导的意图。

6．企业基本的动力源泉

对个人而言，动力的源泉主要来自物质与精神两方面。而对于企业而言，主要包括以下两方面。

企业的动力=职工积极性+职工创造性

职工的积极性=思想觉悟水平的不断提高+生活福利水平的不断提高

职工创造性=文化水平的不断提高+创造能力的不断提高

创造能力=（知识积蓄力×思维想象力×综合分析力）×理想竞争力

就是说，一个组织的动力主要在于职工的积极性和创造性，而积极性和创造性的产生取决于职工的思想觉悟水平的不断提高，文化、业务水平的不断提高、职工生活福利水平的不断提高等。

三者之间的关系：思想觉悟水平的不断提高是基础，必须要特别重视；生活福利水平不断提高是引力、激励，必须认真做好；文化技术业务水平的不断提高是关键，必须大力推动。只有三者都提高，才能有利于职工积极性和创造性的提高。

如何激发每个人的动力呢？有人讲，如果一个人有 100%的能力，你只给他 80%的工作，他的能力将退化；如果一个人有 100%的能力，你只给他 100%的工作，他的能力只会保持不会提高；而一个人如果只有 80%的能力，你却给他 100%的工作，那他就会有突破性的提高。可见，压力管理是一种有效的办法。

3.2 基层管理者的管理艺术

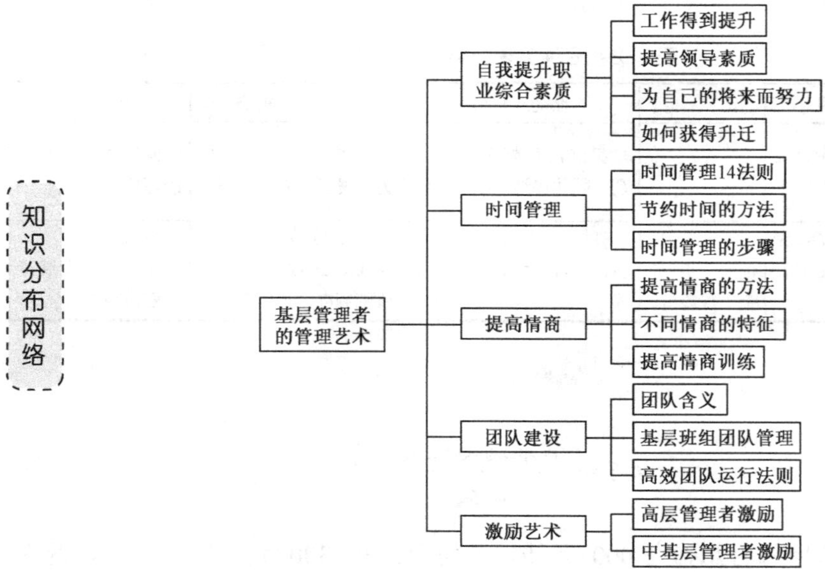

3.2.1　自我提升职业综合素质

1. 使自己的工作得到提升

1）追求梦想

作为一名基层管理者，应该清楚地知道以下两点。

（1）自己的理想工作是什么，如何才能得到或者保住这份理想的工作。

（2）自己对成功的定义是什么，比如说是职位的提升、家庭的幸福、朋友的关爱、他人的认可、丰富的经验，还是自由生活的感觉，或者更多的金钱。

案例 3-9　张全是一个企业的老板，他非常清楚地给自己设定了梦想，并且努力去追求。10 年前，他是企业信息化的倡导者，并且取得了巨大的成功。10 年后，他发现中国的企业信息化已经做得很多了，于是又转向另一个梦想，从事汽车的推广业务，在北京开了很大的汽车城。谁也不知道他的下一个 10 年梦想是什么，但是大家都知道，正是由于他对梦想的追求，才使他取得今天的成就。

2）了解自己

人人都有梦想，但是能不能实现还要看个人的能力、性格和知识等方面的情况，我们要对自己做出客观、公正的评价，找到不足之处并努力改进。对自身的了解应该是一个变化的过程，任何一个人的情况都是不断改变的。

3）站在上级的角度考虑问题

一个人的能力取决于自我激励的精神、创造力、领导潜力、沟通能力，以及对变化的控制能力和分析能力等，要学会把这些能力综合在一起，从老板的角度来考虑问题（老板对我们的期望是什么，企业的发展方向是什么，怎样与老板配合等），既能够培养自己的全局观念，又能够获得上级的赏识。

4）成为永远的学习者

有句话叫做“活到老，学到老”，要想成为优秀的领导，获得更高的职位，就一定要学习，而且持之以恒、坚持不断地学习，遇到难题时不要碍于面子，要敢于向他人求教。

5）有效地推销自己

在与他人的接触中，要积极地与人沟通，有效地推销自己，争取赢得别人的信任，找到能力强而又志同道合的同事建立相应的同盟，为自己的事业建立基础。如果在企业中有一些人把你的成功也当做他们的成功，这对个人能力的提升是有很大帮助的。

6）职业发展规划

一名基层管理者不仅要争取自己进步，而且要帮助员工确认个人的职业生涯规划，制定部门的人才梯队计划，这是部门职业发展规划中不可或缺的内容。

2. 培养和提高领导素质

1）改进知识结构

知识结构和智能联系在一起，智能指人们运用知识的能力。基层管理者要努力提高自己的学习能力，不断改善知识结构，使知识结构更符合基层管理的需要，才能提高领导素质。聪明的人不一定能够成为好的基层管理者，但是有能力不断改进自身的人，才具有成为优秀管理者的潜质。

2）提高心理素质

心理素质本身是内在的心理过程，往往通过一种方式表现出来，先天形成的心理素质有情绪、性格和气质等，后天形成的心理素质有信心、信念、意志和毅力等。心理素质的发育和成熟是在社会实践中实现的，管理者一定要有意识地提高自己的心理素质。

3）更新观念

人类的每一次变革都是以先进的观念为前提的。一个伟大的领导者肯定有一个伟大的远见，这个远见不仅能够激励他自己，还能鼓舞他所领导的团队。当发生冲突的时候，实际上很多是选择上的冲突，作为领导者要在众多的选择中能选择一个最好的来执行，就需要有渊博的知识和深邃的洞察力，基层管理者要能够知道下属在想什么，需要什么，并给予他们指导，带领员工实现目标。

4）增强技能

这里的技能包括以下三个方面。

（1）与人沟通的能力：善于与人沟通，才能保持良好的人际关系。

（2）技术上过硬：技术过硬未必是好的基层管理者，但是好的基层管理者一定要技术过硬。

（3）思维超前：作为管理者，无论层次高低，要想到别人所没有想到的，看到别人看不到的，要有创新精神和不断创新的能力。

5）培养高尚品格

品格是决定管理者自身价值高低的一个重要因素，也是其魅力的重要源泉。管理作为一种指挥和控制行为，实际上是管理者对被管理者产生影响的过程。有效影响力包括强制性影响力（如传统因素、权利因素、资历因素等）和自然影响力。高尚品格的培养需要有效影响力的正向作用与自身的努力。

3．为自己的将来而努力

1）自我管理

自我管理是管理者行为的本质，对基层管理者提出更高的要求就是要能够做到自我管理。自我管理就是要把自己造就成或经营成完全符合组织要求的“人”。松下电器的老总松下幸之助对其企业提出的“欲造器，先造人”，就是从自身出发，自我管理，提升自我的品格与素质来提升产品品质的。

2）求异

所谓求异就是指异向思维，就是作为一名管理者，要敢于批判那些先入为主的东西，从超乎常人的角度看问题，从而看到别人看不到的东西。对于别人看到的问题，管理者要比别人看得更长远。

3）自我反省

知人难，知己更难，因为知人者智，自知者明。基层管理者要经常自我反省，分析过去的对错与得失，明确努力的方向。

4）树立远大的理想

树立远大的理想，有利于保持积极向上的精神状态，敢于面对错误和承担相应的责任。不仅自己要树立远大的理想，而且部门也要设立一个可行的、具体的理想，远大的理想要靠具体的理想组合形成。

5）提高自控能力

自控能力是指能够抑制自己的感情和情绪，控制自己的行为，使自己以最合理的方式行动，并且强迫自己在必要的时候拒绝诱惑。管理者的自控还包括在面临危机时要保持冷静，尽快摆脱坏的情绪。此外，作为管理者要善于控制自己的怒气，在不适合发怒的时候，不仅要做到表面不怒，内心也要不怒。

4. 如何获得升迁

1）把握升迁的机会

志向远大的基层管理者不能满足于现状，怎样才能把握住升迁的机会呢？有以下几个步骤可以遵循。

（1）了解公司的组织机构图表，了解有哪些部门，有什么职位。

（2）对自己可以升到哪个层次的职位心中有数。

（3）了解有哪些职位是空缺的，空缺的原因是什么。

（4）估算升到目标职位需要多长时间。

（5）弄清楚公司对提升内部人员是否有限制。

（6）在公司内找到能够帮助自己升职的人，这是最重要的一点。

2）寻找指导人

指导人对基层管理者的升迁起着很重要的作用，平时能够帮助基层管理者解决困难，在关键的时候能够推动基层管理者的提升，为此一定要慎重地选择指导人。选择指导人的标准通常是在企业中有较高的权利和地位；能获得公司的支持，职位巩固；你的价值观与其吻合；有长期任职的计划。

3）创造升迁的机会

有一句话说得好：“愚者丧失机会，弱者等待机会，智者把握机会，强者创造机会。”作为基层管理者，要自己去创造一些升迁的机会。

4）建立四个系统

在争取升迁的过程中，基层管理者要建立四个系统，并且完善这四个系统，以便于进一步发展。有了以下四个系统，基层管理者工作起来会备感轻松。

（1）责任系统：让员工知道需要干什么。

（2）成效系统：确定工作的价值标准。

（3）反馈系统：掌握员工的工作进度和成效。

（4）认可系统：知道从好的成效中得到什么回报。

5）从失败中学习

失败乃成功之母，如果从失败中吸取教训，积累经验，就能转败为胜，由失败走向成功。

6）让事业更上一层楼

每一次成功都值得我们高兴，每一个成功的机会都值得我们去追求。作为基层管理者，应该不断地巩固自己的成功，不断地为成功添砖加瓦，争取在事业上更上一层楼。

7）提高团队的战斗力

提高团队的战斗力要注意以下几点。

（1）推广：管理者要把自己的知识、经验在部门推广，让员工也能够成为一名管理者，或者站在管理者的角度思考，这样整个团队会更有战斗力。

（2）乐趣：了解团队的成员乐于做什么，尽量让他们把工作和兴趣结合在一起，寓乐趣于工作，发挥最大的潜能和热情。

（3）激情：管理者自己不仅要保持对工作的激情，还要在团队中创造一种积极向上、努力奋斗、永不言败的气氛，通过激情来帮助团队保持活力。

8）做最优秀的基层管理者

努力做得更好，成为最优秀的管理者，相信这是不少基层管理者的愿望。GE 公司的数一数二原则告诉我们：做事，不做则已，要做就要把事做好。海尔集团总结出：“优秀的产品是由优秀的员工造出来的，优秀的员工是由优秀的干部带出来的”。优秀的员工离不开基层管理者的功劳。做最优秀的管理者，不但是你个人的要求，更是组织与社会的要求。

3.2.2 时间管理

1．时间管理的重要性

时间是资本，更是无法更新的收入。任何一个制定出来帮助我们高效率地安排时间的计划，都必须从对时间宝贵性的认识入手。管理好你的时间就能管理好你的生活。人生最宝贵的两个资产，一个是头脑，另一个是时间。无论你做什么事情，即使不用脑子，也要花费时间。管理时间的水平高低，会决定你事业和生活的成败。每个星期有 168 h，其中 56 h 在睡眠中渡过，21 h 在吃饭和休息中渡过，剩下的 91 个小时则由你来决定做什么，分摊下来每天 13 h。如何根据你的价值观和目标管理时间，是一项重要的技巧。它使你能控制生活，善于利用时间，朝自己的方向前进，而不至于在忙乱中迷失方向。

2．时间管理 14 法则

1）明确目标

如果能过“洞中方七日，世上已千年”的神仙日子，那我们就不用管理时间了，我们有用不完的时间。但事实上不可能，年华老去，无法回头。我们只能尽己之力，做最佳的表现，才不负人生在世一次，这就要求我们应有人生目标。

目标能最大限度地聚集你的包括时间在内的资源。只有目标明确，才能最大限度地节约时间。人生的道路，存在着时间与价值的对应关系。有目标，一分一秒就是成功的记录；没有目标，一分一秒都是生命的流逝。

2）分清轻重缓急

始终做最重要的事情是成功者的格言。时间管理的精髓在于：分清轻重缓急，设定优先顺序。成功人士都是以分清主次的办法来统筹时间的，把时间用在最能产生“生产力”

的地方。面对每天大大小小、纷繁复杂的事情，如何分清主次呢？有如下三个判断标准。

（1）需要做什么？这有两层意思：是否必须做，是否必须由我做。非做不可，但并非一定要你亲自做的事情，可以委派别人去做，自己只负责督促。

（2）什么能给我最高回报？应该用 80%的时间做能带来最高回报的事情，而用 20%的时间做其他事情。所谓“最高回报”的事情，即是符合“目标要求”或由自己做会比别人做更有效的事情。

前些年，日本大多数企业家还把下班后加班的人视为最好的员工，如今却不一定了。他们认为一个员工靠加班加点来完成工作，说明他很可能不具备在规定的时间内完成任务的能力，工作效率低下，社会只承认他的有效劳动。显然，勤奋=效率=成绩/时间。

勤奋已经不是长时间工作的代名词，勤奋是在最少的时间内完成最多的目标。

（3）什么能给我最大的满足感？最高回报的事情，并非都能给自己最大的满足感，均衡才有和谐满足。无论你的地位如何，总需要分配时间给令人满足和快乐的事情，唯有如此，工作才是有趣的，才能保持工作的热情。

通过以上“三层过滤”，事情的轻重缓急就清楚了，然后，按重要性优先排序（注意：人们总有不按重要性办事的倾向），并坚持按这个原则去做，你将会发现，再没有其他办法比按重要性办事更能有效利用时间的了。一般地，我们用问题优先级四象限表示法来解决轻重缓急问题，我们应把 80%的时间放在重要但不紧急的事情上，如表 3-3 所示。

表 3-3　问题优先级四象限表

	紧　急	不　紧　急
重要	• 危机 • 急迫的问题	• 防患未然 • 改进生产 • 建立人际关系 • 发掘新机会 • 规划、休闲
不重要	• 不速之客 • 某些电话 • 某些信件与报告 • 某些会议 • 必要而不重要的问题 • 受欢迎的活动	• 烦琐的工作 • 某些信件 • 某些电话 • 浪费时间之事 • 有趣的活动

3）制定计划，写成清单

相信笔记，不相信记忆，养成“凡事预则立”的习惯。不要定“进度表”，要列“工作表”，事务要明确具体，把比较大或长期的工作拆分开来，分成几个小事项。

4）遇事马上做

德国的企业中流传着一句话：“马上解决”，所以德国人很有效率。拖延必然要付出更大的代价。能拖就拖的人心情总不愉快，总觉疲乏。因为应做而未做的工作不断给他压迫感。“若无闲事挂心头，便是人间好时节”，拖延者心头不空，因而常感时间压力。拖延并不能省下时间和精力，刚好相反，它使你心力交瘁，疲于奔命。不仅于事无补，反而白白浪费了宝贵的时间。拖延的恶习，说穿了是为了暂时解脱内心深处的恐惧感。

养成遇事马上做、现在就做的习惯，不仅能克服拖延时间的陋习，而且能占“笨鸟先飞”的先机。久而久之，必然培育出当机立断的大智大勇。

5）第一次做好，次次做好

要 100%认真地工作，要按时工作。第一次没做好，同时也就浪费了没做好事情的时间。由于返工而造成的浪费是最不值得的。

6）专心致志，不要有头无尾

上班时浪费时间最多的是时断时续的工作方式。不只是停顿本身费时，而且再重新工作时，还需要花时间调整情绪、思路和状态，才能在停顿的地方接下去工作。做事有头无尾，更是浪费。

7）珍惜今天，当日事当日毕

爱默生说：“我们应当记住，一年中每一天都是珍贵的时光。”明代画家文嘉有著名的《明日歌》和《今日歌》。《今日歌》唱道：“今日复今日，今日何其少？今日又不为，此事何时了？人生百年几今日，今日不为真可惜？若言姑待明朝至，明朝又有明朝事。为君聊赋今日诗，努力请从今日始。”制定每日的工作时间进度表，每天都有目标，有结果，日清日新。今日不清，必然积累，积累就拖延，拖延则使人堕落、颓废。

8）养成整洁和有条理的习惯

据统计，一般的公司职员每年要把 6 周时间浪费在寻找乱堆乱放的东西上面。这意味着，每年因不整洁和无条理的习惯，就要损失近 20%的时间。养成有条理的习惯，还有另一层意思，就是寻找自己的“生理节奏”。要用精力最好的时间来做最好的、最重要的事，而用精力不好的时间来做不重要的事情，这样才能体现真正的品质和高效，保持能量，节省体力，节约时间。每个人都有自己的“生理节奏”，符合这个规律会事半功倍，否则必然事倍功半。

9）养成快速的节奏感

克服做事缓慢的习惯，调整你的步伐和行动。养成快速的节奏，不仅提高效率，节约时间，给人以良好的印象，而且也是健康的表现。日本人就把“快食”、“快便”、“快睡”、“快行”、“快思”、“快说”的“六快”之人，称为“人中之杰”。

10）设定完成期限

有期限才有紧迫感，也才能珍惜时间。设定期限，是时间管理的重要标志。

11）善用零碎时间

争取时间的唯一方法是善用时间。把零碎时间用来从事零碎的工作，从而最大限度地提高工作效率。如在车上，将等待的时间可用于学习，用于思考，用于简短地计划下一个行动等。充分利用零碎时间，短期内也许没有明显的感觉，但成年累月，将会有惊人的成效。用“分”来计算时间的人，比用“时”来计算时间的人，时间仿佛多了 59 倍。

12）分秒不浪费，成功日志法

几乎所有的伟人都有把想法记录下来的习惯。日志是成功者必备的条件，他们用日志来记录当天的重要事件和成长学习心得，用日志来总结经验、反省过失，用日志来规划明天、明确目标，用日志来管理时间、集中精力、抓住大事等。记日志就是在善用生命、设计生命。

13）善用节省时间的工具

（1）通信：电话、电子邮件、传真、语音系统。

（2）交通。

（3）计算机。

（4）办公自动化设备。

14）业余时间管理

（1）睡眠：①利用白天瞬间睡眠。②培养随时随地入睡的能力。③注重睡眠质量，不注重时间长短。④良好的睡眠环境与条件。⑤心理训练，自我暗示与身心放松。

（2）学习：①向成功者学习成功的方法。②一天一小时可以创造奇迹。③参加研讨会。④注重长期与短期的学习，并养成终生学习的习惯。⑤高效率地阅读。

（3）娱乐：①选择具有创造性的活动。②选择有益于身心健康的活动。③要做就要达到一定水平。④要适度。

3．时间管理的步骤

时间管理的步骤如下。

（1）建立目标。

（2）每天制定时间计划。

（3）编排优先次序，制定期限。

（4）运用时间管理原则（找出最重要的事并先完成它）。

（5）改善技巧，排除打扰。

（6）凭借组织安排打电话。

（7）利用“Quiet An Hour”（清净一小时），学会说“不”。

（8）一次性处理文件。

（9）跟随会议议程，控制会议时间。

（10）请别人帮忙。

（11）克服人性弱点，走出时间陷阱。

3.2.3　提高自己的情商

我们无法预定智商，却可以提高自己的情商。一个杰出的人未必有高智商，却一定有高情商。你要有提高和改善情商的愿望和强烈的意识，并不断地学习，不断地努力，就能在反复的失败中逐渐进步。通过长时间的修炼，在具体环境中锻炼自己，随着年龄的增长，你会成长起来的。要提高个人情商，首先应建立乐观的生活态度，遇事坦然，自信自强。其次，应及时解除自己的心理障碍，如自卑、压抑等，这些都是影响个人情商的心理障碍。一旦发现自己被这些心理障碍套住时，应及时寻找解决的方法，如向自己信任的长辈、朋友倾诉，听取他们的意见或建议等。应宽以待人，严以律己。宽以待人意味着要有博爱的情怀，能包容他人的缺点和个性。

1．提高情商的方法

1）学会划定恰当的心理界限

你也许认为与他人界限不明确是一件好事，以为这样一来大家能随心所欲地相处，而且相互之间也不用激烈地争论。这听起来似乎有道理，其实仔细观察周围你不难发现，界限能力差的人易患上病态恐惧症，他们不会与侵犯者对抗，而更愿意向第三者倾诉。

2）用适合自己的方法控制自己的情绪

在感觉快要失去理智时使自己平静下来，从而使血液留在大脑里，做出理智的行动。美国人曾开玩笑地说：当遇到事情时，理智的孩子让血液进入大脑，聪明地思考问题；野蛮的孩子让血液进入四肢，大脑空虚，疯狂冲动。是的，当血液充满大脑时，你头脑清醒，举止得当；反之，当血液都流向你的四肢和舌头的时候，你就会做蠢事，冲动暴躁，口不择言。

控制情绪爆发有很多策略，其中一个方法就是注意你的心律，它是衡量情绪的精确尺子。当你的心跳快至每分钟100次以上时，整顿一下情绪就很重要。

（1）深呼吸，直至冷静下来。慢慢地、深深地吸气，让气充满整个肺部。把一只手放在腹部，确保你的呼吸方法正确。

（2）自言自语。比如对自己说："我正在冷静。"或者说："一切都会过去的。"

（3）有些人采用水疗法。洗个热水盆浴，可能会让你的怒气和焦虑随泡沫一起消失。

（4）你也可以尝试美国心理学家唐纳·艾登的方法：想着不愉快的事，同时把你的指尖放在眉毛上方的额头上，大拇指按着太阳穴，深吸气。

（5）想抱怨时，停一下先自问："我是想继续忍受这看起来无法改变的情形，还是想改变它呢？"对于没完没了的抱怨，我们称之为唠叨。抱怨会消耗体力而又不会有任何结果，对解决问题毫无用处，又很少会使我们感到好受一点。

（6）扫除一切浪费精力的事务。什么是不利于我们提高情商的因素呢？答案就是一切浪费精力的事务。

（7）找一个生活中鲜活的榜样。如你的朋友小张，她精力充沛、年轻、大方、聪明、有趣。她经营一个商店，为一家俱乐部做健身教练，有英俊的丈夫和可爱的女儿。你身边有这样的出色人物吗？把她作为你的榜样吧！你可以想：她所能做的我也可以，但我们的风格迥异，我不可能以她的方式完成她所做的事，但我会模仿她做的一些事，以我的方式来完成。从她身上你总能看到从来没察觉到的自身潜能。

（8）从难以相处的人身上学到东西。我们的周围有很多牢骚满腹、横行霸道、装腔作势的人，我们多么希望这些人从生活中消失，因为他们会让人生气和绝望。你要学会从这些难以相处的人身上找到提高情商的东西。你可以从多嘴多舌的人身上学会沉默，从脾气暴躁的人身上学会忍耐，从恶人身上学到善良，而且你不用对这些老师感激涕零。而且，你定义的"难以相处的人"，最终被证明只是与你不同的人。应付难以相处的人最有效的方式就是灵活。

（9）时不时尝试另一种完全不同的方式，会令你拓宽视野，提高情商。你是一个性格开朗、外向的人还是性格内向、只喜欢独处或与几个密友在一起的人呢？你喜欢提前计划好每一天要做些什么事，还是毫无计划呢？人人都有自己的偏爱，如果可以选择的话，每个人都会选择自己偏爱的方式。然而，突破常规，尝试截然相反的行动会更有助于我们的成长。

2．不同情商人的特征

1）高情商人的特征

高情商人具有以下特征。

（1）尊重所有人的人权和人格尊严。
（2）不把自己的价值观强加于人。
（3）对自己有清醒的认识，能承受压力。
（4）自信而不自满。
（5）人际关系良好。
（6）善于处理生活中遇到的各方面的问题。

2）较高情商人的特征

较高情商人具有以下特征。
（1）是负责任的“好”公民。
（2）有自尊。
（3）有独立人格，在一些情况下不易受别人焦虑情绪的感染。
（4）比较自信而不自满。
（5）有较好的人际关系。
（6）能应对大多数的问题。

3）较低情商人的特征

较低情商人具有以下特征。
（1）易受他人影响，自己的目标不明确。
（2）比低情商者善于原谅，能控制大脑。
（3）不能应付较轻的焦虑情绪。
（4）把自尊建立在他人认同的基础上。
（5）缺乏坚定的自我意识。
（6）人际关系较差。

4）低情商人的特征

低情商人具有以下特征。
（1）自我意识差。
（2）无确定的目标，也不打算付诸实践。
（3）严重依赖他人。
（4）处理人际关系能力差。
（5）应对焦虑能力差。
（6）生活无序。
（7）无责任感，爱抱怨。

3．训练提高情商的技巧

1）训练情绪

训练情绪主要是驾驭愤怒的情绪。一般可以用以下几种办法。
（1）拖延法：拖延时间，克制自己不爆发。
（2）转移法：转移注意力，自己转移或者突然被人打断之后可能会稍微冷静些。
（3）数数法：据说从 1 数到 60 就是想生气大概也生不起来了。
（4）上厕所：不管有没有欲望，去厕所蹲会儿再出来。

（5）理性控制：理性控制是比较难的，但要努力地去做。

2）学会处理人际关系

（1）对人宽容：宽容胜过百万兵，古往今来的大家、成就大事业的人都少不了宽容。

（2）换位思考：及所不欲，勿施于人。

（3）学会关心：关心很简单，简单的一句问候，一句温暖的话都是关心。

（4）充满爱心：一个人要是有爱心，肯定是受欢迎的。

（5）富有同情心：同情也是一种爱。

（6）沟通协调：沟通最怕的是“沟而不通”。

（7）诚信正直：诚信则善，正直则能立于天地。

（8）善于合作：就是所谓的团队精神。

（9）乐于吃亏：舍得二字，有“舍”才有“得”。有时候需要合理地吃亏。

（10）奉献精神：奉献就是心甘情愿地付出。

3）乐观豁达

乐观豁达，就是要学会自己寻找快乐。有这么一句话：“过去的已经过去了，没什么好烦的；未来的还不知道，也没什么好烦的；现在正在渡过，没必要烦。”

4）积极向上

法国著名作家莫泊桑说：“人是生活在希望中的。”的确，人是生活在希望中的，人也是生活在梦想中的，尤其是小女生，经常生活在自己的梦想中，梦见自己的未来，梦见自己的白马王子。希望就是理想，有了理想人才会活得有目标、有意义。

5）善待人生的机会

中国人的文字中对机会的解释有两种：一个是机遇，这是好的；另一个是危机，这是需要注意的。在情商中提到的一个概念叫“抗挫折力”，也叫 AQ。所以，所谓的“善待人生的机会”，大概就是在面对挫折、面临危机的时候我们要像对待机遇一样对待它，受挫折之后可能短时间内会有损失，但从长远看，就是把这暂时的挫折当做一个长期投资，总会有收益的。

3.2.4 团队建设

1. 什么是团队

1）团队的含义

团队是两个或两个以上人的组合，有共同的目标，以创新有效的方法，相互信赖地共同合作，达到最高绩效的组织。对“Team”（团队）这个词我们可以这样认识：

T 代表 Together（一起）；

E 代表 Everybody（每个人）；

A 代表 Achieves（完成）；

M 代表 More（更多）。

整合在一起的意思是，大家相互配合取得更好的成绩。这句话又可分解为以下两层含义。

（1）一个人的力量和能力毕竟是有限的，因而他获得的成绩和成就也是有限的，只有集合并发挥群体的智慧和力量，才能取得更好的成绩，获得更大的胜利和成功。这就是

“众人拾柴火焰高”的道理。

（2）大家相互配合，可以起到相互促进、相互鞭策、相互激励、取长补短、资源优化和整合的作用，从而取得更好的成绩。倘若一个人单枪匹马地孤军奋战，不仅力量微薄，而且在行动中没有队员的鼓励、督促和榜样的带动，遇到阻力就容易懈怠和放弃。

2）优秀团队具有的特征

（1）目标/目的明确。

（2）广泛的技能与经验。

（3）公开交流。

（4）合理利用冲突。

（5）透明程序。

（6）定期检查。

（7）信任与支持。

2. 企业基层班组团队管理

1）明确班组团队的功能

（1）从生产（工作）管理的角度来看。班组的存在是企业根据劳动分工与协作的需要，按照工艺原则或不同产品（服务）工作性质等因素而划分的基本作业单位。它由同工种员工或性质相近、配套协作的不同工种员工组成，是企业最基层的生产单位和管理单位。从企业纵向来看，班组这个团队是企业分级管理中不可缺少的最基层单位，是企业组织结构的基石；从横向来看，班组团队又是企业生产（工作）过程中不可缺少的环节。

（2）从团队结构来看。班组是企业这个大团队之中的最基层、最边沿的小团队。它在生产（工作）和人际关系交往中，通常和非正式群体或个体发生直接的关系，因此班组是介于正式群体与非正式群体之间的特殊群体。

（3）执行和完成组织交给的生产（工作）任务。企业之所以要建立各种各样的班组，目的在于完成生产（工作）任务，最终达到并实现企业目标。不然班组就失去了存在的意义。

（4）满足班组成员的心理需要。班组成员有许多需求，归纳起来无非是两个方面。第一是物质需求，通过生产（工作）取得劳动报酬来得到满足。这必须在按劳取酬、公平合理分配的前提下才能实现。第二是精神需求，通过团体和谐的人际关系来得到满足。一个有良好心理气氛及和谐人际关系的班组，往往能较好地满足成员的安全、归属、友谊、自尊等方面的心理需求，使他们感到同事的亲切，班组的温暖，有个人成败与团队成就息息相关的心理，从而心情舒畅地去做好工作。

2）班组团队的有效组合

（1）班组长最好是“明星式”的人物。要搞好班组建设，首先是挑选好班组长。人们可以通过“社会测量方法”对团队成员的关系进行分析，找出团队中有影响力和吸引力的“领袖”人物担任班组长的角色。这些班组长既是正式组织的领导，又是人际关系的“众望所归者”，是“明星式”的人物。他对别人有很强的吸引力和向心力，能成为班组中团结的核心。用行为科学的术语来讲，他们兼具“工作领袖”和“情绪领袖”两种角色。

（2）搞好班组能力结构、素质结构和生产任务结构的配合。要根据生产任务、劳动对象和技术繁简程度的不同，选择适当的人员担任各相应工作。如技术要求高的工作，就应该选配高技能的人员上岗工作，这样既能满足工作要求，又能使本人得到心理的满足；否则，换一个技能较低的人员上岗就很难完成任务，而他本人也会在心理上产生压迫感。相反，技能较高的人去完成技术要求较低的工作，会造成人才与技能的浪费，还会造成技能较高人员心理上的反感，认为上司低估了他的才华，这些都会造成人际关系的不协调，从而降低工作效率。

3）搞好团队建设，提高团队士气

士气主要是指团队和成员的工作精神面貌，其核心内容就是团队凝聚力。一个团队凝聚力的强弱，可以通过社会关系测量方法来了解，主要是看团队成员之间的互相选择程度。选择程度越高，凝聚力越强，相反，选择程度越低，凝聚力就越弱。如何建设一个优秀团队呢？

（1）充满激情。激情可以感染组织中的每个人，而且激情可以激发每个成员的战斗力，让员工对愿景充满信心和希望。试想一个没有激情的人如何可以组建一个有激情的团队呢？

（2）善于激励。在工作遇到难题时，作为一个精神的鼓励者可以使员工在疲倦时重新振奋精神，应对难题。而且只有善于激励，才能让能力不足、信心不强的员工成长起来。

（3）善于组合。团队中必然有各种性格特点的人，那么发现他们每个人的优缺点，发挥个人的优势并加以组合，才能使团队发挥最大的效能。班组长也要学会布局即强与弱的配搭，活跃员工与循规蹈矩员工的组合等，然后，再将他们分别安排到团队中的不同位置。

4）从组织上为班组团队管理创造有利条件和环境

搞好班组团队管理离不开有利的外部环境和条件。具体来讲，就是企业在内部体制改革中给班组一定的权限，做到责、权、利相结合。可以从以下几个方面给班组适当放权。

（1）生产、组织指挥权。在保证完成企业统一下达的生产作业计划的前提下，让本班组根据实际情况协调组织班组生产工作。

（2）成员使用权。在不违背上司要求的前提下，班组可以量才录用，加强管理和调整。

（3）奖金分配权。根据企业有关规定，班组可以具体实施奖金的分配。即使是企业实施的奖罚，最好也要经过班组民主讨论后报请企业审批执行。

（4）人际关系协调权。班组处在生产第一线，是最基层的工作团队，是直接和非正式群体。一些非重大问题一般由班组解决比较合适，尽量避免将矛盾上交。

3. 高效团队的运行法则

1）高绩效团队行动法则一

效忠团队，忠实于目标。对团队忠诚度的高低，决定了团队成功率的高低；对目标坚定执著的信念，是确保团队成功的根本。

2）高绩效团队行动法则二

爱人始于信任人，这是高效团队的基石。团队成员之间相互信任、团结、友爱，方能增进团队的凝聚力和向心力。

3）高绩效团队行动法则三

放弃小我，谋求共赢。在一个大系统里，某一个节点上的小赢、小胜都是暂时的，唯有共赢，才具有持久性和延展性。这就是“大河没水小河干”的道理。

案例 3-10　电影中天堂与地狱的不同。地狱里的人，每到吃饭时，就围在一口装满了面条的大锅旁，拿着两尺长的大筷子，向大锅里夹面条，好不容易从锅里夹起了几根面条，刚要放入自己嘴里，面条便从筷子上滑落了下来，就这样折腾来、折腾去，他们始终没法吃到面条。他们整天因饥饿而苦不堪言，他们愤怒着、谩骂着，相互仇视，地狱里怨声载道。天堂里的人，每到吃饭时，也是围在一口盛满了面条的大锅旁，同样拿着两尺长的大筷子，与地狱里的人有所不同的是，他们从锅里夹起面条后，并不是往自己嘴里送，而是相互喂着对方，你喂一口，我喂一口，就这样天堂里的人过得和和美美，其乐融融。虽然天堂与地狱里的人境遇相同，但天堂里的人是以积极的、开放的心态去思考问题，并有着博大的胸襟和胸怀，懂得“舍”与“得”的法则，有很好的合作意识和团队协作精神，乐意放弃自我而求得共赢；地狱里的人则心胸狭隘，鼠目寸光，仅站在自我的角度，直线式地思考问题，根本没有合作意识，更不懂得合作的价值和意义，所以他们生活在仇视与无奈中。

4）高绩效团队行动法则四

协作与分享是团队成功的法宝。协同作战，团队方能发挥以一当十、以十当百的巨大威力；分享信息，分享智慧与经验，则会提升团队整体前进的速度，实现 1+1>2 的飞跃。

5）高绩效团队行动法则五

团队的任务不是作战，而是获胜，这是团队成功的信条。唯有获胜，团队才能取得生存权与发展权；唯有获胜，团队才有其存在的价值和意义。美国西点军校的口号“你绝对不能失败！”是一条颠扑不破的真理。

6）高绩效团队行动法则六

做正确的事，正确地做事，是团队成功的有力保证。有效果而无效率，便会陷入完美主义的浪漫情怀；有效率而无效果，则会掉入可怕的速度泥潭中。两者不偏不倚，成功便指日可待。

7）高绩效团队行动法则七

栽培与授权，是团队持续发展与成功的保障。栽培下属，提升其领导力，量才录用，合理授权，可以实现团队的高效执行力。

8）高绩效团队行动法则八

去除壁垒要创新。在恶劣的市场生态圈中，想要获取生存权，就必须比你的同伴（竞争者）跑得更快；要想获得发展权，拥有更大的生存空间，就不能循规蹈矩、固步自封，必须突破惯性思维，改变心智模式，挣脱条条框框，推陈出新。

9）高绩效团队行动法则九

随需应变，应时而动，是团队可持续发展的重要手段。警觉、灵动，既强调速度，又不盲动，变中求进，方能持续稳步、快速健康地发展。

10）高绩效团队行动法则十

赞美一定要挂在嘴边。美国海军陆战队的做法是，不断向他的士兵重复：“你们是精英！你们是精英！你们是精英！”高绩效团队行动中的激励机制始终是团队最有效的动力。

3.2.5 领导激励

1. 高层管理者激励资源

属于高层管理者掌握的激励资源一般表现为以下七个方面：奖励制度、职业发展、晋升、员工持股、加薪、福利、显示身份。此类激励资源，中层管理者不能直接动用。把它做成激励菜谱，如表3-4所示。

表3-4 高层管理者激励菜谱

激励方法		特点
奖励制度	①设计未来奖励方法： 在公司的使命和目标前提下，由全体员工共同设计公司的未来，提出设计方案，全体员工都在奖励的对象之中，整项奖励计划都由员工来推动；全体员工不仅每个人都有资格得奖，而且每个人都有资格参与选拔获奖人 方法：自由提名、分级筛选，员工投票 类似的奖励：品质奖、卓越奖	优点： • 提高员工的参与感 • 提醒员工关注公司未来 • 通过对共同未来的认同，增强归属感和凝聚力 • 花费不大 缺点： • 可能会占用较多时间
	② 百分俱乐部 方法：全勤20分、完全遵守规则20分、客户无投诉20分、节省成本20分、其他20分 类似的奖励：最高得分奖、最低得分奖、百分百沙龙	优点： • 使员工为荣誉而努力 • 使员工了解和明白可以改进的方向 • 操作简单方便 缺点： • 处于得分中间的员工可能比较无所谓
职业发展	方法： • 员工依据各自的业务被送到外面参加会议、讲习班或研修班 • 让员工在职攻读更高的学位或学历，如MBA • 举办内部培训，让员工参加 • 为员工制定专项职业发展计划 • 公布明确的职业发展路径	优点： • 87%的员工相信，给予员工特殊的在职培训，是一种积极的激励 • MBA热，使75%的中国雇员认为如果公司出钱让他们读MBA的话，对他们是一个很好的激励 缺点： • 比较昂贵 • 可能影响工作，如脱产
晋升	方法： • 升职或升级 • 让他主持一个项目 • 让他做顾问 • 给予充满荣誉的职务 • 给予特别任务	优点： • 一般来说激励效果明显 缺点： • 职位有限 • 增强某个人的地位可能会有些负作用 • 难以多次重复使用
公司股份	方法：将公司的若干股份作为奖励，给员工以期权等形式，或直接奖给员工 • 员工持股计划 • 每名员工都有分红的权利 • 内部股	优点： • 使公司成为员工自己的公司 • 为了自己的事业而工作 缺点： • 股权变得更敏感 • 有时代价很高 • 难以操作

续表

激励方法		特　　点
加薪	方法： • 增加其基本工资标准 • 增加津贴额 • 增加其他取得更多收入的机会	优点： • 加薪是一件令人高兴的事 • 对于迫切希望挣很多钱的员工来说，具有激励作用 缺点： • 有不少员工认为是应该的 • 成本较高 • 由于加薪一般是定期（年度）进行的，有不少员工认为是应当的、例行的
福利	方法： • 美味的工作餐（免费） • 严格的社会保障 • 额外的商业保险 • 为员工提供饮料或食品 • 报销子女的部分入托费或学费 • 交通补贴　• 住房补贴　• 班车 • 住宅电话　• 健康保险储蓄 • 购买健身卡　• 送健身器械 • 节日礼金　• 付钱为员工订杂志 • 美容	优点： • 培养出员工的归属感 • 感受到公司对员工的关怀 • 与其他公司相比，有优越感 • 稳定大多数员工 缺点： • 费用比较高 • 如果公司没有很好的竞争机制、福利项目，很容易养出惰性 • 与员工工作成就无关
显示身份	方法： • 配专车　• 配秘书　• 宽敞的办公室 • 令人尊敬的“名份”　• 弹性工作时间 • 会员卡、贵宾卡	注意事项： • 适用于较高职位的人员

（资料来源：职业经理人的十项技能）

2. 中基层管理者激励方法

企业高层采用的激励方法一般是制度规定的，中基层管理者所能运用的激励方法则主要体现在细微之处，而且要更为人性化，例如表扬、道贺、感谢、创造和谐的工作氛围、减少批评和指责等。中基层管理者一定要善于发现和运用身边可动用的资源。激励菜谱如表 3-5 所示。

表 3-5　中基层管理者激励菜谱

激励方法	特　　点
▸ 中基层管理者亲自向下属道贺 ▸ 公开表扬 ▸ 让员工到办公室，当面感谢 ▸ 帮助员工做一件他最不愿意做的事 ▸ 请公司的老总或让你的上司会见你的下属，并表示感谢	• 不要经常做 • 选择关系到公司的重大工作完成后进行
▸ 一块去吃饭，你请客 ▸ 看到员工做得好，立即表扬他 ▸ 员工有哪些地方做得好时，立即告诉他 ▸ 告诉其他员工，你对某个员工的工作相当满意	• 只要你能承受 • 随时

续表

激励方法	特点
▶ 讨论员工的想法或建议时，首先对这个建议予以适当的肯定，或者对这个建议称赞几句	• 随时
▶ 写工作报告、工作总结时，要提到执行工作的员工姓名，不埋没员工的功劳	
▶ 替员工承担过失	• 偶尔
▶ 使用优秀员工的姓名来为某一计划命名	
▶ 设立部门内部“排行榜”	
▶ 送鲜花给有成绩的女职员	• 注意分寸
▶ 把高层人士向杰出员工祝贺的相片拍下来，送给他	
▶ 一个项目完成后，外出放松半天，干什么都行	
▶ 让优秀员工做某个项目的临时负责人	• 请示后进行
▶ 请公司总经理给杰出员工写贺信	• 只要项目决定权在你
▶ 在员工工作受挫折时，表示理解	• 注意分寸
▶ 送下属虚拟的业绩，使他的业绩达到某一数量	• 分清场合、注意分寸
▶ 将你手中的客户交给他做，增强他的信心	• 新入职者
▶ 把其他一些好差事交给他做	
▶ 你替他应付一些难对付的客户	• 特别有必要时
▶ 让他代表部门参加公司会议	
▶ 给予他更多的辅导	
▶ 和他一起讨论问题	• 让其他下属知道
▶ 在业务会上，专门提到他的业绩	
▶ 把公司给部门的旅游、出国等名额给他	
▶ 帮员工处理家庭难事	
▶ 集体旅游	• 请示后，部门集体自费
▶ 会餐	• 集体自费
▶ 让员工参加同业大会或专业性会议	
▶ 让他去拜访大客户	• 只要有机会
▶ 让他去风景好的业务点出差	
▶ 陪他一起健身	
▶ 让他坐部门里位置最好的座位	• 座位的位置可以显示重要性
▶ 出差买玩具给他的孩子	• 偶尔
▶ 给他接触公司高层的机会	
▶ 请下属到家里做客	• 只要你的配偶同意
▶ 当着你朋友或配偶的面，表扬下属	
▶ 介绍名人或专家给你的下属	
▶ 围绕杰出下属成立项目组	
▶ 表扬那些能够替别人着想的员工	• 公开表扬
▶ 当你听到别人对你的下属正面评价时，尽快让下属知道，必要时当面告诉他	• 立即
▶ 向公司上层反映下属的建议，并提到下属的名字，然后把上层的肯定意见及时反馈给下属	• 立即
▶ 用图表或三角板展示部门员工业绩	
▶ 生日祝贺	• 部门内
▶ 让下属主持部门会议	• 可以轮流

续表

激励方法	特　点
▸ 定期向员工通报公司的状况，把其他员工的特殊表现，或其他部门的特殊贡献提出来	• 取得上司同意
▸ 与下属商量部门内的重大决定	• 单独进行
▸ 设立一个部门特别奖	
▸ 搞小活动，给员工一个意外惊喜	
▸ 部门内小型聚会	• 取得上司同意
▸ 为祝贺某位下属取得的成就，在部门里举行一次未事先通知的庆祝会	
▸ 选拔“最酷的男士”、“最柔的女士”	
▸ 授权给优秀的下属	
▸ 让下属诉苦	• 就某件事的授权
▸ 让下属自己制定工作计划	
▸ 让下属挑选某项工作	• 非计划内工作

（资料来源：职业经理人的十项技能）

3.3 BEST 训练（管理者的一天）

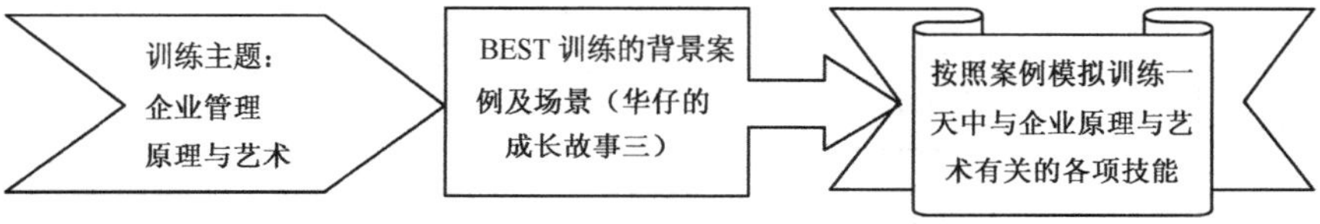

训练规则说明：

为何要训练，训练什么，训练目标是什么，训练规则是什么，

如何进行训练，如何进行考核，谁负责，多长时间完成？

训练运行：分组及就职演说；上任需面对的问题（将背景案例中遇到的各种管理问题一一列出）；分析会议与解决方案（会议主题、形式、解决方案）；述职与小组讨论点评；讲师点评。

对各个小组考核评价。

考核标准：形式性考核占 50%（包括流程、时间、角色、需要的书面材料等）；实质性考核占 50%（包括小组及个人的实际表现、内容掌握程度、目标实现度等）。

能力测试：

目标实现度，差异性，如何提高？

3.3.1 活动安排

1）BEST 训练规则

BEST 训练规则见 1.4.1 节中的 BEST 训练规则。

2）背景案例及场景

案例3-11　华仔的成长故事三。

华仔实习的机械厂王厂长就该厂的组织机构改革及管理等问题，向一家管理咨询机构进行咨询。王厂长介绍，该厂原来由几家生产机械产品的小单位合并组成，现在主要生产三大类产品，按产品设立了三个生产车间。一车间有职工500多人，约占全厂职工人数的65%，产值占全厂的50%左右，利润占全厂的75%以上。该车间的自动化程度高，生产历史长，加工工艺简单，原辅料供应渠道和协作关系比较稳固，管理人员和技术操作人员又积累了较丰富的经验。因此同类产品在全国生产成本较低，且质量稳定、可靠，深受用户好评，2004年获得过省、部级金奖。二车间拥有职工100多人，批量生产本行业精密仪器，车间配备有大量精密加工仪器和设备，由于工艺技术复杂，废品率很高，因此生产成本偏高，但由于对出厂产品严格把关，用户对质量反映仍较好。三车间人数和二车间接近，主要加工生产本行业所需的特殊制品与配件，此类产品品种规格很多，目前生产已近200种，常生产的有50多种，而每个品种规格的数量却很少，属单件小批量生产。

三个车间均为封闭型生产单位，车间之间协作很少，该厂目前设有11个行政业务科室，其组织机构如图3-8所示。

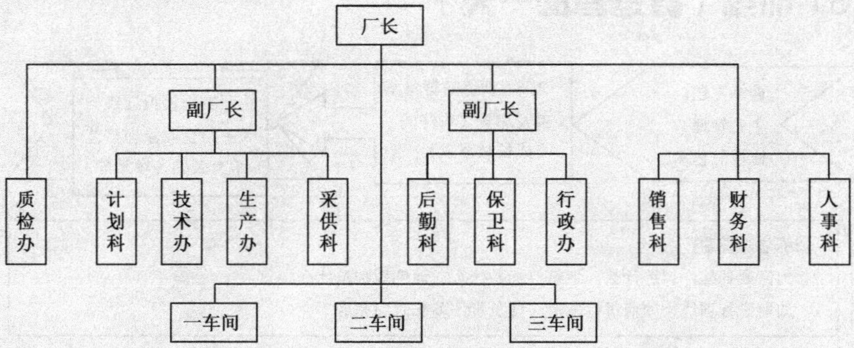

图3-8　组织机构图（改革前）

王厂长认为本厂现行组织体制的问题主要表现在：机构重叠，人浮于事，职责不清，相互扯皮，横向关系不协调，质量无法提高，效益不理想，必须对现行组织机构加以改革。咨询组在听取了厂长的简单介绍后，分别向各中层干部和多数群众了解情况，资料如下。

（1）计划、生产、销售科，工作范围主要是生产计划、生产作业计划、生产调度、生产技术准备、统计销售与销售服务等工作，以生产管理和计划为主。这些科室对一车间花功夫不多，但基本上能管住。

二车间是工作重点。由于种种原因，三车间不好管理，则基本上不管理。因为品种众多，无法管理。

（2）技术科主要精力花在二车间，因为一车间可以自行解决，而三车间在技术上自成体系也不用管理。

（3）全面质量管理工作由厂部负责，由于专职负责质量的同志只管理一车间的产品生产过程，对二、三车间基本没有涉及。结果全厂8个QC小组只有一个组在正常活动，质检科主要抓工序检验和产品检验，但没有对原辅材料、外协件、外购件进行检验，该科各车间派有专职检验员，其奖金都与各车间挂钩。

（4）一车间总的情况较好，其工时利用率为 89%，生产比较稳定。突出问题有两个：一是设备陈旧、老化，有些设备带病运转，随时可能发生问题；二是工人劳动强度比其他车间大得多，但职工奖金并不高，尤其是厂部实行按工时摊派企业管理费的办法，使二、三车间生产不稳定，而一车间工人干得越多，负担越重。另外厂部规定，车间主任的奖金按全厂平均奖的 110%计算，与车间任务完成的好坏无直接联系。

（5）二车间生产的产品工艺复杂，精度要求高，但管理较混乱，有些产品无工时定额和材料定额，也不实行限件发料。车间主任反映只要打开产品销路，实行承包责任制，该车间完全可能增产 50%～60%，但由于技术和材料供应跟不上，工人技术水平低下，也无专人管理销售。好在厂部对其仅考核产值，不考核品种和产量，也不考核资金、成本，有时车间停产一个周期，职工也能拿到全额奖金。

（6）三车间的特殊制品和配件的加工工艺不复杂，但质量要求高，且有严格的交货时间要求。该车间开工时间不长，又是单件小批量生产，生产不稳定，由于生产供应等原因，车间主任提出最好多给车间一些经营管理权。

管理咨询组协助工厂草拟了一个改革方案，并向全厂职工广泛地征求了意见，如图 3-9 所示。

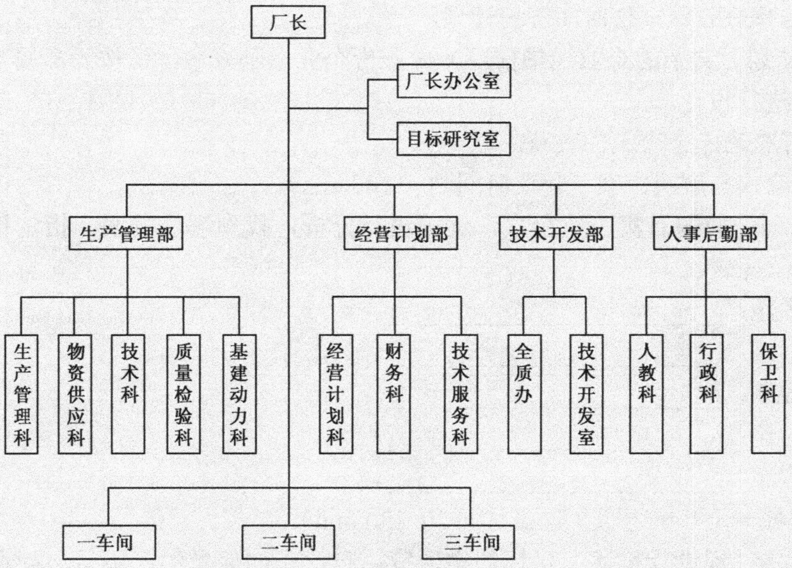

图 3-9　组织机构图（改革后）

在多方调查的基础上，管理咨询组根据该厂实际情况提出可否实行以模拟事业部制这种分权管理的体制作为该厂组织机构改革目标的方案。

假如你是华仔，请回答：①你是否同意王厂长对该厂现行组织体制所存在问题的概括，你认为该厂在组织体制上到底存在哪些问题。②你对厂部草拟的组织机构改革方案持何种态度，你认为它能否解决该厂在组织体制方面现存的各种问题，为什么？③你是否赞成管理咨询组提出的新方案，你认为该方案比厂部提出的方案好吗，可行吗，为什么？④你是否还有其他更合适的方案。⑤假如你是一车间（或二车间、三车间）主任，在改革前与改革后，你怎样管理才能使企业的效益最佳？

3）BEST 训练运行

按照训练的标准流程运行，各个项目内容所需的时间由各小组具体设定。

（1）训练规则说明（建议时间 15～20 min）。

主要让学员明白为何要训练，训练什么，训练目标是什么，训练规则是什么，如何进行训练，如何进行考核，谁负责，多长时间完成等训练必需的内容。

（2）分组及就职演说（建议时间 15～20 min）。

按照训练规则与班级人数分组，采用角色扮演方式。经过准备后进行就职演说。

（3）上任需面对的问题（本章中的背景案例及可能遇到的各种问题）（建议时间 15～20 min）。

① 讨论背景案例中的问题①。

② 讨论背景案例中的问题②。

③ 讨论背景案例中的问题③。

④ 讨论背景案例中的问题④。

⑤ 讨论背景案例中的问题⑤并写出相应方案。

⑥ 如果要求华仔制定自我提升职业综合素质计划，请帮助华仔做一份方案。

⑦ 请你帮华仔设计一份时间管理计划。

⑧ 华仔计划为父亲的企业（华信厂）做一份企业激励方案，请按照高层与中基层管理者的激励菜单进行设计。

⑨ 帮华仔整理一下今天的收获。

（4）分析会议与解决方案（建议时间 80～100 min）。

对以上遇到的问题召集小组会议，逐项进行分析，找到解决方案，指定相应成员从以下五个方面进行完善。

① 会议主题：______________________________。

② 会议形式：______________________________。

③ 时间控制：______________________________。

④ 会议结论：______________________________。

⑤ 解决方案：______________________________。

（5）主管对一天工作述职（建议时间 20～30 min）。

对一天工作过程进行描述；目标的实现度；自己是如何做的；不足之处在哪里，如何建议等。

（6）小组讨论点评与活动总结（建议时间 15～20 min）。

成员之间对组长及其他成员进行点评。可从目标实现程度、收获、主要问题、更好的方法是什么等方面进行点评。

（7）讲师点评：按照练习、小结、再练习、再小结直到掌握的程序，对练习进行总结讲评。

（8）对各个小组考核评价（建议时间 20～30 min）。

考核组对各个小组上交的材料，对其实际记录及表现进行评价。各个小组必须上交给考核组的材料主要有：训练议程安排；分组分工及角色扮演名单；各角色的就职演说稿；所面临的问题清单；每个问题的解决方案；会议记录；各角色一天工作的述职报告；经营活动总结报告。考核组对每个小组及个人的实际表现、内容掌握程度、目标实现度等的记录。

3.3.2　能力测试

（1）以怎样当一名好领导为题，写一篇论文。

（2）对你所熟悉的某个机构（企业）单位的整体功能进行分析，找出为实现整体功能而采取的手段（第二位功能），再从第二位功能的实现手段（第三位功能）中找到第四位的手段（功能）、第五位的手段（功能），从中去发现其整体系统的职能作用，从中研究有无多余的功能及多余的手段。

（3）请你根据自己的人生目标，设计一份方案，要求有激励自己奋发图强的具体方法与控制自己的具体措施。

（4）根据基层管理者的素质要求，考虑如何提高自己的情商。

（5）给你一个机构，主要目的是为了赢利，有设备、资金、人员，请你设计一个组织形式，并说明你设计的优势（理由）。

3.3.3　成长日记（三）

结合本章所学的知识与 BEST 训练写一篇 800 字以上的成长日记。

知识梳理与总结

本章通过对领导原理、系统原理、组织原理、控制原理、行为原理等企业管理中的基本原理知识的认识与理解，使大家熟悉企业的基本管理原理与方法，从基层管理者的角度使大家掌握了如何提升自己素质，进行时间管理、团队建设，提高情商与激励等管理技巧。用模拟训练的方式将管理原理与技巧运用于实际之中，通过自主学习与系统的考核，达到理解企业管理原理，掌握管理方法与技巧，并用其解决实际问题的目的。

第4章 企业战略管理

教学导航

教	知识重点	战略的内涵、层次，SWOT 分析，战略实施与管理，企业经营决策的方法，目标管理与企业文化
	知识难点	战略实施与管理，决策方法，目标制定与企业文化建设
	推荐教学方式	以课堂案例教学与 BEST 训练为主，以企业观摩与作业练习为辅
	教学场所	教室，实训室，企业管理现场
	建议学时	16 学时
学	推荐学习方法	课堂：案例讨论，课堂练习，角色扮演，模拟训练； 课外：企业参观，查询资料，模拟企业演练
	必须掌握的理论知识	应掌握企业战略的特点、不同层次，战略的内涵，战略方案编制程序，经营决策的程序、原则、方法，掌握目标管理的方法
	需要掌握的工作技能	熟悉 SWOT 分析方法，掌握企业战略编制程序、经营决策的程序，能运用决策方法进行决策，掌握基层岗位目标管理方法与执行战略的技巧，熟悉企业文化建设的内涵
	训练	通过 BEST 训练，按照企业战略管理、经营决策、目标管理与企业文化建设等知识与方法，通过对基层管理岗位战略执行力的学习，将本章学习中所遇到的各种企业战略管理、经营决策、企业文化建设等方面的问题与困惑，一一展现并加以解决
	考核	形式性考核占 50%（包括流程、时间、角色、需要的书面材料等）；实质性考核占 50%（包括小组及个人的实际表现、内容掌握程度、目标实现度等）

案例 4-1　沃尔玛公司的新战略。沃尔玛公司是全球规模最大的零售巨头，年销售额逾 3 000 亿美元。如今它正面临着增长速度不断减缓的尴尬境地，公司在全球各地包括美国东北部地区的转型也并非一帆风顺，于是它开始改革之路。在 2006 年 8 月份召开的公司年度股东会议上，沃尔玛公司首席执行官李·斯科特（Lee Scott）概要介绍了新战略的主要内容，他还引用公司创始人山姆·沃尔顿（Sam Walton）的名言说道：“旧方法已经时过境迁，万事万物时刻都在变化。只有领先变化而动，我们才能获得成功。”

沃尔玛公司以前瞄准的目标市场是钟爱折扣的工薪阶层消费者；当这一市场已经达到饱和状态之后，沃尔玛公司开始将商品种类扩展到有机食品、中高档酒类、高端电子消费产品以及流行服饰等领域，从而将其低价战略逐渐对准中高端顾客群体。沃顿商学院的教员以及市场分析人士认为，虽然该战略蕴藏着一定程度的风险，但这也是沃尔玛公司在激烈的市场竞争以及缺乏其他增长机遇的双重压力之下的必然出路。

案例启示：企业要在激烈的市场竞争中取胜，必须根据环境的变化改变企业的战略。企业战略管理是企业如何策划未来、制定战略方案、做正确的事、实现企业使命的管理。

本章将从战略的内涵、层次、战略环境分析等方面使大家认识、理解战略，通过战略制定与实施过程来掌握战略管理的内容；通过对经营决策、目标管理、企业文化等具体战略管理方法与手段的认知，逐步熟悉与掌握基层管理岗位如何执行战略技巧，结合企业模拟训练的方式，达到制定战略、建设企业文化、执行战略的目的。

4.1　企业战略管理与经营决策

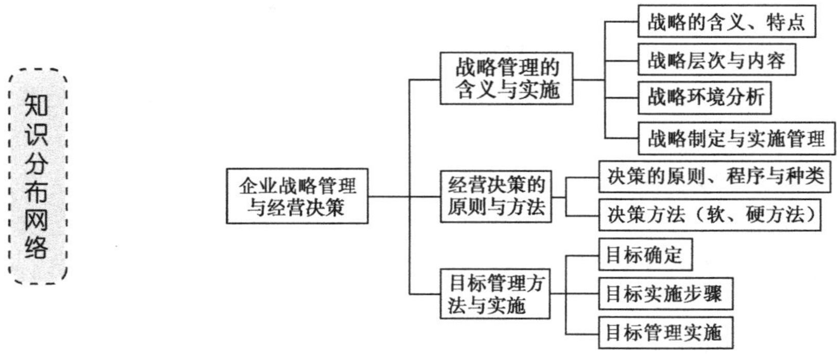

4.1.1　企业战略管理的含义与实施

1．战略的含义与特点

1）战略的概念

战略是为了实现预定的目标，对组织全局的、长远的重大问题进行的规划，是组织的大政方针，其实质是一种计划。战略关系到组织的定位、走向和结构，关系到我们的组织能不能把事情做对。而管理是对组织的各个环节进行计划、组织、指挥与控制的过程。其职能是把组织的事情做好。现代社会的各种组织生存在一个动荡不定、瞬息万变的环境中。组织必须不断调整自己的定位、走向和结构才可能生存下去。在现实中，对组织来说，重视战略，“把事情做对”，比“把事情做好”更重要。

企业战略具体要解决以下两个方面的问题。

（1）发展方向：是指由企业宗旨或使命所决定的，未来的产品结构和目标市场的发展方向，也称为企业未来的经营范围或经营领域。

经营领域就是企业的生产领域和市场领域的组合。其中，市场领域可以是整体市场，也可以是细分市场。

（2）经营结构：是指由企业的使命和经营领域所决定的各种资源和能力的配置状况。具体又可分为两类，软结构，由企业的价值观念、经营思想、企业文化、公共关系等组合而成；硬结构，指企业的各种经济资源结构、生产技术结构和组织结构。

从以上两个方面，也可以把企业战略理解为：企业根据环境和竞争形势变化，做出的关于企业未来所要从事的经营领域以及投入这些领域的方式、决策及行动的总称。

2）战略的特点

（1）全局性：企业战略是对企业各项经营活动的整体规划。即企业战略是以企业全局为研究对象来确定企业的总体目标，规定企业的总行动，追求企业生产产品的总数量。它不是各项活动简单汇总，而是在综合平衡的基础上，确定优先发展的项目，权衡风险大小，实现企业整体结构和效益的优化，这是企业战略的基本特征。

（2）方向性：企业战略规定着企业未来一定时期内的基本方向，企业短期的经营活动都应在这一基本方向的指导下进行，并对战略的实施提供保证。企业战略不是对经营活动或外部环境短期波动做出的反应，也不是对日常经营活动（如销售量、劳动生产率、竞争者的价格等）所做出的反应。战略所关心的是“船只航行的方向，而不是眼下遇到的波涛”。

（3）质变性：企业战略是战略管理者在把握外部环境本质或根本性变化的基础上做出的方向性决策。它不是企业对环境变化的应急反应，也不是以各种经济指标或财务数据为基础的逻辑推理的产物，而是对企业经营活动做出的具有质变性的决策，其目的是要创造未来。

（4）竞争性：企业战略的核心内容之一是要变革自身的经营结构，形成差别优势，以奠定未来竞争的基础。同时，企业战略不仅具有主动适应未来环境变化的功能，还具有改造未来环境的功能。在这方面的能力越强，未来的竞争能力也就越强。即战略还具有创造性和革新性。

（5）稳定性：依照科学程序制定的企业战略，一般不应轻易调整。对于战略实施过程中出现的多种不确定因素，一般只通过调整具体的战术或策略来解决。

2．战略层次

1）公司战略

公司战略又叫企业总体战略，决定企业应该选择哪类经营业务，进入哪些领域。

（1）稳定型战略：是指企业不改变现有的经营范围和规模的战略。其指导思想是在现有条件下提高经济效益。

实施该战略的原因和适用范围：企业所面临的外部环境较为稳定，企业感到自己是成功的；企业最高领导人宁可墨守成规，不愿冒风险。对于获得成功的大型企业来说，稳定地保持大规模经营是减少和避免风险的最佳战略。

（2）紧缩型战略：是指企业减少投入或卖出部分设备，从而缩小其经营规模的战略。其指导思想是，通过紧缩来摆脱目前或将要出现的困境，使其财务状况好转，以求将来的发展。

实施该战略的原因和适用范围：企业目前执行的战略失败，只有通过紧缩重新积蓄力量；企业处境困难，但又缺乏足够的力量扭转；环境中存在着较大的威胁因素，而企业的内部条件又不足以克服这些威胁；本行业所处环境已无机会，通过紧缩现有业务，准备进入新的行业。

紧缩型战略的类型有以下三种。

① 抽资转向战略。企业在现有的业务领域不能维持原有的市场规模，或发现新的更好的发展机遇的情况下，对原有业务领域进行压缩、控制成本的战略。通常抽资转向战略的具体方式有：调整组织结构，降低成本和投资，减少资产，加速回收企业资金等。

② 放弃战略。指将企业的一个或几个主要部门转让、出卖或停止经营。这个部门可以是一个经营单位、一条生产线，或者一个事业部。

③ 清算战略。指卖掉其资产或停止整个企业的运行即终止企业的存在。

显然，选择此种战略等于承认失败，是一种感情上最难以接受的战略，也是企业在确实无法挽救的情况下才采取的一种战略。

（3）扩张（增长）型战略：是指企业扩大原有主要经营领域的规模，或者向新的经营领域开拓的战略。其核心是通过企业竞争优势谋求企业的发展和壮大。

实施此类战略的原因和适用范围：扩张能使企业获得许多社会效益。如扩大企业的社会影响力，受到政府的重视；获得规模经济的效益，确保企业的市场竞争地位。当环境中存在新的机会，并与企业的内部条件基本吻合时，企业一般会采用扩张战略。当企业所在行业发生剧烈变化时，为了保证企业在变动中不至于处于被动地位，采用扩张战略是必要的。

2）竞争战略

竞争战略又叫基本战略、一般战略。它决定企业如何在选定的领域内与对手展开有效的竞争。在行业竞争中，蕴藏三种可以战胜其他竞争对手的一般性竞争战略，即成本领先战略、差别化战略、集中型战略。这是企业经常采用的常规竞争战略。

（1）成本领先战略：其战略思想是企业力争以最低的总成本取得行业中的领先地位，并按照这一基本目标采用一系列的方针。

成本领先战略的优点是：在与竞争对手的竞争中，企业具有进行价格战的良好条件，即企业可以利用低价格从竞争对手中夺取市场，增加自己的市场占有率，扩大销售量。因而低成本企业在同行业中享有最高的利润。

成本领先战略的缺点：首先是投资较大，因为企业必须具备先进的生产设备，才能高效率地进行生产，以保证较高的劳动生产率；其次，把过多的注意力集中在低成本战略，可能导致企业忽视顾客需求和需求趋势的变化，忽视顾客对产品差异的兴趣，忽视顾客对价格敏感度的降低，这就使企业很容易被采用产品差异化战略的竞争对手所击败。

案例 4-2　美国的福特汽车公司由于追求成本领先，一度生产了大量的“T 型车”，生产的汽车在制造成本上极大地降低了，时间上减少了企业也在当时的市场条件下取得了最佳效益。随着社会的发展与顾客需求的变化，福特公司还在继续原有的战略，而没有注重市场与新技术的革新，致使企业出现了危机。

实施成本领先战略，首先要求企业必须有先进的设备和生产设施，并能有效地提高设备利用率；其次是要利用管理经验，加强成本与费用的控制，全力以赴地降低成本；第三是最大限度地减少研究开发、推销、广告、服务等方面的费用支出；第四是该战略适用于大批量生产的企业，要求产量达到经济规模，这样才能保证企业的生产维持在低成本的水平上。

（2）产品差异化战略：这种战略的指导思想是企业提供的产品与服务在行业中有与众不同的特色，这种特色可以表现在产品、设计、技术特性、产品品牌、产品形象、服务方式、销售方式等一个或几个方面。差异化战略应该是顾客能感受到的、对其有实际价值的产品或服务的独特性。

差异化战略的优点是：利用顾客对其产品特色的注意和信任，对产品价格的敏感程度降低，可以使企业避开激烈的竞争，在特定领域独家经营，使其他企业在短时间内难以追赶，以此来保持市场领先的地位。相应地，差异化战略也有其自身的缺点。要保持产品的差异化，往往要以成本的提高为代价，因为实施这一战略要增加设计和研究开发费用，要用高品质的原材料。企业要把产品的特色放在第一位，产品差异化所取得的利润中有很大一部分被产品成本的提高所抵消；另外，由于特色产品的价格较高，很难有较大的销售量。因此，该战略不可能迅速提高市场占有率。

使企业产品形成差异化的方法有两种：一是使产品的内在因素产生差异化；另一种是使产品的外在因素产生差异化。内在因素的差异化是指企业在产品性能、设计、质量及附加功能等方面与竞争对手相区别，使产品别具一格，开创独特的市场。外在因素的差异化是要创造良好的产品形象，即要充分地利用产品的定价、商标、包装、销售渠道以及促销手段等方法，使其与竞争对手在营销组合方面形成差异化。

（3）集中型战略：集中型战略又称为集中一点或专业化战略。该战略通过满足特定消费群体的特殊消费需求，或集中服务于某一有限区域市场，来建立企业的竞争优势及市场地位。集中型战略最突出的特征是，企业专门服务于总体市场中的一部分，也就是对某一类型的顾客或某一地区性市场进行密集型的经营。

集中型战略包括以下三种形式。

① 产品类型的专业化。即企业集中全部资源生产经营特定的产品系列中的一种产品，如可口可乐公司的产品战略。

② 顾客类型的专业化。即企业只为某种类型的顾客提供产品和服务。

③ 地理区域的专业化。即企业产品经营范围仅局限于某一特定地区。

这种战略的优点在于企业能够控制一定的产品势力范围，在此势力范围内其他竞争者不易与之竞争，因此其竞争优势地位较为稳定；另一方面，其经营目标集中，管理简单，可以集中使用企业拥有的资源要素深入研究，精通有关的专门技术。但这一战略也存在一定的缺点，当市场发生变化，技术创新或新的替代品出现时，该产品的需求下降，企业将受到严重的冲击。

3）职能战略

职能战略包括：研发战略、财务战略、营销战略、生产战略、人力资源战略等。它研究企业的职能部门如何更好地为各级战略服务，以及提高组织效率的问题，如表 4-1 所示。

表 4-1　战略管理三个层次特点比较

比较内容	战略层次		
	公司战略	竞争战略	职能战略
管理要素	产品与市场领域成长方向	竞争优势	协同效应
管理者	高层	中层	基层
性质	观念型	中间	执行
明确程度	抽象	中间	确切
可衡量程度	以判断评价为主	半定量化	通常可定量
频率	定期或不定期	定期或不定期	定期
所起作用	开创型	中等	改善增补性
与现状的差距	大	中	小
承担的风险	较大	中等	较小

3．战略环境分析

1）环境分析的步骤

（1）根据企业环境的不确定性，对企业的环境进行初步了解。环境是相对静止的吗？它有发生变化的迹象吗？它会怎样变化呢？它是难于理解还是比较容易理解？通过这种分析可以明确应该把环境分析的重点放在什么地方。如果环境是简单静止的，那么详细、系统、历史性的分析是适用的；如果环境是动态的、复杂的，则采用面向未来的预测性分析会更好些。

（2）考察环境的影响。其目的是找出过去哪些环境要素影响企业发展，它们如何影响企业的发展或经营状况。这对环境分析和战略变动程度是很有帮助的。

（3）结构分析。通过结构分析，可以改善对已经形成的环境要素的一般性认识。其目的在于找出发生作用的关键要素，并分析为什么这些关键要素很重要。

从以上三个步骤的分析中，可以大致了解到：发生在企业周围的、真正重要的变化是什么。可能没有多大的发展，也可能有许多交互式的、相互关联的发展。问题的关键是：为什么这些要素具有重要的战略意义。

（4）分析企业的战略地位。也就是分析与竞争对手企业相比，本企业的地位怎样。分析企业战略地位有许多方法，下面介绍五种。

① 竞争者分析。主要对手有哪些？它们的实力（地位）如何？

② 战略分析。即将各企业战略的不同点和共同点进行分析和比较。

③ 市场细分和市场能力分析。即深入认识企业自己的细分市场，在这些细分市场中，本企业的优势何在？

④ 市场增长与市场份额分析。即描绘企业的市场能力与市场增长率。

⑤ 吸引力分析。描述企业的竞争地位与企业所在市场吸引力的关系。

2）SWOT 分析法

SWOT 分析是把企业内外环境所形成的机会（Opportunities），风险（Threats），优势（Strengths），劣势（Weaknesses）四个方面的情况，结合起来进行分析，以寻求制定适合本企业实际情况的经营战略和策略的方法。SWOT 分析的主要目的在于对企业的综合情况进行客观公正的评价，以识别各种优势、劣势、机会和威胁因素，有利于开拓思路，正确地制定企业战略。在 SWOT 分析中需要考虑的因素如表 4-2 所示。

表 4-2 SWOT 分析法需要考虑的因素

外部环境	潜在外部威胁（T）	潜在外部机会（O）
	市场增长较慢	纵向一体化
	竞争压力增大	市场增长迅速
	新的竞争者进入行业	能争取到新的用户群
	替代产品销售额正在逐步上升	有进入新市场的可能
	用户讨价还价的能力增强	有能力进入更好的企业集团
	用户需要与爱好逐步转变	在同行业中竞争业绩优良
	通货膨胀递增及其他	扩展产品线，满足用户需要及其他
内部条件	潜在内部优势（S）	潜在内部劣势（W）
	产权技术	竞争劣势
	成本优势	设备老化
	竞争优势	战略方向不同
	特殊能力	竞争地位恶化
	产品创新	产品线范围太窄
	具有规模经济	技术开发滞后
	良好的财务资源	营销水平低于同行业其他企业
	高素质的管理人员	管理不善
	公认的行业领先者	战略实施的历史记录不佳
	买主的良好印象	不明原因导致的利润下降
	适应力强的经营战略	资金紧张
	其他	相对于竞争对手的高成本及其他

（资料来源：刘晓峰主编的《现代工业企业管理》）

4．战略制定与管理

（1）战略管理是依据企业外部环境与内部条件的变化，制定战略，实施战略，并根据执行情况评价和反馈来调整、制定新战略的过程。

（2）战略管理的基本思路如下。

① 分析环境，认清优势和劣势，并提出战略问题，了解企业所处的环境和竞争地位。

② 制定战略。根据内外部条件的分析，确定宗旨、目标和政策，具体从经营领域、竞争优势、经营结构方面进行战略规划，并对可行的战略方案进行评价和选择。

③ 战略实施，即采取一定的步骤、措施，发挥战略的指导作用，实现预期的战略目标，并完善战略实施的计划体系，从战略实施的组织结构上进行保证。

④ 战略的评价与控制：进行战略的评价与控制，并将信息反馈到之前的各阶段。

案例 4-3 某家铝制品公司在发展到一定阶段时，感觉有必要扩大经营规模，但还没有选定目标市场。于是，公司在专业机构的指导下，对市场进行了具体划分。公司首先进行了宏观市场分析和市场细分。公司考察了想要为之服务的最终使用市场，即汽车市场、住房市场或饮料容器市场。公司选定住房市场后，便确定了最有吸引力的产品用途：半成品原料、建筑构件或铝制活动房屋。公司决定选择建筑构件为目标市场，接着再考虑想要为之服务的最佳用户规模，公司选择了大用户。公司然后对建筑构件市场中的大用户进行微观市场细分。公司把大用户归为三类，即根据价格购买、根据服务购买和根据质量购买。由于该铝制品公司有优质服务的形象，所以它决定选择着重提供服务这一细分市场。

5. 企业的战略经营思想

1）企业战略经营思想的发展阶段

企业的战略经营思想就是指企业领导者把工作重心放在哪些地方的规划。企业发展的历史有三个阶段。

（1）生产导向阶段：在这个阶段，从市场的供求关系看，主要是供应小于需求的卖方市场（以卖方为主导的市场），所以生产管理很重要，企业实行以产定销。其突出的特征是：生产现场管理，只考虑如何去高效率生产。这一阶段企业管理的核心问题是：如何提高生产效率，提高产量，降低成本。

（2）销售导向阶段：这时的市场供应者增加，产品供应相对大于需求，市场是相对的买方市场（以买方为主导的市场）。生产者急于把产品销售出去，所以将工作的重心放在营销手段上，想方设法营销自己的产品，工作的重心由内部转到开始注重销售了，是被动的、消极的，以产定销。

（3）市场（顾客）导向阶段：这时的市场基本上是饱和的市场，供大于求，市场是买方市场。企业工作的重心不是按自己的意图生产，再设法销售，而是先考虑顾客需要什么，企业才生产什么，客户是企业的上帝。企业生产是以销定产的买方市场，企业面对市场由原来的被动转到积极主动，认为企业依从于顾客，顾客现在与未来的需要决定了企业的生存与发展。提出了顾客需要什么，企业就生产什么，销售什么。大力宣传顾客第一、质量第一、服务第一、信誉第一。其特点有以下几方面。

① 顾客是企业生存的根本。企业必须认真研究顾客的特点、需求和愿望，站在顾客的立场上去考查企业的生产经营活动，不断提高企业的经营管理水平和服务质量。

② 需求是市场扩大的动力。旧的经营思想认为市场扩大的主要动力是商品，谁生产的商品多，谁就可以开拓市场；而现代经营思想认为，市场扩大的主要动力是需求，只要消费者的需求扩大了，市场才能真正扩大，也就是说，哪里有消费者的需求，哪里就有企业的机会。

③ 企业要善于扬长避短，善于把消费者现在与未来的需求和企业本身的资源与技术特点结合起来，扬长避短地制定战略。

④ 以开拓市场为目标，全面、系统地组织企业的经营活动。企业为了开拓市场和满足顾客的需求，必须把全部活动都纳入企业整体的经营战略中，并与外部环境协调一致。

通常我们将生产导向阶段和销售导向阶段称为旧营销观念，而将市场（顾客）导向阶段称为新营销观念。新旧观念的比较如表 4-3 所示。

表 4-3 新旧营销观念对照比较表

营销观念		市场背景					重点（中心）	口号与态度	市场在生产周期中的地位	规划顺序	手段（方法）	目的
		生产力	科技	供求	市场	竞争						
旧式商业观念	生产观念	低下	缓慢发展	供<求	卖方市场	买方间进行	产品	以生产为中心 我生产什么 我卖什么	终点	产品到市场	提高劳动生产率，增加产量	增加产量 获取利润
	产品观念	进一步发展	加快发展	供≤求	卖方市场	卖方中已有	产品	以生产为中心 只要产品好， 不愁没销路	终点	产品到市场	改进与提高产品质量，提高劳动生产率	增加产量 获取利润
	推销观念	较大发展	加快发展	供≥求	卖方市场到买方市场	卖方间进行	产品	以生产为中心 我卖什么， 你买什么	终点	产品到市场	推销术、广告术	增加销量 获取利润
新式营销观念	市场营销观念	高度发展	迅速发展	供>求	买方市场	卖方间竞争激烈	顾客	以需定产 顾客是上帝 用户第一	起点	市场到产品	整体市场营销市场	满足需求 获取利润
	社会市场营销观念	高度发展	迅速发展	供<求	买方市场	卖方间竞争激烈	顾客社会利益	以需定产 满足需求， 增加社会 公共利益	起点	市场到产品	整体市场营销手段	满足顾客需求，增加社会利益，企业获取利润

（资料来源：单凤儒主编的《企业管理》）

2）战略经营思想应用

案例 4-4 阿里巴巴集团的战略愿景与发展历程。阿里巴巴集团（Alibaba.com）由中国互联网先锋马云于 1999 年创立，是全球最著名的企业对企业（B2B）电子商务品牌，也是全球最大的商务交流社区和网上交易市场。阿里巴巴集团服务来自超过 240 个国家和地区的互联网用户。阿里巴巴集团及其关联公司在大中华地区、印度、日本、韩国、英国及美国 70 多个城市共有 25 000 多名员工。

正确的战略是成功的一半，任何一个成功的企业都需要适合于自身发展的战略愿景和战略定位。良好的战略愿景为企业制定正确的企业战略、业务战略和战略保障体系提供指导方向。

1. 阿里巴巴的战略愿景

阿里巴巴的战略愿景可以从以下三个方面来理解：

（1）要持续发展 102 年，打造跨越三个世纪的世界名企；

（2）要成为全球十大网站之一；

（3）让天下没有难做的生意，只要是商人，就使用阿里巴巴。

这使得阿里巴巴集团员工从内心深处全方位地思索如何实现目标。正是在这样的战略愿景的指导下，阿里巴巴集团制定了自己的企业发展战略。

2. 阿里巴巴的发展历程（集团大事记）

1999 年	马云带领下的 18 位创始人成立了阿里巴巴集团。 （globalsources.com，1972 年成立，1998 年进入中国）
1999 年—2000 年	阿里巴巴集团从软银、高盛、美国富达投资等机构融资 2 500 万美金。
2002 年	阿里巴巴集团 B2B 公司开始盈利。
2003 年	于杭州建立个人电子商务网站淘宝（易趣网站于 1998 年成立，2003 年与 ebay 网站合并）
2004 年	发布在线支付系统—支付宝（目前约占第三方支付 46%的市场份额，财富通约为 21.2%，银联约为 10.8%）（海外为 paypal）。
2005 年	阿里巴巴集团与雅虎美国建立战略合作伙伴关系。同时，执掌雅虎中国。
2006 年	阿里巴巴集团战略投资口碑网。
2007 年	1 月：以互联网为平台的商务管理软件公司阿里软件成立。 11 月：阿里巴巴网络有限公司在香港联交所挂牌上市。 11 月：阿里巴巴集团成立网络广告平台阿里巴巴。
2008 年	6 月：口碑网与中国雅虎合并，成立雅虎口碑。 9 月：阿里巴巴与淘宝合并。 9 月：阿里巴巴集团研发院成立。
2009 年	7 月：阿里软件与阿里巴巴集团研发院合并。 8 月：阿里软件的业务管理软件分部注入阿里巴巴 B2B 公司。 8 月：作为“大淘宝”战略的一部分，口碑网注入淘宝，使淘宝成为一站式电子商务服务提供商，为更多的电子商务用户提供服务。 9 月：阿里巴巴集团庆祝创立 10 周年，同时成立阿里云计算。
2010 年	3 月：阿里巴巴集团宣布成立大淘宝战略执行委员会，其成员来自淘宝、支付宝、阿里云计算和中国雅虎的高管，以确保“大淘宝”战略的成功执行。 5 月：阿里巴巴集团宣布，从 2010 年起将年度收入的 0.3%拨作环保基金，以促进全社会对环境问题的认识。 11 月：淘宝商城启动独立域名 Tmall.com。
2011 年	1 月：阿里巴巴集团宣布将在中国打造一个仓储网络体系，并与伙伴携手大力投资中国物流业。
2011 年	6 月：阿里巴巴集团将淘宝网分拆为三个独立的公司：淘宝网（taobao.com）、淘宝商城（tmall.com）和一淘（etao.com），以便精准和有效地服务客户。
2012 年	1 月：淘宝商城宣布更改中文名为天猫，加强其平台的定位。

3. 未来发展战略思考

1）未来使命

促进“开放、透明、分享、责任”的新商业文明。

2）未来愿景

分享数据的第一平台——集团未来的战略定位，即客户第一；

幸福指数最高的企业，即员工第二；

活 102 年，即股东第三。

3）未来目标

为全世界创造 1 000 万家小企业的电子商务平台；

为全世界创造一个就业机会；

为全世界10亿人提供消费平台。

在旧的商业文明中企业想的都是在社会中找机会；而在新的商业文明中企业是解决社会问题的。阿里巴巴要解决的就是，能为社会在从工业文明走向信息文明这样关键的时刻，无论是从基础设施建设，还是到重要的购物体验，以及到商业的基本规则，进行重新的塑造与推进。这就是集团未来的战略思考。（资料来源：摘自阿里巴巴网站）

4.1.2 经营决策的原则与方法

所谓决策，就是为使未来行动目标优化或达到某种满意程度，在两个或两个以上备选方案中选择一个最佳方案并组织实施的过程。

它包含以下三层含义。

（1）明确的目标性。任何决策都要以实现组织总目标并使目标优化为出发点。

（2）显著的选择性。决策的中心含义是“选择”，任何活动不涉及“选择”就不是现代管理所说的决策。

（3）是一个完整的过程。一般来说包括决策前提出问题、搜集资料、预测未来、拟定方案、优选以及决策实施中的追踪等完整过程。

1．决策的作用

（1）决策正确与否直接关系到组织的生存与发展。

重大问题，如企业的发展方向、产品种类、产品结构的变化、体制改革、设备技术引进和人才开发等，决策正确与否决定着本企业的兴衰存亡。一般问题的决策也关系到经济效益的高低。

（2）决策能力是衡量管理者水平的重要标志。

决策是上下各级管理人员的主要工作。一个组织的各级管理者决策水平的高低决定其管理水平的高低。

（3）决策贯穿于管理过程始终。在一切管理活动中，决策贯穿于管理过程的始终，因而一些管理学者认为：“管理就是决策”，“管理的关键在于决策”，可见其在管理中的地位是何等重要。

2．决策的原则

在所有的失误中，最大的失误是决策的失误。一着不慎，全盘皆输。为防止决策失误，应遵循以下原则。

1）信息准确原则

决策离不开信息，如果信息不真实，就等于把大厦建立在沙子上。一个组织每天都会收到大量的消息、情报、资料等，只有通过不断地收集、整理，利用大量的对组织有用的信息，运用科学的决策方法，才能做出正确的决策。现实中许多企业都是因为信息不灵、不真、不准，导致决策失误。

案例 4-5 “汉堡”，中国人能接受吗？这是麦当劳公司进入中国前的一种担心。麦当劳公司在进入中国之前研究了中国市场8年（俄罗斯为14年）。研究从国家政策到市场环境、原料产地、饮食习惯、文化习俗、收入水平、家庭结构等。最后将研究视线聚焦到中国独生子女的身上并决定进入中国市场。他们发现，只要中国的小孩喜欢就没问题。他们研究了中国小孩味觉的形成习惯，研究的结论是：中国小孩 4～7 岁时是味觉形成期，7～12 岁时是味觉固定期。这是决策的科学依据：4～7 岁的中国小孩吃什么都一个味；不管是馒头还是汉堡，不管是“土豆泥”还是“品客薯条”。如何吸引小孩呢？红红黄黄的标志、各种尺寸的小旗、各种玩具及游乐区，弄得中国小孩们“乐不思蜀”，“留恋忘返”。麦当劳公司通过信息研究与科学决策，不仅占领了中国的物质市场，还占领了中国人的心理市场。

2）预见性原则

预测是决策的前提，反过来，如果没有预见性决策就没有价值。正确的决策往往是对各种备选方案在不同的环境状态下的得失预测后，才进行的对比择优。

3）对比择优原则

这是决策的实质，有比较才会有鉴别。现实中，采用恰当的择优方法，对不同方案的利弊、得失进行比较，才能从中选择最佳的方案。

4）可行性原则

就是在许多可供选用的方案中，选取与当时主客观条件相适应的可行方案。

5）跟踪反馈原则

在决策方案实施中，要及时取得反馈的信息，以便掌握工作的进度，发现问题、解决问题，保证目标实现。如果发现原来设立的目标和实施方案不符合实际，应做出必要的修正。

6）民主性原则

决策民主化是现实中必不可少的条件。经营过程中不断变化的内部与外部因素，使决策者无法仅从一两个方面或角度进行决策，只有发挥集体的智慧才能保证科学决策。如巨人集团的倒塌，其总裁史玉柱反省时讲：公司的董事会形同虚设，基本上是我一个人说了算。不民主、无监督，使得许多重大的决策不科学。

案例 4-6 某城市繁华地段有一个食品厂，因经营不善长期亏损。该市政府领导拟将其改造成一个副食品批发市场，这样既可以解决企业破产后下岗职工的安置问题，又方便附近居民。为此进行了一系列前期准备，包括项目审批、征地拆迁、建筑规划设计等。不曾想，外地一开发商已在离此地不远的地方率先投资兴建了一个综合市场，而综合市场中就有一个相当规模的副食品批发场区，足以满足附近居民和零售商的需求。

面对这种情况，市政府领导陷入了两难境地：如果继续进行副食品批发市场建设，必然亏损；如果就此停建，则前期投入将全部泡汤。在这种情况下，该市政府盲目地做出决定，将该食品厂厂房所在地建成一居民小区，由开发商进行开发。但对原食品厂职工没能作出有效的赔偿，使该厂职工陷入困境。该厂职工长期上访不能解决此赔偿问题，对该市的稳定造成了隐患。

3. 决策的程序

决策的程序简图如下：①分析现状，发现问题→②确定目标→③设计各备选方案→④评价方案→⑤选优→⑥执行→⑦信息反馈与改进。

1）研究现状，调查情况，发现问题

任何决策都是从发现和提出问题开始的。明确问题包含三个层次：一是明确问题发生的时间、地点及可能产生的价值和影响；二是明确问题产生的原因；三是明确问题的严重性和必要性。领导在组织中的地位使得他们能够综观全局，从整体的角度思考与比较，更容易找出问题的关键所在。

2）确定决策目标

针对这些问题确定应该达到何种效果，即确定决策目标。确定目标是决策中最重要的环节。

3）收集资料，拟定备选方案

决策目标一旦确定，就要通过各种渠道收集组织内外各方面的相关情报和信息。收集到的资料越丰富、越准确，最终做出的决策也就越合理有效。根据收集的资料拟定可供选择的各种可能方案。

4）决策方案的评价、选优

选择最优方案是决策的关键环节，也是领导职能重要性的体现。方案评价的步骤：①看备选方案是否满足必须达到的目标要求，如果满足要求就保留，反之就淘汰；②按照希望完成的目标要求，对保留下的方案进行评价，区分出优劣；③按方案中必须完成的目标和希望完成目标评估的满意程度，对各方案进行全面的权衡，从中选出最满意的方案。

5）正确选择方案

对各方案进行全面的权衡，征询各方面的意见与建议，从中选出最满意的方案。

6）实施方案并进行跟踪决策

完全按照被选方案的程序与步骤，结合组织的人员与资源进行实施，并进行跟踪，收集相关信息。

7）监督反馈

为防止偏差，要对实施过程进行监督与控制，发现偏差及时纠正并不断修订方案。

4. 决策的种类

1）按决策问题的作用范围划分为

按决策问题的作用范围划分为战略决策、战术决策和业务决策。

（1）战略决策是有关组织全局利益和长远利益的决策。这类决策对组织的生存与发展将产生决定性影响，并作用于一个较长的时期。企业的投资方向、产品更新、产品设计等重大问题的决策属于战略决策。

（2）战术决策是有关实现战略决策过程中的具体决策。作用范围比较小，影响的时间也较短。如物资采购、资源配置，这些都是在短时期内的决策。

（3）业务决策是为提高业务活动而进行的决策，针对于短期目标，具有很大的灵活性。

2）按决策问题所处的条件划分

按决策问题所处的条件划分为确定型决策、风险型决策、非确定型决策。

（1）确定型决策。首先，它是指在可供选择的方案中只有一种决策是合理的。也就是说，信息资料是确定的，决策的条件是确定的，可供选择的方案之间的优劣比较和预期结果是明确的，甚至可以通过数学方法来确定合理的决策。

（2）风险型决策。即决策事件未来出现哪种自然状态不能肯定，但可以大致估计出其出现的概率，不同的行动方案在不同的自然状态下的损失或利益可以计算出来。在这种情况下所做的决策有一定的风险性。

（3）非确定型决策。外部条件不可预测，信息不确定，未来出现各种自然状态完全是随机的，各个状态出现的概率无法确定。非确定型决策尽管也可以利用数学方法来推论，但最终决策主要还是依靠决策者的经验和判断。

3）按决策的方法划分

按决策的方法划分为定性决策和定量决策。

（1）定性决策是主要依靠决策者的经验、知识和判断能力做出决策。

（2）定量决策是可以根据具体数据资料，运用一定的决策方法，通过数学计算得出结果的决策。

4）按决策的重复程度划分

按决策的重复程度划分为程序化决策和非程序化决策。

（1）程序化决策：处理例行问题的决策。

（2）非程序化决策：处理例外问题的决策。

5．决策的方法

1）决策的软方法

软方法是指依靠决策者的知识、经验和判断力的一种决策方法，表现形式以会议为主。主要做定性分析，是用于非程序化问题的决策。其优点主要是省时、省费用，缺点主要是主观性强。

（1）协力创新法：凡参加会议的人大多数都经过适当训练，能够运用相关知识产生想象力和创造性思维的人，他们事先知道要讨论的问题的性质和真相，会议主持人可以选一个关系性问题，作为讨论的中心启发大家出主意想办法，一人提出方案，其他人可以讨论，以便补充、修改和完善。此法也可称做“添枝加叶法”。

（2）头脑风暴法（畅谈会）：会议主持人希望与会者集思广益，想法多多益善。会议规则是“五不准二律”：不许与会者批评别人，不做结论，不准私下交谈，不准宣读稿件，不准多数压倒少数，参加者一律平等，所有人的观点一律记录在案。主持人将收集到的各种好的想法整理出来最终得到最佳方案。

（3）缺点列举法（或称质疑头脑风暴法）：除以上头脑风暴法的规则外，再加上一条禁止对已有的设想提出肯定的意见。只准横挑鼻子，竖挑眼，这是专门挑刺的会议，如果挑不出来就不要发言，语言结构一般为：“某某讲的是不对的，这样才是对的”。主持人将收集到的方案的优点与缺点进行整理最终得到最佳方案。

（4）对演法（打擂台法）：通过组织制定的对立方案，正反双方的专家小组进行激烈的辩论，互攻其短，充分暴露方案的毛病。主持人将方案进行整理最终得到最佳方案。如针对是否要拓展海外市场，组织相关人员进行正方（拓展）、反方（不拓展）的对抗辩论。主持人将正反方的观点一一列出，整理后得到最佳方案。

（5）哥顿法（或称提喻法、类比法）：这个方法是主持人不公开会议的具体目的，只用类比的方法，把问题提出来，不讨论问题本身，而让参加者提出各种想法。通过与会者的各类想法来完善方案。

案例 4-7 某企业要在建好的大厦周围建一个大型停车场，而该大厦周边的土地又是寸土寸金。如何解决呢？主持人召集相关人员开会，不说当天会议主题，只放一个短片，内容是一个上海的居民家里住着祖孙三代八口人，而房间只有 12 平米，一家人如何吃住呢？请大家观看后发表各种看法，而后再提出大厦的服务功能如何完善，请每个人发表意见，最终得到满意的方案。

2）经营决策的硬方法

硬方法指运用数学分析和电子技术的一种方法，主要为定量分析法。主要用于解决程序化问题。其优点主要是：数据分析较科学，失误较小。缺点是：对心理因素多的决策无法执行，对待事物理想化。

（1）确定型决策：其主要特征是每一种选择的方案其结果只有一种数值，即发生的概率为 1。

确定型决策的择优法则：是收益极大值或投入极小值法则，可分为两类。

① 单纯选优法（直观法）：对数据未加工，借助直观对比，便能找出最优方案。

案例 4-8 某企业对所要生产的三种产品 ABC 销售前景看好，已知由于资源限制只能选其中的一种产品进行生产，如表 4-4 所示，请问，应该生产哪一种产品？

表 4-4 各生产方案盈亏值 单位（万元）

销 售 状 态	概率	A	B	C
畅销	1	9000	12 000	6000
选优			√	

根据各生产方案盈亏值比较，应选择生产 B 产品，其收益为最大。

② 模型选优决策：通过经济数学模型来决策。如线性盈亏平衡点分析法、线性规划法等。这里只介绍线性盈亏平衡点分析法。

盈亏平衡点分析法的基本原理：该方法是把成本分为固定成本和可变成本两部分，然后对总收益进行对比，确定盈亏平衡时的产量或某一赢利水平时的产量。固定成本是不随产量变动而变动的成本，可变成本是指随着产量变动而变动的成本。其公式为：

在盈亏平衡时，总收入=总成本　　$Q \times P = F + Q \times V$

则盈亏平衡点时的产量：　　$Q = F / (P - V)$　　（1）

如果企业想赢利，则：总收入=总成本+利润　　$Q \times P = F + Q \times V + L$

赢利时的产量：　　$Q = (F + L) / (P - V)$　　（2）

公式中：Q 表示产量，P 表示单位产品价格，V 表示单位产品的可变成本，F 表示固定成本，L 表示企业利润。

案例 4-9 某大学生小张计划自主创业开一家“样样 10 元”的小超市，超市中的各类商品销售价格均为 10 元，每一件商品、采购、运输包装后的成本平均为 8 元，超市一年的房租、设备装修、人工等固定费用为 20 000 元，问小张一年应卖出多少件商品才不会亏本。如果想赢利 50 000 元，应卖出多少件商品？

解　盈亏平衡点时的销售额：$Q=F/(P-V)$ =20 000/(10−8)=10000（件）

若想赢利 50 000 元，则：$Q=(F+L)/(P-V)$ =70 000/2=35000（件）

分析　小张的“样样 10 元超市”一年至少要销售出去 10 000 件商品，每天要销售约 30 件商品，才不至于亏本；如果想一年赢利 50 000 元，则至少要一年要销售 35 000 件商品，每天要销售近 100 件商品才行。

企业在进行确定型决策时，前提条件就是产品生产出来后，畅销的可能性是确定的。

（2）非确定型决策：即指未来的自然状态出现的概率无法预测和计算的情况下的一种决策。

案例 4-10　某企业在计划年度的生产资源有限，只能生产 A、B、C 三种产品中的一种，在市场销售时会遇到畅销、一般、较差、滞销这四种状态，且其出现的概率是不确定的，试依据表 4-5 中给定的数据采用不同的择优法则，找出最优方案，即：生产哪一种产品能取得更多利润或损失最小。

表 4-5　各方案的损益值　单位（万元）

销售状态	概率	A	B	C
畅销	不知	9000	12000	6000
一般		6000	6300	3700
较差		−1500	−2200	1300
滞销		−2500	−3000	−750
本列最小值		−2500	−3000	−750
本列最大值		9000	12 000	6000

① 悲观法则（小中取大法则）：是指决策者从最坏的打算出发来进行决策。在每个方案中选出最差条件时的损益值，与其他方案对比，从中选出收益最大的方案。本例从每列中的最小值中取最大值作为最优方案，如表 4-5 中每列最小值分别为−2500、−300、−750，即它们表示 A、B、C 三个方案下产品滞销时的亏损数量，应选用 C 方案，即在遇到最不利的销售状态时，其亏损最小。

② 乐观法则（大中取大法则）：是指决策者从最好的打算出发来进行决策。在每个方案中选出最好条件时的损益值，与其他方案对比，从中选出收益最大的方案。本例从每列中最大值中取最大者为最优方案，即在畅销时收益最大的方案，应为 B 方案。

③ 懊悔值法则（大中取小法）：是指从懊悔值中选择最小者为最优方案。所谓懊悔值是指在某种状态下，因选择某方案而未选取该状态下的最佳方案而少得的收益值。用懊悔值法进行选择的步骤：第一，计算各方案的懊悔值，即各行中的最大值分别减该行中各损益值。如第二行中最大值为 6 300，它作为被减数分别与第二行的 6000、6300、3700 相减，余额为 300、0、2600，以此类推，于是得出懊悔值表 4-6。懊悔值的含义是当决策人未采用最大收益方案时，所遭受的机会损失，令人追悔莫及。第二，从各方案中选取最大懊悔值。第三，在已选出的最大懊悔值中选出最小者，对应的方案即为最佳方案。如表 4-6 中所示，最大懊悔值中最小值为 3000，故应采用方案 A，这样即使销售不利，机会损失也会最小。

表 4-6　最大懊悔值比较表　单位（万元）

方案销售状态	A	B	C
畅销	3000	0	6000
一般	300	0	2600
较差	2800	3500	0
滞销	1750	2250	0
每列最大懊悔值	3000	3500	6000

选每个方案中最小值为优，本例应选 A 方案。

④ 机会均等法则：它以各种状态出现概率均等的假设为前提，并根据均等概率算出各种方案的期望值，期望值最大者为优。

均等概率=1÷销售状态数目

某方案的期望值（*EV*）=Σ（每种状态的损益值×均等概率）

如案例 4-10 中概率=1÷4=0.25

A：*EV*=(9000+6000−1500−2500)×0.25=2750

B：*EV*=((12 000+6300−2200−3000)×0.25=3275

C：*EV*=(6000+3700+1300−750)×0.25=2562.5

EV 最大为优，故选 B 方案为优。

⑤ 折中法则：它是乐观法则和悲观法的折中，决策者根据分析先定一个乐观系数 X，则悲观系数为 1−*X*。

其计算公式：*EV*=最大收益×*X*+最小收益值×（1−*X*）

假设乐观系数为 0.7，即 *X*=0.7，则案例 4-10 各方案的损益值如表 4-7 所示。

表 4-7　各方案的损益值　　　单位（万元）

方案	最大收益	最小收益	折衷收益值
A	9000	−2500	9000×0.7+(−2500)×0.3=5550
B	12000	−3000	12000×0.7+(−3000)×0.3=7500
C	6000	−750	6000×0.7+(−750)×0.3=3975

因 B 方案 *EV* 最大，故选 B 方案。

从以上方案的选优中可见，对不同性格的人，选优的法则也不同。保守的人，多用悲观法。进取的人，多用乐观法。中间型的人，多用均等、折中法等。企业的决策往往是将以上各种法则所选择的方案，再进行比较择优。

（3）风险型决策的分析法：指未来事件的机遇条件不能肯定，但知其概率情况下的决策。由于概率只是对未来出现某种事件机会的预计，因此，决策时往往带有一定的风险性。

选优的法则以最大期望收益或最小期望损失来确定。

① 矩阵决策分析法：计算出各个方案期望值，再选优，如表 4-8 所示。

表 4-8　矩阵期望值表

自然状态		Q_1，Q_2，…，Q_n	期望值（*EV*）
概率		P_1，P_2，…，P_n	
方案	A_1	V_{11}，V_{12}，…，V_{1n}	$V_{11}\times P_1+V_{12}\times P_2+\cdots+V_{1n}\times P_n$

续表

方案	A_2	V_{21}，V_{22}，…，V_{2n}	$V_{21}\times P_1+V_{22}\times P_2+\cdots+V_{2n}\times P_n$
	…	…	…
	A_t	V_{t1}，V_{t2}，…，V_{tn}	$V_{t1}\times P_1+V_{t2}\times P_2+\cdots+V_{tn}\times P_n$
	…	…	…
	A_m	V_{m1}，V_{m2}，…，V_{mn}	$V_{m1}\times P_1+V_{m2}\times P_2+\cdots+V_{mn}\times P_n$

表中，Q_1～Q_n表示可能遇到的各状态；P_1～P_n表示可能遇到的各状态的概率；V_{ij}表示损益值；A_1～A_m为各方案。

假如案例 4-10 中企业预测到不同销售状态下的概率如表 4-9 所示，如何选优决策？

表 4-9　各方案的损益值　　　　单位（万元）

销售状态		畅销	一般	较差	滞销	期望值（*EV*）
概率		0.25	0.4	0.25	0.1	
方案	A	9000	6000	−1500	−2500	4025
	B	12 000	6300	−2200	−3000	4670
	C	6000	3700	1300	−750	3230

表 4-9 内 *EV* 值的计算：

A：EV=9 000×0.25+6 000×0.4−1 500×0.25−2 500×0.1=4 025；

B：EV=12 000×0.25+6 300×0.4−2 200×0.25−3 000×0.1=4 670；

C：EV=6 000×0.25+3 700×0.4+1 300×0.25−750×0.1=3 230。

因 B 方案收益期望值最大，故选 B 方案。

案例 4-11　某肉食加工厂在去年 6～8 月熟食的日销量统计资料如下：日销 100 t 的时间有 18 天，日销 110 t 的时间有 36 天，日销 120 t 的时间有 27 天，日销 130 t 的时间有 9 天。预计在今年 6～8 月需求量与去年相近。企业每销售 1 t 熟食可获利 500 元，每剩余 1 t 熟食要增加 300 元费用。该厂日生产计划应如何决策？

解　（1）计算各自然状态下（日销量）的概率：

概率= 各销售状态下所用时间÷各销售状态下所用时间总和，如表 4-10 所示。

表 4-10　各状态概率

销售状态（t/日销）	日数（天）	概率（%）
100	18	0.2
110	36	0.4
120	27	0.3
130	9	0.1
合计	90	1.0

（2）计算各方案在销售状况下的期望值如下。

① 在方案定为日产 100 t 时，各状态下的损益值分别如下。

当销售状态为日销 100 t 时，其损益值为 100 t × 500 元/t=50 000 元；

在日销 110、120、130 t 时，由于日生产只有 100 t，则损益值均为 50 000 元。

② 在方案定为日产 110 t 时，各状况下的损益分别如下。

当销售状态为日销 100 t 时，其损益值=100 t × 500 元/t−10 t × 300 元/t=47 000 元；

当销售状态为日销 110 t 时，其损益值=110 t × 500 元/t=55 000 元；

同理日销 120、130 t 时，其损益值为 55 000 元。

③ 以此类推，计算出各个方案的期望值，如表4-11所示。

日产100 t:

EV=50 000（0.2+0.4+0.3+0.1）=50 000

日产110 t:

EV=47 000 × 0.2+55 000（0.4+0.3+0.1）=53 400

日产120 t:

EV=44 000 × 0.2+52 000 × 0.4+60 000 × 0.4=53 600

日产130 t:

EV=41 000 × 0.2+49 000 × 0.4+57 000 × 0.3+65 000 × 0.1=51 400

表4-11　各个方案损益期望值　　单位（元）

销售状态（日销量）		100 t	110 t	120 t	130 t	EV
概率		0.2	0.4	0.3	0.1	
方案（日产量）	100 t	50 000	50 000	50 000	50 000	50 000
	110 t	47 000	55 000	55 000	55 000	53 400
	120 t	44 000	52 000	60 000	60 000	53 600
	130 t	41 000	49 000	57 000	65 000	51 400

④ 选优：日产120 t期望值最大，该企业的日生产计划应定为120 t为宜。

② 决策树法：它是把与决策有关的方案绘成树枝状的图形，使决策者能形象地分析要决策的问题，然后计算出各决策方案的期望值，最后比较期望值大小，大者为优。

决策树是由决策结点、方案枝、状态结点与概率枝四部分组成的。

其决策程序有以下四个步骤。

首先，画决策树图。树根表示决策结点，由它引出若干个方案枝；每个方案枝的末端是一个状态结点；以它引出的分枝叫概率枝，每个概率枝代表一种状态；概率枝的末端是结果点，反映各状态的损益值。这样自左到右层层展开，就形成了决策树。

图中“□”表示决策结点，“○”表示状态结点，“△”表示结果点，“─┼┼─”表示剪枝，淘汰。

其次，将各状态的概率及损益值标于概率枝上。

第三，计算期望值。

第四，剪枝选优。

案例4-12　某企业计划建一个机械化养鸡场，决策方案有两个，一是投资100万元，建一个规模较大的养鸡场，另一个是投资30万元建一个规模较小的养鸡场，它们的使用期都是10年，未来市场状况及每年损益值，如表4-12所示，问如何决策？

表4-12　市场状态与年损益值　单位（万元）

自 然 状 态	概　　率	大场每年损益	小场每年损益
销路好	0.7	25	7
销路差	0.3	−2	3

解 （1）据以上资料画决策树图，如图 4-1 所示。

（2）计算期望值如下。

结点 2：$EV=25\times0.7\times10+(-2)\times0.3\times10-100=69$；

结点 3：$EV=7\times0.7\times10+3\times0.3\times10-30=28$。

（3）剪枝选优，应建大场。

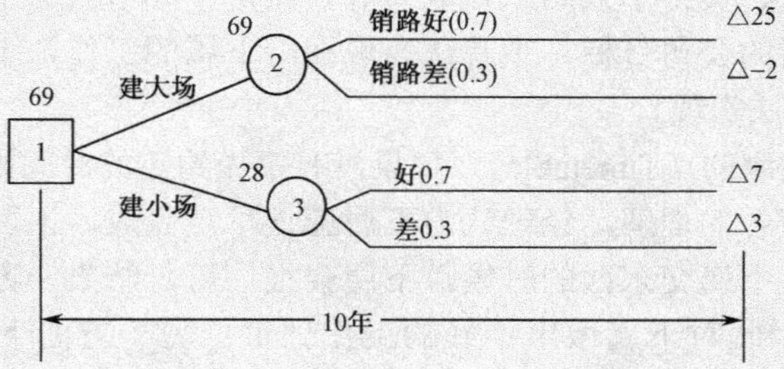

图 4-1　决策树

4.1.3　目标管理方法与实施

目标是指组织在一定时期内的成果指标，表明组织存在的作用和意义，反映组织的目的与任务。

1. 目标的作用及确定原则

1）目标的作用

（1）为管理工作指明方向：假设一个企业的每一个成员都有自己的想法，而没有共同的目标，那么企业就很难发展。目标管理就是要实现大家一条心，共同为企业的目标努力。

（2）激励作用：由于目标是自己认同并参与制定的，内心就很少有抵触情绪，大家就有为目标的实现负责的热情，因此，事先设定了目标，就等于做出了承诺，人人会努力实现。

（3）凝聚作用：总目标必须分解为不同部门、不同职务、不同人员的目标，形成一个系统的整体，而各个部门在实现目标时必须团结一心，形成合力，才能实现总体目标。

（4）考核标准：考核的依据明确，考核者和被考核者都可以预计未来，即可以预期做到什么程度，可以得到什么样的评价，什么样的结果是好的评价，什么样的结果是不好的评价，从而实现事先引导人进行目标管理。

2）如何确定目标

（1）确定目标的原则：制定目标应该符合 SMART 原则。SMART（英文“聪明的”意思）是由五个英文单词的首写字母构成的。

① S——明确具体的（Specific）。目标必须是明确的、具体的。所谓具体就是与任职人的工作职责或部门的职能相对应；所谓准确就是目标的工作量、达成日期、责任人、资源等都是一定的，可以明确的。

② M——可衡量的（Measurable）。如果目标无法衡量，就无法为下属指明方向，也无法确定是否达到了目的。如果没有一个衡量标准，具体的执行者就会少做工作，尽量减少自己的工作量和为此付出的努力，因为他们认为没有具体的指标要求他们的工作必须做到什么程度，所以只要做些工作就可以了。这种问题可能出现在工作量化比较困难的行政部

门，或者在技术部门中上司不了解具体业务的情况下，无法进行有效的工作控制。

③ A——可接受的（Acceptable）。目标必须是可接受的，即可以被目标执行人所接受。这里所说的接受是指执行人发自内心地愿意接受目标，认同目标。

④ R——现实可行的（Realistic）。目标在现实条件下不可行，出现这种情况，常常是由于人们乐观地估计了当前的形势，一方面可能过高估计了达成目标所需要的各种条件，如技术条件、硬件设备、员工个人的工作能力等，制定了不恰当的工作目标；另一方面可能是错误地理解了高层的公司目标，主观认为现在给下属的工作，下属能够完成，但从客观的角度来看，目标无法实现。

⑤ T——有时间限制的（Timetable）。如果没有事先约定的时间限制，每个人就会对这项工作的完成时间各有各的理解，经理认为下属应该早点完成，下属却认为时间有的是，不用着急。等到经理要下属交东西的时候，下属会很惊讶，结果一方面经理暴跳如雷，指责下属工作不积极，因此对下属做出不好的工作评价；另一方面下属觉得非常委屈和不满，伤害了下属的工作热情，同时，下属还会觉得上司不公平。

（2）确定目标应注意以下几个问题。

① 确定目标的依据：即对计划所要解决问题的实质、特点与范围要有明确的了解与认识。

② 目标的约束条件：即目标的确定有一定的附加条件，如产品的质量与品质结构是产品产量与利润的前提条件，又如资源的限制、政策法规等前提条件与附加条件都是约束条件。

③ 多目标问题的处理：复杂目标往往不止一个，这就需要妥善处理，一个办法是尽量综合与合并，把一些次要目标变为约束条件，另一个办法是把各目标按重要性进行排序，把精力先集中于重要的目标，然后再注意次要的目标。

④ 目标的冲突问题：上下级之间的目标冲突，下级要服从上级，同级冲突应该协商解决。

⑤ 目标的衡量标准：要合理地确定目标的衡量标准，要注意定量的标准和定性的标准，要提高定量衡量标准的应用。

案例4-13 一个博士在田间漫步，看见一位老农在插秧，秧苗插得非常整齐。博士觉得老农很不简单，上前问到："老大爷，您怎么插得这样齐？"老农递过一把秧苗说："你插插试试。"博士接过秧苗，脱鞋挽裤腿后下田插秧。他插了一会儿，发现自己插得乱七八糟，于是他问老农："为什么我插不直呢？"老农说："你应该盯住前面的一个目标去插。"对呀，我怎么没想到呢？博士就在前方寻找目标，看到了一头水牛，心里想，水牛目标大，就盯着它吧。他又插了一会儿，发现自己插得有进步但是还是不直，歪歪扭扭，他再问老农："为什么我还插不直呢？"老农笑着说："水牛总在动，你盯着它当然要插得曲里拐弯了，你应该盯住一个确定的目标。"博士猛醒，盯着前方的一棵树去插，果然秧苗插得很直了。然后，老农又说，"长期干农活，一亩地有多少行，一行有多少株，行距、株距都熟悉了，才会有好的收获"。博士信服此言。

2．设定目标的步骤

1）正确理解公司整体目标，并向下属传达

一般来说，组织为了让所有人员理解公司的目标，往往要开年度会议。员工不了解公司的目标，第一可能削弱他们的积极性；第二理解部门目标及制定个人目标时可能出现偏差。

2）制定符合 SMART 原则的目标

案例 4-14　美国加利福尼亚大学的学者做了这样一个实验：把 6 只猴子分别关在 3 间空房子里，每间两只，房子里分别放着一定数量的食物，但放的位置高度不一样。第一间房子的食物就放在地上，第二间房子的食物分别从易到难悬挂在不同高度的位置上，第三间房子的食物悬挂在房顶。数日后，他们发现第一间房子的猴子一死一伤，伤的缺了耳朵、断了腿，已经奄奄一息。第三间房子的猴子也全死了。只有第二间房子的猴子活的好好的。究其原因，第一间房子的两只猴子一进房间就看到了地上的食物，于是，为了争夺唾手可得的食物而大动干戈，结果伤的伤，死的死。第三间房子的猴子虽做了努力，但因食物太高，难度过大，够不着，被活活饿死了。只有第二间房子的两只猴子先是各自凭着自己的本能蹦跳取食，最后，随着悬挂食物高度的增加，难度增大，两只猴子只有协作才能取得食物，于是，一只猴子托起另一只猴子跳起取食。这样，每天都能取得够吃的食物，活了下来。

目标定的过低，人人能干，体现不出能力与水平，选拔不出人才，反倒成了内耗式的争斗甚至残杀，其结果无异于第一间房子里的两只猴子。目标定的太高，虽努力而不能及，埋没了人才，犹如第三间房子里的那两只猴子的命运。目标定的适当，循序渐进，这样，才能真正体现能力与水平，发挥人的能动性和智慧。在制定目标时，在实践中常常采用（平均+先进）/2 的办法来确定目标值，简单有效。

3）检验下一级目标是否与上一级目标一致

由于目标是从上至下，层层分解的，因而作为公司的一员，在目标的执行上不存在讨价还价的余地。你的目标必须与上司的目标一致。所以在目标制定和执行过程中，要检查你的目标是否与上司的目标发生了偏差。主要从两个方面检查：一是与谁的保持一致；二是在具体执行方面是否保持一致。

4）列出可能遇到的问题和阻碍，找出相应的解决方法

这一步容易被忽略，但实际上它对于目标的顺利完成很重要。所谓“有备无患”，制定目标时应该具备风险意识，也就是对目标的实现过程中可能出现的问题、障碍，制定相应的应急方案。现实中我们常用的“备用方案或预案”就是一种表现形式。

5）列出实现目标所需要的技能和授权

其一是目标实施者必备的素质与技能要求。

例如，某人力部经理实现自己所制定的目标，需要的知识和技能有：

人力规划技能；	在同行业中寻找一份人力资源规划书；
招聘与面试技术；	聘用专业的人力资源公司；
目标管理考核技术；	参加专题培训，尽快学会应用；
……	……

其二是为实现目标所需的分工与授权。

6）列出为达成目标所需的合作对象和外部资源

例如，人力部经理为达到目标，需要合作的对象有：

销售副总负责确认销售队伍招聘计划；

销售经理负责确认招聘人员所需的条件、招聘的程序；

市场经理负责确认招聘人员所需的条件、招聘的程序；

需要的资源，如预算、人员、物资等。

7）确定目标完成日期

目标制定的关键之一就是确定其完成日期。在目标制定之后，还要用书面确定下来，这是目标管理规范化的一个表现形式。对目标加以书面化以后，不会引起疑虑和争论，而且有利于检查目标和考核工作，此外，还便于目标的修订。

3．目标管理的实施与评价

1）目标管理

目标管理是管理大师彼得·杜拉克提出并倡导的一种科学的优秀管理模式。它基于注重结果的思想，先由组织最高管理者提出组织在一定时期的总目标，然后由组织内各部门和员工根据总目标确定各自的分目标，并在获得适当资源配置和授权的前提下积极主动地为各自的目标而奋斗，从而使组织的总目标得以实现。

2）目标的实施

（1）向下级充分授权，上下级达成谅解，促使下级能够自我控制，下级可以充分地发挥聪明才智，自主能动地完成目标。

（2）授权之后，上级还要在实施过程中加强检查和控制，深入基层，帮助解决问题。

3）目标成果的评价

目标管理的最后阶段，要对目标成果进行评价，确定成果和考核业绩，并与个人的利益和待遇结合起来。目标成果的评价一般采取自我评价与上级评价相结合的原则。

4.2 企业文化的功能与建设

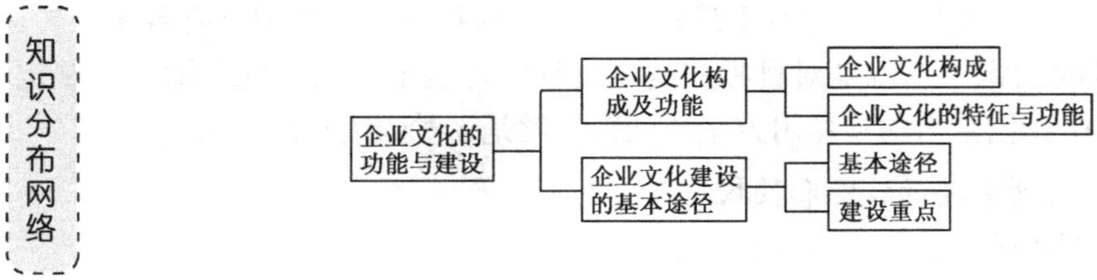

4.2.1 企业文化构成及功能

我们大家都知道，每一个人都有与他人不同的性格和特征，会在学习、生活、工作中表现出来。我们通常会说，某人是诚信君子，可深交；某人是无常小人，不可交。有人礼貌、正直、干净、整洁；有人粗俗、偏激。对于企业而言，我们平常也把它看做是一个法人，它也有自己的个性特征与文化素养。有些企业非常重视自己的信誉，有些企业又常常以欺骗了某个顾客而偷偷地乐。那么企业如何生存、发展和壮大呢？首先要逐渐地形成自己的经营思想、经营风格，其次要不断建立起一种可以发展壮大的内在素质，也就是内在的文化。当企业面临危机的时候，企业文化会帮助企业走出困境。

1. 企业文化的含义

企业文化是企业在经营活动过程中经过长期的倡导和实践并已成为企业全体成员普遍奉行的共同价值观、道德准则、行为规范的总和。例如，摩托罗拉公司的顾客是上帝的经营理念，上至老总，下至一个普通的员工，人人都融入心中，在无形中表现出来，才赢得了全世界的认同。

2. 企业文化的构成

我们按照企业文化的内涵，可以把企业文化分为三层：表层、里层、深层。

（1）表层，即器物文化（物质文化）。如厂容，厂貌，机器设备的整齐、清洁及先进性；产品的外观、质量、服务等。它又称行为文化，它是企业文化的载体与外在化，是一种外显文化，它是企业的最终表现形式。

案例 4-15 某酒店在大厅内书写几个字，顾客发现缺陷奖励 1 000 元。一个顾客吃饭，需要安静，但服务员为做好服务，一会倒水，一会清理桌面。顾客就找经理，说我认为你们服务太热情了，我不满意。经理给顾客免费签单，并奖励 1 000 元。顾客给其提议，应该做“隐形”服务。后来此酒店的生意越做越好。

一个企业的厂徽、商标，产品的性能、结构、外形特征等都能说明此企业的文化内涵。如在出售的服装内备份纽扣、在酒店免费配备雨具等都体现了一种企业文化。

（2）里层：制度文化，也称规范文化，它是一个中间层文化，包括企业的管理风格、宗旨、目标，礼仪、制度，行为习惯、传统作风等。它规定着企业每个员工的行为规范，如厂规、厂纪、厂服、厂徽，各种工作制度、责任制度，人际交往的方式等，它起一个中介作用，体现的是企业精神文化。

案例 4-16 某食品生产企业，经理认为商品质量、信誉服务都与两个词相关，那就是时间与健康。公司认识到食品入口的问题至关重要，凡是影响消费者健康的问题，可以讲都是大问题，公司应该制定严格的制度。所以在制定各种规章制度时，对如何体现及时、快捷、卫生都有严格的规定。如开会迟到、上班迟到、送货迟到、进工作间不带口罩、工装不洁等都将受到处罚。

（3）深层：心态文化——精神文化——核心文化，指积沉于人们心灵的意识形态，即员工的思想、意识、信仰、价值观等，是企业在生产经营活动中所推崇的基本信仰和奉行的行为准则。如道家以自然为主，提倡无为而治；而韩非子以法为主，提倡以法治达到目的。有人到某 IT 企业参观，发现该企业员工很散慢、很自由，但效益很高。再到另一家制造企业参观，又发现管理很严格，工人们严格遵守制度，效果也很好。这说明不同的企业奉行的价值观不同，企业文化也不同。又如，日本人的集体精神，美国人的个人英雄主义精神，德国人的自我成就精神，法国人的爱国和自由浪漫精神，英国人的规范严谨精神，中国人的诚信、朴实、民主与奉献精神，都会对本民族的企业产生深远影响。心态文化是核心、是灵魂，它决定了制度文化和物质文化，制度文化是精神文化和物质文化的中介，物质文化和制度文化是精神文化的体现，三者形成了一个体系。

3. 企业文化的特征

1）民族性特征

任何文化都深深地打着传统的民族文化烙印。

案例 4-17 著名的香烟品牌——万宝路的发展历程。万宝路在早期市场中，一直将产品定位于女士香烟，在很长一段时间内都没能打开销路，公司面临严重考验。有一天，当时的万宝路产品推广负责人因看到西部牛仔充满阳刚气质的身姿而触发灵感，大胆地改变了万宝路香烟以女士为诉求对象的传统，而结合当时的美国文化，以充分体现男士挽救力的牛仔作为广告形象，将产品重新定位于男士香烟。此举立刻为万宝路香烟打开了市场，成为男人气的象征，使男士们喜欢它，女士们同样因为万宝路香烟所代表的男士挽救力而对其爱不释手。万宝路香烟的硬汉子牛仔广告，使香烟罩上了一种男子气概、个人英雄气概，而消费者购买这些香烟也正是为购买这些气概，获得这种感觉上的满足。万宝路香烟广告的创作，充分抓住了美国人渴望通过某种方式表现自已男子汉气概的内心诉求。

2）时代性特征

企业文化是一个历史范畴，不同时期有不同特点。总结我国企业文化的时代性，可以从我国企业成长阶段来发现其特征。第一个阶段是讲效率，20 世纪 70 年代以前企业多讲价格、成本、产量，企业追求效率的最大化。第二个阶段是讲优质，20 世纪 80 年代，在讲高效的同时，还讲质量。企业文化多体现信誉、诚信的价值取向。第三阶段讲系统性，20 世纪 90 年代，在讲优质、高效的同时，还讲产品线，我的产品全还是你的产品全。第四阶段是讲柔性与个性，2000 年以前大家在讲创新，也就是说谁的产品有个性、有创新、有人情味，谁的产品就能得到顾客的青睐。第五个阶段讲快捷与信誉，2000 年以后，我们又发现各企业的追求又在变，谁的速度快、谁先发现了某类需求、先占领市场，谁就有效益。有时你先发现了，但你没有及时地满足顾客，就无法得到认同。在不同的时代，企业文化体现出务实、严谨、诚信、服务、变革、创新等不同的价值取向。

3）差异性

企业文化的差异性，使企业在公众的识别中产生出明显的差异，才能使公众更好地识别和记忆，所以可以讲，由于企业所处环境、内部条件，特别是领导者及职工的素质、心理状态的差异，企业文化最终得到的应是差性文化。例如，我国的银行业中的不同商业银行表现出不同的个性化。工商银行：服务、高效；农业银行：朴实、耐心；中国银行：礼节、规范。在同一家企业的各分公司里，差异性也很强。例如，某企业在南方的分公司主要体现了开放、灵活的特点；内陆的分公司主要体现的是封闭、半封闭、规范；西北部的分公司主要体现的是封闭、诚实、有情感。

4）人本性

每一个企业的形象都是以企业文化为基础的，而企业文化又都是由企业中的人的特性组合而成的。因为人来自于不同民族、地域，来自于不同时代、不同阶层。一个企业文化的形成在很大程度上是从企业精神为核心，以群体行为为基础，以领导团体为主体的整体，也就是说，主要领导人的思想、价值观、工作作风、信仰、习惯、道德、素养基本上决定了这个企业的文化。这个企业的老总讲质量，企业就会讲质量，老总讲信誉，企业就会讲信誉，老总如果认为顾客是可以欺骗的，那么至少在一段时间内，企业就会形成这样的作风。例如，丰田汽车公司的丰田茨一郎办事认真，一丝不苟，由此而推出的看板管理、精益管理，使丰田汽车在世界汽车市场上占得主导地位；洛克菲勒勤俭节约的生活习惯，使标准石油公司精益求精，发展壮大。

4．企业文化的功能

企业文化是企业管理的软件，能发挥物质资源等硬件起不到的作用，现代企业的竞争是技术的竞争、质量的竞争，但归根到底是人才的竞争。而人才的竞争，又取决于人的意识、观念和素质及由此形成的整体——企业文化。企业文化的功能有以下五项。

1）激励功能

企业文化的中心内容是尊重人、相信人，强调非计划、非理性的感情因素，并以此为出发点来协调和控制人的行为，因而能最大限度地激发企业员工的积极性和首创精神，为实现企业目标而努力。

2）自控功能

企业约束自己的行为并趋向合理化，单靠规章制度、行政手段、经济手段是不够的，人的价值观、道德观和行为准则同样是规范、约束职工行为的因素，它通过心理自我约束的功能使职工控制自己的行为。例如，某企业职工由于过失使企业损失了一个大客户，为此他发誓，在做此类工作时再也不出错。

3）内聚功能

企业文化好似一种黏合剂，有利于减小企业内耗，增加企业凝聚力，使企业与职工一体化。它所体现的共同经营、共同价值观、共同道德行为取向，本身就是一个凝聚点，令职工产生集体荣誉感。有人把企业文化比做一只飞轮，可分解为凝聚力和辐射力，凝聚力是向心力，形成企业文化的轴心，辐射力是外向力，形成企业文化的轮缘，凝聚力越大，辐射力也越大，飞轮的转速越快，企业的发展也越快。

案例 4-18　海尔集团的“激活休克鱼法”使中国企业案例首次出现在哈佛的 MBA 教学案例中。使用“激活休克鱼”的方法很简单，就是先将海尔集团的企业文化精神融入到某企业，逐步形成向心力、荣誉感，使企业的各要素成为一个整体，将“休克鱼”变活，按海尔集团的飞轮转动，实现目标。海尔集团的总裁张瑞敏讲：他每天都在用全力让轮子不停下来，只要有一个齿轮发生故障，就可能使整个飞轮掉下来。所以在他的办公室有一幅字：如履薄冰。

案例 4-19　某商场一位营业员在接待顾客买化妆品时，在营业员介绍了很长时间后，此顾客讲明天再来买，营业员生气了，对顾客讲：“买不起就别买，装模作样”。而顾客闻听后勃然大怒，坚决要讨个说法。商场在处理此事时失当，招致诉讼发生，当地媒体对此事进行了报道，该商场信誉一落千丈。商场营业额从每天 80 万元减到 10 多万元，最终破产。该商场破产的深层原因，主要还是其企业文化的不足。

4）内外沟通功能

企业有了统一的价值观念和道德、行为准则，在对外联系工作、开展经营业务、销售产品和提供劳务中就有了共同的标准，从而有利于正确处理企业同其他企业的关系，保持良好信誉。

5）导向功能

企业精神之所以能在企业经营中发挥作用，关键是因为它可以为职工指明努力的目标和方向，能引导企业和职工认识到怎么做才符合国家整体利益，符合企业自身发展的需要和职工的利益。

案例 4-20 日本的住友银行，在一次职工录取考试中出了一道考题：“当国家利益和住友银行的利益发生冲突时，你应该如何做？”大多数应聘者说：“应以住友银行的利益为准”，还有一部分应聘者说：“应以国家的利益为准”，考官们将这些应聘者全部淘汰了。只有几个应聘者答：“作为住友银行的员工，我们将不允许国家利益和住友银行的利益发生冲突这样的事情发生。”结果，这几名应聘者被录用。这说明了住友银行企业文化的价值取向。

4.2.2 企业文化建设的基本途径

随着科技的进步，企业在激烈的市场竞争中需要有一个全体成员共同的价值取向，来保证企业有战胜对手、实现目标的力量。现代企业的竞争实质上就是人才的竞争，也是企业凝聚力的较量。企业文化要体现团队精神和整体荣誉感，树立以人为中心的管理思想，形成企业的凝聚力和向心力。在对企业文化的现状进行分析的基础上，应从企业面临的主要矛盾或从企业的优良传统入手，进行企业文化建设。

1. 选择合适的企业价值观标准

企业价值观标准是企业员工共同认知的东西，是企业文化的核心。成功的企业都十分重视培育共同的价值观念。具体内容包括：向顾客提供优质的产品与服务；企业中人的主体地位；注重发挥职工的主动性和创造性；培养职工爱国、爱企业、爱本职工作的精神；强调职工之间相互沟通和协作精神。

2. 加强员工的认同感

在选择并确立了企业的价值观和企业文化模式之后，就应该把员工认可的方案通过强化灌输的方法，使其深入人心。具体做法有以下三种。

（1）利用广播、电视等宣传媒体，宣传企业文化的内容和企业精神，创造浓厚的企业文化氛围。

（2）培养和树立榜样及英雄人物。榜样与英雄人物的先进事迹是企业文化和企业精神的缩影，他们的感人事迹会对员工产生巨大的感召力和影响力。

（3）加强对员工进行企业文化的教育和培训。通过对员工的教育与培训，使企业全体员工认同并产生共同的价值观，使员工的思想得到统一，从而增强企业的凝聚力与向心力，加强员工的自我调节和控制能力。

3. 提炼企业精神

企业价值观不是一蹴而就的，必须经过科学的分析归纳和提炼才能准确确定。

（1）精心分析。从群众中来，到群众中去，将反馈的意见加以分析和评价，必要时可吸收专家和员工的合理意见。

（2）全面归纳。在系统分析的基础上，进行综合的整理、归纳、总结。

（3）精练定格。把经过科学论证和实践检验的企业精神、企业价值观、企业伦理与行为，条理化、完善化，再经过理论加工和文字处理，用精练的语言表述出来。

4．巩固落实

（1）建立必要的制度。在企业文化演变成全体员工的习惯和行为之前，建立奖优罚劣的制度是十分必要的。

（2）领导者的决定性作用。企业中领导怎样做，群众就会跟着做。因此，领导者必须带领大家为建设优秀的企业文化而努力。

5．在发展中不断丰富和完善

企业文化是特定历史时期的产物，当企业内外条件发生变化时，企业必须不断丰富和完善企业文化，才能跟上时代的步伐。

案例 4-21　联想集团的核心理念是：把员工的个人追求融入到企业的长远发展之中；具体的解释为：办企业就是办人；小公司做事、大公司做人；我们将使全体员工与企业一起发展，使我们的员工由于他们的贡献能得到社会的尊敬。

联想集团的用人观：给你一个没有天花板的舞台；不惟学历重能力，不惟资历重业绩。

联想集团的大局观：从联想集团的根本利益出发考虑问题。联想集团好员工标准：敬业精神和上进心、有韧性、有责任感、有悟性、富有创新精神、善于沟通、既会工作又会生活。

联想集团的精神：求实、进取、创新。

联想集团的做事风格：认真、严格、主动、高效。

联想集团的做人风格：平等、信任、欣赏、亲情。

联想集团的经营观：诚信为本——取信于用户、取信于员工、取信于合作伙伴。

联想集团的道德观：宁可损失金钱、绝不损失信誉；生意无论大小、一律一视同仁；待人真诚坦率、工作精益求精；光明正大干事、清清白白做人；勤勤恳恳劳动、理直气壮赚钱。

6．企业文化建设的侧重点

（1）把理念建设放在首位，它是企业文化的核心。

（2）抓员工、抓产品、抓服务、抓市场，它是企业文化的最终表现。

（3）抓制度。它是企业文化建设的保障。

（4）抓外表、抓形象。它是企业文化的标志。

案例 4-22　摩托罗拉公司顾客第一的理念如下。

（1）顾客是上帝，顾客的需求就是摩托罗拉的机会，为其服务是公司一如继往的经营原则。

（2）顾客的满意是检验公司行为的唯一标准。

（3）让顾客满意，不应仅仅视为个人满意，应使全社会的顾客满意，顾客是有差异的，所以应为顾客提供有差别的服务。

（4）顾客永远是正确的。

（5）公司只能引导顾客而不能误导顾客，可以创造顾客而不能教育顾客，更不要企图改造顾客，而只有去认同顾客的价值观。

（6）对每一位顾客都应以诚相待，真诚服务。

（7）必须创造全方位的服务，争取顾客。

4.3 基层管理者的战略执行力

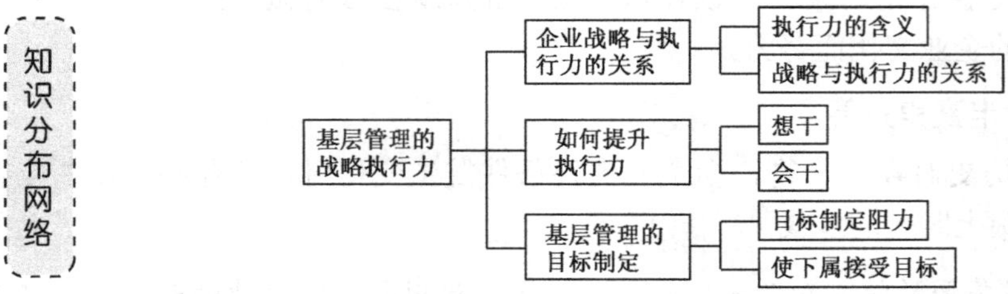

4.3.1 企业战略与执行力的关系

1）执行力的含义

执行是实现既定目标的具体过程，而执行力是执行的能力和手段。在形成了决策、制定了具体的计划之后，达成目标的具体行为就是执行，而确保执行完成的能力和手段构成了执行力。

2）两者的辩证关系

没有执行，再卓越的战略、再巧妙的策略、再严密的管理制度、再优秀的文化都会是空中楼阁，因此，我们有理由认为，执行是企业成长的核心要素。

4.3.2 如何提升企业的战略执行力

作为一名企业的管理者，我们知道战略确定方向，执行决定成败。我们不能只靠想，关键还靠做。企业如何做才能实现预期的目标呢？我们知道要让别人为你干活，主要是解决两大问题。第一是他想干（我要干），第二是他会干（怎样干）。下面我们围绕想干和会干两大问题来分析企业如何提升执行力。

1. 想干

变要我干为我要干，这是所有成功的企业家最希望下属说的一句话。试想一个组织中，人人都想为企业目标努力奋斗，还有什么事做不成呢？例如，毛泽东领导的共产党推翻蒋家王朝建立新中国，有志青年人人都想为革命奋斗终生。难怪毛主席说，当领导的主要是做两件事，第一是拿注意，第二是用干部。也就是说领导者，首先是决策，其次是用干部去执行决策。新中国的建立主要归功于共产党人我要干的积极心态。执行力的源头在于心，心态是影响行为的一个重要因素，甚至是首要因素。心态要素包括三个层次的心理活动：态度、激情、信念。国外现在常讲的一个理念即态度决定命运，是很有道理的，而激情又是事物能否向积极方向发展的主要因素，信念更是支撑行为、意志的灵魂。如何使员工想干呢？

1）提升员工个体的素质与觉悟

一个好的管理者，往往是一个演说家，一个能够把员工的思想引导到很高境界的人。他会告诉员工，人活着有比薪水更重要的东西，人活着要有精神，要为他人多做点什么，要有理想、信念、目标，要做一个值得信赖的人，要做一个敬业的人。德国人对待工作往往说，“上帝什么都看得见，把每件事做好，因为你是在为上帝工作”。因此德国经济能够腾飞，德国制造业成了世界最优产品的象征。松下幸之助对松下企业的经营方略概括为：“造物先造人”。人的诚信、宽容、奉献、责任、敬业等既是素质，也是觉悟。

2）增加员工的薪水与福利

在现实中，特别是在社会主义初级阶段的中国，大多数人是为生计而做事的，是为了利益而工作的。因此，能否把薪水、福利这个双刃剑用好，是决定大多数员工能否有积极态度，想干活的关键因素。这里需要一个科学的考核评价体系。

3）建立企业文化，形成个人与团队的双赢

在一个组织中人人都认同和遵守的东西，就是企业文化。如果企业不断地标榜爱岗敬业的人，不断对想干事的人提供成功的条件，为不想干事的人增加成功的障碍，那么一个人人都想干事，人人都想使团队成功，企业预期的战略目标的实现就有了很大的保证，如何实现就要看怎样干。

2．会干

1）确定目标并分解

你的目标必须是专一的，我们经常犯多、大、空、杂的错误，在这里刺猬的思维，可帮我们得到直接而简单的结果。在动物界，狐狸是机灵的代名词，脑子里常常想着得到七八个小灯泡，而憨厚可爱的刺猬想的只是一个闪亮的大灯泡，所以刺猬总能得到它想要的食物。

（1）正确的提出目标。

（2）正确地限制目标。

（3）正确地分解目标，使其形成目标（上位）—手段（下位目标）—手段（再下位目标）链。

> 爱迪生说：“每个人整天都在做事，倘若你早上 7 点起床，晚上 11 点睡觉，做了整整 16 个小时的事，大多数人都在做很多很多的事，而我却只做一件事。如果你们将这些时间运用在一件事情、一个方向上，一定会取得成功。”

2）制定规则并细化

没有精彩的细节就没有壮观的全局。

案例 4-23　一个年轻人到一家大公司应聘，当他走进办公室时，看到门角有一张小纸屑，出于习惯年轻人弯腰捡起纸片并把它扔进了垃圾箱，结果这个年轻人战胜了其他条件胜过自己的人，成了这家公司的正式员工。董事长说：其实那张门角的纸屑是我们故意放的。只有善于从小事做起的人，才能干好大事。那些连小事都做不好的人也不可能做好大事。同类企业中，执行的规则、制度、方式方法都大同小异，而成功的只有那些注重每一个细节的企业。

案例 4-24 一个商人赚了一大笔钱，在回家的途中，离家不远时仆人发现马的后掌蹄铁上掉了颗钉子，商人说别管它，坚持几小时就到了，一边说一边赶着马向前跑。路途休息时，仆人又说，马后腿上的蹄铁已经掉了，是不是给它重新安一个呢？商人又说算了吧，我要赶时间。结果马终于一跤跌断了腿骨，商人只好下马和仆人背上包步行回家。做企业更是，每一个细小的差错都可能使企业走向毁灭。

3）流程精细化

流程是我们完成目标的方法和途径。在企业中我们都是以目标、战略、人员、环境相互结合，以客户需求为核心建立运营系统的，它指明了企业执行力的方向。关键不在于你做什么，而在于你如何做。远大集团的老总想出一个简单明白的公式，效果很好，那就是“我制定，你执行”，这使远大集团赢得了成功。但有的企业却因流程不精细出现漏洞而导致执行失败。怎样才能打造出有强大执行力的流程呢，这里提供一个结构，即绝对的顾客需求导向；持续不断的完善优化（精细）；进行相对平稳的变革；恰当的执行信息系统。

需要注意的是信息系统的不均衡，会使流程失去作用。例如，一些公司是上层决策，中层当一个二转手，基层执行，信息方向从上到下，没有反馈，许多问题，基层看的一清二楚，而上层不知，这就使信息传递的单向性造成上层（大脑）缺氧，使得执行流程出现问题。

4）确立以执行力为导向的评价奖罚体系

有效的评价就是企业整体运营中的指挥棒，有些事干的对与错，应该不应该干，主要受评价与奖罚体系的控制。

5）强化执行力的核心因素：人员的培训

在企业运营中的战略、目标、利润、评价、奖罚、品质、客户等，都要由人来做，才能成功。对上层执行者，我们强调其分析判断与决策能力，要有思想（知道怎样干），因此主要培养其执行的决心、执行的思路与创造力、如何创建核心的执行团队，对专业技能的认识及对下属（特别是中层）执行能力的培育与启发。对中基层执行者，是执行过程的“腰”，主要职责应是四个字“贯上维下”，即贯彻上级精神，不折不扣落实执行战略，同时不断维护下属利益，形成核心团队，让大家跟着你有希望。同时必须是一个团队成员和教练，对于执行过程中的直接执行人员，应具备专业技能，忠诚度与创造能力，标准化、专注化与细节能力。目标确定后，战略执行的好坏，主要就靠考核来控制。在企业中，纵容能力不足的人，纵容破坏团队的人，纵容阻碍执行的人等，实际上就等于自杀。优秀的领导人，往往把选择人，培训教育人，考核评价人，做为工作中的重中之重来抓。因为他明白，在任何时候，企业中最宝贵的财富都是人。

> 作为企业的管理者，应该是：对待工作——勤奋；对待公司——敬业；对待老板——忠诚；对待自己——自信；对待他人——宽容；对待社会——责任；对待客户——服务。

4.3.3 基层管理者的目标制定

1. 目标制定时的阻力

作为基层管理者，关键是目标的分解落实。在实践中会遇到以下阻力。

1）尽量压低目标，讨价还价

案例 4-25　车间李主任把各班组长召集在一起，介绍本车间今年的工作要求：产量增加 25%，成本降低 10%，合格品率提高 3%，安全事故降低 5%。然后，他清了清嗓子说道："下面，请大家根据自己所掌握的情况提出，今年每个班组能完成的目标是多少。"几位班组长听了李主任的讲话，都默不做声，低着头看会议议程。过了一会儿，一班长第一个发言："去年的目标我们多方努力才勉强完成，今年不会提高很多。"二班、三班的班长也强调本班组的困难。李主任忙强调，现在是让大家说能完成多少任务，而不是发牢骚。"好吧，我们班组能增加产量 15%，合格率提高一个百分点，安全事故降低一个百分点"，一班长说。随后，其他班长提出产量也可以提高 20%左右，成本等其他目标都低于要求。显然，向下分解目标遇到了阻力。

上面的案例就是管理者在制定下属工作目标时，最常见的一种现象——下属尽可能强调自己的困难，期望降低工作目标。

在召开这种会议时，实际接触任务的人员都会把能导致领导提高对自己工作要求的真实信息隐瞒起来。几乎没有一个人会在领导提出的任务目标基础上主动往上加码，谁都希望轻松地完成自己的工作，减轻工作压力。他们知道上司不会比自己更清楚基层的实际情况，他们会和上司讨价还价，期望得到对自己最有利的工作目标。

2）对工作目标不重视

有些员工对为他设定的目标无所谓，原因可能有两种：一是根据过去的经验，你经常要求他改变工作目标，所以他认为你根本不重视目标管理；二是公司的绩效考核制度不完善，即使工作再好也得不到应有的评价。还有一些员工，本身就在"混日子"，对自己的本职工作糊里糊涂，他们自然对工作目标无所谓。

3）习惯接受命令和指示

在向下属制定工作目标时，作为最终工作目标的接受者和实施者的下属通常是以一种被动接受任务的心态来面对上司的：上司告诉我做什么，怎么做，在什么时间和地点做，我就按要求去做，保证不出偏差就算完成了任务，没有其他责任。

4）个人目标与组织目标、部门目标发生冲突

员工自身的发展目标同部门目标发生冲突，出于自身的考虑，员工不愿意承担上司分配给自己的工作，原因有下面两方面。

（1）这项工作超出了自己的能力，不是自己的长项，要做好这项工作需要付出很大的努力。

（2）对现在负责的工作早已厌倦。

2．如何使下属接受目标

总而言之，管理者应当在充分掌握各种信息的基础上，依照所处环境的资源、工作难度、经验和个人能力制定下属的工作目标。最理想的情况就是，基层管理者不仅对本部门可以动用的各种资源，比如人员、奖励权限等了如指掌外，还非常了解各种具体的业务情况、自己下属的个人情况，把下属放在最适合的位置上。

1）解释目标所能带来的好处

下属最关心的可能是自身的利益。为下属制定工作目标时，为了降低和消除下属担心

压力过重、不愿意承担更多责任的阻力，管理者可以向下属详细地解释制定某项目标能够带给组织、部门什么利益，下属可以从中得到什么，使下属看到自己前进的方向，得到前进的动力。

2）鼓励下属设定工作目标

对自己的工作，下属一般会比管理者了解得多。管理者在向整个部门详细介绍部门工作目标之后，可以让下属制定自己的工作目标。这样做，一方面使下属感到责任感，对问题的考虑更切合实际，对潜在的问题提出设想和解决方案；另一方面，能培养下属独立思考和解决问题的能力。

3）循序渐进

最初实行目标管理时，如果下属们对此还不习惯，应先对下属进行引导，按照目标达成和实现的难易程度来进行设定，循序渐进，逐步推行，可以按照先易后难、近期目标较详细，远期目标比较概括、时间滚动等方式。

4）目标与绩效标准相统一

有什么样的目标就应有什么样的绩效标准。

案例 4-26 对于工人甲、乙，可以针对他们的目标实施不同的绩效考核标准和激励政策。

（1）工人甲的绩效考核标准和激励政策如下。

目标：全年产量达 10 万件，合格率达 98%，准时交货率达 96%。

绩效标准：产量不少于 10 万件，合格率不低于 98%，准时交货率不低于 96%。

激励政策：超过 10 万件，超过部分给予每件 0.50 元奖励；合格率、准时交货率比目标每高一个百分点，给予 1 000 元奖励。

（2）工人乙的绩效考核标准和激励政策如下。

目标：全年产量达 5 万件，节约材料达 10%。

绩效标准：产量不少于 5 万件，节约材料达 10%以上。

激励标准：超过 5 万件，超过部分每件给予 0.40 元奖励；材料节约达 10%以上，每高一个百分点，给予 1 000 元奖励。

由于不同的目标有不同的绩效标准和奖励标准，所以在制定目标时，下属一般会追求更高的目标，因为较低的目标会造成下属物质和精神利益的损失。

5）向下属说明你所能够提供的支持

让下属知道能够得到什么样的支持，对于下属建立工作信心十分重要。因为他知道你不会对他的工作袖手旁观，而是随时准备提供帮助和支持。这一方法有三个要点。

（1）授权。充分授予下属为达成目标所需的职权。

（2）明确告诉下属为达成目标所需的能力。

（3）辅导。在下属的工作过程中，你将会在哪些方面给予帮助。由于工作能力、经验方面的问题，下属在制定工作目标以及执行的过程中，很可能会遇到各种困难。管理者可以对下属进行辅导，为他们提供相关的信息和可利用的资源。

4.4 BEST 训练（管理者的一天）

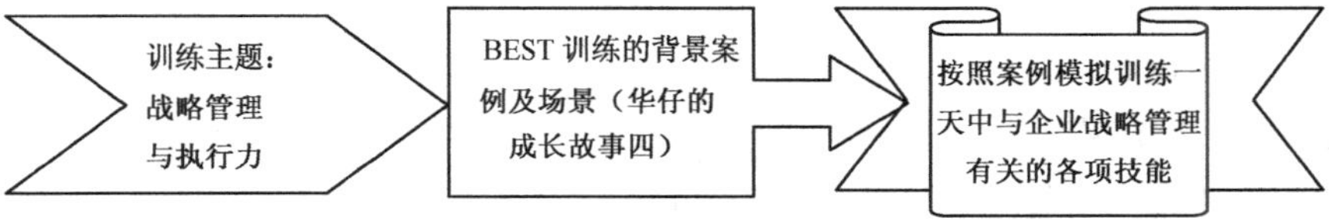

训练规则说明：

为何要训练，训练什么，训练目标是什么，训练规则是什么，如何进行训练，如何进行考核，谁负责，多长时间完成？

训练运行：分组及就职演说；上任需面对的问题（将背景案例中遇到的各种管理问题一一列出）；分析会议与解决方案（会议主题、形式、解决方案）；述职与小组讨论点评；讲师点评。

对各个小组考核评价。

考核标准：形式性考核占 50%（包括流程、时间、角色、需要的书面材料等）；实质性考核占 50%（包括小组及个人的实际表现、内容掌握程度、目标实现度等）。

能力测试：

目标实现度，差异性，如何提高？

4.4.1 活动安排

1）BEST 训练规则

BEST 训练规则见 1.4.1 节中的 BEST 训练规则。

2）背景案例及场景

案例 4-27 华仔的成长故事四。

华仔经调查发现，在他所在的地区有好几家自行车配件厂，也都向国内的几家自行车厂商提供配件，几家竞争对手的共同弱点是，规模较小、产品（自行车配件）单一、管理水平差，产品在市场上所占的份额大致相同。华信厂的优势是：主要产品价格较低，工人的技术水平较高，企业比较讲信誉；另一家主要对手的优势：厂长是来自国内一家自行车厂家的专业技术骨干，熟悉自行车制造技术，产品质量要比华信厂稍好一些。最近国内一家知名品牌的大型自行车厂（A 厂）计划在这个地区设置一个委托加工厂，生产系列自行车配件，被选中的企业效益会大幅度提高，对华信厂等几个配件厂都进行了考察。提出了两种方案，其一是在几家配件厂中选择一家，但被选中的企业要自己投资使生产规模比现在增加一倍以上，才可加入 A 厂；其二是由两家配件厂合并后再由 A 厂委托加工配件。华仔和父亲陷入了沉思。

请大家分析：①对华信厂进行 SWOT 分析。②代表华信厂进行战略决策。③如果华信厂不加盟 A 厂的委托加工，请为其制定战略方案。④如果华信厂选择第一种方案，请为其制定战略方案。⑤如果华信厂选择第二种方案，请为其制定战略方案。

案例 4-28 华仔所实习的企业正在推行“向优秀企业学习，为社会提供优质产品”的活动。请代表华仔搜集一到两家企业的文化与战略要点，说明其优点。

3）BEST 训练运行

按照训练的标准流程运行，各个项目内容必需的时间由各小组具体设定。

（1）训练规则说明（建议时间 15～20 min）。

主要是让学员明白为什么要训练，训练什么，训练目标是什么，训练规则是什么，如何进行训练，如何进行考核，谁负责，多长时间完成等训练必需的内容。

（2）分组及就职演说（建议时间 15～20 min）。

按照训练规则与班级人数分组，采用角色扮演方式。准备后进行就职演说。

（3）上任需面对的问题（本章中的背景案例及可能遇到的各种问题）（建议时间 15～20 min）。

① 背景案例中华仔如何对华信厂进行 SWOT 分析？

② 请你代表华信厂进行战略决策，说明决策理由。

③ 如果华信厂不加盟 A 厂的委托加工，请为其制定战略方案。

④ 如果华信厂选择第一种方案，请为其制定战略方案。

⑤ 如果华信厂选择第二种方案，请为其制定战略方案。

⑥ 请代表华仔搜集一到两家企业的企业文化，说明其企业文化的三层结构的内容是什么。

⑦ 请代表华仔搜集一到两家企业的主要战略，说明其战略要点。

⑧ 目标管理如何进行？

⑨ 帮华仔整理一下今天的收获。

（4）分析会议与解决方案（建议时间 80～100 min）。

对以上遇到的问题召集小组会议，逐项进行分析，找到解决方案，指定相应成员从以下五个方面进行完善。

① 会议主题：______________________。

② 会议形式：______________________。

③ 时间控制：______________________。

④ 会议结论：______________________。

⑤ 解决方案：______________________。

（5）主管对一天工作述职（建议时间 20～30 min）。

对一天工作的过程描述；目标的实现度；自己是如何做的；不足之处在哪里，如何建议等。

（6）小组讨论点评与活动总结（建议时间 15～20 min）。

成员之间对组长及其他成员进行点评。可从目标实现程度、收获、主要问题、更好的解决方法等方面进行点评。

（7）讲师点评：按照练习、小结（指出正误）、再练习、再小结的程序，对练习进行总结讲评。

（8）对各个小组考核评价（建议时间 20～30 min）。

考核组对各个小组上交的材料，结合考核组对其实际记录及表现进行评价。各个小组需给考核组上交的材料主要有：训练议程安排；人员分组分工及角色扮演名单；各角色的就职演说稿；所面临的问题清单；每个问题的解决方案；会议记录；各角色一天工作述职报告；经营活动总结报告。考核组对每个小组及个人的实际表现、内容掌握程度、目标实现度等进行记录。

4.4.2　能力测试

（1）假设某砖厂预计年度固定成本总额为 600 000 元，每百块砖的变动成本为 40 元，每百块砖的售价为 80 元，问该厂当年的砖产量达到多少才能保本？如果要使利润达到 500 000 元，则产量要达到多少？

（2）某企业计划年度的生产资源有限，只可生产 A、B、C 三种产品中的一种，在市场销售时将遇到畅销、一般、较差、滞销四种状态，且概率不知，试依据表 4-13，分别用悲观法则、乐观法则、懊悔值法则、机会均等法则、折中法则找出最优方案。已知乐观系数为 X=0.7。

如果各状态的概率分别为 0.25、0.4、0.25、0.1 时。如何决策？

表 4-13　各方案的损益值　　　　单位：万元

销售状态	概　率	A	B	C
畅销	不知	600	850	400
一般		400	420	250
较差		−100	−150	90
滞销		−350	−400	−50

（3）假设你是某企业负责人，就以下问题请你召集下属选择创新法、头脑风暴法、反头脑风暴法、打擂台法等进行决策。①如何增加效益？②如何降低成本？③如何调动大家的积极性？④如何制定战略？⑤如何与对手竞争？⑥如何建立企业文化？

（4）根据现有社会对人才的需求，请你用 SWOT 分析方法，为自己设计一份今后自我发展规划。要求有目标，有实施步骤。

4.4.3　成长日记（四）

结合本章所学的知识、方法与 BEST 训练写一篇 800 字以上的成长日记。

知识梳理与总结

本章通过大量的案例分析，按照企业战略管理的基本思路，将战略如何制定、如何决策、如何建设企业文化、基层管理者如何提升执行力等知识有机地结合起来，使大家认识和理解了战略管理的内涵；掌握了经营决策的程序与方法；掌握了企业文化建设的基本方法；熟悉目标制定与实施过程。用模拟训练的方式将所学知识运用于实际之中，通过自主学习与系统的考核，达到熟悉企业战略与文化，掌握战略决策的方法与途径，用目标管理等手段执行战略，形成执行力，实现解决实际问题的目的。

第5章 生产管理

教学导航

教	知识重点	生产管理的基本内涵，生产过程组织，生产现场管理内容
	知识难点	生产过程组织，生产计划编制，现场管理方法
	推荐教学方式	以生产现场观摩与BEST训练为主，以课堂案例教学为辅
	教学场所	教室、实训室等，企业生产管理现场
	建议学时	12学时
学	推荐学习方法	课堂：案例讨论，角色扮演，模拟训练； 课外：企业参观、查询资料，模拟企业演练
	必须掌握的理论知识	生产管理的内涵，生产过程组织的内容、形式，生产计划内容，几种生产管理模式，现场管理的内容
	需要掌握的工作技能	熟悉生产过程组织的基本方法，掌握生产计划编制方法，掌握现场管理的几种方法
	训练	通过BEST训练，按照生产管理的目标、生产过程组织管理及生产现场管理等理论与方法，将本章学习中所遇到的各种生产管理问题与困惑，一一展现出来并加以解决
	考核	形式性考核占50%（包括流程、时间、角色、需要的书面材料等）；实质性考核占50%（包括小组及个人的实际表现、内容掌握程度、目标实现度等）

案例 5-1　健生公司的管理经验。

健生公司在改革之前，工作现场脏乱不堪，模具随地乱放，仓库混乱，物件随便堆放。生产主管以为只要能及时生产产品，能让工作人员努力工作，就是尽职尽责了。后来，健生公司采取了一系列改革措施：

（1）整理工厂环境，达到“五整”，即整理、整顿、整洁、整仪、整员，使工厂内工作环境整齐、清洁。具体方法：

① 职工穿着整齐的制服上班；

② 开辟吸烟专区；

③ 通道保持畅通无阻；

④ 举行早会及夕阳会（加强沟通及推行工作）。

（2）安全生产：① 员工必须佩带制服、安全帽和耳机；② 各种安全器材，灭火器要挂在适宜高度。

（3）在提高效率上，实行颜色管理。① 红色表示进度落后；② 黄色表示需要供料；③ 绿色表示产品已完成。

（4）在管理方面实行目标管理。每月举行主管会议，使目标不仅仅变成口号，积极促成目标的实现。

（5）在生产技术及工艺方面进行看板管理。从上一工序到下一工序，从原材料、半成品到成品的交换都实行看板管理。

（6）在职工培训方面，每周四上课，每周五检验，每周六公布成绩，成绩好的员工给予奖励成绩差的员工重修。

（7）在人员识别方面实行颜色管理。新人戴红色帽，大家会尽量帮助他们；现场主管及修护人员戴白色帽；职能管理人员戴蓝色帽。

（8）在开源和节流上：① 在打卡上班入口处挂一个大看板，使员工每天都能清楚地看到如退货所导致的损失等数字，向零缺点迈进；② 每天销售的生产量在另一个看板上标注，员工可以了解公司的销售和产量。

（9）在品质方面以 Q 表示无不良品；C 表示最低成本；D 表示交货准时。让员工明白每天的品质、成本和交货状况。

以上这些方法你认为对完成目标任务及提高效率有多大帮助？如何进行生产管理？请同学们讨论分析。

案例启示：在企业战略确定后，只是告知我们应该生产什么产品（或提供服务）？这属于纸上谈兵。怎样才能按照顾客的要求将产品用最低的成本、最佳的品质，及时生产出来并使企业得到最大效益，是企业内部管理的关键环节。健生公司的做法使我们看到企业的生产管理有许多需要学习和解决的问题。

本章将从生产管理的内容、目标，生产过程组织的内容、形式与生产现场管理的方法等方面解读产品制造过程的管理，并运用企业模拟训练等方式，使大家掌握基层生产单位的管理方法。

5.1　生产管理目标、组织与计划

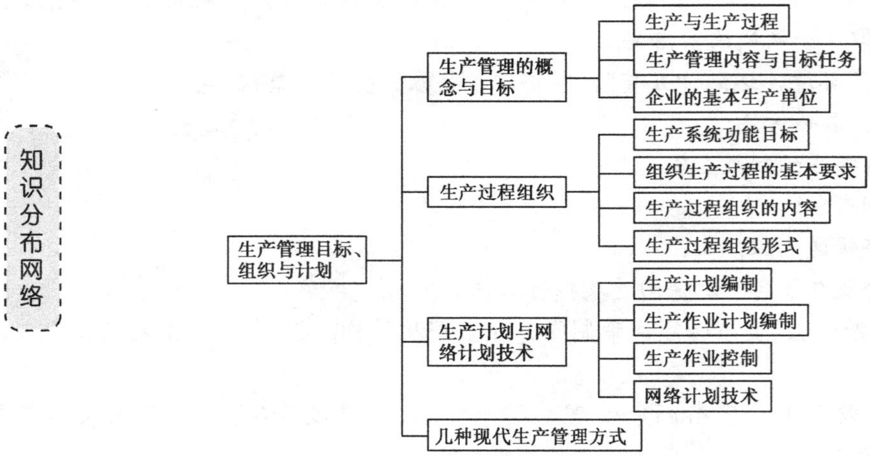

5.1.1　生产管理的概念与目标

1．生产管理的有关概念

1）生产的概念

生产是通过劳动，把资源转化为能满足人们一定需求的产品和服务的过程。需要指出的是，生产过程的输出，不仅指有形的实物产品，还包括无形的产品如服务。

2）生产过程

企业生产过程就是在企业活动过程中，把资源转化为产品和服务的过程，这一过程也是价值增值过程。包括基本生产、辅助生产、生产技术准备和生产服务等企业范围内各种生产活动协调配合的运行过程。

（1）基本生产过程是指与企业的基本产品实体构成直接相关的生产过程。所生产的产品以市场销售为目的。

（2）辅助生产过程是指为保证基本生产过程的实现，不直接构成基本产品实体的生产过程。例如，企业不以销售为目的，仅为提供本企业的需要而进行的动力生产与供应、工具制造、设备修理等。

（3）生产技术准备过程是指投产前所做的各项生产技术准备工作。例如，产品设计、工艺设计、工艺准备、材料与工时定额制定、新产品试制等。

（4）生产服务过程是指为基本生产与辅助生产过程顺利进行而从事的服务性活动。例如，原材料、半成品、工具等的供应、运输、库存管理等。

3）生产类型

按一定标准对生产过程划分的类别就是生产类型。

（1）按工艺特点分为采掘提取型、合成型、分解型、调制型、装配型。

（2）按任务确定方式分为订货型、备货型。

（3）按生产批量分为大量生产、成批生产、单件小批量生产。

不同的生产类型的工作重点是不同的。以生产批量为例，不同生产类型的特点见表 5-1。

表 5-1　不同生产类型的特点

比较项目	大量大批	成批生产	单件小批
产品品种	单一或很少	较多	很多
产品产量	很大	较大	单个或很少
设备布置	按对象原则，采用流水生产或自动线	既有按对象原则排列，又有按工艺原则排列的	基本按工艺原则排列
生产设备	广泛采用专用设备	专用、通用设备并存	采用通用设备
设备利用率	高	较高	低
应变能力	差	较好	很好
劳动定额的制定	详细	有粗有细	粗略
劳动生产率	高	较高	低
计划管理工作	较简单	较复杂	复杂多变
生产控制	容易	难	很难
产品成本	低	较高	高
产品设计	标准化程度高，零件互换性好	标准化程度低，零件在一定范围内可互换	按用户要求设计
经济效益	最好	较好	较差

根据表 5-1 分析，大批量生产的经济效益最好，成批生产次之，单件小批量生产最差。生产管理的任务之一就是通过一切可能的措施来改善生产类型，以取得最大经济效益。

2．生产管理的内容与目标任务

1）企业生产管理的内容

生产管理是对生产系统的设计、运行与维护过程的管理，它包括对生产活动进行计划、组织与控制。

（1）生产系统的设计包括产品或服务的选择和设计、生产设施的定点选择、生产设计布置和工作设计等。生产系统的设计对生产系统的运行有先天性影响，设计的好坏将直接影响到该系统的运行绩效，甚至决定着一个企业的兴衰。

（2）生产系统的运行，主要是在现行的生产系统中，组织如何适应市场的变化，按用户的需求，生产合格产品和提供满意服务。生产系统的运行涉及生产计划、组织与控制三个方面。计划解决生产什么、生产多少和何时生产，包括预测市场需求，确定提供产品或服务的种类与数量，编制生产作业计划等。组织解决如何合理组织本企业的劳动者、劳动资料、劳动对象和信息等生产要素，使有限的资源得到充分而合理的利用。控制解决如何保证系统按计划运行，包括生产进度控制、质量控制、物质消耗与库存控制以及成本控制等。

2）企业生产管理的目标任务

（1）保证实现企业的经营目标。组织生产过程按计划要求高效运行，全面完成产品品种、质量、产量、成本、交货期和环保与安全等各项要求。

（2）有效利用企业的制造资源。不断降低物耗，降低生产成本，缩短生产周期，减少在制品，压缩占用的生产资金，以不断提高企业的经济效益和竞争力。

（3）为适应市场、环境的迅速变化，要努力提高生产系统的应变能力，使企业根据市场需求不断推出新产品，并使生产系统适应多品种生产，能够快速地调整生产，进行品种更换。

如果用一句话来概括生产管理的目标任务，那就是高效、低耗、灵活、准时地生产合格产品或提供满意服务。

3．企业生产管理的基本单位

（1）车间是企业的基本生产单位，由各个班组构成，是企业经营的产品的工作现场。

（2）班组是企业最基层的生产单位，直接面对生产一线，企业精神最终要通过班组贯彻到每位员工，然后通过员工的工作成果（产品）反映出来。而这些管理、生产过程和环节，要在生产现场来进行，班组长的一切管理活动都离不开现场管理，现场管理是班组长管理活动的重要核心和主体。

5.1.2 生产过程组织

1．生产系统

1）生产系统的含义及构成要素

企业产品生产系统是由企业的“人、机、料、法、环”等要素构成的，是将投入要素转换成某种产出要素的一个有机整体。生产系统是企业系统中的一个子系统，是支撑企业生产过程的物质基础。

2）生产系统的功能目标

如何构造企业的生产系统，取决于对系统提出什么样的功能要求。制造企业生产系统的主要功能是制造产品。要制造什么样的产品决定了需要什么样的生产系统。一个企业决定生产何种产品，受社会需求和市场竞争的影响，也决定于企业采用何种经营战略。所以设计和构造一个生产系统，要求它具有什么样的功能，取决于用户对产品的要求和企业的经营战略。

具体地说，用户需求就是用户对产品的各种要求。用户的需求归纳起来可以分为产品款式、质量、数量、价格、服务、交货期、环保与安全等七个方面。用户对产品提出的上述七个方面的要求，是通过企业生产系统加工出相应的产品来得到满足的。相应地，企业的生产系统就应该具备创新、质量保证、柔性、低成本、继承性、按期交货、环保与安全等七个方面的功能，如图 5-1 所示。

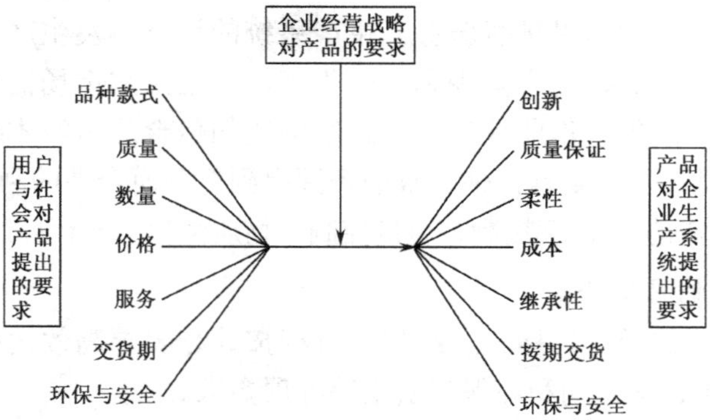

图 5-1　用户需求与生产系统功能目标的关系图（资料来源：单凤儒主编的《企业管理》）

2. 组织生产过程的基本要求

1）生产过程组织

生产过程组织是指以最佳的方式将各种生产要素结合起来，对生产的各个阶段、环节、工序进行合理的安排，使其形成一个协调的系统。具体来说，就是对生产过程中的劳动者、劳动工具、劳动对象以及生产过程的各个环节、阶段、工序进行的合理安排，使之在空间上衔接，时间上紧密配合，形成一个协调的产品生产系统。它的基本任务是保证产品制造的流程最短、时间最短、耗费最少，并按照计划规定的产品品种、质量、数量、期限等生产出社会需要的产品。

2）合理组织生产过程的基本要求

（1）生产过程的连续性。生产过程的连续性是要求产品生产过程的各个工艺阶段、工序之间在时间上紧密衔接，连续进行。

（2）生产过程的比例性。生产过程的比例性是指生产过程各阶段、各工序之间在生产能力上要保持一定的比例关系，以适应产品生产的要求。这表现在各个生产环节的工人数量、设备数量、生产速度、开动班次等，都必须互相协调配套。

（3）生产过程的均衡性。生产过程的均衡性是要求生产过程的各个基本环节和各工序在相同的时间间隔内，生产相同或者稳定递增数量的产品，不会出现前松后紧，或时紧时松的现象，保持有节奏的均衡生产。均衡性特点是由连续性和比例性特点所决定的。

（4）生产过程的平行性。生产过程的平行性是指物料在生产过程中实行平行、交叉作业。平行作业是指相同的零件同时在几台相同的机器上加工；交叉作业是指同一批零件在上道工序还未加工完成时，将已完成的部分零件转到下道工序加工。也就是生产过程的各工艺阶段、各工序在时间上实行平行作业，产品各零部件的生产在不同空间上进行。

（5）生产过程的柔性。市场需求的多变性要求生产系统必须实现在极短时间内，以最小的代价从一种产品的生产转换到另一种产品的生产。所谓“柔性”是指加工制造的灵活性、可变性、可调节性及便捷性。广义上说还包括服务、运输、库存等方面的灵活性。

合理组织生产过程，其各项要求是相互联系、相互影响的。在生产过程的组织、计划、控制过程中，需要根据具体情况综合考虑时间、资金占用、相关费用等多种因素，统筹安排，以提高经济效益。

3. 生产过程组织的基本内容

生产过程组织包括生产过程的空间组织和生产过程的时间组织。

1）生产过程的空间组织

生产过程的空间组织是指在一定的空间内，合理地设置企业内部各基本生产单位（车间、工段、班组），使生产活动能高效顺利地进行。这里主要从生产车间的设备布置角度加以说明。生产过程的空间组织有以下两种典型的形式。

（1）工艺专业化形式。工艺专业化又称为工艺原则，就是按照生产过程中的各个工艺阶段的工艺特点来设置生产单位。在工艺专业化的生产单位内，集中着同种类型的生产设备和同工种的工人，完成各种产品的同一工艺阶段的生产，即加工对象是多样的，但工艺方法是同类的，每一个生产单位只完成产品生产过程的部分工艺阶段和部分工序的加工任务，产品的制造完成需要各单位的协同努力。如机械制造业中的铸造车间、机加工车间及车间中的车工段、铣工段等，都是工艺专业化生产单位。

工艺专业化组织形式的优点是：适应性强，可以适应企业中不同产品的加工要求；便于充分利用设备和生产面积；利于加强专业管理和进行专业技术指导；个别设备出现故障或进行维修时，对整个产品的生产制造影响小。它的缺点是：产品加工过程中运输路线长，运输数量大，停放、等待的时间多，生产周期长；增加了在制品数量和资金占用；生产单位间的协作复杂，生产作业计划管理、在制品管理、成套性进度管理等诸项管理工作，量大而且复杂。

工艺专业化形式适用于企业产品品种多、变化大、产品制造工艺不确定的单件小批生产类型的企业。它一般表现为按订货要求组织生产，特别适用于新产品的开发试制。

（2）对象专业化形式。对象专业化又称为对象原则，就是按照产品（或零件、部件）的不同来设置生产单位。即根据生产的产品来确定车间的专业分工，每个车间完成其所负担的加工对象的全部工艺过程，工艺过程是封闭的。在对象专业化生产单位（如汽车制造厂中的发动机车间、底盘车间；机床厂中的齿轮车间、底盘车间等）里，集中了不同类型的机器设备、不同工种的工人，对同类产品进行不同的工艺加工，能独立完成一种或几种产品（零件、部件）的全部或部分的工艺过程，而不用跨越其他的生产单位。

对象专业化形式的优点是：生产比较集中，生产周期短，运输路线短，周转量小；计划管理、库存管理相对简单；在制品占用量少、资金周转快，协作关系少；有利于强化质量责任和成本责任，便于采取流水生产等先进生产组织形式，提高生产效率。它的缺点是：对市场需求变化适应性差，一旦因生产的产品市场不再需求而进行设备更换，则调整代价大；设备投资大（由于同类设备的分散使用，会出现个别设备负荷不足，生产能力不能充分利用）；不利于开展专业化技术管理。对象专业化形式适用于企业的专业方向已定，产品品种稳定、工艺稳定的大量大批生产，如家电、汽车、石油化工产品生产等。

在实际生产中，上述两种专业化形式往往是结合起来应用的。根据它们所占比重的不同，专业化形式又可分为：在对象专业化形式基础上，局部采用工艺专业化形式；在工艺专业化形式基础上，局部采用对象专业化形式。

2）生产过程的时间组织

合理组织生产过程，不仅要求生产单位在空间上密切配合，而且要求劳动对象和机器设备在时间上紧密衔接，以实现有节奏的连续生产，达到提高劳动生产效率和设备利用率、减少资金占用、缩短生产周期的目的。生产过程在时间上的衔接程序，主要表现在劳动对象在生产过程中的移动方式。劳动对象的移动方式，与一次投入生产的劳动对象数量有关。以加工零件为例，当一次生产的零件只有一个，零件只能接顺序经过各道工序，不可能同时在不同的工序上进行加工。一批零件在工序上存在三种移动方式，这就是顺序移动、平行移动、平行顺序移动。

（1）顺序移动方式，是指一批零件在前一道工序全部加工完毕后，整批转移到下一道工序进行加工的移动方式。其特点是：一道工序在工作，其他工序都在等待。

（2）平行移动方式，是指一批零件中的每个零件在每道工序加工完毕以后，立即转移到后道工序加工的移动方式。

（3）平行顺序移动方式，它吸收了上述两种移动方式的优点，避免了缺点，但组织和计划工作比较复杂。其特点是：当一批零件在前道工序上尚未全部加工完毕时，就将已加工的部分零件转到下道工序进行加工，并使下道工序能够连续地、全部地加工完该批零件。

在选择移动方式时，应结合具体情况灵活运用。一般对批量小或重量轻，而且加工时间短的零件，宜采用顺序移动方式，反之宜采用另外两种移动方式；按对象专业化形式设置的生产单位，宜采用平行顺序移动方式或平行移动方式；按工艺专业化形式设置的生产单位，宜采用顺序移动方式；对生产中的缺件、急件，则可采用平行或平行顺序移动方式。

4．生产过程的组织形式

研究分析生产过程的基本目的，在于寻求高效、低耗的生产组织形式，将生产过程的空间组织与时间组织有机结合。企业必须根据其生产目的和条件，采用适合自己生产特点的生产组织形式。

1）流水生产线

流水生产线，又称流水作业线，是指劳动对象按照一定的工艺过程，按顺序一件一件地通过各个工作地，并按照统一的生产速度和路线，完成工序的生产过程组织形式。它将对象专业化的空间组织方式和平行移动的时间组织方式高度结合，是一种先进的生产组织形式。

（1）流水生产线的特点：专业性、连续性、节奏性、比例性、封闭性。

（2）流水生产线必须具备的条件。一个企业要建流水生产线，应进行充分的可行性分析与论证，建流水生产线一般应具备以下条件。

① 市场需求量大，产品品种稳定且量大，以保证流水线的正常负荷。

② 产品的结构、加工工艺、性能等应比较先进。

③ 产品的加工过程能够细分，能分解成单个的工序，以便组织生产。

④ 企业自身条件，如资金、生产面积、技术力量能达到要求。

⑤ 产品的检验工作能够在流水线上进行或通过工艺设备保证。

2）成组技术和成组加工单元

随着社会经济的发展，社会需求出现了多品种、多变化的趋势。为提高多品种、小批量生产的效率，出现了成组技术，使多品种、小批量生产能获得流水线生产的高效率和低成本效果。成组技术是一种以零部件的相似性（主要指零件的材质结构、工艺等方面）和零件类型分布的稳定性、规律性为基础，对其进行分类、归并成组并进行编码制作，以提高加工的批量，获得较好的经济效益的技术。

成组加工单元，就是使用成组技术，以“组”为对象，按照对象专业化布局的方式，在一个生产单元内配备不同类型的加工设备，完成一组或几组零件的全部工艺的生产组织。采用成组加工单元，加工顺序可在组内灵活安排，多品种、小批量生产可获得接近于大数量流水生产线的效率和效益。目前，成组技术主要应用于机械制造、电子、兵器等领域。

3）柔性制造单元

柔性制造单元，即以数控机床或数控加工中心为主体，依靠有效的成组作业计划，利用机器人和自动运输小车实现工件和刀具的传递、装卸及加工过程的全部自动化和一体化的生产组织。它是成组加工系统实现合理化的最高级形式。它具有机床利用率高、加工制造与研制周期短、在制品及零件库存量低的优点。柔性制造单元与自动化立体仓库、自动装卸站、自动牵引车等结合，由中央计算机控制进行加工，即可形成柔性制造系统。

总之，上述技术的出现改变了单件小批量生产的生产过程组织形式和物流方式，使之获得了接近于大数量流水生产线的技术经济效益，符合市场需求的多样化、小批量和定制方向的趋势，代表了现代制造技术的发展方向。

5.1.3 生产计划与生产作业计划

1. 生产计划

1）生产计划的三个层次

制造企业生产计划一般分为综合计划（年度生产计划），主生产计划和物料需求计划三种。

（1）综合计划：它是对企业未来较长一段时间内（如一年）资源和需求之间平衡所做的概括性的设想。综合计划并不具体制定每一品种的生产数量、生产时间和每一车间及人员的具体工作任务，而是按照以下方式对产品、时间和人员做出安排。

① 产品。按照产品的需求特性、加工特性、所需人员和设备上的相似性等，将产品分为几大系列，以系列为单位来制定综合计划。例如，自行车厂根据产品的需求特性分为童车、女式车、男式车、赛车等系列。

② 时间。综合计划的计划期通常是年，因此有些企业也把综合计划称为年度生产计划。在该计划期内，使用的计划时间单位是月或季。

③ 人员。综合计划可用几种不同的方式来考虑人员安排问题。例如，将人员按照产品系列分成相应的组，分别考虑所需人员的水平；或将人员根据产品工艺的特点和人员所需的技能水平分组。综合计划中还应考虑需求变化所引起的人员数量的变化，以决定是采取加班还是增加员工数量。

（2）主生产计划：主生产计划要确定每一具体的最终产品在每一具体时间段内的生产数量。这里的最终产品，是指对企业而言，必须是最终完成、可以马上销售的完成品。它可以是直接用于消费的消费产品，也可以作为其他企业产品的部件或配件。这里所指的具体时间段，通常以周为单位，有时也可能是日、旬或月。

（3）物料需求计划：主生产计划确定后，生产管理部门下一步要做的是保证完成主生产计划所规定的最终产品所需的全部物料（原材料、零件、部件等）以及其他资源的供应。物料需求计划就是要制定这些原材料、零件、部件的生产采购计划，外购哪些原材料，生产哪些产品，哪些物料必须在哪个时间订货或开始生产，每次订多少，生产多少等。

2）生产计划的主要指标

生产计划是企业经营计划的重要组成部分，是企业在经营计划期间内完成生产目标的行动纲领，是企业生产管理的依据，也是企业编制物资供应、财务、劳动等其他计划的主要依据。

生产计划的主要指标包括产品品种、质量、产量与产值等。它们各有不同的经济内容，从不同的侧面反映企业计划期内生产活动的要求。

（1）品种指标。品种指标是企业在报告期内规定生产的产品名称、型号、规格、种类和数量。

（2）质量指标。产品质量指标包括两大类：一类是反映产品本身内在质量的指标，主要是产品平均技术性能、产品质量等级；另一类是反映产品生产过程中工作质量的指标，如质量损失率、废品率、成品返修率等。

（3）产量指标。产品产量指标是指企业在一定时期内生产的、符合产品质量要求的实物数量和工业性劳务的数量。

（4）产值指标。产品产值指标是用货币表示的产量指标，能综合反映企业生产经营活动成果，以便进行不同行业间比较。根据具体内容与作用不同，分为产品产值、总产值和净产值三种形式。

（5）出产期限。是指为了保证产品能按期交货确定的产品出产期限。

3）生产计划编制程序

（1）编制生产计划的准备工作。编制生产计划的准备工作是预测计划期的市场需求、核算企业自身的生产能力，为确定生产计划提供外部需要和内部可能的依据。

① 生产预测。生产预测属于市场预测的范畴，是一种侧重（年度和年度以内）以一个企业作为基本出发点的微观预测。在预测时，要重视对计划期需求特征的描述，分清是趋势性变化，还是季节性变化，是独立需求还是从属需求。

② 核定生产能力。生产能力是生产系统内部各种资源能力的综合反映，直接关系到能否满足市场需要。

（2）确定生产计划指标。为了满足市场需要，充分利用各种资源和提高经济效益的原则，在综合平衡的基础上，确定和优化生产计划指标。

（3）生产计划经过反复修订、综合平衡，以生产指标为核心，编制正式的生产计划，经过批准后组织实施。

（4）安排产品的生产进度与控制。在编制完生产计划，确定了全年总的产量后，企业要进一步将全年的生产任务具体安排到各个季度和各个月份，这就是安排产品的生产进度。安排产品生产进度的总原则是：保证交货期，实现均衡生产，注意和企业技术准备工作及各项技术组织措施的衔接。不同类型的企业生产特点不同，安排产品生产进度的方法也不同。

企业在安排产品生产进度的同时，还要安排各车间的生产任务。即把全年的生产任务具体落实到各个车间，使各车间做好技术准备工作，平衡生产任务和生产能力，使企业内部各主要环节的生产任务在产品品种、数量和时间上相互协调，确保产品生产进度按计划进行。

4）编制生产计划的注意事项

（1）计划的目的性：目的要明确，为什么要编制此计划，它能实现什么目标。例如，编制企业的年度经营计划的目的，一是生产所需合格产品，二是提高企业效益。

（2）计划的科学性：要求有先进性、可行性、应变性，要有备用计划或预案。

（3）计划的平衡性：计划编制出来后，要看上下、左右、前后等，在时间上、物资上、人员上能否达到平衡与协调，对不平衡的部分进行调整。

2. 生产作业计划

生产作业计划是生产计划的具体执行计划。它把生产计划中规定的月度生产任务具体分配到各车间、工段、班组以至每个工作地和个人，规定他们在月、旬、周、日以至轮班和小时内的具体生产任务，并按日历顺序安排生产进度，从而保证按品种、质量、数量、期限和成本完成企业的生产任务。生产作业计划是建立企业正常生产秩序和管理秩序的主要手段，是企业计划管理的重要环节。

1）作业计划标准

作业计划标准又称期量标准，是指为制造对象（产品、部件、零件等）在生产期限和生产数量方面所规定的标准数据。期量标准是编制生产作业计划的重要依据和组织均衡生产的有力工具。企业的生产类型不同，生产过程组织也不同，因而形成了不同的期量标准。

（1）批量和生产间隔期。批量是指一次投入（出产）相同制品的数量。生产间隔期是指相邻两批同种制品投入（出产）的时间间隔。其相互间关系可以用下式表示：

批量=生产间隔期×平均日产量

生产间隔期=批量/平均产量

确定批量的方法有经济批量法、最小批量法和以期定量法。

如经济批量法，就是调整费用与保管费用之和最小的批量（计算公式在后面章节介绍）。

（2）生产周期。生产周期是指产品或零件从原材料投入生产起一直到成品出产为止所经历的全部日历时间。它是确定产品在各个工艺阶段的投入期和出产期的主要依据。产品的生产周期由各个工艺阶段的生产周期组成。

（3）生产提前期。生产提前期是指产品（或零件）在各个工艺阶段出产（投入）的日期比成品出产日期要提前的时间。生产提前期有投入提前期和出产提前期。提前期是编制生产作业计划，保证按期交货，履行订货合同的重要期量标准。

提前期是根据车间和生产间隔期计算的，同时要考虑一个保险期。提前期是按反工艺顺序连续计算的，其计算公式如下：

某车间投入提前期=本车间出产提前期+本车间生产周期

本车间出产提前期=后车间投入提前期+保险期

（4）在制品定额。在制品定额是指在一定技术组织条件下，为了保证生产连续而均衡地进行所必需的最低限度的在制品数量。一定数量的在制品是保证生产正常进行的客观需要，但在制品过多会增加生产面积和资金的占用，影响经济效益；如果在制品过少，会导致生产脱节，设备停歇。因此，必须把在制品定额控制在适当的水平上。在制品、半成品定额计算公式如下：

车间在制品定额=平均每日出产量×车间生产周期+保险储备量

库存半成品定额=后车间平均每日需要量×库存定额天数+保险储备量

2）生产作业计划的编制

包括编制分车间的作业计划及分工段或分小组的作业计划。这两步工作的方法及原理是相同的，区别是计划编制的详细程度和责任单位有所不同。分车间的作业计划由厂部编制，它解决车间与车间之间生产数量及时间衔接等平衡问题。对于对象专业化车间，在各个车间平行地完成各种不同产品的生产任务，按照车间的产品分工、生产能力和各种具体生产条件直接分配给各车间。对于工艺专业化车间，因各个车间之间依次提供半成品，则应根据生产类型和其他情况采用在制品定额法、提前期法、生产周期法等方法编制。

3．生产作业控制

生产作业控制是按照生产计划的要求，在产品投产前的准备到产品入库的整个过程中，从时间和数量上对作业进度进行控制。

生产作业控制是实现生产作业计划的重要保证，是整个生产过程的一个重要组成部分。

1）实施控制的两个重要环节

（1）产前控制。它是生产过程控制的开始，主要指投产前的各项准备工作控制，包括技术、物资、设备、动力、劳动力等准备，以保证投产后整个生产过程可以均衡、协调、连续地进行。

（2）产中控制。产中控制即投入产出控制，是在投料运行后对生产过程的控制。它具体分为投入控制和产出控制两个方面。

① 投入控制（又称投入进度控制）是指按计划要求对产品开始投入的日期、数量、品种的控制，是预先性的控制。

② 产出控制（又称出产进度控制）是指对产品（包括零件、部件）出产日期、生产提前期、出产数量、出产均衡性和成套性的控制。

投入产出控制主要是从生产进度与计划进度的对比中发现偏差，观察生产运行状态，分析研究其原因，采取相应措施纠正偏差。通常是根据企业不同的生产类型，通过一系列“进度控制图表”加以控制的。

2）作业控制的手段

作业控制的手段包括生产调度工作、生产作业核算、在制品管理等工作。

（1）生产调度工作。 生产调度工作就是组织执行生产作业计划的工作。它包括检查、督促、协助有关部门做好生产作业计划准备工作，检查、了解、控制生产环节的生产进度（投入进度、出产进度、工序进度），对计划完成情况进行统计分析。

（2）生产作业核算。生产作业核算是指在实施生产作业计划过程中，对生产各阶段、各环节中的原材料投入、在制品流转和产品出产，以及设备运转、维修时间消耗、分析检验所进行的核算，是为保证作业计划的实现而进行的日常统计、汇总和对比分析工作。

（3）在制品管理。在制品管理是生产作业控制的辅助性手段，是指对在制品的计划、协调和控制工作的总称。它起着调节各车间、工作地、工序之间连续、协调、平衡生产的重要作用。在制品管理工作体现在对在制品的投入、产出、领用、发放、保管、周转等方面，应做到“有数、有据、有手续、有制度、有秩序”。

5.1.4　网络计划技术

网络计划技术（关键线路法）是用网络图的形式把某项任务或工程的各工序（或工作活动）之间的相互关系表示出来，并通过计算找出关键路线和关键工序，然后进行调整和统筹安排，以达到多快好省地完成任务的目的。

例如，一般家庭每天要做饭做菜，如果只有一只煤炉，要做的事（工序）有淘米（5 min）、煮饭（30 min）、拣洗菜（20 min）、炒菜（20 min），大概不会有人呆板地按此步骤一件一件地做，认为非要花 5+30+20+20=75 min 不可。你总会想到边煮饭、边拣菜和洗菜，从而可以在 55 min 内做好饭，这就是统筹思想。如果由于某种原因要求缩短 5 min 做好饭，这就要求你加快工作速度，如果你加快拣洗菜速度，在 15 min 内洗完，但炉子只有一个，无法提前进入下一道工序，如果你加快煮饭速度（用开水煮），25 min 就煮好饭，那么在 50 min 内就可做好饭了。

这就说明当我们把注意力集中在关键线路上时，就可缩短整个工程的生产周期，当然生产经营活动要比做饭复杂得多。

1．网络图的组成

网络图由结点“○”和箭头线“→”组成，我们用一根箭头线来表示一道工序，用箭尾的结点表示工序的开始，箭头结点表示工序的结束。

开始 —活动名称 / 活动所需时间→ 结束

下面是网络图的组成。

（1）工序：指生产过程中完成某一特定任务的活动过程。

工序分实、虚两种工序。凡消耗一定的物资、劳资和时间的工序为实工序，如淘米、炒菜等。凡不消耗物资和劳力资源，但仍需时间才能完成的工序为虚工序。做饭工序网络，如图 5-2 所示。

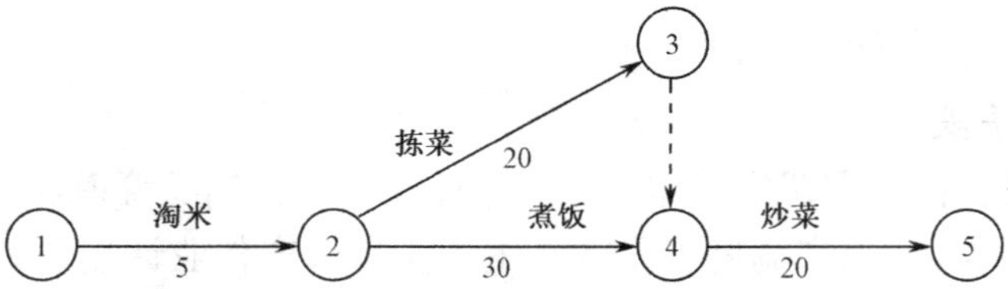

图 5-2　做饭工序网络

（2）事项结点。在两工序交接处用圆圈来表示两个工序的分界点，此点称为结点，它表示前工序的结束和后工序的开始。

（3）路：是指从起点开始顺箭头所指方向连续到终点的一条通路，路长是一条路上各工序时间的总和。

（4）关键线路：在所有路中找出所需时间最长的路线就是关键线路。

在网络图中，以粗线、红线或双线表示关键线路，如图 5-3 所示为网络工序流程图。

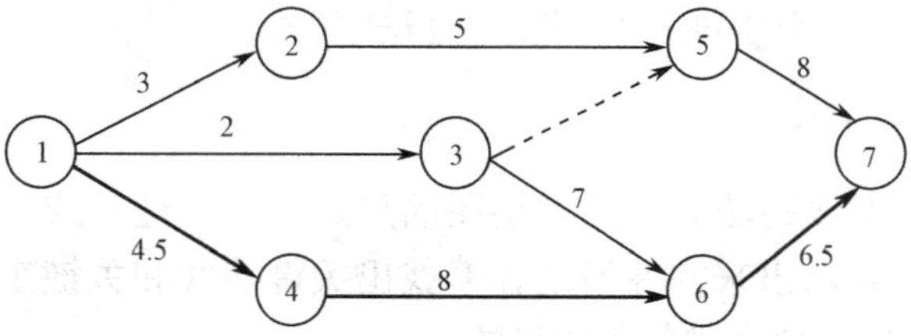

图 5-3　网络工序流程图

各个线路的各路长分别为：

①3→②5→⑤8→⑦=16

①2→③0→⑤8→⑦=10

①2→③7→⑥6.5→⑦=15.5

①4.5→④8→⑥6.5→⑦=19

其中①4.5→④8→⑥6.5→⑦=19 是关键线路，它决定着整个工期，在整个工程中起关键作用，要能加快关键线路的进度，整个工程的工期就会提前。

2．网络图的绘制

绘图步骤：工序分解，列出名称和代号，分析前后顺序与所需时间，写出工序清单，根据清单绘图和编号。绘图有两种方法，顺推法与逆推法。顺推法是从任务的始点开始，按紧后工序从左向右顺推，到终点为止；逆推法是从任务的终点开始，按紧前工序从右向左逆推，到始点为止。当绘制好工序流线图后，即可编写各事项结点的编号。编号不应重复且箭尾事项号必须小于箭头事项号，即编号从始点开始，由小到大，终点为最大。

3．找关键路线

找关键路线有多种方法，在这里我们介绍一种简单的方法：丢边破圈法。它是从起点事项开始，按事项编号顺序，从小到大逐个观察每个事项点，按留长路、丢短路原则，破掉由不同路线的线路所形成的每个圈，便可得到一条从起点到终点的道路。

例如，图 5-3 中的关键路线为①4.5→④8→⑥6.5→⑦=19。

4．网络计划的优化及作用

1）网络计划优化的含义

网络计划的优化就是要抓住关键线路，合理安排工作时间，调动人力、物力、资源等，在不断改善网络计划最初方案的基础上选择较优的方案，有时间优化及成本资源优化等。以时间优化为例：就是指在人、财、物等资源的供应有保证的条件下，力求安排出较短的生产工期，即缩短工期。可采取一些措施，如开展技术革新，改进操作方法，提高劳动效率等，从非关键线路上抽调力量支援关键线路，对关键线路的某些活动组织平行、交叉等作业，最终达到节约时间与资源的目的。

2）网络计划的作用

编制网络计划的过程就是深入调查研究的过程，以便把计划建立在对客观事物可靠分析的基础上；网络计划反映了各项作业工序之间的相应关系，便于综观全局，发现影响工期完成的主要关键原因，寻找可以挖掘的潜力，进一步改善计划管理工作。

5.1.5　典型的现代生产管理方式

随着现代科学技术在生产及生产系统中的广泛运用，发达国家兴起了管理变革的浪潮，相继创立了适应当今时代要求的新型生产方式和管理模式，其中具有代表意义的有精益生产方式、敏捷制造、计算机集成制造系统等。

1．精益生产方式（Lean Production，LP）

精益生产方式起源于日本丰田汽车公司，最早曾被称为丰田生产方式，其后又被称为准时制（Just-In-Time，JIT）生产方式，它的突出特点是在多品种小批量生产条件下高质量、低成本地进行生产。

到 20 世纪 80 年代中期，精益生产方式已经在世界范围内得到了广泛传播，被称为是一种“人类制造产品的非常优越的方式”，克服了美国大数量生产方式过于臃肿的缺点。

精益生产方式具有如下特点：

（1）通过排除各种浪费降低成本。

（2）“只在必要的时候，按必要的量，生产必要的产品”。

（3）零库存生产。

（4）弹性配置作业人数。

（5）将质量控制融入每一道工序，产品每经过一道工序就被把一次关。

（6）“持续改进、追求尽善尽美”的经营理念。

2．敏捷制造（Agile Manufacturing , AM）

敏捷制造，意为灵活、快捷的生产制造。它是将柔性生产技术、高技能劳动力与灵活的管理集为一体，对迅速变化的市场需求和时机能够做出快速响应的生产管理体系。

这种新型生产管理模式的特点如下。

（1）借助信息技术，把企业与客户、供应商有机地联系起来，成为一个整体。它能够快速地响应市场需求的变化，迅速设计和制造出全新的产品。

（2）通过提高产品的研发速度，降低开发成本，不断改进老产品，满足顾客的多种需求。

（3）采用先进的制造技术和高度柔性的设备，使生产系统能够重新组合，降低生产准备时间，使生产系统柔性化。具有完全按订单生产，提供个性化的服务，同时不失去高效率、低成本的优点。企业的发展着眼于长期经济效益。

（4）最大限度地调动和发挥人的积极性和创造性。这是企业竞争优势的根本所在。

（5）改变传统金字塔式的多级管理，采用多变的动态组织结构形式，组织虚拟公司。

（6）企业之间建立起所谓的动态战略联盟关系，强强联合，双方都是赢家，组织结构实现扁平化。

3．计算机集成制造系统（Computer Integrated Manufacturing System，CIMS）

计算机集成制造的出现是计算机工程、信息处理技术、通信技术、管理科学、生产制造自动化、自动控制、自动检测等多种科学技术综合发展和应用的结果。它是运用系统工程整体优化的观点，以现代信息技术、管理技术、生产技术为基础，通过使用电子计算机及软件，对生产制造企业从接受订货到设计、生产、销售、服务用户的全过程，进行统一管理和控制，以提高经济效益，增强企业市场竞争力的生产管理活动。

计算机集成制造的核心在于集成，不仅是设备、机器等硬件的集成，更重要的是技术的集成、信息的集成，立足于整体，将各子系统有机结合起来，实现企业生产经营管理的整体优化。这也是计算机集成制造的目标。计算机集成制造系统基本部分通常包括四个应用分系统：① 管理信息分系统。② 技术信息分系统。③ 制造自动化分系统。④ 计算机辅助质量管理分系统。

计算机集成制造在自动化技术、信息技术及制造技术的基础上，利用计算机及其软件，把企业整个生产过程的相关单元技术、各局部的自动化有机地结合在一起，有效地利用信息资源，实现系统的优化。它特别适合于多品种、小批量的生产环境，大大提高了生产效率。

5.2　班组现场管理

知识分布网络

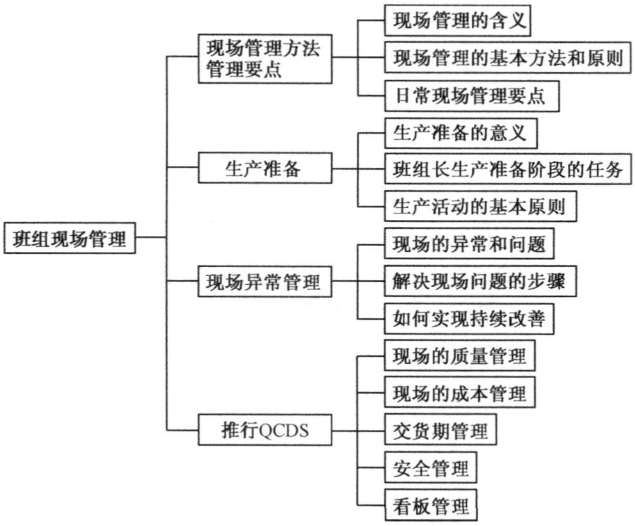

5.2.1　现场管理方法与管理要点

企业的车间与班组是企业的生产现场，直接面对生产一线，企业的精神最终要通过生产现场贯彻到每位员工，然后通过员工的工作成果（产品）反映出来。如何进行生产现场控制与管理，是基层管理者的核心和主体工作。本节内容以企业中班组的现场活动为主线，从班组长如何对现场进行管理的角度，使大家掌握现场管理的基本方法。

狭义的现场管理，主要是指对生产一线的环境卫生、物流配置和工装工具等方面的管理和规范，其中 5S 管理是其主要的思想和手段（5S 管理方法放在本书第 12 章介绍）。广义的现场管理，除了上述方面以外，还包涵了一切直接针对生产现场的管理活动，其核心是安全、质量、成本和交货周期，各级管理人员通过对“人、机、料、法、环”五个途径的管理，实现持续改进的目的，以满足企业生产经营的要求。

作为最基层的管理人员，班组长在现场管理的过程中发挥着极为重要的作用，他们直接面对一线的操作人员和产品制造流程，因此培养一线班组长的现场管理能力，使其掌握各类现场管理的工具和方法是非常必要的。

1. 现场管理的基本方法和原则

作为企业现场管理活动的主要参与者和执行者，班组长在管理的过程中需要遵循一些最基本的方法和原则。这些方法和原则将对他们提高现场管理的效率和效果有很大帮助。

1）深入生产第一线

深入生产第一线是班组长抓好现场管理的首要原则。作为一线最基层的管理人员，生产现场是工作现场，同时生产一线出现的问题都是和现场密切相关的。每当问题发生时，班组长应当到现场进行详细的检查，要重复地多问几个“为什么”，只有通过深入现场，观察实物，才可能找出问题的真正原因，并且尽可能当场解决。

2）当场采取暂行处理措施

生产现场最忌讳的做法是久拖不决。班组长在现场管理的过程中，遇到突发事件，或者事先没有设定解决方案的事件，一定要果断地进行决策，超出自己决策范围的，要第一时间汇报上级领导解决，对可能影响产品质量或者人员安全的，要果断地停止操作活动，等待指示后再恢复生产。

3）实行标准化

标准化是现场管理工作得以持续改进的重要手段。班组长通过现场的一线调研，很多问题都可以得到有效解决。但要保证不会因同样的原因再次重复发生，就必须对新制定的程序实行标准化的工作。现场的标准化工作要按照“S-D-C-A”循环进行（将 P-D-C-A 中的 P 用 S 替换），即“标准化—执行—检查—处置”，使改善的效果得以维持。在这样的模式下，任何异常都会衍生出改善和创新的主题，并最终产生新的标准或者提高现有的标准。班组长必须有标准化的意识，否则就会变成生产现场的救火队员。

4）确保各项信息资源迅速接受、传达和实施

作为基层管理人员，班组长要组织好一线的生产活动，保证产品按照预定的时间和路线生产。除此之外，班组长的一个重要角色就是保证现场信息的对称和畅通。一线的生产进度、质量状况和设备运行等信息要及时地反馈给上级管理层，辅助其做出决策，同时要把上级管理层的各类管理指令、企业的文化理念，以及不同时期的经营指标和目标完整地传达到一线的操作层面，并组织人实施。作为上传下达的主要人员，班组长的作用对保证企业整个体系内部的信息畅通起着非常重要的作用。

5）注意员工的精神状态、情绪和工作表现

无论是自动化程度较高的计算机控制的流水生产线，还是以手工操作为主的劳动密集型工作现场，员工都是整个生产现场的核心。现代的管理学研究证明，员工不仅是“经济人”，更是“社会人”。他们工作的主动性和工作效率，不但受工作环境和工资待遇的影响，同时也受社会、家庭，以及其他多种因素的制约和影响。因此，作为班组长一定要注意下属在工作现场的精神状态、情绪和工作表现，并尽可能地调动他们的积极情绪，化解不利影响，才能使整个团队充满活力和动力，不断提升班组的凝聚力和战斗力。

2. 日常现场管理要点

日常现场管理是我们每个班组长在每天的活动中最普通的工作，也是圆满完成生产活动必不可缺少的工作。进行生产活动要经常掌握现实状况，发现问题及时纠正，通过细致的日常工作减少异常情况的发生，即使出现了异常情况也能够及早发现和处理。

班组的日常管理工作通过每天、每周、每月和每年的累计，从而使“人、机、料、法、环”各要素在“P-D-C-A”管理循环下发挥最大的作用，最终达到各项目标。

日常管理的要点有以下三方面。

1）重视所有的管理项目

在完成生产目标的过程中要注意所有的管理项目。这些管理项目中缺少任何一种都不能达到所希望的生产目标。今天抓品质，明天抓成本，后天抓设备，这样可能会出现许多意想不到的问题。

2）重点管理项目

重视所有的管理项目并不意味着管理活动没有重点，不能眉毛胡子一把抓，要根据现场的情况和所处的时机选择重点的管理项目，或者决定管理项目的优先次序。其中一个重要的确定原则是"便于下一道工序或者客户"，同时要与上司或者相关部门的管理思路和意图相一致或配套。

3）管理的习惯化

管理的习惯化其实就是管理活动的标准化，但是又不同于操作层面的标准化，因为管理既是一门科学，又是一门艺术，因人而异，因此我们称其为管理的习惯化。也就是说，我们应该用怎样的方式来进行管理。如果一种管理的方式和方法有成为习惯的必要，就称为管理的习惯化。为了了解自己班组最适合的工作状态，平时有必要对一些工作进行量化和明确。

5.2.2　生产准备

生产准备是新产品从开始试产到批量生产的整个过程中，为了确保新产品能够按照计划顺利地进行试产、批量生产，保证产品质量，进行对相关人员培训、工艺制定、原材料和设备准备等一系列活动，通常称为生产准备阶段。

一项新产品的生产准备涉及整个工厂的系统性活动，不同的部门要在其中发挥各自不同的作用。例如，销售部门要搜集市场和客户的需求，设计部门要根据客户的需求设计出合理的方案，采购部门要做好生产资料和零部件的采购，生产部门要综合调配各种生产资源制造出合格的产品等。

1. 班组长生产准备阶段的任务

班组长在生产准备中的职责主要有以下六项。

1）培训员工

班组长首先要根据新产品的技术要求和加工特点掌握生产过程的各项要求，然后培养员工的生产能力、速度和品质认识水平，直至达到要求。

2）配合制定作业指导书

要根据工艺部门和设计部门的要求，结合现场的实际，配合上述部门从产品的工艺要求、管理重点和品质要求等方面出发，制定作业指导书，如果需要还要制定出新设备的安全操作规程。

3）辅助测算工装、工具和辅助材料

新产品的生产，往往需要在试制过程中确定生产资料的定额。作为一线的管理人员，应该在收集现场数据的基础上整理出意见，并最终帮助相关部门形成标准化。

4）新装备的安装和调试

班组长在设备管理人员的协助下安装和调试设备，主要有以下三个目的。

（1）全面掌握设备仪表的使用、点检和保养方法。

（2）通过学习和使用，确定设备仪器的使用状态，寻找最佳的生产状态，以更好地培训员工。

（3）掌握设备的生产定额和操作的复杂程度，为日后下达生产任务做准备。

5）人员岗位的安排和产能设定

人员培训合格后，应根据员工个性和能力的差异安排相应的岗位，并根据前期掌握的设备产能和作业的熟练程度制定产能目标，促使其达到班产定额。

6）物料、设备和工艺等异常情况的发现和反馈

在生产过程中，亲身实践能够发现很多物料、设备、工艺、图纸和标准等方面的异常情况，这些状况要详细地记录下来，并寻求相关部门解决。

生产准备活动是企业的全方位活动，班组长在其中承担了大量的基础工作，工作千头万绪，这对班组长的锻炼非常大。此外，现在各个企业经常用到的项目制管理模式，对班组长通过项目管理提高自身管理水平提供了极其有利的条件，很多班组管理人员因此得到了锻炼，走到了更高的管理岗位。

2．生产活动的基本原则

一个新产品一旦通过生产准备活动达到批量生产，就进入了正常的生产管理状态。事实上，班组长绝大多数管理活动都是对常规批量产品生产的管理。在日常的生产管理过程中，有六条基本原则是我们必须掌握的。

1）后工序是客户

生产活动是将原材料经过一系列加工过程后制造成成品的过程。从交货期的角度考虑，本工序的拖延会造成后工序的延误，最后将给客户带来损失。各工序按要求完成交货期的责任是极其重要的。后工序之所以是客户，是因为产品质量好坏的判断在于后工序，后工序发现的问题和退货是评价前工序品质的标准。

2）必须完成生产计划

生产计划是为了按要求在一定时间内生产出必要数量的成品，从而对各个工序在时间和数量上的明确要求。按时、按要求和按数量生产出所需的产品是各个工序最基本的任务要求。

通常的生产计划有两类，一类是以时间为单位，对在此期间完成的产量给予明确的规定和要求；另一类是按照生产线的流程顺序给予单位数量产品在不同工序的加工时间。这两类计划类型是根据现场的实际情况来确定的。但要落实到每个操作员工，还需要将他们的工作任务按小时来确定，这对整个班组按期完成工作任务是非常重要的。

3）彻底消除浪费

在日常的生产过程中，对我们的作业活动可以进行这样的区分，一类是“应该做的事情”，另一类是“不做也可以的事情”。或者可以定义为增值活动和非增值活动，浪费就是指“不做也可以的事情”和“不要也可以的物品”。在生产活动中经常看到的浪费有以下三类。

（1）加工和作业过程中的浪费。例如，对一次可以完成的作业人为地进行分割，经过暂放和搬运重新加工，这样的浪费可以通过改善工艺流程等方法来消除。

（2）停机浪费。例如，因为材料和人员不到位造成的设备空转等浪费，一般可以通过暂时停机或者平衡供应的手段来降低。

（3）生产过多的浪费。主要指生产数量超过需要的数量，这些超出部分因为占用资金

和场地等产生的浪费，这类浪费要通过班组严格执行生产计划来杜绝。

4）作业的标准化

现代化的工业产品是由很多人用各种各样的零部件组装完成的，但是为了保证一件件的产品具有同样的品质，就必须实现无论是谁在任何时间作业都能制造出相同的产品，这就需要对零件和作业活动实行标准化。做到标准化对杜绝异常情况也具有非常积极的作用。标准化并不意味着常年不变地执行同一个标准，而是做出规定，遵守而且改善该规定，然后不停地进行改善—遵守—再改善的循环活动。

5）强化增值环节，做有附加值的工作

企业进行一切管理活动的目的都在于追求更大的附加价值，即利润。因此，生产活动的一个重要原则就是强化增值环节，优化非增值环节，做有附加值的工作。这一点并不难理解，但需要对班组长强调的是，以此为目的的班组行动要考虑全体的利益，而不是班组自身。要通过审视整体的流程，辨别生产的瓶颈，从大局方面考虑，采取最优的对策。

6）积极应对变化

在当前条件下，生产活动的环境比以前更加瞬息万变，如采用了新技术而带来的设计变更，或者根据客户随时随地的需求变化而进行设计方案的更改等。这就要求班组长要积极主动地应对这些变化，首先要养成遵守作业指导书的习惯，而不要有想当然的思想；其次要不断地提高自身的能力，增强调配各类生产资源的水平，养成“以变应变”的工作习惯。

5.2.3　现场异常管理

只有已经倒闭的企业才没有问题和异常出现。一个班组也是一样，身为管理人员，最大的任务就是解决问题。管理的技巧其实就是解决问题的技巧。

所谓问题或异常，是指我们认为事情应该出现的状态和现场实际状态之间的差异。问题和异常的情形很多，有必要把问题的种类归纳出来，判断必须解决的真正问题是什么，才能解决问题和异常。

1. 现场的异常和问题

1）人员的问题还是工作的问题

（1）如果是人员的意识不到位，就要进行思想意识教育。

（2）如果是技能不足，则要强化相关的技能。

（3）如果是工作方法不合适，就调整相应的工作方法。

2）组织的问题还是目标的问题

（1）如果我们的团队战斗力不够，那么团队的重塑过程是必要的。

（2）因为目标不切实际造成业绩偏离，我们就应该进行目标的调整。

3）当前的问题还是将来的问题

（1）对于眼前的问题，我们要区分重点予以解决。

（2）将来可能出现的问题隐患更不能掉以轻心，要采取必要的措施，防止问题的发生。

4）内部问题还是外部问题

（1）对于内部问题，我们可以依据自身的规章守则解决。

（2）对于外部问题，我们必须依据其后果的预期影响程度，来决定必要的对策。但是必须迅速、果断地处理，以防止负面影响进一步扩大。

5）表面的问题还是本质的问题

（1）如果问题是表面的和偶然发生的，处理后不会再次发生。

（2）本质性的问题，如果不从根本抓起，问题还会反复出现，或者产生连锁反应。所以认识问题背后的实质是非常关键的。

2．解决现场问题的步骤

发现现场的异常状况或工作方法的缺陷并加以改善，使问题不重复出现。从这种意义上看，把问题的发生视为机会，改善工作方法，就是排除问题产生的原因，其步骤如下。

（1）问题的明确化。明确提出的问题是什么，是哪种范围作业解决的对象，必须探讨发生的原因在哪里。

（2）问题现状的掌握。问题在何处、如何发生、发生多少次等，应观察、收集客观数据，掌握问题发生的原因。

（3）目标的设定。考虑现状、可能性、必要性等，将解决问题作为目标来提示。

（4）界定问题发生的原因。为什么发生问题，可以利用检查表、要因关联图和柏拉图等工具来进行分析。

（5）原因分析、证据调查。调查真正的原因，应在现场用自己的眼睛、耳朵来确认事实，记录资料，可以利用系统图、要因关联图和柏拉图等工具来进行分析。

（6）针对原因提出对策，拟定解决方案。为彻底解决问题，要确定适当的对策，并且考虑对策需要做到什么程度。

（7）对策的可行性分析。在正式实施对策之前，应加以验证，确认对策是否可行、是否会“水土不服”。

（8）对策的实施。明确决定实施计划和负责人后，进入对策实施的阶段。为了及时掌握实施情况，保证最终目标的完成，可进行计划进度管理。

（9）效果的掌握。调查问题解决到什么程度，问题的原因消除到什么程度。

（10）标准化。将好的方法、心得以书面的形式固定下来，不断完善不足之处，并严格遵守已经确定下来的方法，使问题不再发生，这就是所谓的“标准化”。

3．如何实现持续改善

哈萨克谚语：不想干一件事，你会找一千个理由，要想干一件事，一定会找到一种方法。

1）改善的基本思想

（1）抛弃固定观念。

（2）不说不行的理由，寻找可行的方法。

（3）能做的先做，不要等到万事俱备。

（4）发现错误，立即纠正。

（5）改善，不花钱也可以做到。

（6）多问几个为什么，寻找真正的原因。

（7）发挥众人智慧，团队作战。

（8）实际去做，而非夸夸其谈。

（9）没有“想法”就是没有“能力”。

（10）改善永无止境。

2）现场改善的内容

改善策略的产生有一个过程，即“看法—想法—办法”。首先对现场具备一定的认识，有自己的见解，这就是“看法”；然后因为有了自己的见解，所以就会去思考现场的合理性，寻求更好的方法，这就是“想法”；有了想法就希望把它付诸实践，充分调动及利用现有资源，创造出有价值的新方法和策略，这就是“方法”。表 5-2 介绍了改善现场的 12 个方法。

表 5-2　现场改善的 12 个方法

序号	方　法	具体解释
1	排除	抓住重点，如果它是无足轻重的，就不必做它
2	正与反	任何事情都有正反两面，要正确对待
3	正常与例外	管理无所不至是不现实的，应该寻找异常和例外去管理它们，这样可以减少很多管理成本
4	定数与变数	我们可以用不同的方法来对待稳定和变化，降低管理难度
5	转化和适应	转化指功能或目的的转移应用；适应指通过改善或修正，使其符合预期使用效果或为它所用
6	集中和分散	用一个特定的标准或角度将事物分类成某些项目或单元，把相同的放在一起处理，不同的分别处理
7	增加和删减	必要的项目，如果没有就要加上去；没有必要的项目，如果有就要将其删除
8	扩大和缩小	将事务扩大或缩小，使工作更方便
9	并联和串联	根据时序并联或串联工作，缩短滞留时间
10	改变顺序	通过变更工作顺序来解决或减少相应问题的发生
11	互补和替代	将停止、等待的时间用其他工作来互补和替代，提高利用效率
12	差异和共性	分析事务的差异和共性，根据其物质的特性解决问题

5.2.4　推行 QCDS

生产现场的一切活动，都是围绕质量（Q）、成本（C）、交货期（D）和安全（S）这四项基本工作展开的。这四个方面的工作，虽然表面理解是互相区别的，但在现场管理的实践中，却是互相联系、互相促进的一个系统性的工程。以下分别就现场如何开展 QCDS 活动进行介绍。

1．现场的质量管理

现场管理面临许多不同角度的质量问题。虽然对质量问题的分析，需要一些复杂的方法，如 QC 七种工具、工程能力分析等，但是现场的许多问题，仅涉及一些简单的事务。例如，生产技艺以及处理每天所发生的问题，因为不合理的工作标准以及出于作业者疏忽造成的错误等。这些工作大都要由班组长来组织解决。

为了减少变异，管理部门必须建立标准，促使员工遵守纪律、遵守标准，以确保不良品不会流转到下一工序。大部分的质量问题可以用现场、现物、现实的原则，以低成本、常识性的方法来解决。管理层必须在员工中引入团队合作的方式，因为员工的参与是解决问题的关键。

那么，在现场如何确保优质产品呢？以下是避免失误的五个原则。

（1）取消作业。对于难度较大，不容易掌握的作业，如果能够取消的话尽量取消，再采用其他容易的方法代替。

（2）能用机器控制时，就不要用人操作。人往往被自己的思想、情绪所左右，所以工作时呈波浪形的状态，起伏不定。能用机器设备控制的时候，就不要用人，这样可以减少很多偏差。

（3）作业简单化。对复杂的作业，通过分解、合并、删除、简化等方法使其简单化，便于员工作业。

（4）检查。当采取各种对策我们都无法杜绝问题的发生时，只有通过检查来防止不良品流入下一工序。检查点的设置是检查的关键。

（5）降低影响。不良因素无法达到根治时，我们还要努力降低不良的影响，如机器的噪声绝对不存在是不现实的，但我们可以把它控制在可以接受的范围。

2．现场的成本管理

现场的成本管理是指在生产过程中，致力于降低成本或维持在目标成本的水准上的管理活动。现场成本的降低，是由管理阶层所实施的各式各样的活动所衍生的成果。许多管理人员仅想通过捷径来削减成本，但是顾客要求更低的价格、更好的质量，再配合及时交货。如果简单地以成本削减方式来降低价格，以回应顾客的需求，结果质量和准时交货却没能保证。在现场，降低成本的最佳方法，是避免过度的资源耗用。为了降低成本，必须同时实施下列几项活动。

1）改进质量

改进质量，事实上会带动成本降低。这里是指管理人员及员工的工作过程的质量。过程的质量，包含了开发、制造及销售产品或服务的工作质量。在现场，它主要是指在现场的资源管理，更具体而言，是指对人员（工人的活动）、机器、材料、方法、环境及测量的管理，总称为 5M1E。

改进了工作过程的质量，其结果会使错误减少，不合格品减少，以及维修费用减少，缩短了交货期时间，减少了资源耗用，从而降低了运营总成本。

2）提高生产力以降低成本

当以较少的（资源）“投入”，生产出相同的（产品）“产出”，或以相同的“投入”，生产出更多的（产品）“产出”时，生产力就改进了。在此所称的“投入”指人力资源、设施和材料，“产出”指产品、服务、收益及附加价值。降低生产线上的人数，愈少愈好，这不仅可以降低成本，更重要的是减少了质量问题，因为更少的人手，表示更少的人为错误的机会。班组长应当考虑借着改善活动，将抽出的人力作为进行其他附加价值活动的人力资源的来源。当生产力提高的时候，成本就跟着下降了。

3）降低库存

库存占用时间，延长了生产交货期，产生了搬运和贮存的需求，而且占用了流动资金。产品或半成品，在厂房的地面或仓库里，不会产生任何附加价值，相反增加了质量隐患，当市场改变或竞争对手投入新产品时，甚至会在一夜之间变成废品。

4）缩短生产线

生产线越长需要的操作人员越多，生产出的半成品越多，生产交货期越长。生产线上的人越多，发生错误的机会越大。管理者应设计尽可能短的生产装配线，尽可能减少一线人员。

5）减少机器停机时间

机器停机会中断生产活动。因为机器不可靠，经常出故障，所以就以大批量生产来缓冲停机损失，从而导致过多的半成品、过多的库存及过多的修理工作，质量也受影响。这些都增加了运营成本。

强化现场成本管理的一个通行做法就是全力推进班组核算。班组核算是指以班组为单位，对内部成本的控制情况进行的核算。通过对材料消耗、燃料与动力费用、劳保用品及工装工具等各个环节的成本控制情况进行周期性的核算，来检查班组内部成本控制的实际效果，进而找出成本控制的薄弱环节。成本核算结果出来后，班组长要认真组织所有的操作员进行逐项分析，找出原因，总结经验，并以此制定相应的纠正预防措施和培训方案，持续改进。

3. 交货期管理

当今社会是“快鱼吃慢鱼”的市场经济时代，交货期已经成为各个企业能否响应市场需求、战胜竞争对手的关键因素之一。较短的交货期，意味着较高的资源周转率，更弹性地满足顾客的需求。交货期可以衡量出管理的水平，管理部门应将缩短交货期当做至高无上、最重要的课题。

对于每个班组来讲，加强交货期的管理就意味着必须全力确保班组任务，保质保量地按时完成工作任务，把下道工序的需求作为班组的首要工作目标。班组长必须随时把握以下几个方面的内容。

1）生产作业计划是否明确合理

一线作业计划（派工单）必须是明确的，其中要包括当班的生产产品规格、数量、完成时间及防护要求等信息。要做到这一点就必须对现场设备、人员和材料等资源的情况有很深入的了解和掌握。

2）生产计划与实际困难

生产计划和现实状况之间必然有一定的差异，班组长在下达计划的时候，要掌握现场的资源状况，同时也要结合工序的需求。一般情况下生产计划应该是员工通过努力可以实现的。

3）计划调整对人员、设备及其他方面的影响

如果不是非调整不可的情况，最好避免对已经下达的计划进行调整，频繁调整生产计划对产品质量和生产效率都会带来消极影响。

4）人员出勤、异动的状况及员工的精神状态和士气

人员是现场最大的变动因素，必须随时掌握他们的状态，进行合理的调配和使用。

5）员工的工作技能（能力、速度、程度）

员工是否具备完成工作的技能（能力），完成工作的效率（速度）如何，完成工作的效果（程度）如何，这些会直接影响到生产计划与交货期。

6）缺料、设备故障等引起的停机时间

班组长要对现场可能出现的异常情况有事先的处理方案，也就是我们常说的事故和异常的应急预案。这样便于在异常情况出现时能果断地进行调整和补救，而不至于手忙脚乱，不知所措。

7）生产是否正常，能否完成生产计划

要随时掌控现场的生产进度，对可能出现的延期要及早进行补救和汇报，以便下个工序能及时做好调整工作。

8）工作方法是否合适，是否存在浪费，有无改善之处

按照 PDCA 的工作方法，应对现场的生产进行持续改进，以提高生产效率和反应速度。

4．安全管理

安全是班组一切生产活动的前提，是开展班组活动的保障，因此安全管理工作也是班组长现场管理的重要内容。关于安全管理的内容，我们将在后面的章节进行详细的阐述。

5．看板管理

我们在前面的内容中已经提到，现场管理的 QCDS 活动，不是相互独立的，它们之间是互相联系、共同作用的。在推进现场 QCDS 管理的过程中，看板管理无疑是班组长有效的管理工具。

1）看板管理的定义

看板管理是把需要管理的项目，通过各类管理板显示出来，是使管理状况众人皆知的管理方法。看板管理是一流现场管理的重要组成部分，是给客户信心及在企业内部营造竞争氛围、提高管理透明度的重要手段。

2）看板管理的作用

（1）传递情报，统一认识：现场工作人员众多，将情报逐个传递或集中在一起讲解是不现实的。通过看板传递情报既准确又迅速，还能避免传递错误或传达遗漏；每个人都有自己的见解和看法，公司可通过看板来引导大家统一认识，朝共同的目标前进。

（2）帮助管理，防微杜渐：看板上的数据、计划便于管理者判定、决策或监督进度；便于新人更快地熟悉业务；已经公布出来的计划书，大家就不会遗忘，进度跟不上时也会形成压力，从而可以强化管理人员的责任心。

（3）强势宣传，形成改善意识：展示改善的过程，让大家都能学到好的方法及技巧；展示改善的成绩，让参与者有成就感、自豪感。

（4）褒优贬劣，营造竞争的氛围：明确管理状况，营造有形及无形的压力，有利于工作的推进；工作成绩通过看板来揭示，使工作成绩一目了然，起到激励先进、鼓励后进的作用；以业绩为尺度，使绩效考核更公正、公开、透明化。在工作中进行公平竞争，防止绩效考核中的人为偏差；让员工了解公司绩效考核的公正性，积极参与正当的公平竞争。

（5）加强客户印象、树立良好的企业形象（让客户或其他人员由衷地赞叹公司的管理水平）。

由于看板管理具有以上明显的积极作用，所以在班组长日常的现场 QCDS 推进过程中，通过将每日、每周的不合格品数值和趋势图，以及改进措施和改善目标，甚至不合格

品的实物展示出来，给所有的员工以提示和教育；同样关于现场生产任务及目标、成本控制的关键点、交货周期、安全警示等内容都可以以看板的形式来传达。实践证明，有效地利用看板进行班组现场管理，对提高班组长现场 QCDS 管理的效率是非常有用的。

5.3　BEST 训练（管理者的一天）

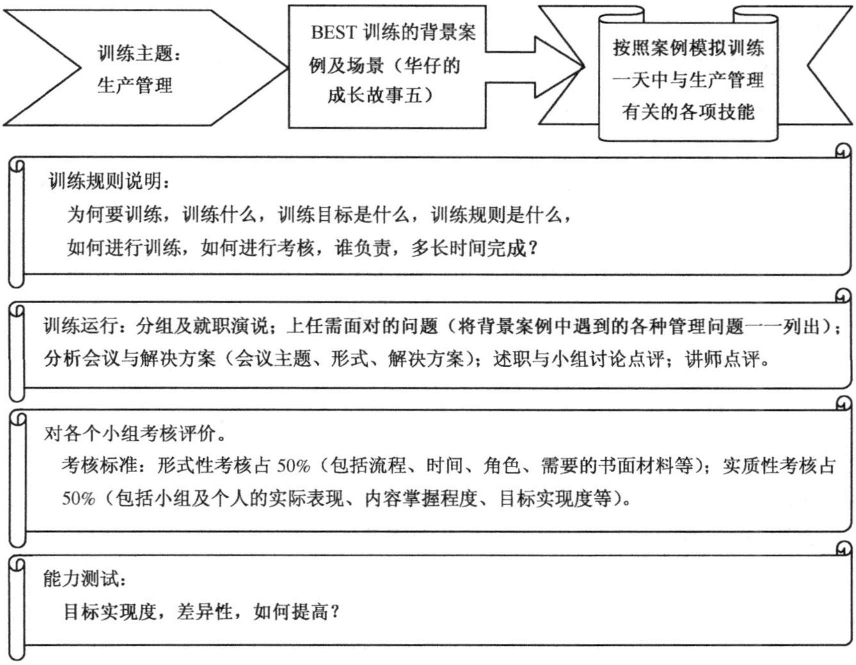

5.3.1　活动安排

1）BEST 训练规则

BEST 训练规则见 1.4.1 节中的 BEST 训练规则。

2）背景案例及场景

案例 5-2　华仔的成长故事五。

在华仔实习的企业里，有个小马师傅和华仔很熟悉，是车间的技术骨干，因为工作勤恳，技术好，被车间提拔做班组长，管理 15 个人的班组工作。小马每天都第一个到现场，最后一个离开，员工操作中有什么问题，小马都能立刻帮助解决。如果有员工缺勤，小马就亲自上阵。员工有什么技术问题，都找小马解决，每天小马都要处理不少技术问题。从上班到下班，忙个不停。生产机器出现了故障，小马去解决，生产任务完不成，小马亲自上岗，生产质量有问题，小马去分析。小马觉得自己很辛苦，但同时也很自豪，很多员工觉得生产现场离不开他，但同时小马觉得很累，连换休都是奢望，生产线离不开他，离开他也不放心。但年终考核时，主管却告诉他：对他的工作并不满意，因为他没做好现场管理。一天，华仔与小马就餐时，小马向华仔倒出了他的委屈：“我整天都在辛苦地工作，解决了不少难题，生产现场都反映离不开我，难道工作还没管理好吗?”华仔听后陷入了沉思。

案例 5-3 华仔通过学习发现日本丰田亚斯特拉汽车公司（TAM）的现场管理很有特色，下面他记载了 TAM 公司组长的职责及每日的定期活动。

TAM 公司的组长是从作业员中升迁上来的，领有额外的组长工作津贴。如果组长工作表现良好，就有机会升任更高阶层的管理职位。组长的主要责任是维持质量及生产线停产的管理。组长在组内应至少成立一个质量圈，每个质量圈在每一年内须完成两个活动主题，圈员每月集会两次以上。组长的另一个工作职责是替代缺勤作业人员的工作。如果组内有人缺勤，组长必须找人代理或自己代理缺勤者的工作。组长每天必须将查核表填好，一些重要事项（如停产）则须每小时记录一次。组长在每班开始工作前，必须与组员进行 5 min 的会议，讨论下列议题：前一天所发生的意外事件；夜班所遇到的问题；尚未达成的目标事项；发生的任何电机方面及机械方面的问题。组长也必须进行停产管理。无论何时，一发现有问题，就必须允许作业员按下最近的按钮，将生产线停下来。此时有一个计时钟开始记录停线的时间，组长每小时要检查计时钟，若停线次数超过正常次数时，必须检查问题点或异常情况出现的原因，因为停线时间会影响到该组的生产能力。

组长每日定期的活动事项以 TAM 公司职务手册中的内容进行规范。

1）工作开始之前

（1）进入工厂，进入现场。

（2）检查前一班的报表。

（3）工作前的准备。

① 工作小组的组成，以及检查所有的机器设备、工具及其他辅助材料是否已齐全。

② 如果有人员缺勤，则记录于报表内，并且通过领班（组长的主管）寻求替代人选。

（4）做早操后召开 5min 早会。

2）上午工作时段内

（1）开始工作：确认每一位员工准时开始工作。

（2）工作流程变更：协助领班开发新的工作流程。

（3）点检生产流程：检查指导线上作业员是否遵守作业标准。

（4）上午休息时间。

① 针对一些预定的质量事项，抽样检查。

② 领导及指导作业员，克服其工作上所遇到的问题和异常情况。

③ 开会时协助或执行领班的工作。

（5）执行在职训练，以培养能力强的作业员工。

3）下午工作时段内

（1）查核检验的结果。

① 查核上午由质量管理人员所进行的检验结果，并且请求领班提供改进的指导。

② 依照领班的指示，对问题采取暂行对策，并且提供解决的对策。

（2）协助作业员从事修理或返修的工作，并且检查评估结果。

（3）调查停线的原因，向领班提出暂行对策及预防对策建议。

（4）必要时下达加班工作指示。

（5）领导作业员在现场实践 5S 活动。

4）工作结束之后

（1）撰写本班工作报告，并且将重要信息交待给下一班。

（2）领导质量圈会议：积极参与质量圈活动，并且鼓舞作业员士气。

请大家分析：① TAM 公司的组长每天都做些什么？② 组长的这些工作对生产管理起到什么作用？③ 你从中感悟到了些什么？

3）BEST 训练

按照训练的标准流程运行，各个项目内容必需的时间由各小组具体设定。

（1）训练规则说明（建议时间 15～20 min）。

主要是让学员明白为何要训练，训练什么，训练目标是什么，训练规则是什么，如何进行训练，如何进行考核，谁负责，多长时间完成等训练必需的内容。

（2）分组及就职演说（建议时间 15～20 min）。

按照训练规则与班级人数分组，采用角色扮演。经过准备后进行就职演说。

（3）上任需面对的问题（本章中的背景案例及可能遇到的各种问题）（建议时间 15～20 min）。

① 案例 5-2 中小马师傅在现场管理中主要存在什么问题？请帮助他分析。

② 如果你是华仔，能给小马什么样的建议？通过小马这件事，华仔会有什么启示？

③ 华仔也想掌握生产现场管理的方法与技巧，请你为华仔拟写班组现场管理的要点。

④ 案例 5-3 中 TAM 公司的组长每天都做些什么？

⑤ 案例 5-3 中 TAM 公司组长的这些工作对生产管理起到什么作用？你从中悟到了些什么？

⑥ 帮华仔整理一下今天的收获。

（4）分析会议与解决方案（建议时间 80～100 min）。

对以上遇到的问题召集小组会议，逐项进行分析，找到解决方案，指定相应成员从以下五个方面进行完善。

① 会议主题：________________________。

② 会议形式：________________________。

③ 时间控制：________________________。

④ 会议结论：________________________。

⑤ 解决方案：________________________。

（5）主管对一天工作述职（建议时间 20～30 min）。

对一天工作的过程描述；目标的实现度；自己是如何做的；不足之处在哪里，如何建议等。

（6）小组讨论点评与活动总结（建议时间 15～20 min）。

成员之间对组长及其他成员进行点评。可从目标实现程度、收获、主要问题、更好的方法是什么等方面进行点评。

（7）讲师点评：按照练习、小结（指出正误）、再练习、再小结直到掌握的流程，对练习进行总结讲评。

（8）对各个小组考核评价（建议时间 20～30 min）。

考核组对各个小组上交的材料，结合考核组对其实际记录及表现进行评价。各个小组需上交给考核组的材料主要有：训练议程安排；人员分组分工及角色扮演名单；各角色的就职演说稿；所面临的问题清单；每个问题的解决方案；会议记录；各角色一天工作述职报告；经营活动总结报告。考核组对每个小组及个人的实际表现、内容掌握程度、目标实现度等的记录。

5.3.2 能力测试

（1）生产活动主要包括哪些内容，以你熟悉的一个生产企业为例进行描述。

（2）生产过程的组织形式有哪些，各有什么特点。

（3）生产过程组织中以工艺为对象的车间和以产品为对象的车间有什么特点？

（4）如何推行 QCDS 活动。

（5）参观一家生产企业，写出该企业生产管理方面值得你学习的地方并对其提出应改进的建议。

5.3.3 成长日记（五）

结合本章所学的知识、方法与 BEST 训练写一篇 800 字以上的成长日记。

知识梳理与总结

本章首先让大家认识了生产管理的内容、任务与生产过程组织的基本要求。通过对生产过程组织的内容、形式与生产计划编制的学习，使大家了解并掌握了生产活动的计划、组织与控制。以班组现场管理为主线，从班组现场管理的内容、方法、步骤，班组长如何进行生产准备到如何推行 QCDS，如何进行现场异常管理等方面，系统地学习了生产现场管理的技能与方法。结合企业模拟训练，将基层管理者在生产管理中所遇到的各种问题，发掘出来并加以解决，达到运用生产管理的基本理论解决实际问题的目的。

第6章 质量管理

教学导航

教	知识重点	认识到质量管理的重要性；质量管理发展阶段的特点；质量管理的方法
	知识难点	质量管理的方法，品质圈活动的内容
	推荐教学方式	课堂案例教学与 BEST 训练
	教学场所	教室，实训室等
	建议学时	12 学时
学	推荐学习方法	课堂：案例讨论，角色扮演，模拟训练； 课外：查询资料，模拟企业演练
	必须掌握的理论知识	质量管理的重要性认知，质量管理发展阶段的特点，质量管理的方法，基层管理中品质圈活动的内容
	需要掌握的工作技能	熟悉品质管理发展阶段与特点，掌握质量管理的 PDCA 等方法，能在基层组织内开展品质圈活动
	训练	通过 BEST 训练，按照质量管理的方法与理论，将本章学习中所遇到的各种质量管理问题与困惑，一一展现出来并加以解决
	考核	形式性考核占 50%（包括流程、时间、角色、需要的书面材料等）；实质性考核占 50%（包括小组及个人的实际表现、内容掌握程度、目标实现度等）

案例 6-1　1950 年 6 月 24 日，戴明（质量管理专家，美国人）到达日本东京，当时日本产品上的“Made in Japan（日本制造）”标记是劣质产品的代名词。5 年后，同样还是“Made in Japan（日本制造）”标记已是优质低价产品的代名词。发生这一巨大变化的原因就是日本全面推行了戴明的质量管理方法。1980 年 6 月 24 日，美国的全国广播公司向全国播出电视纪录片《日本行，我们为什么不能？》。它汇集了大量日本企业成功的第一手资料，最后得到一个令人震惊的答案：站在“日本经济奇迹”后面使美国产品蒙受耻辱的，是一个美国人戴明。10 年后的 1990 年，原处于破产边缘的美国三大汽车公司开始列入世界前 10 名企业，整个美国经济也开始了蓄势待发。这就是质量管理的魅力。

案例启示：企业依从于顾客，企业只有满足了顾客的需求，顾客才会给企业回报。而企业与顾客之间的连接点是产品，而产品质量的好坏直接关系到顾客是否会给企业以回报。因此，质量管理是企业能否生存、发展的关键。

本章将从质量管理的重要性认识开始，为大家介绍质量管理的发展历程、质量管理的基本方法，运用案例与企业模拟训练的方式，使大家掌握并运用质量管理方法解决现实中的质量问题。

6.1　质量管理的概念与方法

知识分布网络

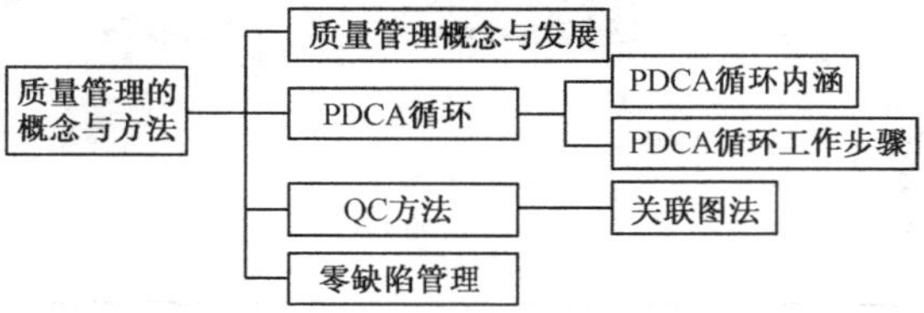

6.1.1　质量管理的概念与发展

1．质量的概念

企业的生存竞争实质是品质的竞争。我国企业的产品质量与发达国家相比有一定差距，因此，提高我国产品质量刻不容缓。质量问题是一个重大的战略问题，优质的产品能够给企业带来兴旺和发展，又能给国家带来繁荣和富强；劣质的产品会导致企业垮台，国家遭殃。提高产品的质量有非常重要的意义，质量影响着亿万人民的工作和生活，关系着千万个家庭的舒适和安乐。美国的质量管理专家朱兰博士说过，人类社会的发展使现代社会的人生活在“质量大堤”的后面，“质量大堤”的安危决定着人类和社会的安全。武器的质量关系到一个国家的防卫实力；药物、食品和家用电器的质量关系到人们的健康、安全；还有飞机、汽车、电梯和桥梁等，所有的质量无不与人们的生活紧密相关。质量是企业的生命，企业之间的竞争就是产品质量的竞争。质量好的企业在竞争中就可以不断发展，质量差的企业就会被淘汰，企业只有把质量放在第一位，一丝不苟，精益求精，才能在竞争中取胜。

案例 6-2　有一种观点认为“99.9%的合格率已经够好了，或者顾客对 99.9%的合格率已经满足了”。真的是这样吗？有材料显示：如果 99.9%已经够好，那么全球每天会有 12 个

新生儿被错交到其他婴儿的父母手中；每年会有 114 500 双不成对的鞋被装船运走；每小时会有 18 322 份邮件被错误投递；2 500 000 本书被装错封面；每天会有 2 架飞机在降落到芝加哥奥哈拉机场时安全得不到保障；每年会有 20 000 个误开的处方；将有 880 000 张流通中的信用卡在磁条上保存的持卡人信息不正确；每年中将有 103 260 份所得税报表处理有误；291 个安装心脏起搏器的手术出现失误。我们如果提问大家：假如一条生产线有 50 道工序，每道工序可以接受怎样的质量标准？99.9%如何？请同学们计算一下此生产线的正品率应该是多少？你是否仍然对 99.9%的合格率感到满意？

1）狭义的质量概念

人们通常所说的质量，往往是指物品的好坏，即产品质量。产品质量也就是指产品的使用价值，即产品满足人们的一定需要所具备的自然属性或特性，也常称为品质。这些特征表现为产品的外观、手感、音响和色彩等外部特征，也包括结构、材质、物理和化学性能等内在特征。

2）广义的质量概念

广义的质量概念是指产品质量、工程（工序）质量和工作质量的总和，也称全面质量。它比产品质量具有更深刻、更全面的含义。

工程（工序）质量：在产品制造过程中，影响产品质量或使产品质量发生波动的因素有许多，操作者、原材料、机械设备、工艺方法和环境等统称质量因素（人、机、法、料、环）。这五个因素对产品质量发生综合作用的过程称为“工程”。工程质量就是指这个综合作用过程的质量。更明确地说，在产品生产的整个过程中，都有一个质量好坏的问题，这就是工程（或过程）质量。

产品质量取决于工程质量，也就是取决于质量形成过程中各质量因素的变化。因此可以断定，工程质量好，则产品质量一定好；更重要的是，只要掌握了以上五种质量因素，产品质量不会产生大的变化，这是全面质量管理的关键所在。管理好工程质量，就能做到以预防为主，就能把质量管理的重点从事后检验转移到事前控制上来。

工作质量（体系质量）是指企业的管理、技术和组织等工作对实现产品质量标准和提高产品质量的保证程度。工作质量不同于产品质量，它不直接反映产品本身的质量，而是反映生产中保证质量标准的工作质量水平。产品质量指标一般可用质量特性来表示，也可用优等品率、一等品率等指标来反映整个合格品中的产品质量水平。而工作质量指标则是以产品合格率、废品率和返修率等指标来表示。产品质量与企业的每一项工作都有密切的联系，只有提高企业的各种工作质量，才能提高产品质量。

2. 品质管理的概念

品质管理就是达到或实现产品质量的所有职能和活动的管理。它包括质量政策的制定，质量目标或水平的确定，以及企业内部、外部有关质量保证及质量控制的组织和措施。对企业来说，质量管理主要包括两方面的内容，即质量保证和质量控制。质量保证是企业针对用户的，就是要对用户实行质量保证。其内容是：为了维护用户的利益，使用户满意，并取得质量信誉的一系列有组织、有计划的活动。质量保证是现代企业质量管理的核心，质量控制是对企业内部来说的，指为保证产品生产或服务的质量所采取的作业技术及有关活动。更具体地说，质量控制是测量实际的质量结果与标准的差异，并对其差异采取措施并进行调节管理的过程。所以说质量控制是质量保证的基础。

3．品质管理的发展阶段

自从有了手工业生产，就出现了质量管理的萌芽，但是作为科学管理方法，它只有几十年的历史，质量管理经历了一个由低级到高级，由片面到全面的发展过程。大体可分为以下三个阶段。

1）质量检验阶段

从20世纪初到20世纪40年代，美国把质量检验开始作为专门的工序，从直接生产工序中划分出来，企业中出现了检验组织和专职检验人员，不合格的产品禁止进入市场。这一阶段的最大特点是事后把关，虽然产品质量有了保证，但检验出的废品造成的损失已无可挽回，是一种消极的质量管理。这一阶段存在的问题是设计人员、生产人员和检验人员之间缺乏协调配合，管理的作用非常薄弱。

2）统计质量控制阶段

从20世纪四五十年代开始，质量管理除了严格把关以外，还在产品的生产制造过程中利用数理统计的原理，控制影响产品质量的各种因素，做到预防为主。统计质量管理是对生产过程随时进行观察，当生产出现不正常的情况，有产生废品的趋势时，能够发出警告，寻找不正常的原因，并及时采取措施，预防不合格品的出现。因此它是质量管理发展过程中的很大的转折，使质量管理从事后把关转入到事前预防；从消极管理转向积极管理；既能提高质量，又能减少废品损失，降低成本，效果十分显著。但是由于片面强调数理统计方法，忽视了组织管理工作在质量管理中的作用，再加上这种方法仅对产品制造过程进行控制，对影响产品质量的其他因素却无能为力，因此还不够完善。

3）全面质量管理阶段

20世纪60年代初美国通用电气公司的菲根•鲍姆博士首先提出了全面质量管理（Total Quality Contral，TQC）的概念。把质量管理的范围扩展到了所有影响产品质量的因素，把预防不合格品的措施渗透到了所有与质量有关的环节，把经营管理、生产技术和统计方法三者有机地结合起来，形成一套比较完整的管理体系，确保产品的高质量。所谓全面质量管理，就是企业全体职工及有关部门同心协力，把专业技术、经营管理、数理统计和思想教育结合起来，建立起产品的研究设计、生产制造和售后服务等全过程的质量保证体系，最有效、最经济地研究和生产出在质量、价格、交货期和数量方面令用户满意的产品。基本核心是强调提高工作质量，保证和提高产品质量，达到全面提高企业社会经济效益的目的。全面质量管理从过去的事后检验、把关转向事前预防；从管理结果转变为管理因素；将被动管理转变为主动管理，把消极防御转变为积极预防，因而它是进攻性管理和重在预防的管理。

全面质量管理贵在一个“全”字，其特点概括起来可归纳为“四全”和“四个一切”。所谓“四全”是指全面的质量管理、全过程的质量管理、全员参加的质量管理和采用全面方法的质量管理。“四个一切”是指一切以预防为主、一切为用户着想、一切凭数据说话和一切根据PDCA循环办事。

（1）全面的质量管理，是指质量管理的对象是全面的，既要管理产品质量、工程质量，还要管理产品质量赖以形成的工作质量。在工作质量方面，要管理好影响产品质量的设计质量、工程质量、检验质量、交货期质量、使用质量和服务质量等。总之要求质优、价廉、交货及时和服务周到，以满足用户的需要为宗旨。

（2）全过程的质量管理，指对产品生产经营的全过程都要进行质量管理，产品的质量始于设计，成于制造，终于使用，这一过程的各个环节都会对产品质量产生不同程度的影响，因而必须对全过程进行管理，这样就把质量管理的范围从原来的制造过程向前后扩展或延伸，形成一个螺旋形的上升过程，从访问用户、市场调查和产品设计方案论证开始，到设计、试制、生产、测试检验、销售、使用和服务的全过程，都要严格地实施质量管理，保证达到原定的质量标准。这个过程不断循环，产品质量将不断改进和提高。

（3）全员参加的质量管理，指质量管理环环相扣，人人有责，不能把质量管理看成只是质量管理部门的事，企业各个部门的工作和各个环节的活动都直接或间接影响着产品的质量。要提高产品的质量就需要依靠所有人员共同努力，从企业领导、技术人员、经营管理人员到生产工人都要学习质量管理的理论和方法，树立质量第一的观念，提高工作质量和产品质量。

（4）采用全面方法的质量管理，指采取的管理手段不是单一的，而是综合运用质量管理的管理技术和科学方法，组成多样化的、复合性的质量管理方法体系。要把质量检验、数理统计、改善经营管理和革新生产技术等有机地结合起来，全面综合地管理好质量。

（5）一切以预防为主，就是要充分认识到良好的产品是设计和生产出来的，不是检验出来的。要把管理工作重点从事后把关转移到事前控制上来，实行防检结合，以防为主，把不合格产品消灭在它的形成过程中。

（6）一切为用户着想，主要表现在三个方面：一是企业对用户做好售后服务；二是企业内部上道工序为下道工序服务，树立“下道工序是客户”的思想；三是辅助部门为生产车间做好服务。

（7）一切凭数据说话，就是不能凭直观判断，凭印象感觉、经验办事。要按科学程序调查研究，用科学数据、科学方法和科学原理说话。

（8）一切根据 PDCA 循环办事。所有的工作思路与方法按照 Plan（计划）、Do（实施）、Check（检查）和 Action（处理）循环进行控制。

案例 6-3　日立公司的质量管理是典型的日本式质量管理。日立公司也将其质量管理思想、组织制度和管理方法推广到它在中国的合资和独资企业。在上海日立家用电器有限公司总经理小岛正义主持的公司第一次高级管理人员会议上，主题是如何抓产品质量，会议提出“把质量意识注入每位员工的血脉之中”。日立公司在中国的第一家合资企业——福日公司自成立起一直推行“双零管理”（以降低成本为目的的“零库存管理”和以提高产品质量为目的的“零缺陷管理”）。上海日立家用电器有限公司正是凭借对质量的超前意识雄霸市场的。

日立公司质量管理的核心是全员参与质量管理，具体体现是“3N、4M、5S”的质量管理模式。

“3N”是指质量管理的原则为“不接受（No accepting）不合格产品、不制造（No manufacturing）不合格产品和不移交（No transferring）不合格产品”。其目的是控制生产过程的质量，确保经过每位员工之手加工的零部件达到 100%的合格率，达到零缺陷的质量目标。日立公司要求每个操作者将“3N”原则铭记在心，以便生产的各个环节始终处于受控状态，使生产全过程进入有序的良性循环中。通过执行“3N”原则，日立公司希望在每一个岗位上，在每一个员工心中牢固树立起“生产自己和顾客都满意的产品”的市场新理念，形成人人注重质量、环环相扣、保证质量的有效机制。

“4M”是指对“人（Man）、机器（Machine）、材料（Material）和方法（Methods）”四种质量管理要素的科学运用。人：激发最大的竞争意识；机器：保持最高的开工率；材料：达到合理的投入产出；方法：应用最佳的手段与途径。其中，突出对人的管理和发挥人的能动作用是“4M”的精髓。日立公司在中国的企业和在日本的企业在机器、材料和方法等方面基本上是相同的，唯一不同的是人的素质。要达到国际先进水平，制造一流产品，就必须在“人”字上下功夫，变“三个一样”为“四个一样”，使“4M”与国际先进水平接轨。为此，上海日立家用电器有限公司确立了“以人为本”的建企方针。

“5S”是指进行文明生产的五个管理手段，即“整理、整顿、清扫、清洁、身美（素养）”。整理就是把要与不要的东西彻底分开，要的摆在指定位置挂牌明示，不要的则坚决处理掉；整顿是指一经检查发现未作标志又未被处理的物品，现场管理干部将追究当事人的责任；清扫就是将工作场所、环境、仪器设备、材料和工具夹等上的灰尘、污垢、碎屑和泥沙等脏物清洗干净；清洁是指在以上三个环节之后的日常性维持活动，在每天下班前的 3 min（或 5 min）实行全员参加的清洁作业，使整个环境随时都维持良好的状态；身美就是培养全体员工的礼貌礼节、工作习惯、组织纪律和敬业精神。其目的是创造一个清洁、舒适和文明的生产环境，规范员工行为，塑造良好的企业形象。

6.1.2 PDCA 循环

1. PDCA 循环的内涵与工作步骤

PDCA 循环是由美国质量管理专家威廉·爱德华兹·戴明提出的，主要是用于质量管理循环的保证体系中，所以又称“戴明环”。

PDCA 是由 Plan（计划）、Do（实施）、Check（检查）和 Action（处理）四个词的第一个字母组成的。PDCA 循环保证体系反映了质量管理工作必须经过的四个阶段，也体现了全面质量管理的思想方法和工作程序。PDCA 循环成为多个管理方法之一，被广泛应用于各个方面。这个管理循环包括生产经营活动必须经历的四个阶段和八个工作步骤。

1）计划阶段（P）

（1）分析现状，找出问题。

（2）分析产生问题的原因。

（3）从各种原因中找出主要原因。

（4）制定目标计划，制定措施。

2）实施阶段（D）

执行计划，落实措施。

3）检查阶段（C）

检查计划执行情况和措施实行效果。

4）处理阶段（A）

（1）把有效措施纳入各种标准或规则中加以巩固，无效措施将不再实施。

（2）将遗留问题转入下一个循环继续解决。

PDCA 循环的四个阶段与八个步骤如表 6-1 所示。

表 6-1　PDCA 循环阶段

阶　段	步　骤
计划阶段（P）	① 设置目标 ② 搜索与目标相关的信息 ③ 找出最佳方案 ④ 制定计划工作表
实施阶段（D）	⑤ 按计划工作表执行工作
检查阶段（C）	⑥ 检查执行情况
处理阶段（A）	⑦ 对检查结果进行修正 ⑧ 修正后再执行

2．实施 PDCA 循环的注意事项与特点

（1）学会 5W1H 方法，在不同的阶段都可以使用。如在 P（计划）阶段的 5W1H 如下。

① 为何制定此计划（Why）？

② 计划的目标是什么（What）？

③ 何处执行此计划（Where）？

④ 何时执行此计划（When）？

⑤ 何人执行此计划（Who）？

⑥ 如何执行此计划（How）？

（2）PDCA 循环运转时，大环套小环，一环扣一环；小环保大环，推动大循环。整个企业，各科室、车间、工段、班组和个人都有自己的 PDCA 管理循环，所有的循环圈都在转动，并且相互协调，互相促进。上一级循环是下一级循环的依据，下一级循环是上一级循环的组成部分和具体保证。

（3）管理循环是螺旋式上升的，每转动一圈，就上升一步，就实现一个新的目标，不断提高。如此反复不断地循环，质量问题就可以不断地得到解决，管理水平、工作质量和产品质量就会逐步提高。

案例 6-4　阿根廷最大的纺织品与运动鞋制造公司——阿帕甘达斯（Alpargatas）公司，是美国耐克（Nike）公司的合资公司。该公司运动鞋部门有 4 个厂，各有不同的生产线，年销售额为 2 亿美元。在都克门厂，正在开展质量改进活动。该厂专门生产耐克鞋，每年 200 万双。本案例将说明两个层面的改进。首先，改善小组从现场选了一个最严重的质量问题作为改进的重点，在解决有关质量专案的过程中，他们也发现了降低成本的最好方法。其次改进小组按照顾问的建议，严格遵守改进八大步骤（也称为“改进事例”），并且感受到按八大步骤进行操作对实现目标是很有帮助的。“改进事例”是一种标准格式，可以被小团队活动（如质量圈）作为改进活动的记录。同样的标准格式，也被同行或管理人员用来作为改进活动的报告，“改进事例”包括下列步骤。

（1）主题选择。此步骤选择要改进的项目。主题常需要配合管理方针来决定。它们的选择是按照优先顺序、重要性、紧急度和环境经济性等情况来实施的。

（2）目标设置。

（3）现状调查组的成员应在改进之前，了解并检查目前情况，同时也要搜集资料。

（4）搜集并分析资料，找出根本原因。

（5）改进对策的确定与实施。

（6）效果确认。

（7）建立或修正标准，防止错误再发生。

（8）反省整个过程，并开始准备下阶段的工作。

"改进事例"按照计划—执行—检查—处理（PDCA）的循环。步骤（1）到（5）是关于P（计划）的；步骤（6）是D（执行）；步骤（7）是C（检查）；步骤（8）是A（处理）。事例可根据资料分析来解决问题，并且提高问题的透明度。

案例 6-5 某企业对矿泉水产品市场研究调查，实施步骤如下。

（1）Plan 阶段，本阶段要明确六个问题，这六个问题简称为 5W1H。

① 为何制定此计划？（Why?）

② 计划的目标是什么？（What?）

③ 何处执行此计划？（Where?）

④ 何时执行此计划？（When?）

⑤ 何人执行此计划？（Who?）

⑥ 如何执行此计划？（How?）

（2）Do 阶段，计划完成之后，着手将项目一步一步地向前推进。

（3）Check 阶段，在进行市场调研过程中，一定要记得检查，看项目的推进是否按原先的计划进行，当中有无纰漏和出现偏差。

（4）Action 阶段，针对你的检查结果确定你的行动。

如果在市场调研过程中发现已经偏离了原来的计划，或者发现原来的计划考虑不够周全，那就要及时弥补和调整，以确保任务的圆满完成。如果当中并无出现偏差，那就可以继续进行了。

6.1.3 零缺陷管理法

零缺陷管理起源于美国马丁马里塔公司的奥兰多事业部，又称零缺点计划。1962 年该公司为提高产品的可靠性，解决"确保质量"与"按期交货"的矛盾。首先在制造部门实施零缺点计划获得了成功，第二年，美国通用电气公司在全公司范围内实施零缺点计划，并增加了"消除错误建议"这一重要内容，使零缺点计划更加完善。1964 年初，美国国防部正式要求军工系统的企业普遍采用零缺点计划，许多民用工业企业也相继实施零缺点计划。1965 年 5 月，日本电气股份公司首先在日本开展了零缺陷管理，称为零缺陷运动。日本的一家协会还专门向美国派遣了"零缺点计划"考察团，并组织了推进零缺点计划研究会。仅一年多的时间，在日本开展零缺陷运动的公司就有 100 多家。

零缺陷管理是英文 Zero Defects 的意译，简称 ZD，也称"缺点预防"。它是以抛弃"缺点难免论"，树立"无缺点"的哲学观念为指导，要求全体工作人员"从开始就正确地工作"，以完全消除工作缺点为目标的质量管理活动。零缺点并不是说绝对没有缺点，或缺点绝对要为零，而是指要"以缺点等于零为最终目标，每个人都要在自己工作职责范围内努力做到无缺点”。

在美国，许多公司常将相当于总营业额的 15%～20%的费用用于测试、检验、变更设计、整修、售后服务、退货处理及其他与质量有关的成本上，所以真正浪费的原因是质量低劣。如果我们第一次就把事情做对，就可减少那些浪费在补救工作上的时间、金钱和精力。

1．树立零缺陷管理的理念

追求质量是一种管理的艺术。如果我们能建立正确的观念并且执行有效的质量管理，就能预防不良产品的产生，使工作有高效生产力并且充满乐趣，不会整天为层出不穷的质量问题头痛不已。

要树立零缺陷的理念，必须正确理解和把握以下三种观念：

（1）人们难免犯错误的“难免论”。一般理解为“人总是要犯错误的”，所以对于工作中的缺陷和出现不合格品持容忍态度，不少企业还设立事故率、次品率等，纵容人们的这种观念。零缺陷管理向这种传统观念发出挑战，它抛弃“难免论”，认为人都有一种“求全”的基本欲望，希望不犯错误，把工作搞好。

（2）每一个员工都是主角的观念。在日常的企业管理中，管理者是主角，他们决定着工作标准和内容，员工只能照章办事。零缺陷管理要求把每一个员工都当做主角，认为只有全体员工都掌握了零缺陷的思想，人人想方设法消除工作缺点，才会有真正的零缺陷，管理者则是帮助他们完成任务。

（3）强调心理建设的观念。传统的经营管理方法侧重于技术处理，赋予员工正确的工作方法。零缺陷管理则不同，它侧重于心理建设，赋予员工无误地进行工作的动机，认为做工作的人具有复杂心理，如果没有努力使产品零缺陷的愿望，工作方法再好也不可能把工作做得尽善尽美。

2．零缺陷管理的实施步骤

把零缺陷管理的哲学观念贯彻到企业中，使每一个员工都能掌握它的实质，树立“不犯错误”的决心，并积极地向上级提出建议，必须有准备、有计划地付诸实施。实施零缺陷管理可以采用以下步骤。

（1）建立推行零缺陷管理的组织。事情的推行都需要组织的保证，通过建立组织，可以动员和组织全体职工积极投入零缺陷管理，提高他们参与管理的自觉性；也可以对每一个人的合理化建议进行统计和分析，不断进行经验交流。公司的最高管理者要亲自参加，表明决心，做出表率；要任命领导人，建立相应的制度；要教育和训练员工。

（2）确定零缺陷管理的目标。确定零缺陷小组（或个人）在一定时期内所要达到的具体要求，包括确定目标项目、评价标准和目标值。在实施过程中，采用各种形式将小组完成目标的进展情况及时公布。

（3）进行绩效评价。小组确定的目标是否达到要由小组自己评议，为此应明确小组的职责与权限。

（4）建立相应的提案制度。直接工作人员对于不属于自己主观因素造成的错误，如设备、工具和图纸等问题，可向组长指出错误的原因并提出建议，也可附上与此有关的改进方案。组长要同提案人一起研究和处理。

（5）建立表彰制度。零缺点管理不是责备错误者，而是表彰无缺点者；不是指出人们有多少缺点，而是告诉人们向无缺点的目标奋进。这就增强了职工消除缺点的信心和责任感。

大量的实践告诉我们，只进行“超级检验”是远远不够的，那是一种既昂贵又不切实际的做法，必须用超乎寻常的检查水准才能够维持它。我们更应该做的是防患于未然。零缺陷通过向员工揭示管理层的期望，使领导者的心愿清楚地表达出来，员工再按照主管的心愿去做事，从而达到改进质量的目的。

6.1.4 QC方法

QC 是品质控制（Quality Control）的简称。品质管理控制需要用科学的管理方法和统计手段，对影响品质的各个因素进行系统的考虑，对相关的数据进行收集、处理和分析，找出形成原因和解决办法，并实施改进。企业的员工，特别是一线的班组长，应该具有品质意识、问题意识和改善意识。掌握一定的品质控制方法，谋求在工作中不断改善，满足顾客与社会的需求。

品质管理的统计方法很多，目前在企业界流行与使用的有老 QC 七大手法：柏拉图、散布图、直方图、控制图、因果图、查检表、分层法；新 QC 七大手法：关联图、系统图、箭条图、PDPC 法、KJ 法、矩阵图、矩阵数据分析法。

结合企业基层管理者的素质与实际应用情况，下面只介绍关联图法（因果图或鱼刺图）。

1. 关联图法的含义

关联图又称关系图，是用来分析事物之间“原因与结果”、“目的与手段”等复杂关系的一种图表，它能够帮助人们从事物之间的逻辑关系中寻找出解决问题的办法。

事物之间存在着大量的因果关系，假如因素 A、B、C、D、E 之间存在着一定的因果关系，其中因素 B 受因素 A、C、D 的影响，但它又影响着 E，而因素 E 又影响着因素 C。在这种情况下，理清因素之间的因果关系，从全盘考虑就容易找出解决问题的办法了。

2. 关联图的绘制

关联图法适用于多个因素交织在一起的复杂问题的分析和整理。它将多种影响因素用一种较简单的图形来表示，易于抓住主要矛盾、找到核心问题；也有益于集思广益，迅速解决问题。如图 6-1 所示，就是某超市交款台排队时间过长问题的关联图。

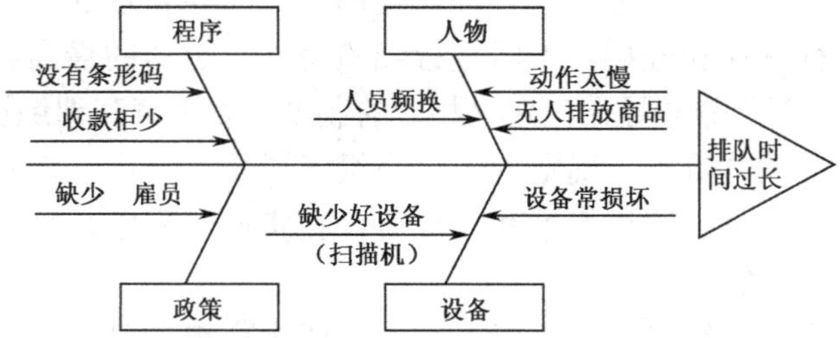

图 6-1 关联图

具体绘制方法如下：

（1）列出与问题有关的所有因素。

（2）用灵活的语言简要表达。

（3）把因素之间的因果关系用箭头符号进行逻辑上的连接。

（4）抓住全貌。

（5）找出重点。

关联图法的使用非常简单，它把存在的问题和因素转化为短文或语言的形式，再用圆圈或方框将它们圈起来，然后用箭头符号表示其因果关系，借此来进行决策并解决问题。

3．如何使用关联图降低产品的不合格率

影响产品不合格的因素很多，这些因素之间存在着大量的因果关系，可以使用关联图法寻找其主要因素，以改善生产过程，降低产品的不合格率，具体步骤介绍如下。

（1）做编组准备。召开小组成立会议，4～5 名生产人员组成一个小组，让每个成员都了解要解决什么问题，达到什么目的，怎样应用关联图法去解决问题等。

（2）共拟草图。在做好准备工作的基础上，召开小组会议，充分发扬民主，广开言路，找出影响产品不合格各因素之间的逻辑关系，并画上箭头，对重点问题要画在双线圆圈或方框内。在找逻辑关系时，要多提一些为什么，通过互相讨论，广泛议论，共同画出一份或几份草图。会后每个成员都要对会上画出的草图进行深入的分析和研究，对不同的草图对比评价，对别人提出的看法要进行深入了解并提出不同的看法，对重点问题要进行现场调查。在此基础上组长要进行调查研究，交换意见，通过分析后整理出草图，发给每一个成员，为统一认识做好准备。

（3）制定草图，起草对策。再次召开小组会议，对草图提出修改和补充意见。经过共同分析、研究和整理，强调全组人员取得共同的意见，提出重点问题的要害，共同画出正式关联图；研究实际数据，做出对策计划，会后要采取行动措施。

（4）评价和修定关联图。对关联图所采取的措施，可以多次召开小组成员会议，进行评定和估价。同时根据变化的环境，对关联图进行修定。

在使用关联图法时，要注意充分发扬民主，广开言路，集思广益，在统一认识的基础上，画出关联图；关联图中使用的语言和文字要简练、表达要清楚，尽量使用不失原意的文字和语言来表达，使关联图准确、简练、一目了然；要不厌其烦，不断地分析、研究和修改，努力寻找到重点问题；要重视评价和修正，及时根据外部情况不断修改关联图。

6.2　基层质量控制

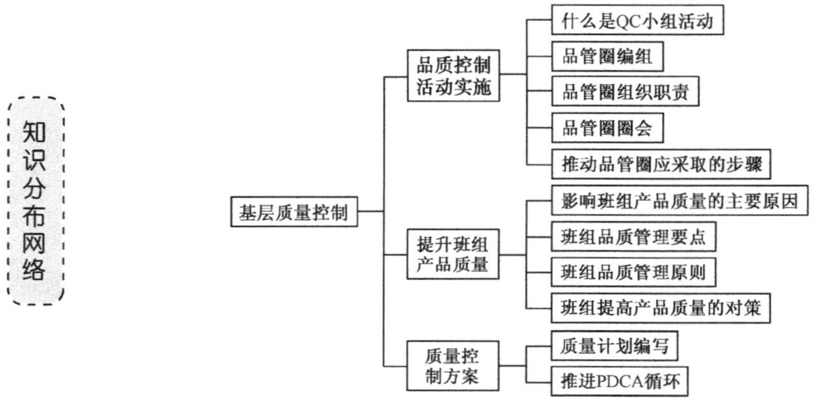

6.2.1 品质控制小组活动与实施

1．品质控制小组（QC 小组）活动

很多专家都认为品管圈的存在就是日本产品质量高的秘诀所在。日本于 20 世纪 60 年代开始推行品管圈活动，在提高产品质量方面成绩斐然，现在至少有 20 万个正式在“日本科工联合会”登记的品管圈活跃在企业中，另外还有上百万个未注册的品管圈。凡参观过日本工厂的管理人员，都会惊讶品管圈的普及和实施效果。品管圈为什么在日本获得了如此大的成功呢？我们可以引述“日本科工联合会”手册中的一段话加以说明：“人们大部分的生活是在工作场所中渡过的，我们希望能在一个尊重人性、有意义、愉快的环境中工作，这就是品管圈希望达到的目标。”

推动品管圈虽然不代表在整个公司推动全面质量管理，但不可否认的是，在全面质量管理活动中，最重要的环节就是基层员工能否在整个公司营造出的质量改革气氛中自动自发地组成品管圈，运用学习到的方法，持续推动质量改进工作。

（1）品质控制小组（QC 小组），以下简称品管圈，是同一工作现场的人员自动自发地进行质量管理活动所组成的小组。

（2）品管圈活动：这些小组作为全公司质量活动的一环，在自我启发和相互启发的原则下，用各种统计方法，以全员参加的方式不断地进行维持及改善自己工作现场的活动。

（3）品管圈的精神：尊重人性，建立愉快的工作现场；发挥人的能力，开发无限的脑力资源；繁荣企业，改善企业的经营。

（4）品管圈的做法：自动自发、自我启发、全员参加、全员发言和相互启发。

（5）品管圈的目标：提高现场水准；提高现场士气；提高质量意识；提高问题意识；提高改善意识；现场成为品管重心。

2．品管圈活动的优点

（1）在现场一起工作的同事相互切磋，一起学习，不断上进。

（2）大家一起动脑，让自己的构想创意达成实现，使自己每天工作的现场变得更加完美。

（3）能够获得上级的尊重及相互尊重，大家一起构建愉快的氛围。

（4）能够培养现场人员自己做企划，自动自发处理事务的氛围。

（5）能够发挥现场人员的综合能力，构想出一个轻松愉快，又能提高生产力，提高效果的工作环境。

（6）能够使我们的人生更有意义。

3．品管圈编组

1）品管圈编组的目的

（1）提高现场第一线管理人员的领导及管理能力。

（2）提高现场士气，使质量活动能贯彻至最基层，提高现场的质量意识、问题意识和改善意识。

（3）作为公司质量活动的一环，以现场为核心，执行公司的方针，进而大家共同来发

现问题，研究分析，并通过标准化使质量保证系统有效进行。

2）品管圈编组的原则

（1）建制相同，能够进行永续性的活动。

（2）工作场所相同，能够共同建立光明愉快的工作现场。

（3）工作性质相同，能够一起做改善活动。

（4）人数一般为 4～10 人，最多不超过 12 人为宜，使品管圈能够顺利运营。

4．品管圈组织职责

1）圈长的产生

圈长是推行品管圈活动的原动力，是整个圈的灵魂人物，所以圈长的推举、选定非常重要。一般情况下，圈长人选可依据下列原则选定。

（1）刚开始推行品管圈活动时，最好是以最基层的监督组长为圈长。

（2）品管圈活动稳定下来时，互相推选有领导能力、有实力的人为圈长。

（3）品管圈活动逐渐成熟，圈员有一定水准时，也可以每期轮流当圈长。

2）圈名的决定

圈名由圈员共同决定后命名，最好选用富有持久性及象征意义的名字。

3）圈员的职责

圈员的职责是通过日常的品管圈活动提高生产力，维持及改善质量。其结果是使自己的工作现场变得愉快，生活得更有意义。

（1）热心参加圈会，积极参与活动。

（2）召开圈会时活跃地发言，协助圈长建立活泼的气氛。

（3）热心地执行分配的实施项目。

（4）依靠圈员自己的力量，建立良好的人际关系。

（5）通过品管圈活动消灭不良现象，保证质量。

（6）确保现场的安全及自己的安全。

（7）遵守作业标准、实施作业。

（8）造成愉快而有意义的工作现场。

4）圈长的职责

（1）领导品管圈活动。

（2）决定品管圈活动的进行方向。

（3）建立圈员协助，全员参与，全员发言，全员分担的体制。

（4）建立全体圈员的良好人际关系。

（5）与其他圈保持良好的关系。

（6）协助圈长会议，推行委员会等活动。

（7）指导圈员学习改善方法和统计方法。

5）部门主管的职责

（1）培养圈员积极自主的活动气氛。

（2）提供明确的目标和具体的方针。

（3）积极说服高层主管，使其支持品管圈。

（4）对于活动进行状况能够完全了解和关怀。

（5）协助选定有意义的活动题目。

（6）尽力帮助品管圈解决困难。

（7）经常表扬有功人员从而激励士气，并对活动结果予以适当评价。

6）高阶层的职责

（1）正确理解品管圈活动的意义。

（2）培养品管圈活泼的环境。

（3）明确品管圈活动的具体方针（高阶层对品管圈所期待的是什么）。

（4）正确评价品管圈活动，并多加称赞。

（5）不要以有形成果为重点，应将如何使品管圈活动可以永续性发展为重点，来培育及评价品管圈。

7）辅导员的职责

（1）实施圈长与圈员的品管教育训练。

（2）培养圈员自动自发参与圈会的氛围。

（3）促使品管圈活动与部门内的日常业务完全结合。

（4）充分地掌握圈员对于品管圈活动的想法。

（5）正确地指导其应用品管方法提高活动能力。

（6）选定可以改善品管圈活动的方法。

（7）对于品管圈本身无法处理的问题，给予协助和精神上的鼓励。

（8）使品管圈活动可以持续性和永久性进行。

（9）协助圈会工作顺利进行。

8）辅导时机选定

（1）活动遇到困难。

（2）活动没有进展。

（3）未能达到预期的工作目标。

（4）未能充分发挥圈员的能力。

（5）行为表现不适当、不负责任或意气用事。

（6）圈员彼此间不能和睦相处。

5. 品管圈圈会

品管圈活动能否顺利进行，主要是通过品管圈圈会，通过充分地交换意见，提高全员的参与意识。因此，品管圈圈会在品管圈活动中就尤为重要。

1）圈会的任务

（1）由圈员全员的意见决定品管圈活动的方向。

（2）通过圈会达成圈员相互沟通的氛围。

（3）通过圈会充分发挥圈员的能力。

2）召开圈会的时机

表 6-3　召开圈会的时机

圈会的时机	频　率	时　间	地　点
1. 朝会时间	每天	10 min	工作现场
2. 上班中经请示核准开会	有问题时	30～60 min	圈会室
3. 工作告一段落或工作空档时	有机会时	10～60 min	工作现场
4. 轮班制利用交接班时间	每周	60～90 min	圈会室
5. 利用中午休息时间	每周	30～60 min	工作现场
6. 下班后	每周	60～90 min	圈会室
7. 利用假日（如郊游、聚会时间）	高兴时	半天到一天	郊外

3）圈会的准备

圈长尽早拟好会议计划，圈员必须事先充分准备好规定的习题参加圈会。圈长最迟在会议 3～4 天前做好准备；圈长必须明确会议计划；圈长必须先确认出缺席者，听取出席者意见；检查前次的决议事项。

（1）会议计划，如表 6-4 所示。

表 6-4　品管圈会议计划

项　目		内　容	例　子
为何（Why）	理由	会议目的	为何选取活动题目
什么（What）	主题	议题	活动题目的选定
谁（Who）	人员	出席者	圈员全体、上司
何时（When）	时间	×月　日	××年×月×日×时×分
何处（Where）	场所	会议场所	会议室
如何（How）	方法	会议的进行方式	讨论方式（脑力激荡法）

（2）开会次数与时间：每周 1 次，每次 1～2h。

（3）开会场所：开会场所尽量选择接近工作现场、气氛良好的地方或圈会室。

4）举行圈会的方法

（1）圈会程序：圈会的目的；前次调查事项、保留事项；活动进行的状况及问题的提出；各项题目的讨论；决议事项的确认；工作分配；结论；下次的圈会预定；圈会记录制作。

（2）主持圈会注意事项：营造全员可以轻松发言的气氛；由圈员检讨的议题优先讨论；一个议题经过充分地讨论有结果后，再进行下一个议题；有效率地进行，在预定时间内结束。

（3）圈会进行时应注意事项：不要迟到；出席者对问题要切实把握；不要只对特定的人讨论；不要对个人攻击；不要感情用事；不要固执非现实的意见；多听取他人的意见，不要只主张自己的意见；对不发言的人要鼓励其发言；尊重有创造性的意见；明确圈会开始与结束时间；遵守预定时间。

（4）会后应注意事项：圈员须认真地实施所分担的工作；圈长随时掌握活动的实施步骤，必要时给予应有的帮助；把决议事项向缺席的圈员说明，并转达工作使其了解；与需要配合的其他单位联系；向上级呈阅圈会记录；请求上级协助解决困难；请辅导员帮忙。

5）品管圈改善活动15周计划

第1周　成立品管圈，决定圈名、圈长，并向企业推行委员会登记。

第2周　决定活动题目。

第3周　决定评价特性，分析主要原因。

第4周　决定收集数据的方法。

第5周　收集数据，观察现场，把握事实。

第6周　把握影响较大的主要原因。

第7周　提出对策，工作分担，实施对策。

第8周　实施对策，确认效果。

第9周　实施对策，确认效果。

第10周　确认效果及标准化。

第11周　成果比较。

第12周　整理成果报告。

第13周　本期活动的总检讨。

第14周　参加发表大会的准备。

第15周　参加发表大会。

6．推动品管圈应采取的步骤

1）组成品管圈

品管圈最适合人数为5～7人，圈长是未来品管圈活动的灵魂人物。在推动品管圈之初，每位圈员都必须明白品管圈是什么，该做什么，为什么要做，怎么做才是最好的。品管圈活动主要在于员工的主动参与，所以必须让圈员真正了解有关品管圈的一切事项，而不是按强制命令去做。当然，一个具有激励性、凝聚性的圈名也是十分重要的。

2）决定品管圈的主题

很多品管圈在一开始就想要解决超出其能力范围的问题，结果只能是遭受失败的打击，这反而会导致品管圈的失败。

为了使全体圈员能够同心协力，要选择那些大家普遍关心的、可以自己动手解决的以及可以提高各自业务水平的主题着手。如果简单的问题不愿意解决，复杂的问题又解决不了，那么公司的长期生存就成了问题，而且工作也得不到改善。

3）调查现状，追究原因

把握现状是解决问题的秘诀。品管圈成员首先要进行资料的搜集，然后将资料加以统计分析并制作成图表，从而做进一步的分析研究。通过分析资料，活用各种品管的方法，找出问题的原因。为此，我们可以用层别法，先将一些不重要的原因逐渐过滤。到第一层原因找出后，再追溯源头，了解这些原因是如何形成的。

4）设定目标，制定活动计划，研拟对策

设定目标必须具有挑战性，真正的目标是“能做到的”加上“该做到的”。计划的拟定，应考虑全体成员的意见，集思广益。在全体成员的同意下，决定执行哪些步骤，由谁担任哪项工作，使用什么方法，做到何时为止。充分地考虑计划执行过程中会出现的问题，想出能够解决问题的对策。一个好的对策必须考虑到：怎样节省效果最好，大家容易做到又有可遵守的规则。

5）确认效果，维持成果，将作业标准化

如果未获得预期的效果，表示没有掌握真正的原因，或者拟定的对策不够充分。当达到良好的状况时，应力求保持，防止退步。训练成员能够正确地操作改善后的作业方法，了解新的作业顺序、注意事项和作业标准等。

6）反省并着手下一个主题

品管圈活动应该是永无止境并连续不断进行的。在一个主题完成后，应该以坦率的态度反省，然后以宝贵的经验着手下一个主题的规划。

通过开展品管圈活动，工作生活的品质改善了，工作现场的沟通改善了，热情而有干劲的工作气氛也形成了，基层员工的潜能得到了激发，结果都反映到企业收益的增加及员工待遇的改善方面，造成一种良性的循环。

6.2.2　提升班组产品质量

班组是企业产品的直接生产单位，是产品质量的直接监控者，班组产品工作开展的好坏，直接影响到产品质量的优劣，而产品质量的优劣，决定着企业的竞争能力和经济效益，决定着企业的生存和发展，因此抓好班组产品的质量是班组长的一件大事。

1．影响班组产品质量的主要原因

生产的连续性决定了某一个班组不可能独立完成产品的全部生产，只能完成其中一部分质量指标或是为了达到某一个质量指标而进行的指标控制，这种对某个或部分质量技术指标进行的控制，将直接影响下道工序乃至整个产品质量的优劣，这就说明班组的工作质量是产品质量的基础，因此，班组产品质量如何，也集中反映在工作质量上，即操作波动和质量检测。

1）操作波动

生产波动一般分为正常波动和异常波动，正常波动一般由原料质量差异、设备磨损、操作调节的微小变化和工艺指标控制范围的正常变动等因素引起，对产品质量影响不大。异常波动一般由操作不按规程进行、工艺监控不严、设备带病运转、温控测速不准和原料不符合质量标准等因素引起，其对产品质量的影响较大。

影响班组生产异常波动的主要原因是操作波动。操作波动是指操作过程中发生的各种异常操作因素，影响班组生产质量的主要因素是人、设备、工艺、材料和环境。切实有效地把握这五个因素，及时消除异常波动，生产出优质的产品。五个因素中最主要的因素是人，因为班组生产是靠人监控的，监控者（班组长）的工作质量直接影响到产品质量的最终结果。产生操作波动的主要原因有以下五点。

（1）责任心不强，没有做到勤观察、勤调节。

（2）执行工艺和操作规程不严，操作失误多。

（3）技术素质低，既不会分析又不会处理。

（4）设备维护保养差，设备带病运转。

（5）上下工序协调配合差，生产不稳定。

这五点是出现操作波动的主要问题，只有把造成操作波动的问题解决好，把影响产品质量的“五个原因”控制起来，才能稳定生产，提高产品的质量。

2）质量分析检测

质量分析检测不严谨也是影响产品质量的主要原因之一，质量检测应严把质量关，成为指导班组生产的“眼睛”。班组产品质量分析大致分为以下几点。

（1）对生产过程分析把关，指导操作。

（2）对半成品、成品分析检测，把好产品关。

（3）通过分析检测，收集整理数据，发现关键问题所在，进行因果分析，为进一步地提高质量采取技术措施，确保生产始终保持最佳状态。

2．班组品质管理要点

（1）确保操作人员依据操作标准操作，而且每一批产品的第一件加工完成后，必须经过有关人员实施首件检查，待检查合格后，才能继续加工，各组组长应进行随机检查。

（2）确保检查站人员依据检查标准检查，不合格品检修后须再经检查合格后才能继续加工。

（3）品质管理部门派员巡回抽验，并做好制程管理与分析，以及将资料回馈给有关单位。

（4）发现品质异常应立即处理，追查原因，做记录防止再发生。

（5）检查仪器量规的管理与校正。

3．班组品质管理原则

（1）全员参与。

（2）加强品质意识。

（3）加强日常管理。

（4）要有毅力。

（5）要有创造力。

（6）要有计划性。

（7）加强问题意识。

（8）自主管理。

（9）自主检查。

（10）教育及训练。

4．班组提高产品质量的对策

提高产品质量的对策有以下几个方面。

1）强化质量意识

2）抓好平稳操作

平稳操作是提高产品质量的关键环节，平稳操作就是要稳定工艺，主要做好：

（1）做好交接班。交接班是了解上一班生产、工艺、质量、安全、设备运行及遗留问题等，对于稳定下一班生产工艺和质量至关重要，要严格地按交接班要求进行交接。

（2）严格执行操作规程。要求班组成员能熟练地掌握技术规程的主要内容，如工艺操作法、工艺条件、工艺参数和安全技术要求等，严格按照技术规程进行操作，特殊情况听从班组长或上级指示进行调整。

（3）开展岗位培训，提高技术素质。以培训基本动作、基本技能和学习基本理论为主，紧密地结合生产实际进行实际训练。通过岗位培训的活动，不断提高员工的技术水平，增强岗位实际操作能力，使其在生产过程中同生产工具实现最佳结合，达到优化生产、提高效率的目的。

3）开展 QC 活动（品管圈活动）

QC 小组是群众性的质量活动，是群众参与质量管理的较好形式。班组要在生产过程中充分地发挥班组成员的聪明才智，开展好此项活动，组织攻关、革新、改革和开展合理化建议活动，解决班组产品质量存在的疑难问题和薄弱环节，提高工作质量和产品质量以及经济效益。

4）完善岗位质量负责制

6.2.3　质量控制方案

当一个优秀的班组长走入工作现场，凭借他多年的现场工作经验，一定能从工作现场发现一些品质管理上的问题。班组长发现的这些问题，其参照的标准就是 PDCA。P：计划；D：质量控制计划是一个大的整体方案，具体到班组中应该是班组长如何发动全体成员按照标准认真执行；C：这时就要求班组长细化质量控制方案，将每个岗位的要求分解到人，按照作业流程，督促大家执行，制定出规范和严格的检测程序进行检测；A：对检测中发现的问题，利用 QC 方法找出原因，对症下药进行改进。

1．质量计划编写

质量计划是企业为达到产品质量标准而制定的方案，作为班组长应能够充分地理解并重视，据此编制、执行作业指导书，以下是某汽车座椅厂的一份质量计划，说明了质量计划编制过程中涉及的内容。

案例 6-7　某汽车座椅厂质量计划。

1）适用范围

（1）本计划规定了×××××乘客座椅应达到的质量要求。

（2）本计划适用于×××××乘客座椅。

2）引用标准

（1）GB/T 13059—1991《客车乘客座椅尺寸规格》。

（2）GB/T 15083—1994《客车座椅系统强度要求及试验方法》。

3）质量目标

（1）乘客座椅设计应满足乘座时的最佳体压分布。

（2）采用无级气动调节机构。

（3）肘靠具有锁止机构，向上翻起可与靠背平齐，便于乘客进出。

（4）背面安装扶手、兜袋，可选装餐桌等。

（5）座椅各部分尺寸应符合 GB/T 13059—1994 中规定的座椅尺寸规格要求。

（6）座椅性能应符合 GB/T 15083—1994 中规定的座椅系统强度要求。

4）职责

（1）技术科负责组织技术人员开发、设计座椅。

（2）技术科试制组负责产品试制。

（3）技术科负责试制产品的检验。

（4）供应科负责协助技术科选定分承包方并进行采购。

（5）技术科负责选择并确定外购、外协件。

（6）技术科对首批外购、外协件进行检验。

（7）生产科配合技术科进行小批量试生产。

（8）质控科负责小批量试生产的工序质量的监控及检验。

5）设计控制

由于乘客座椅是客车上一个很重要的组成部分，并且对其功能及舒适性、安全性有很高的要求。因此，技术科必须针对乘客对新一代客车座椅的特殊要求进行高质量的开发设计。座椅设计的各阶段应按照《设计评审、验证和确认细则》进行评审、验证和确认，并送到国家客车质量监督检验中心进行检测。

6）特殊采购要求

（1）肘靠具有锁止机构，向上翻起可与靠背平齐，材料为自结皮。

（2）靠背角调节器为无级气动调节机构。

（3）靠背、座垫软垫为热发泡聚氨酯泡沫塑料。

（4）靠背应为整体发泡。

7）供方评定控制

技术科应到有特殊要求的外购、外协件的相应供方处进行考察。在产品试制结束后，准备正式投产前，质控科应按照《采购控制程序》对供方进行评定。

8）产品标志和可追溯性控制

每张座椅在装配时应打上个人标记。

9）过程控制

在小批量试生产时，技术人员应跟踪现场服务并指导生产，及时发现设计或工艺上可能存在的不足，解决突发问题。

10）工序控制

由经验丰富的操作者进行零部件装配。

11）进货检验

产品试制时，外购、外协件由技术科直接检验；正式投产时的进货检验，应按《产品监视和测量控制程序》执行；新的零部件由技术科随同采购目录下发检验标准。

12）过程检验

产品试制时，由技术科直接检验；正式投产时技术人员应协助专职检验员对乘客座椅的各个加工过程加强巡回检验，严格完成检验，具体按照《采购控制程序》执行。

13）最终检验

对于首批产品，专职总检和总装工段的检验员应对每张座椅实行全检。

14）质量记录保存时间

各种质量记录的保存时间应不少于 3 年。

15）其他（略）

2．推进 PDCA 循环

1）P——品质计划方案

班组长根据品质计划方案和现场的情况，对企业的品质计划方案进行分解，责任到人，保证品质计划能够顺利实施。

2）D——执行

执行的关键有两条，一是人：执行人的意识、方法；二是制度：岗位责任制、监督检查制和激励机制等。

3）C——检查

班组长要做好“C”，应从这几个方面入手：一要不断巡视、观察现场，查品质、产量、成本及是否按照标准执行；二要发现异常发生的原因（4M1E），是人的原因、机的原因、料的原因、方法的原因还是环境的原因；三要定期制度化地进行检查、分析；四要学会用 QC 统计方法。

4）A——处理

班组长根据执行与检查的结果，多问为什么，就能找到原因，提出处理与改善的方法。

推进 PDCA 的目的是为了持续改善品质，方法有许多。一些企业采用 ISO 9000 质量管理体系标准，来规范和监督产品生产过程，提高产品质量。也有一些企业采用零缺陷管理法、六西格玛管理法等。

6.3 BEST 训练（管理者的一天）

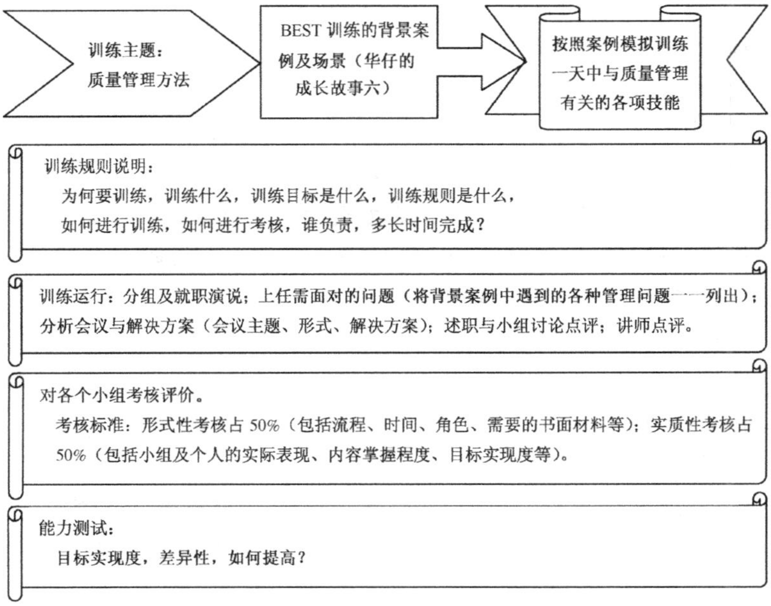

6.3.1 活动安排

1）BEST 训练规则

BEST 训练规则见 1.4.1 节中的 BEST 训练规则。

2）背景案例及场景

案例 6-8 华仔的成长故事六。

华仔通过前面几章内容的学习知道了许多企业管理方面的知识，掌握了一些管理方法与技巧。适逢实习企业正在开展“质量月活动”，华仔搜集了许多关于品质管理方面的资料，摘录三篇如下。

第一篇：奔驰公司获胜的重要因素

1883 年德国人卡尔•本茨创建了奔驰公司，生产出世界上第一辆汽车。据美国一家公司对世界近万名消费者抽样调查表明，奔驰汽车位居“世界十大名牌”第一，奔驰汽车公司生产车辆的品种达 100 多个，3 700 种。至今，年产量达 70 多万辆，营业额约为 180 亿美元。奔驰汽车靠什么获得发展？主要是靠管理，靠质量第一、技术第一和顾客第一的管理。

一、质量第一

奔驰公司为确保质量把年产量控制在 70 万辆左右。奔驰公司曾有一个广告：“如有人发现奔驰汽车因故障中途抛锚，我们将赠送你 1 万美元”。

质量第一的原则始终贯穿于每一种产品的构想、设计、研制、试验、生产、直至销售维修的全部生产过程之中。为此他们采用的措施如下。

1. 建立一支技术熟练的员工队伍。

（1）在车间各岗位上配备人员时，一律实行新老结合，以老带新。

（2）在招收员工时，优先招收本公司员工子弟，因为这些人从小就受到家庭熏陶。

（3）新员工须有高中以上文化水平，进厂后还要进行为期两年的培训。公司还专门设立了培训部和 52 个培训中心，结业考试合格才能当专业工人，不及格可以再学习一次，再不及格便予以辞退。

2. 建立严格的产品和部件检查制度，以保证每一辆出厂的汽车在质量上完全合格。

（1）质量检验制度的内容包括以下几方面。

① 不合格零部件坚决不用。

② 不合格产品坚决不允许出厂。

③ 建立检验队伍，搞生产的员工有 1/7 左右是进行质量控制和检验的。对于协作厂家供应的零部件，如果在一箱货中有一个零件不合格就全部退回。

④ 每个班组都要有专人负责质量检查。

⑤ 有定期检查制度。由董事会、车间代表和技术人员组成的检查人员，每隔两周进行一次检查，有问题及时解决。

（2）质量检验系统的构成如下。

① 设置了一套计算机控制的质量检验系统。

② 建造了一个占地 8.4 公顷的试验场。试验场里铺有 15 千米长的各种不同路面检测车道，每辆新车都要试验。此外公司每年还要拿出 100 辆崭新的汽车，在试验场进行

破坏性实验，其目的在于考验车辆性能，发现问题，进行改进。

二、技术第一

奔驰公司不断发展新技术，大胆创新，及时把新的工业成果推广并应用到汽车的设计，在研制和生产中不断开发新车型。自奔驰公司生产了世界上第一辆汽车，本茨的火花塞点火“原理”至今在每一辆汽车上仍然使用。

1928 年生产出纽尔华 460 式 8 缸 6 座汽车。

1938 年生产出 230 马力，8 个汽缸和压缩发动机的大塞德斯豪华轿车。

20 世纪 70 年代研制出的 190 型小轿车，仅后车轴一项的研制费就达 10 亿马克，然而该车投产后第二年订货量就达 10 万辆以上。

（1）建立技术开发研究的专业机构，公司每年的技术研究开发经费已达 14 亿马克以上，研究人员和技术专家近万人。

（2）采取积极措施，鼓励员工和技术人员搞技术革新，提合理化建议，并据成效大小给予奖励。同时还专门设立企业技术革新建议处，负责审定员工们提出的改革建议，提出奖励意见。

三、顾客第一

公司坚持顾客第一，是通过完善的服务系统来实现的，为此公司建立了一套完整而方便的销售服务系统和维修服务系统。

（1）销售服务系统由遍布于大中城市的销售网点组成。在每一处人们都可以看到各种汽车图样，了解各种汽车性能特点，顾客在正式订购汽车时，可以向推销点提出各种各样的特殊要求，诸如色彩、规格等，公司在生产时，总是全力解决，也可以到公司参观，看每一道工序和质检，公司还给来取车的顾客赠送一个精致逼真的小奔驰车玩具，以使其子女对奔驰汽车产生浓厚的兴趣，从而成为奔驰汽车公司未来的客户。

（2）维修服务系统。公司在全国设有 1 800 多个维修站，负责保养和修理工作的人员达 5.6 万人，在平均不到 25 千米的公路上就有一家服务站，在 171 个国家和地区设有 800 个维修服务站，国内外维修服务人员的总数和公司内各生产车间工作人数一样多。

第二篇：开关装配工序质量难题的解决

日本质量管理专家新江滋生在松下公司的山田电器厂帮助解决一个开关装配质量问题。这个工厂里有一道工序总是发生质量问题，质量管理部门想了许多办法也没有解决。为此，厂长很是头痛。这道工序是这样的：装配工人在流水线前操作，负责开关的组装。装配工人只要从一盒弹簧中取出两个装入开关，然后装上按钮即可。问题是操作工人总是会偶尔少装入一个弹簧导致质量问题。新江滋生到现场观察了以后，建议他们改变一下操作的程序：在操作工人面前增加一个小盘子，每次从盒中拿出两个弹簧先放入这个小盘，再从小盘中取弹簧装入开关。这样一来，若开关装配完成后，盘内仍有一个弹簧，工人会立即意识到发生漏装，立即就可以纠正错误。结果从此彻底解决了弹簧漏装的问题。

事后，该厂厂长问新江滋生：“你怎么会想到这么一个办法呢？我们为什么就想不到呢？”新江滋生的回答很有意思：这是一个管理观念的问题。一旦真正明白了其中的奥妙，你的管理观念会提高一大步。

显然，新江滋生把握了一个重要问题：作为企业管理者究竟是要靠效率求效益还是靠质量求效益。该问题如果按照科学管理的原理，一定不会这样处理，因为设置小盘意味着降低效率，不符合工作研究的原理；一流的工人是不允许发生遗忘之类的错误的，如果发生，应该扣工资或资金。但如果是靠质量求效益的观点，结论就会完全不同。虽然增加小盘会降低一些效率，但是工作流程的改变会改善质量。美国质量管理专家戴明博士有一次在日本讲课时，指着日本那些大名鼎鼎的企业家们说，你们认为产品质量不好是因为职工不负责任吗？不对。在引起产品质量的许多因素中，职工的责任只占大约 10%，而 90%的责任是由于企业家对企业生产系统的设计和推动的不利所造成的。所以，产品质量问题大部分原因就在你们身上。从现代科学观点看，效率应该是全方位的，不但包括速度，还包括质量。没有质量的效率就是没有效率。

第三篇：某机械制造厂的品质管理经济责任制

某厂是一个机械制造的综合企业，由于推行了全部质量内部经济责任制体系，产品质量稳定提高，他们的具体做法如下。

一、强化质量责任制

牢固树立质量第一思想，这个厂的领导从以往失败的教训中认识到“若不下大决心、大力气把产品质量搞上去，就会失掉信誉，失掉市场”，失掉企业的生命力。他们党政工团协调配合，制定了“以严治厂，以优取胜”的办厂方针和“产品质量适度的发展速度，最佳的经济效益”的经营方针，以及“你无我有，你有我好，你好我转”的竞争策略，实施了保证产品质量的“五个强化”措施，即强化质量意识，强化质量保证体系，强化质量责任制，强化质量检测手法和工艺纪律，强化质量基础工作，与此同时做出了重奖重罚的决定。

二、实行“四师”、“五制”，建立健全产品质量的责任制保证体系

所谓“四师”即总工程师、总工艺师、主任工程师和产品工程师，据他们各自的职责和权限对产品质量分级负责。每年厂长分别与总工程师、分厂厂长和主任工程师签订质量承包合同和责任状，严格组织执行，有力地促进了产品质量的提高。

四师责任制，从组织上保证了产品质量责任制的落实，但还不能从根本上有效的控制产品质量，还必须有一套完善的行之有效的方法和制度，为此又建立了“五制”：

（1）质量管理“三点制。就是据各工序的质量问题点，设立质量管理点，据质量管理点，设立质量控制点。在每个质量管理点，都设专人负责控制。进行统计记录，使产品在生产全过程中始终处于受控制状态。

（2）生产过程质量跟踪制。就是产品从投入到产出，全过程都有工艺流程卡，每道工序都有跟踪、记录，生产者和检验员必须在跟踪卡上签字盖章，否则产品不准下线。产品跟踪卡在检验科保存三年备查。

（3）产品质量抽查制。产品质量内外一致是一个十分重要的问题，为此，他们由质管办负责，每旬对各厂产品的性能结构、外观等方面抽查一次，凡被查产品有一台不合格，则视为该项抽查不合格。

（4）产品质量督检制。厂部和分厂都有质量督检员，每天在各处进行全方面督查，有问题每周向总工程师报告，每月向厂长报告。

（5）产品质量奖罚制。把奖罚制度先订出来，做到立法在先，有章必循。

三、改革企业内部分配制度，以质量为重点实行重奖重罚

经济责任制的核心是分配，他们始终坚持以下两个方面。

1. 坚持分配上的四个原则、四个重点、七个档次、十个区分

（1）四个原则：

① 把有限的奖金全部用在超额劳动上，不把奖金当福利。

② 奖金分配要拉开档次，打破平均主义大锅饭。

③ 奖金不能分光吃尽，要留有余地，以丰补欠。

④ 物质奖励与精神奖励相结合，做好思想政治教育工作。

（2）四个重点：

① 把奖金用在质量上。

② 把奖金用在增加生产上。

③ 把奖金用在提高经济效益上。

④ 把奖金用在管理现代化上。

（3）七个档次：

① 干部的奖金分配同全厂质量、速度、效益指标挂钩，分为四个档次，比去年同期增长幅度达到计划指标的拿全奖，低于计划指标的拿半奖，与去年同期持平的不拿奖，低于去年同期的扣基本工资 20%。

② 工人奖金按制定工时完成情况计奖，分超额奖、不拿奖、扣基本工资三个档次。

（4）十个区分：

① 区分干部与工人的差别，奖金要优先分配给工人。

② 区分工人中一线与二线的差别，奖金要优先分配给一线工人。

③ 区分工作中关键岗位与一般岗位的差别，奖金要优先分配给关键岗位的工人。

④ 区分生产优等品与合格品的差别，奖金要优先分配给生产优等品的工人。

⑤ 区分二线工人中维修与辅助工人差别，奖金要优先分配给维修工人。

⑥ 区分工人中倒班与白班工人的差别，奖金要优先分配给倒班工人。

⑦ 区分重体力与轻体力劳动者差别，奖金要优先分配给重体力者。

⑧ 区分复杂与简单劳动差别，奖金要优先分配给复杂劳动者。

⑨ 区分贡献大与贡献小的差别，奖金要优先分配给贡献大的人。

⑩ 区分责任大与责任小的差别，奖金要优先分配给责任大的工人。

2. 坚持分配中突出质量，实行重奖重罚

在分配中突出质量，实行重奖重罚，真正做到钱往质量上花，劲往质量上使，人往质量上调。该厂规定：

（1）凡获得国优、部优、省优产品的单位，责任领导及有关人员，都分别给予相应的晋级、住房、发给额度较高的奖金等奖励。

（2）把质量指标作为经济责任制考核的否定指标，分厂提取奖金的公式为：（生产 + 管理）× 质量，对机台工人实行优质优价，工人奖金的多少，都以质量为主。

（3）坚持一个“严”字实行重罚，每月质量抽查时，第一次不合格者，罚分厂厂长、主任工程师各 30 元，第二次不合格各罚 50 元，并扣该分厂当月全部奖金并限期整改，一月内仍不合格，分厂厂长、主任工程师就地免职。

这个厂由于实行以质量为重点的经济责任制，近年来实现了质量、速度、效益三个同步增长。

华仔计划把学到的品质管理方面的技能“借用”到父亲的企业（华信厂）去，他很有信心。

问题与讨论：① 你认为奔驰公司获胜的重要因素是什么？对你有什么可借鉴的地方？② 假如你是奔驰公司的一名班组长，你如何贯彻“三个一”（质量第一，技术第一，顾客第一）的思想？请你设计一套切实可行的方案来。③ 如果你在奔驰公司做一名班组长，你能开展品管圈活动吗？你会如何做？④ 开关装配工序质量难题的解决给你的启发是什么？能否用它来解决你在抓品质管理当中的问题？怎样做？⑤ 华信厂能否将品质管理经济责任制“搬”过去用？

3）BEST 训练运行

按照训练的标准流程运行，各个项目内容必需的时间由各小组具体设定。

（1）训练规则说明（建议时间 15～20 min）。

主要是让学员明白为何要训练，训练什么，训练目标是什么，训练规则是什么，如何进行训练，如何进行考核，谁负责，多长时间完成等训练必需的内容。

（2）分组及就职演说（建议时间 15～20 min）。

按照训练规则与班级人数分组，采用角色扮演方式。经过准备后进行就职演说。

（3）上任需面对的问题（本章中的背景案例及可能遇到的各种问题）（建议时间 15～20 min）。

① 请帮华仔分析奔驰公司获胜的重要因素是什么？对华仔有什么可借鉴的地方？

② 根据奔驰公司的“三个一”（质量第一，技术第一，顾客第一）的思想？请你帮华仔为华信厂设计一套切实可行的品质管理方案来。

③ 如果你在奔驰公司做一名班组长，你能开展品管圈活动吗？你会如何做？

④ 开关装配工序质量难题的解决给华仔的启发很大，他计划用它来解决抓品质管理当中的问题。请代表华仔谈谈对他的启发，并为他设计一份抓品质管理的办法。

⑤ 帮华仔制定华信厂品质管理责任制。

⑥ 帮华仔整理一下今天的收获。

（4）分析会议与解决方案（建议时间 80～100 min）。

对以上遇到的问题召集小组会议,逐项进行分析,找到解决方案,指定相应成员书写完善。

① 会议主题：________________________。

② 会议形式：________________________。

③ 时间控制：________________________。

④ 会议结论：________________________。

⑤ 解决方案：________________________。

（5）主管对一天工作述职（建议时间 20～30 min）。

对一天工作的过程描述；目标的实现度；自己是如何做的；不足之处在哪里，如何建议等。

（6）小组讨论点评与活动总结（建议时间 15～20 min）。

成员之间对组长及其他成员进行点评。可从目标实现程度、收获、主要问题、更好的方法是什么等方面进行点评。

（7）讲师点评：按照练习、小结（指出正误）、再练习、再小结直至到掌握的流程，对练习进行总结讲评。

（8）对各个小组考核评价（建议时间 20～30 min）。

考核组对各个小组上交的材料，结合考核组对其实际记录及表现进行评价。各个小组需上交给考核组的材料主要有：训练议程安排；人员分组分工及角色扮演名单；各角色的就职演说稿；所面临的问题清单；每个问题的解决方案；会议记录；各角色一天工作述职报告；经营活动总结报告。考核组对每个小组及个人的实际表现、内容掌握程度、目标实现度等的记录。

6.3.2 能力测试

（1）质量管理的发展阶段各有什么特点？

（2）如果你是一名企业的质检人员，请设计一份质量计划方案。

（3）请以 PDCA 循环法为思路，设计一份学习计划。

（4）每人写一篇“质量在我心中”的演讲稿，在班级进行演讲比赛。

（5）按照品管圈活动的规律与方法，组织同学开展以保证“学习品质”为目的的 QC 小组活动。

（6）调查某企业，为其制定品质管理经济责任制方案。

6.3.3 成长日记（六）

结合本章所学的质量管理知识、方法与 BEST 训练写一篇 800 字以上的成长日记。

知识梳理与总结

本章通过对质量与质量管理重要性的认识与质量管理的发展阶段特点的学习，使大家了解质量管理的内涵；利用案例等形式，让大家掌握 PDCA、零缺陷、QC 七大方法等品质管理手段；从基层班组的角度，结合企业模拟训练，帮助大家学会运用品质管理的方法来解决现实中的品质管理问题，从而达到职业岗位的要求。

第7章 市场营销

教学导航

教	知识重点	市场营销的含义，市场细分，目标市场，市场定位，市场营销组合策略
	知识难点	目标市场，市场定位，市场营销组合策略
	推荐教学方式	以课堂案例教学与 BEST 训练为主，以市场调研为辅
	教学场所	教室，实训室，周边企业与市场
	建议学时	12 学时
学	推荐学习方法	课堂：案例讨论，角色扮演，模拟训练； 课外：市场调研，查询资料，模拟企业演练
	必须掌握的理论知识	市场营销的含义，市场细分，目标市场，市场定位，市场营销组合策略，市场营销方案的组织与实施
	需要掌握的工作技能	学会市场细分，熟悉目标市场与产品定位，掌握市场营销方案的制定与实施方法
	训练	通过 BEST 训练，按照市场营销策略与营销组织方案的要求，将本章学习中所遇到的各种市场营销问题与困惑，一一展现出来并加以解决
	考核	形式性考核占 50%（包括流程、时间、角色、需要的书面材料等）；实质性考核占 50%（包括小组及个人的实际表现、内容掌握程度、目标实现度等）

案例 7-1　2010 年，世界饮料巨头可口可乐公司决定进军中东某国，这使得该国的本土饮料龙头企业扎姆扎姆可乐如临大敌，为保持市场份额，扎姆扎姆可乐公司立即召开会议，商讨如何应对可口可乐公司的大举来犯。有人提议进行价格战，实施全面降价；有人提议进一步细化市场，研发新产品；还有人则认为扎姆扎姆可乐不可能是可口可乐的对手，不如主动投怀送抱，让可口可乐公司来兼并自己……这些方法都无法让扎姆扎姆可乐公司的高管们满意。迫不得已，高管们决定向公司所有员工征集建议来阻击可口可乐公司的来犯。很快，高管们就收到了上千份建议。其中，工厂流水线上一名灌装工的建议，让他们眼前一亮。

该建议是这样的，甭管可口可乐公司有多强，我们只要让他的可乐无“瓶”可装便可。他解释道，可口可乐公司在我们国家出售可乐，就必需要有大量的可乐瓶，可口可乐公司不可能从美国本土运来可乐瓶过来。因为裸瓶的关税很高，他们只能找本地的制瓶厂。而本国只有两家制瓶厂，只要让他们不帮助可口可乐公司制造裸瓶，就等于掐着了可口可乐公司的咽喉。

此建议让扎姆扎姆可乐公司的高管们兴奋不已，他们立刻出巨资将两家制瓶厂收购了过来。果然，不久后，可口可乐公司便派人来寻找制瓶厂合作，结果无功而返。可口可乐公司最后不得不放弃该国的市场。

案例启示：企业的市场营销活动最主要的目的就是如何将产品“卖”出去。扎姆扎姆可乐公司巧妙地借助对手可口可乐公司的弱点，阻击了对手，保着了自己的市场，从中我们发现营销策略的重要性。

本章将从市场营销的内涵入手，使大家了解和掌握市场细分、目标市场、市场定位与市场营销组合策略等知识与技巧。

7.1　市场营销的含义与营销策略

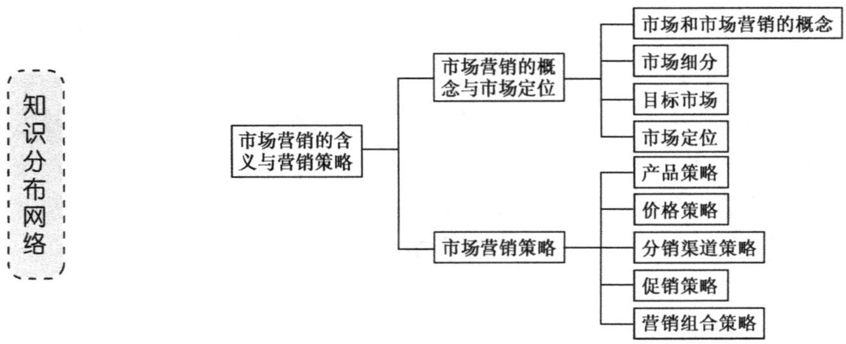

7.1.1　市场营销的概念与市场定位

市场营销是企业的基本职能之一，企业生产的目的是将产品销售出去。企业首先要了解什么是市场，什么是市场营销。再进一步掌握市场营销的基本策略和方法，才能找到顾客，把产品销售出去。

1．市场和市场营销的概念

1）市场

市场的含义：市场实际上是一种产品的所有购买者的需求总和。市场是由三个要素构成的，即市场=人口+购买力+购买欲望。

2）市场营销

市场营销是市场经济和现代化大生产的产物，是随着企业市场营销实践活动的发展而发展的。

美国市场营销协会定义委员会认为：市场营销是引导商品与劳务从生产者流向消费者或使用者的一切商业活动过程。市场营销学权威菲利普·科特勒认为，市场营销是以满足人类各种需要和欲望为目的，通过市场将潜在交换为现实交换的活动。

综上所述，我们对市场营销定义为：是以买主为对象，在不断变化的市场环境中，以顾客需求为中心，通过交易程序，提供和引导商品或劳务到达顾客手中，满足顾客需求与利益，从而获取利润的企业活动。

2．市场细分

如何通过发现和评价市场机会，来选择那些能发挥自己优势的市场作为企业经营和服务的对象，这种选择就是选择自己的目标市场，它关系到企业的长远发展和全局利益，是市场营销的重要内容，而选择目标市场的前提是市场细分。

1）市场细分的概念

所谓市场细分就是营销者通过市场调研，依据消费者的需求购买行为和购买习惯等方面的明显差异性，把市场划分为若干个消费者群（买主群）的过程。经过细分之后，每个子市场是需求特点类似的消费群体即细分市场。

案例 7-2 美国一家制造捕鼠器的公司，为了试制一种适宜于老鼠生活习性的捕鼠器，组织力量花了若干年时间研究了老鼠的吃、活动和休息等各方面的特征，终于制造出了受老鼠“欢迎”的一种新型捕鼠器。新产品完成后，屡经试验，捕鼠效果确实不错，捕鼠率百分之百，同时与老式捕鼠器相比，新型捕鼠器还有以下优点：①外观大方，造型优美；②捕鼠器顶端有按钮，捕到老鼠后只要一按按钮，死鼠就会掉落；③可终日置于室内，不必夜间投器，白天收拾，绝对安全，也不会伤害儿童；④可重复使用，一个新型捕鼠器可抵好几个老式捕鼠器。新型捕鼠器上市伊始深受消费者的青睐，但好景不长，市场迅速萎缩了。是何原因致使这么好的东西却没有达到预计的销售业绩呢？后来查明，其致命原因是：

第一，购买该新型捕鼠器的买主一般是家庭中的男性。他们每天就寝前安装好捕鼠器，次日起床后因急于上班，便把清理捕鼠器的任务留给了家庭主妇。主妇们见死鼠就害怕、恶心，同时又担心捕鼠器不安全，会伤害到人。结果许多家庭主妇只好将死鼠连同捕鼠器一块丢弃，由此消费者感到代价太大，因此主妇们不希望自己的丈夫再买这种捕鼠器。

第二，由于该捕鼠器造型美观，价格自然较高，所以中、低收入的家庭购买一个便重复多次使用，况且家中老鼠在捕捉几只后就可以“休息”一段时间，重复购买因而减少，销量自然下降。

高收入的家庭，虽然可以多买几个，但是用后处理很伤脑筋，老式捕鼠器捉到一只老鼠后，可以与老鼠一起扔进垃圾箱，而新型捕鼠器有些舍不得，留下来吧又该放在哪儿呢？另外留得捕鼠器的存在，又容易引起有关老鼠的可怕念头。

以上案例中的美国公司的失败，说明只有做好市场细分，才会找到目标市场。目标市场确立了，才能实施好的市场营销组合策略，才能真正地得到顾客的青睐。

企业面对成千上万的消费者，他们的需求和欲望千差万别并且分散在不同的地区，并且随着环境的变化而变化。对于这样复杂多变的市场，任何一个规模巨大的企业不可能满足市场上全部顾客的所有需求。如果一个实力弱小的企业，集中力量满足一部分消费者的需求，同样可以立足市场、稳健发展。因此，细分市场是必然的。

2）市场细分对企业的生产、营销的作用

（1）市场细分便于选择目标市场和制定营销策略。细分市场后就很容易了解消费者或用户的需求，企业可以根据自己的经营思想、方针及生产技术和营销手段，确定自己的服务对象，即目标市场。针对不同的目标市场，制定不同的营销策略。同时，在细分的市场上，可以及时了解和反馈信息，一旦消费者的需求发生变化，企业可迅速改变营销策略，制定相应的对策，以适应市场需求的变化，提高企业的应变能力和竞争力。众所周知，海尔集团的产品细分策略，正是基于产品的区分，海尔集团的产品从洗衣机、电冰箱、空调到电脑、手机等众多系列产品，如果不采取不同的细分市场营销方案，就不会有海尔集团今天的发展。

（2）市场细分有利于企业进行市场机会分析，发现新的市场机会，开拓和占领新市场。通过市场细分，企业可以对每一个细分市场的购买潜力、满足程度、竞争情况等进行分析对比，发现有利于本企业的市场机会，掌握产品更新换代的主动权，开拓新市场，以更好适应市场的需要。

（3）建立以市场细分为基础的营销战略，可将企业有限的人力、财力、物力集中使用于一个或几个细分市场，有的放矢地进行营销，争取赢得局部市场上的优势，然后再占领自己的目标市场。这样不仅可以降低费用，还可提高自己的竞争能力。

（4）有利于企业提高经济效益。企业通过市场细分后，可以面对自己的目标市场，生产出适销对路的产品，既能满足市场需要，又可增加企业的收入；产品适销对路可以加速商品流转，加大生产批量，降低企业的生产销售成本，提高生产工人的劳动熟练程度，提高产品质量，全面提高企业的经济效益。

3）市场细分的原则

（1）细分市场的需求特征必须是可衡量的。划分细分市场的大小和购买力的特性指标应当能够对其进行衡量或测定。如果不能加以测定或测定很困难，市场细分的有效性就会大打折扣。

（2）细分市场的规模必须达到可以获利的程度。在细分市场时，企业必须考虑细分市场中顾客的数量，他们的购买能力和产品的使用频率。划分出的细分市场应该足以值得为之设计一套营销方案。

（3）细分市场必须是企业可以进入的。如果划分的细分市场是可望而不可及的，那么这种划分对企业而言就没有什么实际意义。例如，东部沿海城市的媒体《每日新闻》就不可能把万里之外的西部城市作为一个细分市场。

（4）细分市场必须是相对稳定的。细分的市场在一定时间内应该是稳定的，否则就失去了细分的意义。

（5）细分后的市场反应应有明显不同。一方面，各细分市场的顾客对同一市场的营销组合方案会有不同的反应，否则就没必要对市场进行细分。另一方面，企业针对不同的细分市场，能够分别制定出不同的营销方案。

4）市场细分的标准

市场细分的标准，即市场细分的依据或根据。市场之所以可以细分，是因为客观上存在着消费者或用户需求的多样性。造成这种需求多样性的因素多种多样，这些因素构成了市场细分的标准。

（1）按地理变量细分市场。根据国家、地区、城市规模、气候、人口密度、地形地貌等方面的差异，将整体市场分为不同的小市场。

（2）按人口变量细分市场。按人口统计变量，如年龄、性别、家庭规模、家庭生命周期、收入、职业、教育程度、宗教 、种族、国籍等划分。

案例 7-3 酒类市场细分使女士专用酒流行起来。据一位业内人士介绍，近年来随着人们生活水平的提高，年轻人越来越崇尚个性化的生活方式，女性尤其是年轻女性饮酒的人数在不断增加。根据一项调查显示，近三年来，中国各大城市时常有饮酒行为的女性人数正在以每年 22%的速度增长，各种国产的、进口的、专门针对女性的酒类品种目前已达到几十种。一位啤酒经销商介绍，由于饮酒的女士数量增长很快，各种女士酒近年来不断上市。例如，燕京啤酒集团推出了无醇啤酒，吉林长白山酒业也出了“艾妮靓女女士专用酒”，还有台湾烟酒公司研制成功一种功能性饮料五芝啤酒，其出发点在很大程度上也是针对女性市场的。此外还有哈尔滨泉雪啤酒有限公司推出的有保健功能的含“肽”啤酒，也推出营养概念，抢占女性啤酒市场。业内专家介绍说，目前国内市场上的各种女士酒大约有四五十种，都是近年来才出现的，预计还会有更多类似的酒出现。

（3）按心理变量细分市场。根据购买者所处的社会阶层、生活方式、个性特点等心理因素细分市场。

（4）按行为变量细分市场。根据购买者对产品的了解程度、态度、使用情况及反应等，划分成不同的群体。如表 7-1 所示。

表 7-1 消费品市场细分的标准

细分标准	地理因素	人口因素	心理因素	行为因素
参考标准	地区：亚洲东北部、东南亚、西亚； 城市规模：大城市、中等城市、小县城； 人口密度：城市、郊区、农村； 气候：热带、亚热带、温带、寒带	年龄、性别、民族、职业、家庭收入、家庭人口、家庭生命周期、教育程度、宗教、种族、国籍	生活方式：平淡型、时髦型、知识型、名士型等； 人格特征：外向型或内向型、理智型或冲动型、积极性或保守型、独立型或依赖型等	购买时机与频率：日常购买、特别购买、节日购买、规则购买、不规则购买等； 购买动机：追求利益、追求品牌等； 使用者情况：使用率； 忠诚程度：完全忠诚者、适度忠诚者、无品牌忠诚者； 态度：狂热、喜欢、无所谓、不喜欢、敌视等

5）市场细分的步骤

市场细分有以下七个步骤。

（1）选定产品的市场范围，确定进入什么行业，生产什么产品，市场范围有多大。市场范围是根据消费者的需求决定。

案例 7-4　爱迪生的鞋店。爱迪生兄弟公司是美国最大的妇女鞋子零售公司，它在确定企业发展战略时，对市场进行了细分。该公司把所经营的九百家鞋子商店分成四类不同的连锁商店，以此来迎合不同的细分市场。查达勒连锁店出售高价的鞋子，贝克连锁店出售中等价格的鞋子，伯特连锁店出售廉价的鞋子，威尔达·佩尔连锁店着重面向需要非常时髦式样鞋子的顾客。人们可以发现，伯特、查达勒、贝克三家连锁商店分别设置在芝加哥民族大街的三个街段上。尽管商店位置设置得这样接近，却并不影响它们的业务，原因在于它们的目标是妇女鞋子市场中的各个不同的细分市场。这一战略，使得爱迪生兄弟公司成为美国最大的妇女鞋子零售公司。

（2）列举顾客的基本需求。比如，通过市场调查，矿泉水公司了解到，饮品市场竞争异常激烈，要想在市场上立足，必须别出心裁，寻找到引起顾客消费的诉求点。

（3）了解不同用户的要求，排除潜在顾客的共同要求，以特殊需求作为细分标准。

（4）按照选定市场细分的标准，对市场进行细分。

（5）根据潜在顾客基本需求上的差异，划分为不同的群体或子市场，并赋予每一子市场一个名称。

（6）进一步分析每一细分市场的需求与购买行为特点，并分析其原因，便于在此基础上决定是否可以对这些子市场进行合并，或者是否需要做进一步细分。

（7）估计每一细分市场的规模，即在调查基础上，预估每个细分市场的顾客数量、购买频率、平均购买数量等，并对细分市场上产品竞争状况及发展趋势做出分析。

6）市场细分的方法

（1）单一变量因素法。就是根据影响消费者需求的某一个重要因素进行市场细分。如服装企业，按年龄细分市场，可分为童装、少年装、青年装、中年装、中老年装、老年装；或按气候的不同，可分为春装、夏装、秋装、冬装。

（2）多个变量因素组合法。就是根据影响消费者需求的两种或两种以上的因素进行市场细分。例如，锅炉生产厂主要根据企业规模的大小、用户的地理位置、产品的最终用途及潜在市场规模来细分市场。

（3）系列变量因素法。根据企业经营的特点并按照影响消费者需求的诸因素，由粗到细地进行市场细分。这种方法可使目标市场更加明确而具体，有利于企业更好制定相应的市场营销策略。如自行车市场，可按地理位置（城市、效区、农村、山区）、性别（男、女）、年龄（儿童、青年、中年、中老年）、收入（高、中、低）、职业（工人、农民、学生、职员）、购买动机（求新、求美、求价廉物美、求坚实耐用）等变量因素细分市场。

3. 目标市场

1）目标市场的含义

目标市场就是企业产品的消费对象，也就是在市场细分的基础上，企业决定要进入的市场。在对市场进行细分之后，就有了多个市场机会，也有了多个进入市场的选择，选择哪一个市场机会，会影响到企业今后的每一项市场营销活动，关系到企业的长期发展。

2）目标市场选择

（1）有一定的规模和发展潜力。

企业进入某一市场是期望能够有利可图，如果市场规模狭小或者趋于萎缩，企业进入后难以获得发展，此时应审慎考虑，不应轻易进入。当然，企业也不宜以市场吸引力作为唯一取舍，特别是应力求避免“多数谬误”，即与竞争企业遵循同一思维逻辑，将规模最大、吸引力最大的市场作为目标市场。大家共同争夺同一顾客群的结果是过度竞争和社会资源的浪费，同时使消费者本应得到满足的需求被忽视。

（2）细分市场结构的吸引力。

细分市场可能具备理想的规模和发展特征，然而从赢利的观点来看，它未必有吸引力。迈克尔·波特认为有五种力量决定整个市场或其中任何一个细分市场的长期内在吸引力。这五个群体是：同行业竞争者、潜在的新参加的竞争者、替代产品、购买者和供应商。

（3）符合企业的目标和能力。

某些细分市场虽然有较大吸引力，但不能推动企业实现目标，甚至分散企业的精力，无法完成主要目标，这样的市场应考虑放弃。另一方面，还应考虑企业的资源条件是否适合在某一细分市场发展业务。应该选择那些企业有条件进入、能充分发挥其资源优势的市场作为目标市场，企业才会立于不败之地。

3）目标市场模式选择

目标市场模式是指企业选择的与其进入的细分市场的组合方式。企业在对不同细分市场评估后，就必须对进入哪些市场和为多少个细分市场服务做决策。公司考虑可能的目标市场模式，可采用以下五种模式。

（1）密集单一市场：指企业选择一个细分市场集中营销。通过密集营销了解细分市场的需要，并树立良好的声誉，因此可在该细分市场建立巩固市场地位。另外，企业通过生产、销售和促销的专业化分工，也获得了许多经济效益。如果细分市场补缺得当，企业的投资可以获得高报酬。同时，密集市场营销比一般情况风险大。

（2）有选择的专门化：指企业有选择地进入几个不同的细分市场，细分市场很少或根本不发生联系。

采用此法选择若干个细分市场，即使某个细分市场丧失吸引力，企业仍可继续在其他细分市场获取利润，不会影响企业的整体生存。

（3）产品专门化：指企业同时向几个细分市场销售一种产品。用此法集中生产一种产品，公司向各类顾客销售产品。如可口可乐公司向所有的市场销售可乐。

（4）市场专门化：指企业集中满足某一特定顾客群的各种需要。例如，企业可为农村提供一系列产品，包括洗衣服的洗衣机、洗蔬菜的机器等。企业专门为这个顾客群体服务，获得良好的声誉，并成为这个顾客群体所需各种新产品的销售代理商。但如果农村电费突涨，成本增大，它们就会减少从这个市场专门化企业购买机器的数量，这就会产生危机。

（5）完全市场覆盖：指企业旨为所有顾客提供他们所需要的所有产品。完全市场覆盖不是简单地对顾客不加任何区别的营销活动，而是在市场细分的基础上，根据每一个细分市场的特点，设计相应的营销方案，有针对性地占领市场，因此有市场细分的完全市场覆盖和没有市场细分的完全市场覆盖有本质上的区别。

只有大企业才能采用完全市场覆盖战略，例如 IBM 公司（计算机市场）、通用汽车公司（汽车市场）和可口可乐公司（饮料市场）。

4）影响目标市场选择的因素

选择目标市场模式要考虑很多因素，例如细分市场的规模、赢利状况和市场潜力等一些重要因素需要考虑。

（1）企业的战略目标。选择的目标市场要与企业战略目标相符合，企业战略目标是大方向，如果细分市场不符合企业战略目标，即使有很大的吸引力也不应该进入。

（2）企业资源。当企业生产、技术、营销、财务等方面势力很强时，可以考虑采用覆盖范围比较大的目标市场模式；如完全市场覆盖、产品专门化、市场专门化模式，资源有限，实力不强时，只能采用覆盖范围比较小的目标市场模式。

（3）产品同质性。在消费者眼里，不同企业生产的产品的相似程度较大。此时，竞争将主要集中在价格上。这样的产品适合采用无差异营销策略。

如果企业经营的产品，其功能、品质、形态都是相同的或类似的，购买者并不重视区别，例如煤气、电力等，称为同质产品，对同质产品适宜采用无差异营销策略。

如果产品的质量特性因制造者不同而存在差异，而购买者选购时主要以产品特性的差异为根据，例如汽车、家电等，则适宜采用差异性或集中性市场营销策略。

（4）市场同质性。市场同质性指各细分市场的顾客需求、购买行为等方面的相似程度。市场同质性高，意味着各细分市场的相似程度高，不同顾客对同一营销方案的反应大致相同，此时企业可考虑采取无差异营销策略。反之，则适宜采用差异性或集中性营销策略。

（5）产品所处生命周期的不同阶段。产品处于投入期，同类竞争品不多，竞争不激烈，企业可采用无差异营销策略。当产品进入成长期或成熟期，同类产品增多，竞争日益激烈，为确立竞争优势，企业可考虑采用差异性营销策略。当产品步入衰退期，为保持市场地位，延长产品生命周期，全力应对竞争者，可考虑采用集中性营销策略。

（6）竞争者的市场营销策略。企业选择目标市场策略时，还要充分考虑竞争者尤其是主要竞争对手的营销策略。如果竞争对手采用差异性营销策略，企业应采用差异性或集中性营销策略与之抗衡；若竞争者采用无差异策略，则企业可采用无差异或差异性策略与之对抗。

（7）竞争者的数目。当市场上同类产品的竞争者较少，竞争不激烈时，可采用无差异性营销策略；当竞争者多，竞争激烈时，可采用差异性营销策略或集中性营销策略。

4．市场定位

定位是企业朝着健康理性的方向发展所必须具备的基本策略，定位所要解决的问题是如何利用自身的资源优势，营造不同于其他企业或品牌的优势，实现差异化经营。

企业在选择了要进入的细分市场并确定了目标市场范围后，企业就要根据消费者主要需求确定产品或品牌的市场定位。

1）市场定位的含义

市场定位也称产品定位或竞争性定位，市场定位就是企业根据目标市场上同类产品的竞争状况，针对顾客对该类产品某些特征或属性的重视程度，为本企业产品塑造强有力的、与众不同的鲜明个性，并将其形象生动地传递给顾客，求得顾客认同。

市场定位的实质就是要将差异化中最为突出的一点放在顾客的面前，也就是使本企业与其他企业严格区分开来，使顾客明显感觉和认识到这种差别，从而在顾客心目中占特殊的位置。

市场定位是通过为自己的产品创立鲜明的个性，从而塑造出独特的市场形象来实现的。一项产品是多个因素的综合反映，包括性能、构造、成分、包装、形状、质量等，市场定位就是要强化或放大某些产品因素，从而形成与众不同的独特形象。产品差异化是实现市场定位的手段，但并不是市场定位的全部内容。市场定位不仅强调产品差异，而且要通过产品差异建立独特的市场形象，赢得顾客的认同。

2）市场定位的优点

市场细分将顾客进行分类。目标市场决定目标顾客和竞争对手。

市场定位进一步限制了顾客和竞争对手，确定市场营销方案，是企业营销方面的一项战略性决策。

3）市场定位的依据

（1）根据具体的产品特点定位。

构成产品内在特色的许多因素都可以作为市场定位的依据。例如，产品的所含成分、材料、质量、价格等。

案例 7-5 “汇源果汁”的定位是“天然果汁”，强调它是来自新疆、内蒙古纯天然的水果汁的饮料，与“娃哈哈”类饮料不同。“王老吉”饮品的定位是“清热去火”，上火就喝“王老吉”，显示王老吉饮料的成分与其他的饮料有本质的差异。

（2）根据产品的使用场合及用途定位。

为旧产品寻找一种新用途，是为该产品创造新的市场定位的好方法。例如，新疆本地的“骨密钙”原本是一种补钙的药品，可是企业定位为礼品后取得了良好的销售效果。

（3）根据顾客获得的利益定位。

产品提供给顾客的利益是顾客能切实体验到的，也可以作为定位的依据。

案例 7-6 新疆的新天干红葡萄酒，脱糖后定位为不含糖的葡萄酒，迎合了那些身患糖尿病、高血压，但又要饮用葡萄酒的人的需要。各大汽车生产商的定位也各有特色，劳斯莱斯车豪华气派、丰田车物美价廉、沃尔沃车则结实耐用，中国的奇瑞车适合年青人，上海的桑塔纳车适用于出租汽车。

（4）根据使用者类型定位。

企业试图将其产品定位于某一类型的特定使用者，从而依据顾客的观念塑造恰当的形象。

4）市场定位的步骤

市场定位的主要任务就是在市场上，让你的企业、产品与竞争者的有所不同。要做到这一点。其实是极不容易的，具体的来讲可以有以下步骤。

（1）确定定位对象。定位对象要明确为什么产品定位，是产品、品牌，还是企业或组织，根据经验，大部分消费品的生产制造商侧重于为产品或品牌定位，服务业侧重于为企业定位。

（2）通过市场调研，确立产品的重要属性。市场定位的出发点和根本要素就是要确定产品的重要属性。首先要了解市场上竞争者的定位是什么，他们要提供的产品或服务有什么特点。弄清楚产品、品牌或企业的哪些属性是顾客比较重视的、重视程度如何。最后，你还得考虑企业自身的条件。有些产品属性，如果企业力所不及，也不能成为市场定位的目标。

（3）评估与选择定位。根据产品的重要属性，对市场地位做出评估，看看市场定位与目标市场需求之间有没有差距以及差距多大，由什么原因造成，在某一个细分市场上有没有竞争优势，有多大的竞争优势，或者有没有可能获得竞争优势，在此基础上选择定位战略。

企业的定位战略反映企业与目标市场、竞争者关系。根据企业的市场地位与竞争者之间的关系，可以分为新定位、强化定位和重新定位三种，根据企业的市场地位与竞争者之间的关系，可以分为避强定位、迎头定位和取代定位。

① 新定位。也就是初始定位，企业进入一个新市场，就需要在某个市场确定一个初始地位。这个地位可以是避强定位、迎头定位或者取代定位。

② 强化定位。当企业以前的市场地位与目标市场的要求之间没有或只有较小差距时，企业仍强化原来的定位。强化定位可以是避强定位、迎头定位或者取代定位。

③ 重新定位。初次定位后，随着时间的推移，新的竞争者进入市场，选择与本企业相近的市场位置，使本企业原来的市场占有率下降；或者由于顾客的需求偏好发生变化，原来喜欢本企业产品的人转而喜欢其他企业的产品，因而市场对本企业产品的需求减少。在这些情况下，企业就需要对产品进行重新定位。所以，一般来讲，重新定位是企业为了摆脱经营困境，重新获得竞争力和增长的手段。

④ 避强定位。这是一种避开较强竞争对手进行市场定位的模式。企业不与对手直接对抗，将自己置于某个市场“空隙”，发展目前市场上没有的特色产品，拓展新的市场领域。这种定位的优点是：能够迅速在市场上站稳脚跟，并在消费者心中迅速树立起一定的形象。由于这种定位方式市场风险较小，成功率较高，常常被多数企业所采用。

⑤ 迎头定位。这是一种与竞争对手“对着干”的定位方式，即争取同样的目标顾客，彼此在产品、价格、分销、供给等方面差别较少。

⑥ 取代定位。如果企业实力雄厚，有更多的资源，就能生产出比竞争者更好的产品，不甘于与竞争者共享市场，则可以采取取代定位战略，把现有的竞争者驱逐出市场，取而代之。

（4）执行定位。有效的市场定位并不取决于企业怎么想，关键在于顾客怎么看。市场定位的成功，最直接的反映就是顾客对企业及其产品所持的态度和看法。但顾客对企业的认识不是一成不变的。由于竞争者的干扰或沟通不畅，会导致市场形象模糊，顾客对企业的理解会出现偏差，态度发生转变。所以建立市场形象后，企业还应不断向顾客提供新的论据和观点，及时调整与市场定位不一致的行为，巩固市场形象，维持和强化顾客对企业的看法和认识。

7.1.2　市场营销策略

市场营销策略是企业搞活市场，取得最佳经济效益的手段，是实现企业市场营销战略的保证。市场营销策略，主要体现在市场营销的四个因素上，即产品（Product）、价格（Price）、销售渠道（Place）和促销（Promotion）四个策略，简称 4P 理论。使用这些策略时，不仅要了解各种策略的内容及其构成，而且能让其有机地结合起来，优势互补，取得最佳的经济效益。

1．产品策略

1）产品的整体概念

产品的整体概念包含着三层含义。

（1）核心层。具有实质性，即能够满足购买者的需要和利益要求，也就是通常所说的使用价值。例如，买电视机是为了看电视，它是产品的核心部分。

（2）形式层。具有实体性，即产品的具体形态。例如，产品的性能、质量、式样、色彩、商标、包装等。人们在购买商品时，考虑到核心部分以后，还要对形式部分进行选择。

（3）延伸层。具有延伸性，即商品给购买者带来的附加利益。例如，送货、安装、维修、保证等，这些是产品的附加部分。这是顾客购买大型产品和高技术产品时的必然要求。

2）产品的生命周期

产品生命周期是指产品从试制成功到投入市场开始，直到最后被淘汰退出市场为止经历的全部时间，是产品的市场寿命，不是产品的使用寿命，这段时间称为产品生命周期。

产品生命周期一般可分为四个阶段，投入期、成长期、成熟期和衰退期。

3）产品组合策略

产品组合是指一个企业营销的各种产品质的结构和量的比例。通过宽度、深度和关联性三个方面表现出来。这三个方面的不同比例构成不同的产品组合。

产品线是指密切相关的满足同类需求的一组产品。产品项目是指企业在产品目录上列出的每一个产品，就是每个产品项目。

产品组合包含三个因素：宽度、深度和关联性。产品组合的宽度（又叫广度）是指一个企业营销的产品线数目的多少；产品组合的深度（又叫长度），是指每条产品线上的产品项目数，也即每条产品线有多少个品种；产品组合的关联性（或一致性）是指每条产品线之间在最终用途、生产条件、销售渠道以及其他方面相互关联的程度。

产品组合策略有以下三种。

（1）拓展产品组合策略。企业可以充分利用资源，发展优势，分散企业的市场风险，增强企业的竞争力。其主要渠道是扩大产品组合的宽度和加深产品组合的深度，即增加一条或多条生产线，拓宽产品经营领域和在原生产线的基础上增加新的产品项目。

（2）缩减产品组合。与拓展产品组合策略相反，企业为了减少不必要的投资，降低成本，增加利润，必须对一些产品线与产品项目进行缩减组合。

（3）产品延伸。在原有产品线的基础上，向上向下双向延伸。向上延伸是指企业原来生产低档产品，后来决定增加高档产品；向下延伸是指企业把高档产品定位的产品线向下延伸，开始生产低档产品；双向延伸是指企业在原有产品的基础上同时向档次高一级或低一级的市场发展。

4）新产品开发

新产品是指在一定地域内从未试制生产过的，具有一定新质的产品，新质是指结构、性能、材质、技术特征有改进或独创。按创新程度划分如下。

（1）新产品：具有明显的技术经济优势，但成本高。

（2）换代新产品：部分地应用了新技术、新材料等。

（3）改进新产品：在原来的基础上采用了某些改进。

开发新产品有以下几条基本原则。

（1）从满足顾客需要出发：以顾客的需求为基本出发点。

（2）符合国家技术经济产业政策。

（3）坚持技术上的适宜：适合国情。

（4）坚持经济上的合理：以最少的费用实现技术目标。

（5）提高通用化、标准化、系列化的水平。

（6）便于使用、制造。

为提高新产品开发的成功率，必须建立科学的新产品开发管理程序。新产品开发程序一般分为七个步骤：构想→筛选→概念形成与验证→可行性分析→产品研制→市场试销→正式投放市场。

5）品牌和包装策略

品牌、包装都是产品整体概念中的重要组成部分，也是产品策略中的重要决策。

（1）品牌。品牌俗称牌子或厂牌。美国市场营销协会（AMA）对品牌的定义是：品牌是一个名称、术语、符号或图案设计，或者它们的不同组合，用以识别某个或某群消费者的产品或劳务，使之与竞争对手的产品和劳务相区别。品牌是一个笼统的名词，它包括品牌名称、品牌标志、商标等。品牌名称，是指品牌中可以用语言称呼表达的部分。品牌标志，是指品牌中可以识别但不能直接用语言表达的部分，常常用一些图形、符号、色彩等进行特殊的设计。

品牌名称，例如，格力空调、格兰仕微波炉。品牌标记，例如惠普公司的标记是“HP”。

商标是一个具有法律意义的名词，通常被称之为注册商标，企业获得使用品牌名称和品牌标记的专用权，并受到法律保护。而未经注册的产品品牌不是商标，不受法律保护。

（2）包装。包装是指便于产品销售和传播信息的容器或包装材料，以及与此相关的一系列设计活动。在现代市场营销观念中，以保护产品为主的传统包装观念已被突破。包装作为传递产品信息的一种重要且有效的手段，有识别、便利、美化、增值的功能。

2. 价格策略

在市场经济条件下，任何企业都必须为自己的产品制定适宜的价格，因为价格是影响市场需求和消费者购买行为的重要因素，是企业开展市场竞争的主要手段之一，直接影响企业的利润。为此，企业必须了解价格的构成和影响价格高低的因素，选择适当的定价方法、定价策略。

1）影响价格的因素

一般说来，影响企业对产品进行定价的主要因素有以下六种。

（1）产品成本。产品成本是价格构成中最基本、最主要的因素，它的影响最直接和重要。产品成本包括制造成本、营销成本和储运成本。一般情况下商品的售价都应不低于总成本。

（2）市场需求及变化。主要分析需求与供给的关系、消费者对产品价格与价值的感受以及需求的价格弹性（主要是指产品价格变动对市场需求量的影响）。

（3）市场竞争状况。按照竞争程度的不同，可将市场结构分成四种模式，完全竞争、垄断性竞争、寡头垄断和纯粹垄断。企业在不同的市场结构条件下，定价自由也有所不同。

① 在完全竞争的条件下，卖主和买主只能接受价格而不能决定价格。

② 在垄断性竞争的条件下，卖主已不是消极的价格接受者，而是强有力的价格决定者。

③ 在寡头垄断的条件下，少数几家大公司控制市场价格，而且它们相互依存、相互影响。

④ 在纯粹垄断（独家经营）的条件下，卖主完全控制市场价格，可随意定价。

总之，大多数市场都是不完全竞争的市场，在这种市场上，企业必须为自己的产品确定灵活、适当的价格策略，以求得经营上的成功。

（4）商品的特点。商品的自身属性、特征等方面的因素，是企业制定价格必须考虑的因素。一般包括商品的种类，商品的易腐、易毁和季节性，时尚性，产品的生命周期。

（5）企业的营销组合策略。产品的定价要与产品的具体情况、企业的经营目标、未来发展方向、资金状况和促销组合策略相适应。

（6）其他环境因素。包括是否存在着通货膨胀、利率的高低以及宏观经济环境等。

2）定价方法

（1）以成本为导向的定价。以成本为中心的定价因素最为简便，也最为企业常用，具体方法又可分为以下四种。

① 成本加成定价。成本加成定价是按单位产品总成本加上一定比例的预期利润或再加上税金的一种定价方法。计算公式如下：

单位产品价格=单位产品成本×（1+成本加成率）/（1−税金率）。

② 收支平衡定价法。收支平衡定价法又称盈亏平衡定价法，是以总成本和总销售收入保持平衡为定价原则，即总销售收入等于总成本，来确定产品的保本价格。计算公式如下：

单位产品保本价=（固定成本+总的变动成本）/预计销售量。

③ 目标利润定价法。目标利润定价法是以总成本和目标利润作为定价原则。使用时先估计未来可能达到的销售量和总成本，在保本分析（收支平衡）的基础上，加上预期的目标利润额，或者加上预期投资报酬额，然后再计算出具体的价格。计算公式如下：

单位产品价格=（总成本+目标利润额）/预计销售量

投资报酬额=总投资额/投资回收期。

④ 变动成本定价法。变动成本定价法又称边际贡献定价法。该方法以变动成本作为定价基础，变动成本是指凡是成本随着数量的增减而成正比例变动的成本。只要定价高于变动成本，企业就可以获得边际收益（边际贡献），用以补偿固定成本，多余者为赢利。计算公式如下：

单位产品价格=（总的变动成本+边际贡献）/预计销售量

边际贡献=销售收入−变动成本。

（2）需求导向定价法。这种定价方法是按市场需求的强弱制定不同的价格，市场需求量大，定价就高；需求量小，定价就低。主要有以下两种。

① 理解价值定向法。该法以消费者对商品价值的认知和理解程度作为定价的依据。

② 需求差异定价法。这种方法根据销售对象、销售地点、销售时间不同产生的需求差异对商品定价。

（3）竞争导向定价法。竞争导向定价是以供求关系为基础，以竞争者的同类产品的价格为依据，并随竞争状况的变化进行调整。

3）定价策略

产品定价策略有多种，下面主要介绍常见的六种。

（1）新产品定价策略，主要有以下三种。

① 市场撇脂定价法（速取或高价策略）是指新产品投放市场之际，针对那些收入水平高的消费者，把价格定得尽可能高，以尽快取得最大利润。

② 市场渗透定价法（渐取或低价策略）与市场撇脂定价法正好相反，它是新产品上市时以微利、无利甚至亏损的低价向市场推出，来吸引大批买家赢得市场分额。

③ 中间价格策略是介于“撇脂”与“渗透”两种定价法之间，指企业为了建立企业与产品的良好形象，把价格定在适中水平的策略。

（2）阶段定价策略。这是根据产品所处的经济生命周期的阶段而制定不同价格的策略。

（3）折扣定价策略。常用的折扣定价主要有：数量折扣、季节折扣、现金折扣、业务折扣。

案例 7-7 “年龄=折扣 你的折扣你做主。”这是某策划者给某时尚女装品牌“三八”节设计的促销方案。活动期间，只要出示能证明你生日的有效证件，您那一年出生的就可以打几折，比如：86 年出生的，打 86 折，51 年出生的，就打 51 折。该活动由于事前宣传到位，在当地引起了众多的议论，事中货品准备又充足，也同样取得了巨大的成功。这个促销方式充分利用了人们爱占便宜的心理，用自己可以定价的策略大大地调动了客人参与的热情，从而达到了倾销库存、加大正品销售的目的。事后证明，最终销售的产品大部分集中在 6～7.5 折，只有几单 5 折，没有出现 4 折，原因很简单，因为 40 年左右出生的人已经快 70 岁了，很难出来凑这个热闹。

（4）心理定价策略。心理定价指企业定价时利用消费者不同的心理需要和对不同价格的感受，有意识地采取多种价格形式促进商品销售。

案例 7-8 美国安利公司的产品一般比同类竞争产品都要贵很多，但仍然卖得很好；中国景泰蓝瓷器在国际市场上卖到 2000 多法郎一件，都是声望定价策略的典型；在中国产品价格中带“8”的产品，就比带“4”的要好卖；一些商品 10 元卖不出去，价格改为“9.99”元情况就立刻不同了，这是尾数定价策略的作用。

（5）相关产品定价策略。相关产品是指在最终用途和消费购买行为等方面具有某种相互关联性的产品。制造或经营两种以上商品的企业可以利用此特点综合考虑企业产品的定价。具体策略有：互补商品价格策略、替代商品价格策略。

（6）地区定价策略。地区定价策略是指企业根据商品的销售市场和产地市场地理位置的差异而制定的不同的价格策略。

3．分销渠道策略

为满足消费者的市场需求，不仅要有合适的商品和合适的价格，还必须要有适宜的渠道送达消费者手中。因此，企业必须认真研究自己的产品选择哪条销售渠道更有利。

销售渠道犹如人体为了维持新陈代谢，要把养分供给人体七经八脉的血管一样，是商品从生产者手中转移到消费者手中所经过的通道、环节与途径，是联系生产者与消费者必不可少的纽带和桥梁。

1）分销渠道的概念

分销渠道是指产品或服务从生产者向消费者转移过程中，所经过的由各中间环节联结而成的路径。

构建销售渠道的主要作用有：① 实现产品转移，加速商品流转；② 提高交易效率、降低交易成本；③ 创造有利条件，调节产销平衡；④ 沟通市场信息，保证产销对路；⑤ 规避市场风险，促进产品销售。

案例 7-9 在一个小区内有 10 户居民，每家都需要 8 种日用品。如果这 8 种日用品分属于 8 家企业，小区内的 10 户居民为了买到它们，就需要 10×8=80 次交易。如果在小区内设一个零售店，则只需要 10+8=18 次交易就行了。由此可见，销售渠道网络的构建，既提高了交易效率，又降低了交易成本。

2）销售渠道的结构

（1）直接渠道与间接渠道，企业直接将产品卖给用户为直接渠道，而在企业和用户之间至少有一个中间机构的为间接渠道。

（2）长渠道和短渠道，中间机构多的为长渠道，反之为短渠道。

（3）宽渠道和窄渠道，同一层次的中间商越多，渠道越宽，反之就越窄。

3）分销渠道的选择与管理

（1）影响分销渠道选择的因素。

① 产品特性。一般说，鲜活易腐商品、时兴商品，宜直销；技术复杂、专业性强的商品，用户对安装、维修、使用的要求越高，宜采用直销或尽可能短的渠道；体积大、份量重，移动不方便的商品也适于直销，以减少中转的费用；中间商的利润过高，需要充分演示或较多附加服务的商品，可采用直销。

② 市场因素。市场越分散，流通成本高、耗时长，越需要中间商；反之，用户规模大，位置集中，一次购买批量大，则可直销或采用短渠道。因此，一般来说，对生产者市场的用户可采用直销，对消费者市场则大多需相对较长的渠道；当零售商规模庞大时，可采取一层渠道或至多两层渠道，反之，中介环节可适当多些。

③ 企业自身因素。企业的规模大、声誉高、财力雄厚，具备市场营销所需的人员设施、技术和经验，亦可采取直销，或短渠道；否则，只有采用间接渠道。

案例 7-10 燕京啤酒集团的崛起。北京的燕京啤酒已经是百姓餐桌上一个处于绝对垄断的品牌。在创业初期，燕京啤酒集团只是北京顺义县的一个乡镇企业。如何站稳脚跟，开拓市场，燕京啤酒集团走了一条别的企业从未走过的道路。建厂的时候，北京的啤酒大王是白牌的北京啤酒和历史悠久的五星啤酒，而这种产品是通过国家的主渠道来经销的，在市场上供不应求。燕京啤酒集团积极发掘并培养自己的分销渠道。从个体户开始做分销，这在当时是一件很有风险的举措，然而正是这些个体的批发大户撑起了燕京啤酒集团的大好江山，迅速占领了北京市场。也正是这个牢固的基础，经过发展，燕京啤酒一跃成为中国啤酒的第一品牌，至今雄居榜首。分销渠道的选择是制约产品行销过程的一个大的问题，如何减少中间环节并有效地将产品以最快、最优、最简洁的方式推到市场上，一直是企业关注的问题，燕京啤酒集团勇于实践和创新，积极寻找，着力培养，为自己也为一个行业树立了典型，发展到今天成为了民族产业中一支重要力量。

（2）分销渠道的管理。

① 选择渠道成员。对不同的企业来说，选择渠道成员的难易程度相差悬殊。主要取决于企业自身的声誉及产品的畅销程度。渠道成员主要包括：批发商、零售商、代理商、中介机构等。企业选择中间商的标准主要有：市场开拓能力、资金、销售能力、人员素质、商誉、经验、信用、仓储能力等。

② 激励渠道成员。生产企业对中间商应以“利益均沾，风险分担”的原则，密切双方的合作关系，共同做好营销工作。对中间商的工作要及时考核，对于经营效果好的给以奖励或优惠待遇，让他们意识到作为纵向营销系统的一员并非一定要从消费者手中赚钱，而能够从厂家手中赚钱，并争取建立长期的合作关系。

③ 评价渠道成员。该项工作主要是依据与其签订的有关绩效标准和奖惩条件的合同条款来进行的。通常包括销售配额、平均存货水平、交货时间、促销和培训、合作计划落实、中间商向顾客提供的服务等。评估之后，对那些贡献较大、工作努力的渠道成员，将给予特别的关注，建立更亲密的伙伴关系。对那些不胜任的渠道成员，必要时可做出适当调整。

4．促销策略

促销是企业营销组合的第四个因素，也是在买方市场条件下打开市场的“金钥匙”，因为在现代市场上“产品爆炸”，“信息爆炸”，仅有适销对路的产品、适当的价格、方便购买的销售渠道尚不能激发人们的购买欲望，还必须通过各种促销活动，刺激消费者需求才能促进消费者购买。

1）促销的含义

促销，即促进销售，是企业为了提升产品形象，将企业有关产品的信息通过各种方式传递给消费者和用户，促使其了解、信赖并购买本企业的产品，以达到扩大销售所采取的一系列活动。促销的实质是销售人员与购买者或潜在购买者之间的信息沟通。如图 7-1 所示。例如，可口可乐、麦当劳、耐克等世界名牌早已是家喻户晓，为什么还要花费巨资做广告、做宣传？道理很简单，因为激烈的市场竞争迫使企业想尽一切办法来促进产品销售。

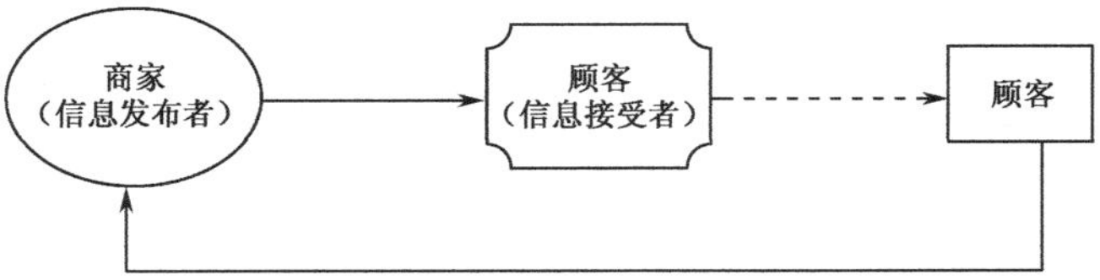

图 7-1　促销的信息流

2）促销的基本方式和特点

根据促销手段的不同，促销分为四种基本方式：广告、人员推销、营业推广、公共关系。

（1）广告是通过新闻和其他传播媒体，把产品信息译成编码，传播给广大受众的一种促销方式。这种方式影响面广，节约人力，但不易了解受众的反应，缺乏双方的互动，属被动型“拉”式策略。

（2）人员推销是企业销售人员通过面对面地交谈，以及电话、信函、传真等方式，说服和鼓动顾客或中间商购买产品的一种方式。这种方式，人情味浓，灵活机动，介绍产品性能和使用方法详尽，又便于迅速反馈顾客反应；但投入人员多，成本大，影响面较小，属主动型“推”式战略。

（3）营业推广是人员推销和广告的补充和延伸。一般多以临时性措施为主，采取刺激性强、吸引力大的方式，如试用样品、奖券、赠送、有奖销售等，鼓励顾客购买企业产品。

（4）公共关系是促销的一种间接方式。它通过对企业有关的个人和组织间的亲密关系的培养而建立良好的企业形象和声誉，获得公众的信任和赞许，从而间接地促进产品销售。

3）促销组合

（1）促销组合是指人员推销、营业推广、广告、公共关系这四种促销方式的有效组合。这四种方式各有所长、各有所短，必须根据具体情况加以选择运用。不断改变组合策略，以找到一种既经济、又有效的组合方法，是企业产品促销的重要问题。

（2）促销组合应考虑的因素。企业在决定促销组合时受许多因素的影响和制约，一般包括以下几个方面。

① 产品类型与特点。

② 企业自身经济状况。

③ 推或拉策略的使用效果。

④ 现实和潜在顾客及市场的状况。

⑤ 产品的经济生命周期“阶段”。

总之，在充分了解各种促销方式的特点，并考虑影响促销方式各种因素的前提下，有计划地将各种促销方式适当搭配，形成促销组合，就可取得最佳的促销效果。

（3）不同类型产品的促销组合。不同类型的产品，面对的购买者不同，并且购买者的购买目的也不同，因此，使用促销组合也不同。对于消费品和生产资料所使用的促销组合差异较大。一般来说，从事消费品营销的企业，最重要的促销方式是广告，其次是营业推广，然后是人员销售，最后是公共关系。这就是说，在全部费用中，广告所占比例最大，然后才是营业推广、人员推销和公共关系。而从事生产资料的企业则不同，分配促销经费的次序是：人员推销第一，营业推广第二，广告第三，公共关系第四；人员推销比较适合于价格昂贵、技术性强，买主少而集中的生产资料市场或中间商市场，公共关系则是一个长期的策略。

案例 7-11 自动洗碗机是一种先进的家庭厨房用品。当电冰箱、洗衣机已大量进入寻常百姓家，在市场饱和后，制造商揣摸消费者心理，推出洗碗机，意在减轻人们的家务劳动负担，适应现代人的快节奏。然而，当美国通用电气公司率先将自动洗碗机投向市场时，等待他们的并不是蜂拥而至的消费者，“门前冷落鞍马稀”的局面真是出人意料。

之后，公司的营销策划专家寄希望于广告媒体，实施心理上的轮番“轰炸”，消费者总会认识到自动洗碗机的价值的。于是：①该电器公司在各种报纸、杂志、广播和电视上反复广而告之，“用洗碗机比用手洗更卫生，因为可以用高温水来杀死细菌”。②该电器公司深知细菌越小，消费者产生的恐惧就越大。他们就创造性地用电视画面放大细菌的丑恶现象，使消费者产生恐惧。③该电器公司还宣传自动洗碗机清洗餐具的能力，在电视广告里示范表演了清洗因烘烤食品而被弄得一塌糊涂的盘子的过程。努力后的结果如何呢？“高招”用尽，市场依旧，消费者对洗碗机仍是敬而远之。从商业渠道反馈来的信息极为不妙，新上市的洗碗机很有可能在其试销期内夭折。

自动洗碗机的设计构思和生产质量都是无可挑剔的，但为什么一上市就遭此冷遇呢？消费者究竟是怎样想的呢？

第一，传统价值观念的作祟。消费者对新东西的偏见和对技术上的无知，加上消费者承担风险和消费能力的差距，使自动洗碗机难以成为畅销产品。①持传统观念的消费者认为，男人和十几岁的孩子都能洗碗，自动洗碗机在家庭中几乎没有什么用处，即使使用它也不见得比手工洗得好。②家庭主妇则认为，自动洗碗机这种华而不实的“玩意儿”有损“勤劳能干的家庭主妇”的形象。③在现实生活中，大多数家庭只有三、四口人，吃顿饭不过洗七、八个碗和盘子而已，让他们花上千元买台耗电数百瓦的洗碗机去省那点举手之劳，消费者怎么算怎么划不来。

第二，有些追赶潮流的消费者倒是愿意买洗碗机以换取生活方便，但是：①机器洗碗事先要做许多准备工作，这样费时费事又增添了不少麻烦，到最后还不如手工洗来得快。②家庭厨房窄小，安装困难，也使消费者望“机”兴叹！③一些消费者虽然欣赏洗碗机，但认为它的价值难以接受。

第三，自动洗碗机的功能单一、结构复杂、耗电量较多和价格较高，也是它不能市场化、大众化的原因之一。

5. 市场营销组合策略

企业把产品、价格、渠道与促销四种策略有机的组合起来，按照产品生命周期各阶段的特点不断改变，以实现企业的战略目标，如表7-2所示。

表7-2 产品生命周期各阶段特点及策略

各阶段特点及策略	投入期	成长期	成熟期	衰退期
主要特征	市场销售渠道少，销售量上升缓慢，成本费用高，利润，市场竞争不激烈	分销渠道畅通，销售量增长迅速，大批量、成本低，利润高，市场竞争渐趋激烈	销售量大，销售增长速度缓慢，批量大，成本低，利润总额高，但开始下降，市场竞争激烈	销售量和利润急剧下降，生产能力过剩，降低售价，回收资金，企业纷纷退出市场
主要任务	投入市场的产品要“准”，投入市场时机要合适，缩短投入期，更快进入成长期	防止产品粗制滥造，迅速增加销售量和利润，回收投资	尽可能延长产品寿命，增加销量，提高经济效益	转入研制开发新产品或转入新市场

续表

各阶段特点及策略	投入期	成长期	成熟期	衰退期
产品策略	产品有特色，完善产品的质量、性能，取得顾客信任	狠抓产品质量，配之良好的包装和服务，争创优质名牌	开展优质服务，提高产品声誉，开辟产品的新用途，增加销售量	淘汰老产品，或老产品占领新市场，或开发新产品
价格策略	尽量制定顾客满意价格，也可采取高价或低价策略	分析市场价格趋势，保持原价或适当调整	适当降价，吸引老顾客，争取新顾客	适当降价，力争取得边际利润
渠道策略	自行销售，或选择中间商	扩大销售网点，渗透或开拓市场，增加销售量	有选择地扩大销售渠道，增加销售网点，促进销售	减少销售网点，开拓新市场
促销策略	宣传产品的性质、用途吸引顾客，尽快占领市场	强调树立产品形象，扩大产品知名度，争创名牌，加强销售服务	宣传产品的新用途，开拓新市场	努力降低销售费用，在新的目标市场上加强宣传，占领新市场

7.2 市场营销方案实施

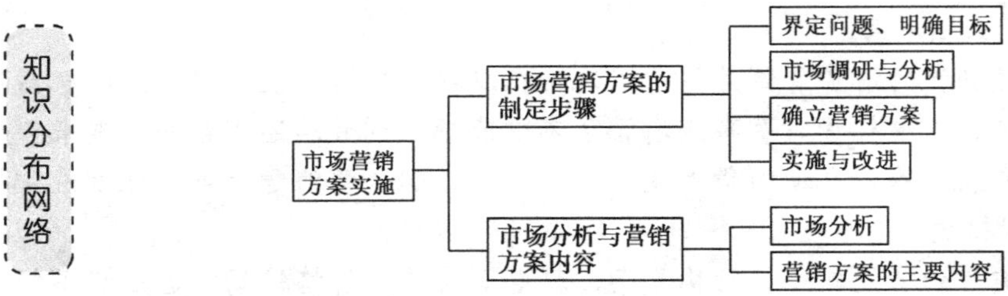

7.2.1 市场营销方案的制定步骤

营销方案的策划与制定从现代意义上是个综合性系统工程，方案策划的本质是创新、灵活多变、不受拘束，所以原则上没有完全固定的步骤和程序，但对于初涉者来说，单纯靠自己经验的积累很难成功。一般的市场营销方案的策划与制定需要经过以下几步。

1. 界定问题、明确目标

如果目标不明确，方案就无法制定，而目标是根据所要研究的问题来确定的，这就是界定问题。我们只要界定问题，把问题简单化、明确化、重要化，那么问题就解决了一半。营销要解决的问题是把产品“卖给”谁？以什么价格卖？通过什么渠道卖？用什么方式找到顾客等。因此就需要我们进行市场调查。

2. 市场调查与分析

市场调查指企业为了营销目的，对市场的顾客、购买力、购买对象（产品）和购买习惯等（或对产品的需求、动机、购买标准、市场潜力以及与需求有关的方面）进行调查分析的一系列行为。

1）市场调查的目的

（1）谁是企业产品的消费者。

（2）企业怎样满足消费者的需要。

（3）谁是企业的竞争者。

（4）企业采取什么策略与对手竞争。

市场调查的“四面八方”

（5）谁是企业的联合者。

（6）企业通过什么模式与联合者联合，增强自己的竞争力。

（7）企业的天时、地利、人和的优势是什么。

（8）企业怎样把握一切机会，创造有利的经营环境。

2）市场调查的内容

市场调查可以从以下几方面进行。

（1）消费者方面的调查：

① 消费者的分类（工人、农民、士兵、商业职工、知识分子）或行政官司员，工薪阶层或团体等。

② 谁是主要购买者，谁是最忠实的购买者。

③ 消费者的购买欲望和动机如何。

④ 消费者的购买习惯。

（2）市场方面的调查：

① 潜在市场调查。

② 市场占有率调查。

③ 销售趋势调查。

④ 竞争企业的动力。

（3）产品方面的调查：

① 消费者对本企业新旧产品的评价。

② 竞争产品的特性。

③ 消费者对新产品的接受程度，老产品的使用方法和购买动机。

④ 产品包装。

⑤ 厂牌商标。

⑥ 产品价格。

⑦ 研究产品的生命周期。

⑧ 产品服务。

（4）销售调查：

① 调查影响销售成绩好坏的原因。

② 调查代销商的销售状况。

③ 消费者对代销商的印象。

④ 产品的销售成本占销售额的比例。

⑤ 产品的仓储运输成本，产品的运输路线等。

3．确立营销方案

利用市场调查得到的信息，结合企业营销实际，通过策划者独到的思维与技巧，就能产生创意。根据创意将企业营销策略、方法用一定的格式书写下来，再经过管理层多次论证后，企业的营销方案就形成了。

4．实施与改进

营销策划方案制定出来，经过改正后，一方面把各部门（如生产、人事、财务、后勤等）的任务进行分配，分别实施；另一方面根据改正的预算和进度表严密控制方案的预算和进度，通过各部门的分工和合作，达成营销的目标。

7.2.2 市场分析与营销方案内容

1．市场状况分析

为了要了解整个市场规模之大小以及竞争对手之情势，市场状况分析必须包含下列 14 个项目。

（1）整个产品市场的规模（包括量与值）。

（2）竞争品牌的销售量与销售量值的比较分析。

（3）竞争品牌各营业渠道的销售量与销售值的比较分析。

（4）各竞争品牌市场占有率的比较分析。

（5）消费者年龄、性别、籍贯、职业、学历、家庭结构的分析。

（6）各竞争品牌产品优缺点的比较分析。

（7）各竞争品牌市场区隔与产品定位的比较分析。

（8）各竞争品牌广告费用与广告表现的比较分析。

（9）各竞争品牌促销活动的比较分析。

（10）各竞争品牌公关活动的比较分析。

（11）各竞争品牌定价策略的比较分析。

（12）各竞争品牌销售渠道的比较分析。

（13）公司的利润结构分析。

（14）公司过去五年的损益分析。

2．营销方案的主要内容

一份完整的营销方案，除了必须有上述的详细市场状况分析资料之外，还包括公司的主要政策、销售目标、推广计划、市场调查计划、销售管理计划、损益评估等六大项。这六大项就是营销方案的主要内容，说明如下。

1）公司的主要政策

策划者在拟订营销方案之前，需要与公司的高阶主管就公司未来的经营方针与策略做深入的沟通与交流，从而决定公司的主要政策。下面就是双方要研讨的细节。

（1）确定目标市场与产品定位。

（2）销售目标是扩大市场占有率，还是追求利润。

（3）价格政策是采用低价、高价，还是追随价格。

（4）销售通路是直销，还是间接销售，或者两者并行。

（5）广告表现与广告预算。

（6）促销活动的重点与原则。

（7）公关活动的重点与原则。

2）销售目标

所谓销售目标，就是指公司的各种产品在一定期间内（通常为一年）必须达成的营业目标。一个完整的销售目标应把目标、费用以及期限全部量化。

案例 7-12 某企业的年度销售目标。从 2012 年 1 月 1 日至 12 月 31 日，销售量从 50 000 增加到 60 000 件，增长 20%，营业额 400 万元，经销费用预算 120 万元，推广费用预算 40 万元，管理费用预算 40 万元，利润目标 40 万元。

3）推广计划

制定推广计划的目的，就是要协助达成前述的销售目标。推广计划包括目标、策略、细部计划等三大部分。

（1）目标：策划者必须明确地表示，为了协助达成整个营销策划方案的销售目标，所希望达到的推广活动的目标。

如案例 7-12 所示：为了达成销售量成长 20%、利润 40 万元的销售目标，在一年之内必须把品牌知名度从 30%提高到 50%；此外在公关活动方面，大众对公司的良好印象，从 40%提升到 60%。

（2）策略：决定推广计划的目标之后，接下来就要拟定达成该目标的策略。推广计划的策略包括了广告表现策略、媒体运用策略、促销活动策略、公关活动策略等四大项。

① 广告表现策略：针对产品定位与目标消费群，决定广告表现的主题。广告须依其特定的目的来决定广告主题。以前例来说，那么该广告表现的主题应以提高品牌知名度为核心。

② 媒体运用策略：媒体的种类很多，包括报纸、杂志、电视、收音机、传单、户外广告、车厢广告等。要选择何种媒体？各占多少比例？广告的到达率与接触频率有多少？（指消费者至少一次收视到广告信息的比例，与消费者收视到广告信息的平均次数）

③ 促销活动策略：促销的对象，促销活动的种种方式，以及采取各种促销活动，希望达成的效果是什么。

④ 公关活动策略：公关活动的种类方式，公关的对象以及举办各种公关活动，希望达成的目的是什么。

（3）细部计划：详细说明达成每一策略所采行的细节。

① 广告表现计划：报纸与杂志广告稿之设计（标题、文案、图案），电视广告的 CF 脚本，收音机的广播稿等。

② 媒体运用计划：报纸与杂志广告，一选择大众化或者专业化的报纸与杂志，还有刊登日期与版面大小等；电视与收音机广告，选择的节目时段与次数。

③ 促销活动计划：包括 POP（Point of Purchase Display，购买点陈列）、展览、示范、赠奖、抽奖、赠送样品、折扣等。

④ 公关活动计划：包括股东会，发公司消息稿，公司内部刊物，员工联谊会，爱心活动，传播媒体之联系等。

4）市场调查计划

市场调查在营销方案中，是非常重要的一部分。第一大部分市场状况分析中的 14 项资料，大部分可透过市场调查获得，由此可知市场调查的重要性。

5）销售管理计划

假如把营销策划方案看成一个陆、海、空的联合登陆战，销售目标是登陆的目的地，市场调查计划是联勤，推广计划是海、空军，而销售管理计划则是陆军。在联勤的有效支援与强大的海、空军的掩护下，仍须依赖陆军的攻城掠地，才能获得决定性的胜利，因此销售管理计划的重要性不言而喻。

销售管理计划包括销售主管的职责、销售计划、推销员的甄选与训练、激励推销员、推销员的薪酬制度（薪资与奖金）等。

6）损益预估

任何营销策划方案所希望达成的销售目标，追根究底还是追求利润，而损益预估就是要在事前预估该产品的税前纯利润（利润）。

只要把该产品的预估销售总值（可由预估销售量算出）减去销售成本、营销费用（经销费用加管理费用）、推广费用后，即可获得该产品的税前纯利润。

7.3 BEST训练（管理者的一天）

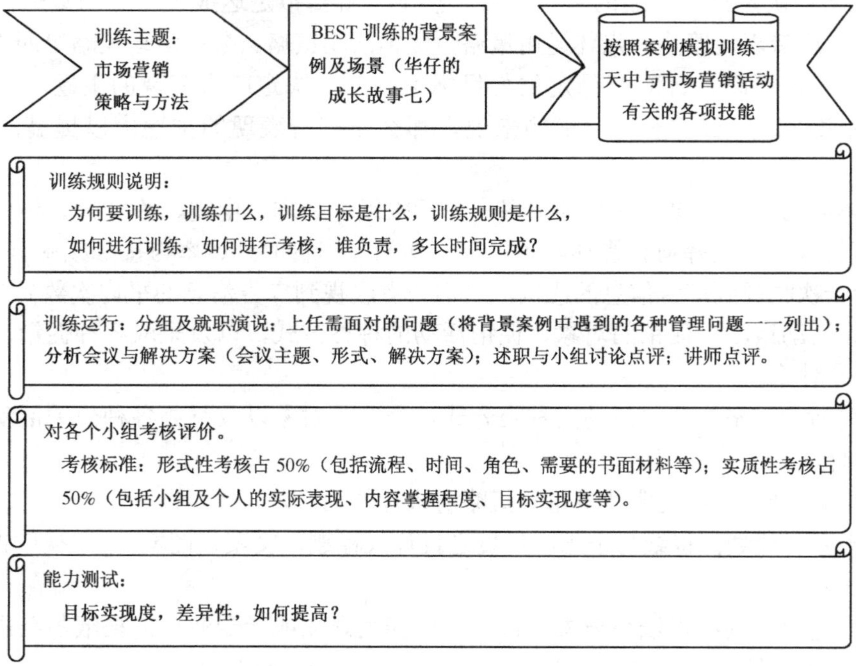

7.3.1 活动安排

1）BEST 训练规则

BEST 训练规则见 1.4.1 节中的 BEST 训练规则。

2）背景案例及场景

案例 7-13 华仔的成长故事七。

华仔最近想帮助父亲的华信厂做一个促销方案。华信厂有一批质量过硬的自行车配件，属于年初计划的溢量。华信厂在本地的配件市场有一家直销店，为了尽快回笼资金，华仔计划参照“打 1 折”的营销策略。华仔从一本书中看到：日本东京有个银座绅士西装店。就是首创“打 1 折”销售的商店，曾经轰动了东京。当时销售的商品是“日本GOOD”。具体的操作是这样的：先定出打折销售的时间，第一天打 9 折，第二天打 8 折，第三天、第四天才打 7 折，第五天、第六天打 6 折，第七天、第八天打 5 折，第九天、第十天打 4 折，第十一天、第十二天打 3 折，第十三天、第十四天打 2 折，最后两天打 1 折。商家的预测是：由于是让人吃惊的销售策略，所以，前期的舆论宣传效果会很好。抱着猎奇的心态，顾客们将蜂拥而至。当然，顾客可以在这打折销售期间随意选定购物的日子，如果你想要以最便宜的价钱购物，那么你在最后的那两天去买就行了，但是，你想买的东西不一定会留到最后那两天。实际情况是：第一天前来的客人并不多，如果前来也只是看看，一会儿就走了。从第三天就开始一群一群的光临，第五天打 6 折时客人就像洪水般涌来开始抢购，以后就连日顾客爆满，当然等不到打 1 折，商品就全部买完了。结果商家运用独特的创意，把自己的商品在打 5、6 折时就已经全部推销出去了。

问题与分析：华仔的这种想法能行吗？请大家分析这种方案的可行性，如果可行，方案如何制定？如果不行，请帮助华仔制定一份促销方案。

3）BEST 训练运行

按照训练的标准流程运行，各个项目内容必需的时间由各小组具体设定。

（1）训练规则说明（建议时间 15～20 min）。

主要是让学员明白为何要训练，训练什么，训练目标是什么，训练规则是什么，如何进行训练，如何进行考核，谁负责，多长时间完成等训练必需的内容。

（2）分组及就职演说（建议时间 15～20 min）。

按照训练规则与班级人数分组，采用角色扮演。经过准备后进行就职演说。

（3）上任需面对的问题（本章中的背景案例及可能遇到的各种问题）（建议时间 15～20 min）。

① 根据背景案例中华仔的想法，请帮华仔分析这种方案的可行性，

② 如果以上想法可行，你帮华仔设计一个促销方案。

③ 如果以上想法不可行，请你帮华仔设计一个促销方案。

④ 华信厂的产品溢量会是什么原因呢？你能否为华信厂制定一份整体的市场营销方案？

⑤ 帮华仔整理一下今天的收获。

（4）分析会议与解决方案（建议时间 80～100 min）。

对以上遇到的问题召集小组会议，逐项进行分析，找到解决方案，指定相应成员从以下五个方面进行完善。

① 会议主题：__________________。

② 会议形式：__________________。

③ 时间控制：__________________。

④ 会议结论：__________________。

⑤ 解决方案：__________________。

（5）主管对一天工作述职（建议时间 20～30 min）。

对一天工作的过程描述；目标的实现度；自己是如何做的；不足之处在哪里，如何建议等。

（6）小组讨论点评与活动总结（建议时间15～20 min）。

成员之间对组长及其他成员进行点评。可从目标实现程度、收获、主要问题、更好的方法是什么等方面进行点评。

（7）讲师点评：按照练习、小结（指出正误）、再练习、再小结直到掌握的程序，对练习进行总结讲评。

（8）对各个小组考核评价（建议时间20～30 min）。

考核组对各个小组上交的材料，结合考核组对其实际记录及表现进行评价。各个小组需上交给考核组的材料主要有：训练议程安排；人员分组分工及角色扮演名单；各角色的就职演说稿；所面临的问题清单；每个问题的解决方案；会议记录；各角色一天工作述职报告；经营活动总结报告。考核组对每个小组及个人的实际表现、内容掌握深度、目标实现度等的记录。

7.3.2 能力测试

（1）针对你所熟悉的某个企业（或某个产品）进行市场调查，分析该企业（或产品）的市场前景，写出市场调查分析报告。

（2）按照营销的4P理论，为本地的品牌月饼做一份营销方案。

（3）按照营销的4P理论，利用SWOT分析方法，设计一份将产品“销出去”的方案。

（4）利用网络与其他途径搜集一两家企业的产品营销资料，分析其市场细分、目标市场、市场定位与营销策略，提出相关建议。

7.3.3 成长日记（七）

结合本章所学的知识、方法与BEST训练写一篇800字以上的成长日记。

知识梳理与总结

本章通过对市场营销的概念、市场细分、目标市场、市场定位与市场营销策略的学习，使大家熟悉了企业市场营销活动的全过程，明白了生产者加工制造产品的标准是让顾客满意；利用对营销方案的制定与实施过程的学习，使大家掌握营销策略与方法在企业管理中的应用；用模拟训练的方式将市场营销知识运用于实际之中，达到理解掌握市场营销策略与方法的目的。

第8章 物流管理

教学导航

教	知识重点	市场营销的含义，市场细分，目标市场，市场定位，市场营销组合策略
	知识难点	目标市场，市场定位，市场营销组合策略
	推荐教学方式	以课堂案例教学与 BEST 训练为主，以市场调研为辅
	教学场所	教室，实训室，周边企业与市场
	建议学时	12 学时
学	推荐学习方法	课堂：案例讨论，角色扮演，模拟训练； 课外：市场调研，查询资料，模拟企业演练
	必须掌握的理论知识	市场营销的含义，市场细分，目标市场，市场定位，市场营销组合策略，市场营销方案的组织与实施
	需要掌握的工作技能	学会市场细分，熟悉目标市场与产品定位，掌握市场营销方案的制定与实施方法
	训练	通过 BEST 训练，按照市场营销策略与营销组织方案的要求，将本章学习中所遇到的各种市场营销问题与困惑，一一展现出来并加以解决
	考核	形式性考核占 50%（包括流程、时间、角色、需要的书面材料等）；实质性考核占 50%（包括小组及个人的实际表现、内容掌握程度、目标实现度等）

案例8-1 L公司的管理现代化。L公司借助全面的信息化管理手段，整合全球供应链资源，快速响应市场，创造了中国制造业企业的一个奇迹，其经验有以下几方面。

公司调整了组织结构和业务流程，形成了“前台一张网，后台一条链”（前台的一张网是客户关系管理网站，后台的一条链是市场链）的闭环系统。其目的是一致的，都是为了快速响应市场和客户的需求。前台的网站作为与客户快速沟通的桥梁，将客户的需求快速搜集、反馈，实现与客户的零距离联络；后台的市场链可以将客户需求快速反馈到供应链系统、物流配送系统、财务结算系统、客户服务系统等流程系统，实现对客户需求的协同服务，大大地缩短对客户需求的响应时间。

公司是根据订单进行大批量定制的。通过现代物流技术的支持，实现定时、定量、定点的三定配送；独创的过站式物流，实现了从大批量生产到大批量定制的转化。在满足用户个性化需求的过程中，公司采用计算机辅助设计与制造，建立计算机集成制造系统。在开发决策支持系统的基础上，通过人机对话实施计划与控制，从物料资源规划发展到制造资源规划和企业资源规划。还有集开发、生产和实物分销于一体的准时生产，供应链管理中的快速响应和柔性制造，以及通过网络协调设计与生产的并行工程等。这些新的生产方式把信息技术革命和管理进步融为一体。

案例启示：企业的资金流、物流、信息流并称为企业的“三流”，如何加速“三流”并使其三者融合，是企业管理者降低成本、提高经济效益的重要手段。物流作为实现产品供应的“硬件”资源，能否管理与控制好，直接影响着企业战略。

本章将从物流的基本流程入手，为大家介绍物流管理的理论与方法，通过基层管理者对物料的管理，使大家掌握车间、班组的物料管理方法，并结合企业模拟训练的方式，使大家学会运用其理论与方法解决实际问题。

8.1 物流的概念与管理方法

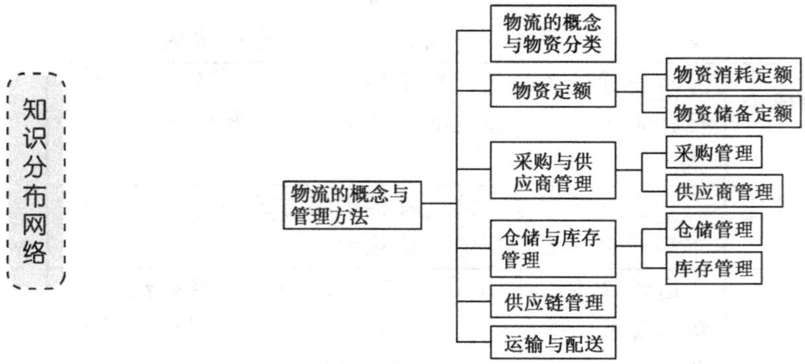

8.1.1 物流的概念与物资分类

企业的生产过程，同时也是物料消耗的过程，合理而有计划的组织材料、供应、保管、使用是保证企业生产顺利进行的前提。

1．物流的概念

物流是指按照用户的要求以最小的总费用将物质资料（原料、燃料、动力、工具、产品等）从供应地向需求地转移的过程。主要包括运输、贮存、包装、装卸、配送、流通、加工、信息处理等活动。

企业物流是指由原材料等资源的输入到转化为成品而输出的过程中，进行形态的（物理的）、性质的（生物、化学的）变化运动过程。以机械制造企业为例，企业物流过程就是由原材料订购、入库、投产，经过粗加工、精细加工制成零件，再经过部件装配、总装形成产品，然后经过调试、检验、油封包装、出厂销售的物料运动的全过程。

企业物流包括企业内部的物流和企业组织的外部物流。按照企业物流运动的过程及职能，可分为供应物流、生产物流、销售物流、回收物流及废弃物流。

2．物流管理的含义

物流管理是对企业所需要的各种物料进行采购、验收、保管、发放、节约使用和综合利用等一系列的组织和管理工作的总称。

3．物资分类

（1）按照物料在生产中的作用分：原材料、辅助材料、燃料、动力、工具、包装物等。

（2）按照物料的自然属性分：金属材料、非金属材料、机电产品等。

8.1.2　物资定额

1．物资消耗定额

物资消耗定额指在一定的技术生产组织条件下制造单位产品或完成单位生产任务所必需消耗的物资数量标准，如生产一台电风扇需多少数量的生铁、铝漆包线等。物资消耗定额由以下三部分组成。

（1）有效消耗部分，如净重。

（2）工艺性消耗部分，如边角余料。

（3）非工艺损耗部分，如破损、丢失。

物资消耗定额的制定通常以平均先进消耗定额为准，其估计公式为：

平均先进消耗定额=（平均实耗数+最小消耗数）/2。

2．物资储备定额

物资储备定额是指在一定的技术生产组织条件下，为保证生产正常进行，所必需的经济合理的物资储备数量标准。它是由经常储备定额与保险储备定额组成的。经常储备定额，指前后两批物资的供应间隔期以内，保证生产正常进行所需要的物资储备量。保险储备定额也叫最低储备定额。

8.1.3　采购与供应商管理

物流管理的采购目标就是以正确的价格，在正确的时间，从正确的供应商处购买到正确数量和质量的商品或服务。现代采购管理更强调企业与供应商之间的关系管理，双方建立一种双赢的合作关系，更有利于供需双方共同获利。

1．采购的一般流程

采购管理要实现科学化，首先需要规范采购作业的行为模式，反之，按采购员个人的工作习惯随意操作，其质量难以保证。为此，采购流程通常有以下七个步骤，如图 8-1 所示。按照流程采购，可保证采购工作质量，堵住资金流失的漏洞。

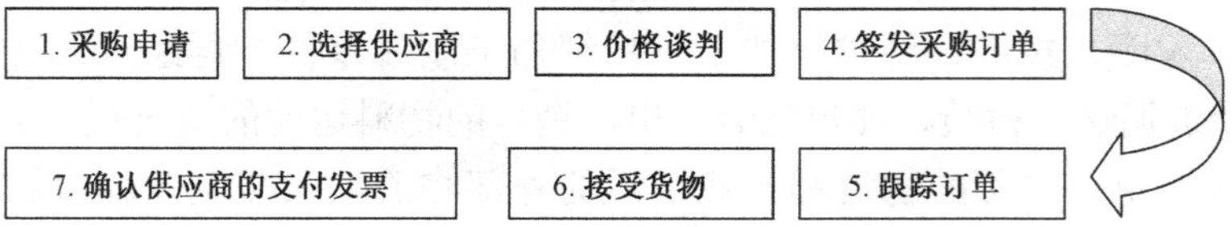

图 8-1　采购的一般流程

2．采购管理

采购管理的目的是分解并执行企业采购政策，具有监督与服务支持双重角色。一般可以按照 PDCA 循环的程序进行，如图 8-2 所示。

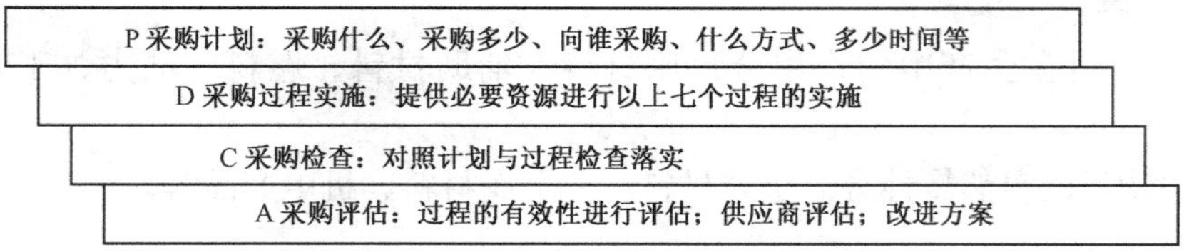

图 8-2　采购管理的 PDCA 循环

3．选择供应商

选择良好的供应商并同其维持稳定的合作关系将会使企业整体的供应链更具竞争力。选择供应商可考虑以下因素：

①技术水平；②供应商产品质量；③生产能力；④价格；⑤可靠性；⑥供应商地理位置；⑦售后服务；⑧其他考虑（如信用条件、互惠贸易条件，以及供应商是否愿意为顾客保持存货等）。

通过以上因素的考虑，企业将选择生产技术水平较高、产品品质达到本企业要求、有相应的生产能力、合适的价格、产品性能稳定可靠、地理位置经济、售后服务与信用度好的供应商进行合作，可以防止随意和盲目采购，挑选出合适的供应商。

4．供应商关系管理

从传统的供应商管理到现代的供应商关系管理，企业在供应商管理方面有了很大创新，主要体现在与供应商的关系方面，现代供应商管理是与供方双赢互利的战略。通过表 8-1 的比较可以看出，两种管理模式有着根本的区别。

表 8-1　传统的供应商管理与现代供应商管理比较表

项　目	传统的供应商管理	现代供应商管理
供应商数目	多数	少数
供应商关系	短期、买卖关系	长期合作、伙伴关系

续表

项　目	传统的供应商管理	现代供应商管理
企业与供应商的沟通	仅限于采购部与供应商销售部之间	双方多个部门沟通
信息交流	仅限于订货收货信息	多项信息共享
价格谈判	尽可能低的价格	互惠的价格，双赢
供应商选择	凭采购员经验	完善的程序
供应商对企业的支持	无	提出建议
企业对供应商的支持	无	技术支持

1）供应商管理的目标

① 获得符合企业质量和数量要求的产品或服务。

② 以最低的成本获得产品或服务。

③ 确保供应商能提供最优的服务和及时的送货。

④ 发展和维持良好的供应商关系。

⑤ 开发潜在的供应商。

2）供应商关系分类

企业对供应商进行分类，目的是针对不同的供应商建立不同的关系。比较简单的做法当然是将供应商分成普通供应商和重点供应商，划分标准可采用 80/20 规则，即占有 80%价值的 20%供应商为重点供应商，而其余只占 20%采购金额的 80%供应商为普通供应商。对于重点供应商投入 80%的时间和精力进行管理，而对普通供应商则只投入 20%的时间和精力跟踪其交货等。

8.1.4　仓储与库存管理

1．仓储管理

仓储管理的核心目标是提高仓库的运作效率和生产率，充分有效地利用现有空间，这一点已得到普遍共识。仓库在生产和销售环节的流通过程中承担对各种生产需用的原材料、零部件、设备、机具和半成品、产成品贮存的职能。从传统管理的角度，仓库是物流系统中主要承担保管功能的场所，是物流网络中以贮存为主要功能的节点。从现代物流观点来看，大型的、多功能的仓库往往作为区域分拨的基地，是区域内物流运作的中心。仓库的形式多样，规模各异，从仓库保管的产品种类来看，可以划分为原材料仓库、半成品仓库和成品仓库。

2．库存管理

库存管理是企业物流管理的重要内容，也是现代物流管理成败的关键，是一个古老而又崭新的课题。库存管理工作的好坏，会直接影响到企业生产、技术、财务、劳动和运输等多方面。合理的组织采购、贮存、使用物资，对于促进企业生产发展，提高产品质量，降低产品成本，加速资金周转，增加赢利，最终提高企业的经济效益，都具有十分重要的意义。

1）库存管理的基本任务

库存是指企业生产经营活动所需的备用物品。库存的主要功能是在供给和需求之间建立缓冲，减缓供需矛盾；在生产或销售的两次进货期间便于周转，避免物资短缺；为适应预期或不可预测的市场变化而保持库存。也就是说，提供各项物料，以保障从原材料→半成品→成品→用户的物流畅通。

库存管理的基本任务总的来说，就是根据企业规定的生产经营任务，以提高经济效益为核心，做到供应好、周转快、消耗低、费用省，有效地管理库存以提高实物供应与实物分配系统的效率。具体任务有以下几个方面。

（1）保证有计划地按品种和规格、保质保量、及时地供应生产所需要的各类物资，使生产经营活动不间断地进行。

（2）通过有效的组织形式和科学管理方法，控制合理的库存量，减少和消除积压物资，加速物资和资金周转。

（3）监督和促进企业生产部门合理、节约地使用物资，降低消耗。

（4）有利于顺利地进行运输管理，有助于有效地开展仓库管理工作。

此外，还可以把经常动用的物料以及危险性物料分片保管，以保证工厂的安全生产等。

2）库存管理工作的使命

库存管理工作的使命是保证库存物资的质量；尽量满足用户的需求；采取适当措施，节约管理费用，以便降低成本。

3）库存管理的目标

（1）库存成本最低。这是企业需要通过降低库存成本以降低生产总成本、增加赢利和竞争力所选择的目标。

（2）库存保证程度最高。企业有很多销售机会，相比之下降低库存意义不大，这就特别强调库存对其他经营、生产活动的保证，而不强调库存本身的效益。企业通过增加生产以扩大经营时，往往选择这种控制目标。

（3）保证供应。企业由于技术、工艺条件决定不允许停产，则必须以不缺货为控制目标，才能起到不停产的保证作用。

（4）加速资金流转。企业必须在限定资金预算前提下实现供应，这就需要以此为前提进行库存的一系列控制。

（5）快捷。库存控制不以本身的经济性来确定目标，而以大的竞争环境系统要求确定目标，这常常出现以最快速度实现进出货为目标来控制库存。

4）库存控制方法

库存控制需要解决三个主要问题：确定库存周期；确定订货量；确定订货点（何时订货）。下面简单介绍几种库存控制的方法。

（1）定量订货法

这种方法是指物资储备下降到某一规定数量时，由仓库立即发出订货要求，物资供应部门及时组织订货，以保证消耗掉的物资得以再次储备。

① 订购点法。预先制定一个订购点的库存量水平，当库存量降低到订购点的存量水平时，即自动发出某一固定的补充库存量的订货单。订货点的库存量可用下式确定：

$$订购点量=平均每日需用量\times订购时间+保险储备量$$

该法只适用于物资需求率不变的情况下，即各次订购时间间隔相等。

② 经济订购批量法。这种方法就是一次订货所订的货物数量较为经济、合理。在一定时间内企业既保证生产所需，又使订货费用与保管费用之和最低时的订货批量为经济订购批量。一次购入的批量过多，会多占用流动资金，增加贮存费用和库存成本；一次购入的数量过少，会增加订购次数而增加订购费用，订购多少为宜，用经济订购批量法来确定。保管费用随着订购的批量增大而增大，而订购费用随着订购批量的增大而减少。两种费用之和，即总费用的曲线必须有一个最低点，该点所对应的批量为经济订购批量。

经济订购批量计算公式如下：

$$EOQ = \sqrt{\frac{2AR}{E}}$$

公式中：*EOQ*——经济订购批量；

A——每次订购费用（元/次）=差旅费+行政管理费+验收和托运费等；

R——年订购总量（件或吨）=物资占用资金利息+维修折旧费+贮存损耗+人工费用；

E——单位物资的年保管费用（元/件·年或元/吨·年）。

利用上述计算得到的经济批量，只是一个理论值，在实际订货时，可按车辆装载量、容器容量进行调整，通常可取接近理论值的一定范围作为订购数量的依据。

（2）定期订货法

定期订货法是一种按固定检查和订货间隔期为基础的库存控制法。这种方法是从时间上来限定订货周期，订购时间固定不变，从而达到库存量控制的目的。只要订货周期控制得当，既可以避免缺货，又可以控制最高库存量，达到节省库存费用的目的。具体计算方法略。

（3）物料需求计划（MRP）

物料需求计划（Material Requirement Planning，MRP）是一种以计算机为基础的生产计划与库存控制系统，它是处理和解决相关需求库存问题的有力工具。

① 物料需求计划的概念。这里的物料不仅仅指原材料，而是包含原材料、自制品（零部件）、成品、外购件和服务件（备品备件）这个更大范围的物料。对于各种物料的管理并非仅仅是对物料的库存管理，而且还包括建立物料需求科学、系统的计划，协调和控制各部门适当数据的物料。

MRP 是根据主生产计划表上何时需要物料来决定订货和生产。MRP 的原理是根据需求和预测来确定未来物料供应和生产计划与控制的方法。它提供了物料需求的准备时间和数据。

② MRP 的构成如下。

- 主生产计划。主生产计划是确定每一种具体的最终产品（最终完成、要出厂的产品）在每一具体时间段内生产数量的计划。
- 产品结构与物料清单。产品结构应列出构成成品或装配件的所有部件、元件、零件等的组成、装配关系和数量要求。为了便于电脑识别，必须把产品结构图转换为规范的资料格式，这种用规范的资料格式来描述产品结构的文件就是物料清单。它必须说明各种元件、部件、零件的数量和相互之间的组成结构关系。
- 库存信息。它包含现有库存量、计划收到量（在途量）、已分配量、提前期、订购数量和安全库存量等数据。根据以上各个数值，可以用下式计算出某项物料的净需求量。

净需求量=毛需求量+已分配量

或：　　　净需求量=计划−计划收到量−现有库存量

③ 物料需求计划的目标。MRP 的基本目标是提高对顾客的服务水平，尽可能地降低库存成本，提高生产效率。其出发点是，根据成品的需要，自动地按产品结构展开，计算出组成成品的所有零件、部件、原材料的相关需求量，再根据成品的交货期，按反工艺顺序方向，推算出每个零部件在各车间的投入产出日期与外购件的采购日期。同时，在这一运算过程中，查询贮存状态记录，及时更新记录，根据生产能力情况做出调整。

（4）ABC 重点控制模式

ABC 重点控制模式是把物资品种和占用资金按大小分类，再按各类重要程度的不同分别控制，抓住重点和主要矛盾，进行重点控制。

ABC 分析源自意大利经济学家帕累托的理念，也称为 80/20 原则。帕累托认为企业管理中，存在着重要的“少数”和不重要的“多数”，企业应将管理资源致力于重要的“少数”而不是不重要的“多数”。

ABC 重点控制模式正是基于上述原理，按物品的价值、重要程度、耗用情况等加以分类。一般 A 类为高价物品，其价值占全部库存价值的 70%以上，而品种数不及库存品种总数的 20%；B 类物品的价值约占库存总值的 20%，品种数不到库存品种总数的 20%；而 C 类物品的价值只占 10%以下，品种数却占到了 60%以上。由此针对各类物资按以下方法进行控制。

① A 类物资的库存管理。对 A 类物资要重点、严格控制。A 类货物库存品种不多，占用资金量大，必须对其实行精确的定期订货控制。对 A 类库存品，需要有详细的进出库记录，经常检查库存情况，随时提供准确的库存信息，尽量缩短供应间隔时间，选择最优的订购批量，在满足企业内部需要和客户需要的前提下维持尽可能低的经常量和安全库存量。

② B 类物资的库存管理。对 B 类物资也应引起重视，适当控制。

③ C 类物资的库存管理。对 C 类物资放宽控制或一般控制。C 类库存品的种类多，但占用资金较少，用比较简单的订货点法进行控制即可。

如表 8-2 显示的是企业对货物进行 A、B、C 三种分类后不同的管理方法。

表 8-2　A、B、C 三种货物库存管理表

货物等级	控制程度	库存配置	订货方法	记录要求	安全库存量	库存检查
A 类	严格	配送中心	定期订货	详细	较低	经常
B 类	一般	仓库或配送中心	定期或定量订货	一般	较大	一般
C 类	稍弱	工厂仓库	简单订货	简单	大量	很少

5）“零库存”管理

“零库存”是让某种或某些货物不以库存形式存在，即库存数量为“零”。它的基本思想是杜绝生产等工、多余劳动、不必要的搬运、加工不合理、库存及不良返修等方面的浪

费，以降低生产成本，达到零故障、零缺陷、零库存。

案例 8-2　一汽大众汽车有限公司的“零库存”。

一汽大众汽车有限公司的产品有捷达、宝来、高尔夫、速腾、迈腾、CC、奥迪等品牌，其中目前仅捷达车就有七十余个品种、十余种颜色，而每种汽车都有两千余种零部件需要外购。如何实现“零库存”呢？对他们的做法介绍如下。

1. 实现“零库存”的方法

（1）进货的“零库存”处理流程。

一汽大众汽车的零部件的送货形式有三种：第一种是电子看板，即公司每月把生产信息用扫描的方式通过电脑网络传递送到各供货厂，对方根据这一信息安排自己的生产，然后公司按照生产情况发出供货信息，对方则马上用自备车辆将零部件送到公司各车间的入口处，再由入口处分配到车间的工位上。第二种叫做“准时化”，即公司按整车顺序把配货单传送到供货厂，对方也按顺序装货直接把零部件送到工位上，从而取消了中间仓库环节。第三种是批量进货，供货厂每月对于那些不影响大局又没有变化的小零部件分批量地送 1～2 次。

（2）在制品的“零库存”管理。

公司很注重在制品的“零库存”管理。在该公司流行着这样一句话：在制品是万恶之源，用以形容大量库存带来的种种弊端。在生产初期，捷达车的品种比较单一，颜色也只有蓝、白、红三种。公司的生产全靠大量的库存来保证。随着市场需求的日益多样化，传统的生产组织方式面临着严峻的挑战。

在整车车间，生产线上每辆车的车身上都贴着一张生产指令表，零部件的种类及装配顺序一目了然。计划部门按装车顺序通过电脑网络向各供货厂下计划，供货厂按照顺序生产、装货，生产线上的工人按顺序组装，一伸手拿到的零部件保证就是他正在操作的车上的。物流管理就这样使原本复杂的生产变成了简单而高效率的“傻子工程”。令人称奇的是，整车车间的一条生产线过去仅生产一种车型，其生产现场尚且拥挤不堪，如今在一条生产线同时组装 2～3 种车型的混流生产线，却不仅做到了及时、准确，而且生产现场比原先节约了近 10%。

（3）实现“无纸化办公”。

随着物流控制系统的逐步完善，电脑网络由控制实物流、信息流延伸到公司的决策、生产、销售、财务核算等各个领域中，使公司的管理步入了科学化、透明化。公司已实现了“无纸化办公”，各部门之间均通过电子邮件联系。

2. 评述

“零库存”是现代物流中的管理理念，它实质上是在保证供应的前提下，实现库存费用最低的一种管理方式。工业生产和商品流通过程的阶段性目标并不一样，商业企业组织商品流通的目的是保证市场商品供应，而市场波动与供求不协调是完全正常的经济现象，但每当出现供不应求现象时，企业为能保持经常性的供求平衡，一般采取增加库存、保证供应的作法，实质上是加大了流动资金的占用量。工业生产过程的复杂程度是众所周知的，在传统上，为适应这种复杂生产所形成的大量原材料、配件、在制品、各种零部件的库存，及由此造成的大量资金占压，已成为许多企业的一块顽疾。本案例中，一汽大众汽车有限公司实现的“零库存”，无疑是一个有意义的启示。

3. 特点与启示

（1）一个目标，多种途径。一汽大众汽车有限公司为实现“零库存”，采用了三种有针对性的零部件的送货形式：一是，电子看板；二是，“准时化”；三是，批量进货。三种方式各有适用范围，这就做到了因地制宜、因事而异，利用不同方式，共同实现“零库存”的系统目标。

（2）信息化、网络化是现代企业发展的基本方向，而在现实中如何实现信息化呢？一汽大众汽车有限公司“建立了与自身情况相适应的物流信息系统”的作法是值得借鉴的。它的物流控制系统没有采用德方系统，而是根据自己企业固有的特点量身打造的，不仅成本低廉，更重要的是能够实实在在地满足需要，取得效益。这一点，很值得我国的一些正在打算引进与开发物流信息系统的企业借鉴。

（3）一汽大众在汽车有限公司物流系统运作的各个环节及其流程中，特别注重的一点便是竭力降低其库存。

8.1.5 供应链管理

自 20 世纪 90 年代以来，产品的寿命周期越来越短，产品的品种飞速膨胀，客户对交货期的要求越来越高，对产品和服务的期望越来越高，促使现代管理思想不断革新、发展，越来越多的企业开始运用供应链管理（Supply-Chain Management）策略来促进企业内部和外部各环节相互结合，进行一体化管理，以提高效率和客户满意度，进而占据市场优势。

（1）供应链的含义：围绕核心企业，通过对三流（物流、资金流、信息流）的控制，将产品生产和流通中涉及的原材料供应商、生产商、分销商、零售商以及最终消费者，连成一体的功能链结构模式。在这个网络中，每个贸易伙伴既是其客户的供应商，又是其供应商的客户。他们既向其上游的贸易伙伴订购产品，又向其下游的贸易伙伴供应产品。

（2）供应链管理的含义：美国生产和库存控制协会定义为供应链管理是计划、组织和控制从最初原材料到最终产品及其消费的整个业务流程，这些流程连接了从供应商到顾客的所有企业。供应链包含了由企业内部和外部为顾客制造产品及提供服务的各职能部门所形成的价值链。

（3）供应链管理与传统管理的区别：供应链管理代表的不仅仅是某种管理方法，而是代表一整套理念。它与传统管理的区别如表 8-3 所示。

表 8-3 传统管理与供应链管理比较

因　素	传统管理	供应链管理
库存管理	各企业相互独立	合力削减供应链内库存
总成本	企业成本最低	供应链成本最小化
时间	短期	长期
共享和监督的信息量	仅限于现有交易的需要	根据计划和控制需要
渠道内多层次的协议数	渠道内企业简单的交易合同	企业层次和整个供应链层次的多样化合作协议
联合计划	在交易基础之上	长期合作

续表

因 素	传统管理	供应链管理
企业文化的一致性	不相关	至少在关键内容上一致
供应商基础的广度	较大，以增强竞争和分散风险	较小，以增强合作
渠道领袖	不需要	为集中合作而需要
风险和利益共担的程度	各自为政	长期的风险和利益共担
运作速度、信息及库存流动	“仓库”型（贮存、安全库存）的流动常被企业间壁垒中断；流动只是局部的	“分拨中心”型（库存速率）相互连接的流动；跨渠道的快速反应和 JIT

8.1.6 运输与配送

运输与配送是物流管理系统中最重要的组成部分，通过运输和配送活动，物流系统的各个环节有机地联系起来，物流系统的目标才得以实现。可以说，稳定可靠、灵活快捷的运输与配送是所有物流系统成功运作的关键。

1. 运输

1）运输的基本方式

（1）铁路运输。它的特点是运量大，运送速度快，费用较低，安全可靠，比较准时，适合于长距离运输；缺点是不够灵活机动，车辆调度比较缓慢。

（2）公路运输。它是短途运输的一种很重要的运输形式，具有灵活机动、服务面广、装卸方便等特点，适用于中小批量的近距离运输。

（3）水路运输。它是一种十分经济的运输形式，具有运量大、运价低的优点；但是运输速度较慢，适合运输散装的、笨重的、价值较低的大宗商品。

（4）航空运输。这是一种速度最快、运费最高的运输方式，适用于运送急需、贵重、运量较小的商品。

（5）管道运输。它是一种新型的现代化运输方式，具有运送速度快、运量大、损耗小等优点，适用于液体、气体商品的运输，如原油、煤气等。

各种运输方式都有其特殊的优势和缺点，管理人员必须结合每种运输方式的性能特征综合考虑其成本、速度和运输一致性这三个运输作业至关重要的因素，在运输成本和服务质量之间进行权衡，以最终实现物流系统的总目标。

2）运输管理

运输管理是物流系统的重要保障。以安全、及时、准确、完好无损地送到客户或指定的地点为目标。要确保所需的原材料、供应件和产品在恰当的时间，以良好状态到达工厂或客户，通过高效率、低成本的线路和信息管理以及对紧急要求的快速反应，获得内部、外部客户满意度的最大化。

2. 配送

1）配送的功能

配送是物流中一种特殊的、综合的活动形式。一般的配送集装卸、包装、保管、运输于一身，通过这一系列活动完成将货物送达的目的。

2）配送管理

要搞好配送服务，就必须根据配送的特点，加强组织与管理，并不断完善和发展它。配送是按用户提出的要求（包括货物的品种、质量、规格、数量、送达时间等要求）进行备货、送货的一种综合性的、一体化的物流运动。配送流程一般包括以下五个环节。

（1）收集信息（包括所需货物的品种、规格、数量、质量、送货时间、送达地点等要求），保证按需组织配送。

（2）建立稳定的上下游客户关系。

（3）加强配送的计划管理（要充分考虑顾客的分布地点、取货地点和订货方式及其要求；可使用的运输工具的数量、型号和载货量；运输工具的运营成本；所运送货的体积、重量及性质等）。

（4）备货（包括组织货源和理货）。

（5）科学高效地组织配送（在保证按用户要求及时准确地组织配送的前提下，根据商品流通合理化的要求，科学地确定配送路线和批量）。

8.2 基层物料管理

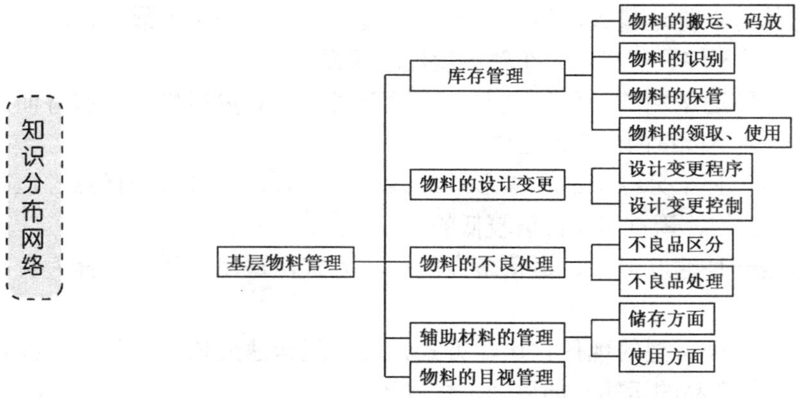

物料是生产活动的物质因素，直接影响工作任务的完成和产品质量的保证。物料的状态通常有两种，一种是正常的状态，即物料的质量和数量能够满足使用要求并且供应到位；另外一种是异常状态，最常见的是短缺或发生了不良及设计变更。所以，物料管理就是使物料时时处于正常的状态，万一发生异常时，能够采取及时有效的措施。物料管理包括很多内容，对于生产车间而言，主要是搬运保管、领取发放、盘点、退库、控制损耗、异常处理、追料和补料等内容。

8.2.1 库存管理

1．物料的搬运、码放

物料的搬运、码放都是处于一种暂时的状态，容易被管理者忽略。据调查，仓库管理中出现的品质问题，70%是因为这个环节失控造成的。因此，物料的搬运、码放更要明确以下几点。

（1）工具的使用。对于轻物品，如果采用人员搬卸、码放还可以接受，对于一些重物，则要借助叉车、吊车、起重机等机械设备，否则容易造成工伤或者物品损坏。所以哪些物料可以手工搬运，哪些要机器辅助，应在现场明确下来。

（2）堆放高度的限制。要明确两种堆放高度，一是静态堆放高度，即码放在那里不动时的允许高度；二是动态堆放高度，即搬运时的堆放高度。如果过高，容易摇晃、倾倒，造成不必要的损失；堆放过高还因为承重力的关系，容易使下层物料受压变形。两个高度的限定是影响品质和安全的要素，要特别重视。

（3）防护用具的使用。需要使用安全帽、防护带和耐压鞋的场合，要经常教育、监督员工正确使用。

（4）搬运器具的管理。机动车、吊车等机械设备要按要求进行使用和保养，万一发生异常，要及时停止使用，进行确认。

（5）异常和跌落品的处理。搬运过程中如果发生物品跌落，要求相关人员确认跌落品的品质没有异常时才可入库，并且要在包装卡、完成票上做记号，万一发生问题也可以追查原因。

2．物料的识别

物料的识别有身份识别和状态识别两种。身份识别是指物料的编码、名称、生产日期、生产者等唯一性、不变的资料，一般通过包装卡（票）、条码、铭牌和入库卡等方面表现；状态识别是随着时间、工序的变化而不断变化的状况表示，可以分为检查状态识别、生产状态识别和库存状态识别等。

（1）工序内半成品与仓库内成品的识别。可以通过包装卡等方式识别，最根本的方法是半成品与成品分区或分库摆放，防止半成品流到客户手里。

（2）检查状态的识别。已检查、待检查和检查判定中等状态可以通过区域、标志帽和卡片等方式区分，防止误用。

（3）明确不良品的识别。要明确作业者发现不良品的放置方法，如放置不良品箱、指定不良品场所、做记号或标签等。另外，不良品的处理方法（挑选、返工、报废、让步接收）也要明确下来。

（4）半成品、残留零部件的识别。对在现场的半成品和残留的零部件，要规定表示方法与放置方法，并将其明显地区分开来，防止误用和错用。

（5）明确设计变更品、特采品的识别。设计变更和让步接收的物料，由于其发生异常的概率要远远大于正常的物料，所以要进行显著的识别，引起所有现场人员的特别关注。

3．物料的保管

物料保管的目的在于满足生产的要求，适应生产的变化，不会发生物料短缺；同时保持最低限度的库存量，减少经营负担。

“不会短缺”和“库存最低”是相对立的两个方面。“库存最低”因为涉及部门较多，基层管理者能起的作用较为有限，这里仅介绍如何做到账物一致，防止短缺。账物一致是库存管理的最高目标。要了解实际库存数量与台账库存是否一致，基本的方法是进行盘点。盘点根据发生的时间和频率不同，一般分为定期盘点和循环盘点。定期盘点多按周期进行，如每月、每季、每年等，目的是掌握在库的金额值，核算盈亏；循环盘点是将物料分类，然后按时间分配分别对每类物料进行盘点，全部物料盘点完为一个循环。

4．物料的领取、使用

1）物料领取

领取物料时，要特别确认以下事项。

（1）确认物料的名称、编码和规格是否与物料清单上的要求一致。

（2）确认数量是否有误，产品外包装是否有变形、破损等异常现象。

（3）物料是否已经经质量检验部门检验合格（必要时需确认检验报告、合格印记）。

（4）遵循先进先出的原则领取。

2）物料退库

（1）多余物料。因生产计划变更等原因长时间不使用的多余物料，班组长可以恢复原包装状态后退回仓库，以免占用本来就很拥挤的场所。

（2）不良物料。物料报废或者不良物料退库销账时，不良内容和现象要写清楚，有数据的附上数据，责任区分要明确，由相关人员确认后退库。

（3）退货。如果物料是外协厂的责任，需要退回外协厂的，则还要尽量恢复原包装，防止其他损坏，并附上产品的现品票，便于外协厂调查不良原因。

3）物料紧急放行

（1）紧急放行的物料，必须按公司程序文件的规定，办理审批手续后才可授受。

（2）做好投放标志和记录，跟踪生产情况，一旦发现异常要能够立即追回。

（3）任何人不能以生产紧急、保证进度等理由要求仓储部门先斩后奏，违章发料。

4）物料的借用

（1）借用物料必须履行相应的审批或登记手续。

（2）如果物料是用于解析或者实验，则归还时应由检验员确认合格后才可入库。

（3）借用的物料如果超出预定期限尚未归还，应及时催促，防止因为时间太久而忘记。

5）物料的使用

（1）按物料的特性设计合适的架、箱、盒存放物料，防止在使用中损坏。

（2）要求员工手上不可戴饰物，以免划伤物料表面。

（3）相似或者相近的物料要分开摆放，另做显著标志，防止混淆。

（4）使用过程中发现物料异常，要做好位置标志，记录详细状况，方便他人解析原因。

（5）标签、密封贴、螺母、螺钉等不适合二次使用的零部件，不可以勉强使用，需要强行报废。

8.2.2 物料的设计变更

物料的设计变更指由于设计、生产、品质或使用等因素需对产品发生规格、型号、物料、颜色或功能等的变更，必须按公司程序文件规定的市批手续进行办理。

8.2.3 物料的不良处理

1．不良品的区分

发生不良品时，要根据重要程度划分缺陷等级。

（1）A 类缺陷，是指有可能导致人身不安全状况的缺陷或者令产品机能完全丧失无法使用的缺陷。

（2）B 类缺陷，是指由于性能不良而降低产品的实用性，导致难以完成初期目标的缺陷，或在使用时需改造和交换部件等导致多余麻烦的缺陷，以及在使用初期尽管没有大的障碍，但能导致缩短产品寿命的缺陷。

（3）C 类缺陷，是指几乎不会对产品的实用性或有效使用和操作等带来影响的缺陷。如表面有污点、标签粘贴不牢等。

2. 不良品的处理

（1）不良品相关信息的收集、保存。不良品不论批量发生还是个别发生，都尽量要保存样品，因为样品更直观，如一些脏污、划伤或异常音等，对其后果和影响更容易判定。

（2）不合格品的区分。将不合格品做标志，隔离存放。

（3）不合格品的处理。不合格品的处理方法一般有四种，即让步放行、返工处理、更改用途和报废。让步放行是指产品的不合格项并不影响产品的使用性能和功效，只是在外观、手感等方面不符合既定的要求，在这样的情况下，经质管部门同意，可以放行处理，但要进行后期的跟踪；返工处理，是指将不合格的产品返回到前道工序重新加工和制作，然后再次进入检验程序重新判定；更改用途是指产品的某些性能和指标已经不能满足原来设计的需要，但是可以符合其他类产品的相关要求。无论采取上述哪种处理的方式，都要对处理的产品进行记录和跟踪，同时要认真分析原因，制定纠正和预防措施，减少和避免不合格品的再次发生。

8.2.4 辅助材料的管理

辅助材料又称为“副料”，是指在生产中不构成产品的主要实体，却又必不可少的辅助性消耗材料，如油脂、胶水或封箱胶带等。

因为大多数辅助材料都能从市面上直接采购回来，方便又快捷，所以不必要大量库存，增加管理负担。但是一些需要进口或者从特殊渠道采购的专门的材料，如设备专用油脂，则需要根据使用量和采购日期设定安全库存，防止短缺。不管辅助材料是否有专人管理，都要通过台账明确记录名称、型号、供应商、使用量、采购周期和最低库存等相应内容，使管理更加便利。对于辅助材料的库存管理，要注意以下几个方面。

1. 贮存方面

（1）安全库存警示。因为辅助材料几乎人人都要用到，短缺往往会影响生产，所以设定安全库存警戒线是必要的，可以通知管理者及时订购。库存警示的方法有很多，如警戒线、提醒牌、报警装置等，可根据实际情况确定。

（2）合适的存放方法和场所。根据材料的不同特性，使用不同的存放方法和场所。爆炸品要存放在专门仓库；纸张类要在干燥的环境里存放；试剂溶液有的要存放于阴暗的低温环境中等。

（3）确定保管期限。购买部门为了省事，往往喜欢大量订购辅助材料。有的辅助构料（如胶水、密封圈等）会随着贮存时间变长而变质，使用在产品上往往引起品质问题，所以对于某些辅助材料也要与零部件一样管理，控制库存时间。

2. 使用管理

（1）使用量控制。要想管理好这类材料，首先一定要清楚使用量。哪些产品在用它，每台用量多少、月用量多少，这些一定要清清楚楚，并尽量记录在台账中。

（2）厉行节约。即使辅助材料，也不能毫无节制地使用。我们可以根据用量定额发放或者采用以旧换新的方法，防止浪费；对于一些影响环境保护的物品（如电池、氰化物容器），还要做好回收工作。

（3）简化领用手续。严格管理辅助材料，防止浪费是应该的，但是一定要便于工作，做到“管理”与“方便”双赢。

8.2.5 物料的目视管理

不论我们生产中必需的原材料，还是辅助材料，或者工具、工装的管理，都要实行全面的管理和控制，以满足我们对成本控制的要求。与此同时，对这些物料的管理还要遵循方便、直观的原则，以提高管理的效率和准确性。此时，“什么物料、在哪里、有多少”及“必要的时候、必要的物料、无论何时都能快速地取出/放入”成为物料管理的目标。这就需要对物料进行目视管理。

1. 推行目视管理要点

（1）明确物料的名称及用途，主要的方法是运用分类标志和颜色区分。

（2）决定物料的放置场所，容易判断。方法是采用有颜色的区域线及标志加以区分。

（3）物料的放置方法能保证顺利地进行先入先出。

（4）决定合理的数量，尽量只保管必要的最小数量且要防止断货。例如标志出最大在库线、安全在库线和下单线，明确每次下单的数量等。

2. 物料品质管理的要点

目视管理能有效防止许多人为失误的产生，从而减少发生品质问题，物料品质管理的要点有以下三点。

（1）防止因人为失误导致的品质问题。合格品与不合格品分开放置，用颜色加以区分，类似品采用颜色区分。

（2）重要品管理项目“一目了然”。重要的项目悬挂比较图或采用“统一标准”的形式，形象地说明其区别和要点。

（3）能正确地进行判断。采用上下限的样板判定方法，防止人为失误。

8.3 BEST 训练（管理者的一天）

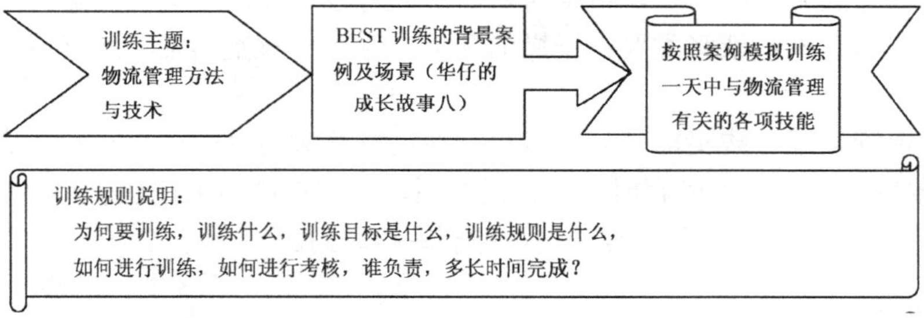

训练运行：分组及就职演说；上任需面对的问题（将背景案例中遇到的各种管理问题一一列出）；分析会议与解决方案（会议主题、形式、解决方案）；述职与小组讨论点评；讲师点评。

对各个小组考核评价。

考核标准：形式性考核占 50%（包括流程、时间、角色、需要的书面材料等）；实质性考核占 50%（包括小组及个人的实际表现、内容掌握程度、目标实现度等）。

能力测试：

目标实现度，差异性，如何提高？

8.3.1　活动安排

1）BEST 训练规则

BEST 训练规则见第 1.4.1 节中的 BEST 训练规则。

2）背景案例及场景

案例 8-3　海尔集团首席执行官张瑞敏认为：在网络经济时代，一个现代企业，如果没有现代物流，就意味着没有物可流。这是由现代企业运作的驱动力所决定的。现代企业运作的驱动力就是两个字：订单。如果没有订单，现代企业就不可能运作。也就是说，它不可能有物可流。要实现这个订单，就意味着靠订单去采购，为订单去制造，为订单去销售。如果要实现完全以订单去销售、采购、制造，那么支持它的最重要的一个流程就是物流。如果没有物流，就不可能有订单的采购；如果没有订单的采购，那就意味着采购回来的就是库存，因为采购回来的这些物料到底给谁不知道；如果没有订单的制造，就等于天天虽然非常忙，但是在制造库存，生产出来产品就等于天天增加库存。最后，没有订单的销售，就是处理库存，因为你不知道卖给谁，唯一的出路就是降价、削价处理。海尔集团重点做了下面的工作。

（1）重塑了企业的业务流程，如图 8-4 所示。

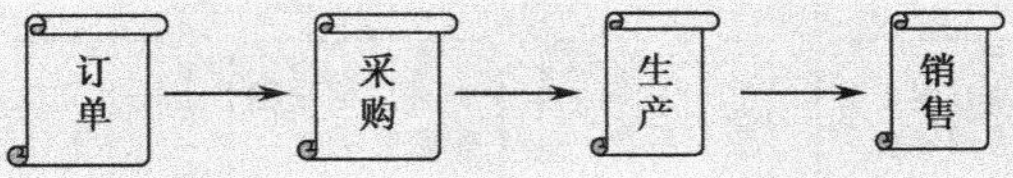

图 8-4　企业的业务流程

从接到订单时起，就开始了采购、配送和分拨物流的同步流程，现代物流过程也就同时开始。由于物流技术和计算机管理的支持，海尔集团的物流通过三个 JIT（Just In Time，准时制方式），即 JIT 采购、JIT 配送、JIT 分拨物流来实现同步流程。这样的运行速度为海尔集团赢得了源源不断的订单。目前，海尔集团平均每天接到销售订单 200 多个，平均每个月接到 6 000 多个销售订单，定制 7 000 多个规格品种，需要采购的物料品种达 15 万种。由于所有的采购基于订单，采购周期减到 3 天；所有的生产基于订单，生产过程降到 1 周之内；所有的配送基于订单，产品一下线，中心城市在 8 小时内、辐射区域在 24 小时内、全国在 4 天之内即能送达。因此，海尔集团完成客户订单的全过程仅为 10 天时间，资金回笼每年有 15 次（1999 年我国工业企业流动资本周转速度年均只为 1.2 次），呆滞物资降低 73.8%。张瑞敏认为，订单是企业建立现代物流的基础。抓住了订单，就抓住了满足即期消费需求、开发潜在消费需求、创造崭新消费需求这个牛鼻子。但如果没有现代物流保障流通的速度，有了订单也会失去。

（2）从根本上改变了物流企业的流通方式，基本实现了资本效率最大化的零库存。

海尔集团改变了传统仓库的“蓄水池”功能，使之成为一条流动的“河”。海尔集团提高物流效率的最大目的就是实现零库存，现在海尔集团的仓库已经不是传统意义上的仓库，它只是企业的一个配送中心，成了为下道工序配送而暂时存放物资的地方。

目前，海尔集团建立了 2 座我国规模最大、自动化水平最高的现代化、智能化立体仓库，满足了企业全部原材料和制成品配送的需求。这个立体仓库与海尔集团的商流、信息流、资金流、工作流连网，进行同步数据传输，采用世界上最先进的激光导引无人运输车系统、机器人技术、巷道堆垛机、通信传感技术等，整个仓库空无一人。自动堆垛机把原材料和制成品举上 7 层楼高的货位，自动穿梭车则把货位上的货物搬下来，一一放在激光导引无人驾驶运输车上，运输车井然有序地按照指令再把货送到机器人面前，机器人叉起托盘，把货物装上外运的载重运输车上，运输车开向出库大门，仓库中物的流动过程结束。整个仓库实现了对物料的统一编码，使用了条形码技术、自动扫描技术和标准化的包装，没有一道环节会使流动的过程梗塞。海尔集团的流程再造使原来表现为固态的、静止的、僵硬的业务过程，变成了动态的、活跃的和柔性的业务流程，基本实现零库存。海尔集团所谓的库存物品，实际上成了在物流中流动着的、被不断配送到下一个环节的“物”。

（3）从根本上打破了企业自循环的封闭体系，建立了市场快速响应体系。

面对日趋激烈的市场竞争，现代企业要占领市场份额，就必须以最快的速度满足终端消费者多样化的个性需求。因此，海尔集团建立了一整套对市场的快速响应系统，如图 8-5 所示。保证了商流、物流、资金流的顺畅。集成化的信息平台，形成了企业内部的信息“高速公路”，架起了海尔集团与全球用户资源网、全球供应链资源网和计算机网络的桥梁，将用户信息同步转化为企业内部信息，以信息替代库存，强化了整个系统执行订单的能力。海尔集团的物流成功地运用电子商务体系，大大缩短了海尔集团与终端消费者的距离，为海尔集团赢得了响应市场的速度，扩大了海尔集团产品的市场份额。

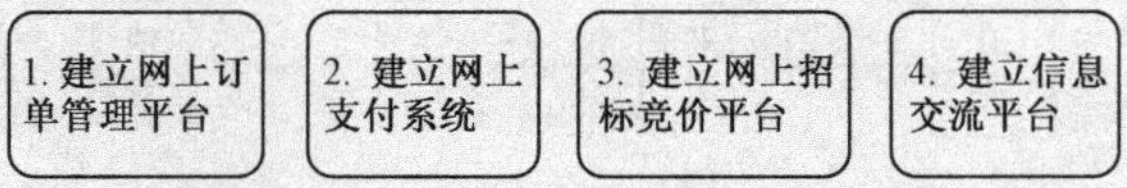

图 8-5　海尔集团的市场快速响应系统

（4）扭转了企业以单体参与市场竞争的局面，使企业通过全球供应链参与国际竞争。

从 1984 年 12 月到现在，海尔集团经历了三个发展战略阶段。第一阶段是品牌战略，第二阶段是多元化战略，第三阶段是国际化战略。在第三阶段，其战略创新的核心是从海尔集团的国际化到国际化的海尔集团，建立全球供应链网络，支撑这个网络体系的是海尔集团的现代物流体系。

海尔集团在进行流程再造时，围绕建立强有力的全球供应链网络体系，采取了一系列重大举措。一是优化供应商网络。将供应商由原有的 2 336 家优化到 978 家，减少了 1 358 家。二是扩大国际供应商的比重。目前国际供应商的比例已达 67.5%，比流程再造前提高了

20%。世界 500 强企业中已有 44 家成为海尔集团的供应商。三是就近发展供应商。海尔集团与已经进入和准备进入青岛海尔开发区工业园的 19 家国际供应商建立了供应链关系。四是请大型国际供应商以其高技术和新技术参与海尔集团产品的前端设计。目前参与海尔集团产品设计开发的供应商比例已高达 32.5%。供应商与海尔集团共同面对终端消费者，通过创造顾客价值使订单增值，形成了双赢的战略伙伴关系。

在抓上游供应商的同时，海尔集团还完善了面向消费者的配送体系，在全国建立了 42 个配送中心，每天按照订单向 1 550 个专卖店、9 000 多个网点，配送 100 多个品种、5 万多台产品，形成了快速的产品分拨配送体系、备件配送体系和返回物流体系。与此同时，海尔集团与国家邮政局、中远集团等企业合作，在国内调配车辆可达 16 000 辆。

海尔集团认为，21 世纪的竞争将不是单个企业之间的竞争，而是供应链与供应链之间的竞争。谁所在的供应链总成本低、对市场响应速度快，谁就能赢得市场。一只手抓住用户的需求，一只手抓住可以满足用户需求的全球供应链，这就是海尔集团的物流创造的核心竞争力。

（资料来源：单凤儒主编的《企业管理》）

案例 8-4　华仔的成长故事八。

华仔从搜集的资料中学习各种优秀企业的先进的管理技术，来提高自己的管理水平。海尔集团关于物流管理的案例对他触动很大，跃跃欲试地想在华信厂一试。父亲让他先订立一个物流管理方面的提纲。

问题与分析：你能帮助华仔设计出物流管理的提纲吗？海尔集团的物流管理技术对华信厂适用吗？

3）BEST 训练运行

按照训练的标准流程运行，各个项目内容必需的时间由各小组具体设定。

（1）训练规则说明（建议时间 15～20 min）。

主要是让学员明白为何要训练，训练什么，训练的目标是什么，训练的规则是什么，如何进行训练，如何进行考核，谁负责，多长时间完成等训练必需的内容。

（2）分组及就职演说（建议时间 15～20 min）。

按照训练规则与班级人数分组，采用角色扮演方式。经过准备后进行就职演说。

（3）上任需面对的问题（本章中的背景案例及可能遇到的各种问题）（建议时间 15～20 min）。

① 背景案例中华仔从海尔集团的物流管理系统中学到了什么？

② 请你帮华仔订立一个物流管理方面的提纲。

③ 请你帮着分析一下：海尔集团的物流管理技术对华信厂适用吗？

④ 如果你是华信厂的一名基层管理者，应做好哪些物流管理工作？

⑤ 帮助华仔整理一下今天的收获。

（4）分析会议与解决方案（建议时间 80～100 min）。

对以上遇到的问题召集小组会议，逐项进行分析，找到解决方案，指定相应成员从以下五个方面进行完善。

① 会议主题：____________________。

② 会议形式：____________________。

③ 时间控制：____________________。

④ 会议结论：____________________。

⑤ 解决方案：____________________。

（5）主管对一天工作述职（建议时间 20～30 min）。

对一天工作的过程描述；目标的实现度；自己是如何做的；不足之处在哪里？如何建议等。

（6）小组讨论点评与活动总结（建议时间 15～20 min）。

成员之间对组长及其他成员进行点评。可从目标实现程度、收获、主要问题、更好的方法是什么等方面进行点评。

（7）讲师点评：按照练习、小结（指出正误）、再练习、再小结直到掌握的程序，对练习进行总结讲评。

（8）对各个小组考核评价（建议时间 20～30 min）。

考核组对各个小组上交的材料，结合考核组对其实际记录及表现进行评价。各个小组需上交给考核组的材料主要有：训练议程安排；人员分组分工及角色扮演名单；各角色的就职演说稿；所面临的问题清单；每个问题的解决方案；会议记录；各角色一天工作的述职报告；经营活动总结报告。考核组对每个小组及个人的实际表现、内容掌握程度、目标实现度等的记录。

8.3.2 能力测试

（1）以某生产企业为例，将企业物流过程画出来，发现企业管理方法与特点，提出你的建议。

（2）请提出生产现场物料管理的建议。

（3）请你用 ABC 管理法对当地某企业（或其他单位）的物资进行分类，并提出不同物资的管理办法。

（4）如果你是企业的库管，请设计一份仓储与库房管理的办法。

8.3.3 成长日记（八）

结合本章所学的知识、方法与 BEST 训练写一篇 800 字以上的成长日记。

知识梳理与总结

本章通过对物流管理的含义、采购的一般流程与管理、仓储与库存管理、运输与配送管理等方面知识与技能的学习，使大家基本上熟悉了物流的基本运行过程与方法，通过介绍几种新型物流管理方法，使大家了解现代企业物流的管理水平，从而掌握现代物流技术；结合相关案例，利用企业模拟训练的方式，使大家将物流管理的理论与方法应用于企业的管理实践之中，达到解决实际问题的目的。

第9章 财务管理

教学导航

教	知识重点	财务管理的任务，资产管理，成本控制与利润管理
	知识难点	资金筹措与投放管理，成本控制
	推荐教学方式	以课堂案例教学与 BEST 训练为主，以课后练习为辅
	教学场所	教室，实训室等
	建议学时	12 学时
学	推荐学习方法	课堂：案例讨论，角色扮演，模拟训练； 课外：课外练习，查询资料，模拟企业演练
	必须掌握的理论知识	财务管理的内涵，企业财务活动，财务管理的任务，资金筹措与投放管理，资产管理，财务活动分析，车间成本控制与利润管理，价值工程分析
	需要掌握的工作技能	熟悉财务管理的内涵，掌握车间成本控制与利润管理的方法，掌握价值工程分析的基本方法
	训练	通过 BEST 训练，利用背景案例和财务管理理论与方法，将本章学习中所遇到的各种财务管理问题与困惑，一一展现出来并加以解决
	考核	形式性考核占 50%（包括流程、时间、角色、需要的书面材料等）；实质性考核占 50%（包括小组及个人的实际表现、内容掌握程度、目标实现度等）

案例 9-1 华源集团的信用危机。华源集团成立于 1992 年，在总裁周玉成的带领下，华源集团到 2005 年总资产已猛增到 567 亿元，资产翻了 404 倍，旗下拥有 8 家上市公司；集团业务跳出纺织产业，拓展至农业机械、医药等全新领域。进入 21 世纪以来，华源集团更以“大生命产业”示人，跃居为中国最大的医药集团。

但是到 2005 年 9 月中旬，上海银行对华源集团的一笔 1.8 亿元贷款到期，此笔贷款是华源集团当年为收购上药集团而贷的。因年初银行信贷整体收紧，作为华源集团最大贷款行之一的上海银行担心华源集团无力还贷，遂加紧催收贷款，从而引发了华源集团的信用危机，国资委遂指定德勤会计师事务所对华源集团做清产核资工作。清理报告显示：截至 2005 年 9 月 20 日，华源集团合并财务报表的净资产 25 亿元，银行负债高达 251.14 亿元（其中子公司为 209.86 亿元，母公司为 41.28 亿元）。另一方面，旗下 8 家上市公司的应收账款、其他应收款、预付账款合计高达 73.36 亿元，即这些上市公司的净资产几乎已被掏空。据财政部 2005 年会计信息质量检查公报披露：华源集团的财务管理混乱，内部控制薄弱，部分下属子公司为达到融资和完成考核指标等目的，大量采用虚计收入、少计费用、不良资产巨额挂账等手段蓄意进行会计造假，导致报表虚盈实亏，会计信息严重失真。

华源集团 13 年来高度依赖银行贷款支撑，在其日益陌生的产业领域，不断“并购－重组－上市－整合”，最终引发整个集团资金链的断裂。其核心原因：（1）过度投资引发过度负债，投资项目收益率低、负债率高，说明华源集团战略决策的失误；（2）并购无重组、上市无整合，说明华源集团的投资管理控制失效；（3）华源集团下属公司因融资和业绩压力而财务造假，应当是受到管理层的驱使。

案例启示：一家企业不论做得有多大，都要做好财务管理，以上案例暴露出来的问题都与财务管理相关。如何进行财务控制、投资决策、资产管理等工作，是企业管理的重要内容。

本章将从财务管理的任务、企业财务活动的介绍入手，通过对筹资、投资、资产、成本与利润管理的知识与方法的学习，逐步使大家熟悉和掌握基层单位的成本控制方法，利用企业模拟训练的方式，达到运用财务管理方法解决实际问题的目的。

9.1 财务管理的含义及主要措施

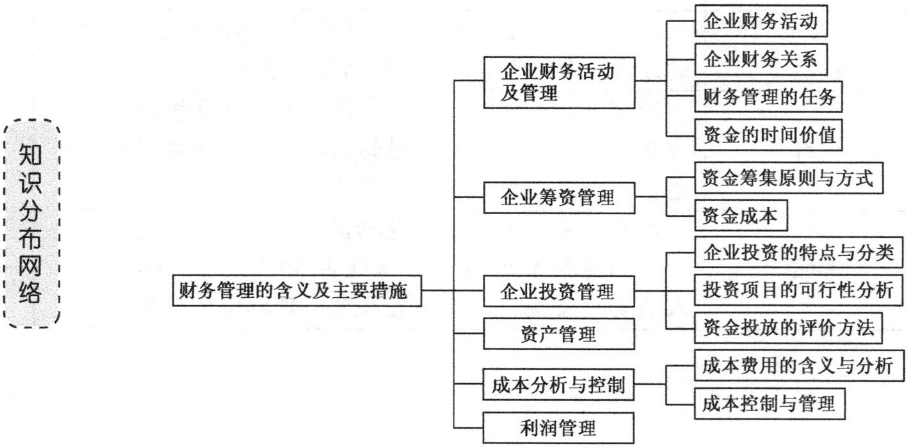

9.1.1　企业财务活动及管理

企业财务是企业财务活动及其所体现的经济利益关系的总称。

1．企业财务活动

企业财务活动又称企业理财活动，是企业为了生产经营需要而进行的筹集资金、投放资金、分配资金以及日常资产管理等活动。

1）筹集资金

企业是以赢利为目的的经济组织，企业为了实现其目的，需要进行生产经营，而实现生产经营的前提条件是具有一定的资金。筹集资金是指企业通过各种方式取得资金的过程。

2）投放资金

投放资金是指将筹集到的资金投入生产经营的过程，又称投资，可分为内部投资和外部投资。对内投资是指对企业自身的投资，包括固定资产投资、项目投资和流动资产投资，外部投资是指企业对其他经济实体进行的投资。

3）分配资金

分配资金主要是收益的分配。企业营业收入和其他收入扣除生产经营过程中发生的各项耗费和损失之后的余额即为企业收益。分配资金就是将这部分收益分别以利息、所得税、利润等形式在投资者和国家之间分配。

4）日常资产管理

日常资产管理是指对企业的固定资产和流动资产等进行的日常管理。目的是提高资产的使用效率，降低成本，使企业获得较高的经济效益。

2．企业财务关系

企业的财务关系是企业在筹集资金、运用资金和分配资金过程中与各方面发生的经济利益关系。在市场经济条件下，企业的财务关系主要有以下几个方面。

（1）企业与企业所有者之间的财务关系。企业与所有者之间的财务关系是各种财务关系中最根本的财务关系，这种关系是企业所有者对企业投入资金和参与企业收益分配而形成的投资和分配关系。

（2）企业与债权人及债务人的财务关系。这主要是指企业与金融机构，以及其他单位或个人之间的债权、债务关系。

（3）企业与国家的财务关系。这主要是指企业按税法规定向国家交纳税金的关系。

（4）企业与内部职工之间的财务关系。这主要是指企业向职工支付工资、劳保及福利方面的报酬，体现企业与职工之间的按劳分配关系。

此外，还有企业通过对外投资、横向联合、融资租赁等活动而产生的企业与其他经济主体间的财务关系。

3．财务管理的任务

企业财务管理的任务主要体现在以下五个方面。

（1）合理筹措资金，及时满足需要。资金是企业赖以生存和发展的前提条件。财务管理的首要任务是从各方面合理筹措资金，满足企业生产经营对资金的需要。

（2）统一规划企业的长短期投资，合理配置企业资源。确定企业的投资方向和投资规划，制定企业长短期投资计划，并据此进行项目投资决策，是财务管理的核心任务之一。

（3）加强资金日常管理，提高资金使用效率。具体包括：保持资金的收支平衡；及时处理企业的临时闲置资金，以获取短期投资收益；加强对存货、应收账款的管理，提高企业的资金周转速度，以节约资金，提高资金使用效率；提高生产效率，降低消耗，节约费用开支。

（4）合理分配收益，协调经济利益关系。

（5）进行财务监督，维护财经纪律。

4．资金的时间价值

1）资金时间价值的含义

资金时间价值是指一定量资金随着时间的推移发生的增值。一般的表现形态有终值和现值。终值也叫将来值，是指一定量的资金在未来某一时间点上的价值，俗称本利和。现值又称本金，是指未来某一时点上的一定量的资金折合为现在的价值。现代管理中的资金价值一般都是用复利进行计算的。

2）资金时间价值计算

这里简单介绍复利终值与复利现值的计算。

复利终值是一定量的本金按照复利计算若干期后的本利和。计算公式如下。

$$S=P(1+i)^n$$

复利现值：是未来某一时间点上的资金，按照一定的利率折算成现在时刻的值。计算公式如下。

$$P=S/(1+i)^n$$

其中：S为复利终值；P为复利现值；i为利率；n为时间期

案例 9-2 某企业进行工程建设，向银行贷款100万元，年利率为10%，两年后一次还清，该企业两年后应还款多少万元？

解 已知P=100，i=10%，n=2，则代入公式$S=P(1+i)^n$，得S=121（万元），即企业两年后应还款121万元。

复利现值的计算也是同样的道理，只是使用的公式是$P=S/(1+i)^n$。

9.1.2 企业的筹资管理

资金是企业进行生产经营活动的必要条件，企业创建、购买生产要素、进行日常生产经营活动，都不能没有资金。

1．资金筹集原则

（1）满足需要原则。要以满足生产经营需要为首要原则，太多或太少都会影响企业的效益。

（2）低成本原则。资金筹集要经过筹资成本与效益分析后，选择资金成本低而效益高的渠道和方式为宜。

（3）合法性原则。资金筹集过程中，企业应树立法制观念，用合法的手段、合法的渠道与方式，取得合法资金，投入合法用途。

（4）稳定原则。尽可能取得期限较长的借款；尽可能使用稳定的筹集渠道和方式。

2．资金的筹集方式

（1）吸收直接投资。企业按照共同经营、共担风险、共享利润的原则直接吸收国家、法人、个人、外商投入资金的一种筹资方式。

优点：简便、快捷，可以在较短的时间内迅速筹集到资金；财务风险较低；出资方式机动性较大，可以是现金、实物或无形资产。缺点：其中的权益性出资容易分散企业的控制权，造成筹资成本较高。

（2）长短期借款。企业通过向银行和其他金融机构等借款是企业筹资的重要方式之一。借款的成本包括以下内容：银行贷款利息；银行手续费；抵押贷款时抵押品的评估、确认等费用。银行利率的高低视申请贷款企业财务状况及信誉等级而定。

（3）接受国家投资。对于国有企业（特别是国有独资企业），可直接接受国家财政资金用于建设。

（4）发行股票。对于股份有限公司，可通过向社会发行股票的方式筹集资金。我国对股份有限公司及股票发行有严格的法律规定，详见现行的《公司法》规定。

（5）发行企业债券。企业依照法定程序发行有价债券，约定在一定时期内还本付息。其可以在证券市场上流通转让。

（6）融资租赁。出租方将固定资产（主要指设备）出租给承租者（企业）使用，并向承租者收取一定租金（租金包括设备价款、租赁手续费、垫资利息等），于租赁期满付清租金后，将固定资产的所有权转给承租方的交易行为。其实质是企业向租赁公司分期付款购买固定资产。

（7）商业信用。商品交易中延期付款或交货而形成的借贷关系，是企业之间的一种直接信用行为。商业信用是企业经常使用的一种筹资方式。商业信用最原始、最典型、最主要的方式是应收账款，此外还有应付票据和商业承兑汇票等。

3．资金成本

资金是企业从事生产经营活动的必备要素，它与物化劳动一样，也必须要花费成本才能取得。企业为筹集资金与使用资金所付出的代价，称为资金成本。资金筹集的费用包括发行股票和债券的注册费、印刷费、代办费、借款的手续费等；资金使用费包括利息、股利等。

资金成本是资金时间价值的表现，它实质是市场经济条件下转让资金使用权而发生的资金使用者向资金所有者支付的费用。

资金成本是企业选择资金来源、拟定筹资方案的依据；资金成本是评价投资项目可行性的主要经济标准；也是评价企业经营成果的依据之一。

资金成本在实际工作中习惯用相对数表示，也就是使用资金所负担的费用与筹集资金净额的比率，称为资金成本率。一般地，企业筹集资金成本率如果低于使用资金后的收益率，就是比较可行的。计算公式如下。

资金成本率=资金占用费/（筹资总额－资金筹集费）

9.1.3 企业投资管理

所谓投资是为取得能带来收益的某种资产而对现有资产所做的投放。投资是为实现企业发展过程中某一阶段的具体目标而投入的数额较大的资金。

1．企业投资的特点

（1）影响时间长。用于企业更新改造和产品开发的投资是在将来发挥作用的。一般的投资项目要经过投资准备期、投资建设期、生产期和投资回收期，从投资准备到生产投入一般需要3年以上，投资全部收回需要更长时间。

（2）涉及范围广。企业投资既涉及企业外部环境，又涉及企业内部条件。

（3）需要资金数额较大。企业的投资决策是企业高层决策。它决定企业未来的发展方向、速度与规模，确立较长时间的经济效果，涉及企业整体发展战略，所以一般投入的资金较多。

（4）遭受风险大。由于企业投资影响时间长，涉及范围广，需要资金多，势必使企业遭受较大风险。

2．企业投资的分类

（1）按照构成企业资金的性质，可以分为固定资产投资、流动资金投资和专用基金投资。

（2）按资金的时间性质，可分为长期投资、中期投资和短期投资。

（3）按投资对象的不同，可分为市场开发投资、新产品开发投资、设备更新投资、人才开发投资和证券投资等。

3．投资项目的可行性分析

企业将资金投向哪一个项目，对企业未来的发展具有深远的影响。因此，需要进行投资项目的可行性分析与研究。企业在资金的投向上一般要考虑如下要求。

（1）企业的资金投向要与本企业的发展方向和发展阶段相适应。

（2）项目投资是必要的。

（3）该项目在市场上是有需求的。

（4）项目生产是可能的。

（5）项目的技术设计是合理的。

（6）项目在经济、财务上是赢利的。

据以上内容，综合评价出企业在投资项目上是否可行。

4．资金投放的评价方法

从财务角度分析，资金投放评价有多种方法，如投资回收期法、净现值法、内部收益率法等，可以单独使用，也可几种方法综合运用。这里只简单介绍投资回收期法。

投资回收期=投资总额/年平均收益值

在使用投资回收期公式时，如果要考虑资金的时间价值，就可将不同年份的投资按照复利计算公式折合在初始年度进行加总，企业各年的收益值同样用复利计算公式折合为初始年度现值加总后平均，再使用以上公式即可。

9.1.4 资产管理

1. 固定资产管理

（1）固定资产，是指使用年限超过一年，单位价值在规定的标准以上，并且在使用过程中保持原有物质形态，其价值逐步转移到产品中去的资产，包括房屋、建筑物、机器设备、运输设备、工具、器具等。使用年限不足一年，单位价值在规定标准以下的劳动资料属于低值易耗品。

固定资产的计价有以下三种形式，每种形式都有一定的用途。

① 原值，表示固定资产的原始投资。

$$原值=建造（或外购）价+运费+安装费+包装费$$

② 重置价值，是重新估计时，重建或购置与原物基本相同的固定资产所需要的费用。

③ 净值，是固定资产原值减去累计折旧后的净额。

$$净值=原值-折旧累计额$$

（2）固定资产折旧，指固定资产在使用过程中损耗的价值。不同的企业、不同的固定资产都有不同的计算折旧的方法。

（3）固定资产控制。主要抓好以下几个方面。

① 建立健全固定资产日常控制的各项基础工作。固定资产的基础工作包括：编制固定资产目录；建立固定资产卡片和登记簿等。

② 实行固定资产的归口分级管理制度。企业在厂长经理的领导下，按照固定资产的不同类别和使用特点，实行固定资产由职能部门具体归口管理。在此基础上，再根据固定资产的使用地点，把管理责任层层落实到车间、班组和个人。

③ 财务部门在固定资产控制中的工作主要是参与固定资产投资的使用、项目验收的预测与决策，监督固定资产的流入与流出，报废清理和清查盘点，促进企业不断提高固定资产的利用效果。

2. 流动资产管理

（1）流动资产，是指企业在一年或超过一年的一个营业周期内变现或耗用的资产。

（2）流动资产的管理。整体目标是在一个经营期内如何用最少的资金进行周转，实现企业最大效益，加快资金周转。具体目标有以下三个方面。

① 现金管理。其目标主要有两个：一是现金数量必须保证生产经营所需；二是尽量降低企业闲置资金的数量，降低资金成本。

② 应收账款管理。其目标是在对应收账款的收益和风险进行分析的基础上，寻求企业综合效益的最大化。

③ 存货管理。存货主要表现为原材料、在制品、成品等形态，是流动资产占用比例最大的项目。存货管理的目标就是既要保证生产经营的需要，又要最大限度地减少库存，降低存货占用资金额度。

（3）流动资产的控制包括如下三个方面。

① 建立流动资产归口分级控制责任制。在厂长经理的领导下，以财务部门为中心，按照流动资产周转所处阶段，将流动资产落实到有关使用部门进行管理，并由各使用部门按流动资产的用途将流动资产的各项指标进行分解，层层落实，实行归口分级控制责任制，明确各级、各部门和个人控制流动资产的职责范围。

② 确定流动资产控制的具体方法如下。

◆ 货币资金的控制，可采取如下措施：合理编制现金收支预算；采取恰当的收账方法；制定适当的现金流量管理策略，有效的加速现金的回收；在不影响信用的前提下，适当延缓现金的支付；严格遵守现金管理的有关规定，合理控制现金开支的范围和支出数量；加强对短期投资的管理，提高短期资金的使用效率。

◆ 应收账款的控制，可采用以下措施：有效确定客户的信用风险程度；根据客户信用程度，规定信用额度；遵守有关结账的法规。

③ 存货控制，可采用如下措施：加强材料采购、库存及消耗的管理；控制投产的时间及批量，组织好生产的成套性及均衡性问题，加强半成品库的管理；加强成品销售合同、库存成品、成品结算的管理。

9.1.5 成本分析与控制

1. 成本费用的含义与分类

（1）成本费用的含义。成本是企业为生产产品和提供服务而发生的各种耗费；费用是企业一定时期内在生产经营过程中发生的各种耗费。成本是以产品或服务为对象计算的，费用是按照某个过程或时间段计算的。成本费用管理就是对企业生产经营过程中，所有费用的发生和产品成本的形成所进行的计划、控制、核算、分析和考核等一系列工作的总称。

（2）成本构成。企业中产品成本的构成按照其形成过程中包括的范围而不同，分为车间成本、工厂成本、全部成本，如表 9-1 所示。

表 9-1 生产性企业产品成本构成

<table>
<tr><td>原材料
燃料、动力
工资及附加费
废品损失
车间经费（车间发生的各种技改、加工、管理费用）</td><td>车间成本</td><td rowspan="2">工厂成本</td><td rowspan="3">全部成本</td><td rowspan="3">销售价格</td></tr>
<tr><td colspan="2">企业管理费（企业发生的管理、财务费用）</td></tr>
<tr><td colspan="3">销售费（企业发生的各种销售费用）</td></tr>
<tr><td colspan="5">税金、利润</td></tr>
</table>

（3）对成本费用的分类有多种，这里只简单介绍按照生产费用与产量的关系进行的分类。

① 固定成本。在一定的条件下，其总额不随产量的变动而变动的成本，如固定资产折旧、企业管理费等。

② 变动成本。在一定的条件下，其总额随产量的变动而变动的成本，如材料费、直接工资等。

③ 混合成本。介于固定与变动成本之间的成本，需要对其分摊。

2．成本管理

（1）成本管理，是指企业如何降低成本，实施成本控制而做的一系列工作。

（2）降低成本的基本途径如下所述。

① 节约各种材料消耗，加强车间与班组管理，减少、降低废品。

② 不断提高生产效率。

③ 减少、降低设备故障，提高设备利用率。

④ 加强、改善经营管理水平，减少管理费用和非生产性支出。

⑤ 其他降低成本的途径。

（3）成本控制，实质上是确定成本目标、执行成本计划、发现成本差异及时纠正偏差的过程。成本控制的方法一般是按照事前控制（制定成本限额、健全组织机构、成本责任制、宣传鼓励）、事中控制（全面执行成本计划、落实责任）、事后控制（分析差异、查明原因、纠正偏差）的思路进行的。

① 直接材料控制。直接材料在工业产品中占有相当大的比重，控制直接材料费用的开支是成本开支的关键。直接材料控制可从以下两方面入手。

一方面控制材料的消耗量。对有材料消耗定额的，应采用定额控制，严格实行定额领料；对没有也不需要消耗定额的材料，应实行金额控制。加强下料管理，搞好废料的回收和综合利用。

另一方面控制材料采购成本。选择稳定的能提供质优价的供货商；合理选择采购地点和运输路线，节约运输费用。此外，开发新的材料资源，寻求质优价廉的代用材料，也是降低材料消耗的有效途径。

② 直接人工费用的控制。直接人工费用的控制是要搞好劳动定员和劳动定额，消除人浮于事的情况；科学派工，防止窝工损失，提高工时利用率。在计算工资时，必须有健全的考勤记录、工时记录和产量记录；职工的工资增长幅度应低于劳动生产率的增长幅度，劳动者的收入与其劳动成果和企业的经济效益挂钩。

③ 制造费用的控制。企业制造费用的控制因其构成内容不同而采取不同的控制方法。对制造费用中的变动或半变动费用，可采取定额控制的方法，即按每一单位产量核定耗用量；对于固定部分的费用可采用限额控制的办法，通过编制固定预算，将预算控制指标下达到每个部门包干使用。

④ 期间费用的控制。期间费用的控制要抓好两个方面：一方面对期间费用项目指标实行分级归口管理，明确责任单位；另一方面正确制定费用定额和费用指标作为各项费用控制的标准。

9.1.6 利润管理

1．利润构成

简单来说，企业的利润是由各类收入减去各产品的总成本与其他支出、再减去各类税金后的余额，是企业在一定时期内生产经营活动的最终财务结果。按照我国企业会计准则的规定，企业的利润一般包括营业利润、投资净收益、营业外收支净额三部分，如表 9-2

表9-2　企业利润构成

序　号	项　目
一（营业利润）	1. 主营业务收入（+）
	2. 其他业务收入（+）
	3. 主营业务成本（–）
	4. 其他业务支出（–）
	5. 流转税金（–）
二（投资净收益）	1. 投资收益（+）
	2. 投资损失（–）
三（营业外收支净额）	1. 营业外收入（+）
	2. 营业外支出（–）
四	利润总额（第一项+第二项+第三项）
五	所得税（–）
六	利润净额（第四项－第五项）

所示。用公式表示为：

利润总额=营业利润+投资净收益+营业外收支净额。

2．增加利润的途径

（1）不断挖掘潜力，努力降低成本。

（2）提高生产效率，增加符合社会需要的产品产量。

（3）通过提高产品品质来提高价格和减少、降低废品。

（4）积极开辟合法财源增加投资收益和营业外收入。

（5）提高各类资金的利用效果，降低各类财务费用。

（6）以市场为导向，努力开发新产品，以满足市场需要。

（7）其他途径。

3．利润的分配

按照税法的规定，企业取得利润后，先要向国家缴纳所得税，剩余部分为净利润，在企业、投资者和职工之间分配。企业在缴纳所得税后的净利润，除国家另有规定外按照下列顺序分配。

（1）被没收财务损失、支付各项税收的滞纳金和罚款。这是企业由于违反税法等行为而支付的惩罚性支出，应由税后利润支付。

（2）弥补以前年度的亏损。

（3）提取法定盈余公积金。其按照税后利润扣除前两项后的10%的比例提取。

（4）提取公益金。按照现行制度规定，公司制企业按照税后利润的 5%～10%的比例提取法定公益金，主要用于职工的集体福利设施支出。

（5）提取任意盈余公积金。可按照公司章程或经股东大会决议，提取任意公积金。

（6）向投资者分配利润或股利。分配时，应按照投资比例进行分配。

上述利润分配的逻辑关系是：企业以前年度亏损未弥补完，不得提取盈余公积金与公益金；在提取盈余公积金和公益金前，不得向投资者分配利润。

9.2 财务分析方法应用

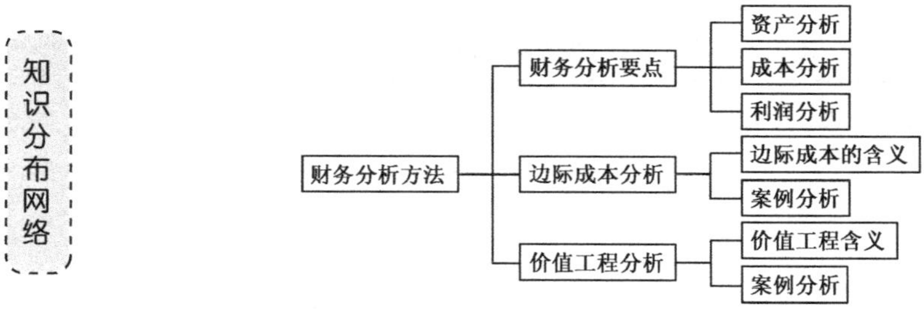

9.2.1 财务分析要点

1. 资产分析

企业的生产经营活动实际上是各项资产的运用过程。企业的经营能力和状况，可以通过各项资产的周转以及结构比例来反应。企业资金周转快，说明企业资金管理水平高，企业经营能力强。而资金周转速度的快慢，与资金的合理分布和结构密切相关。企业只有根据行业及企业自身经济运行规律，合理地把资金分布在各项资产上，资金周转才能顺利实现。资产分析主要有流动资产分析（流动资产周转速度快为佳）；固定资产分析（固定资产利用效益越大越好）；资产使用效果分析（企业资产的赢利水平或获利能力越高越好）。资产分析的方法与指标有许多，这里就不详述了。

2. 成本分析

增收节支是提高企业经济效益的重要途径，而节支最重要的是要降低产品成本与费用。通过成本费用分析，可以分析企业成本费用升降的因素及原因，以便采取有效措施降低成本费用，挖掘成本费用降低的潜力，提高经济效益。对成本分析的方法有多种，如产品成本计划完成情况分析，可比产品成本降低程度分析，主要产品单位成本的分析，以及边际成本分析等，在下面将重点介绍边际成本分析。

3. 利润分析

企业利润分析包括两方面的内容：利润总额分析（主要是利润总额的增减变动分析与利润总额组成结构的分析）；利润率分析（主要是通过产值、成本、销售、资金等指标与利润之间的关系进行分析）。通过分析发现增加利润的方法与途径。

9.2.2 边际成本分析

边际成本分析的公式为：$边际成本=\dfrac{成本变化}{产量变化}$。

边际成本是指由于产品产量变化而引起成本的变化，在原有基础上每增加一个单位产品所增加的成本的多少。一般的，在成本的构成中，可变成本是和产品的产量直接相关的。通过下面的案例来说明边际成本分析的重要意义。

案例 9-3　某厂接受某用户一批专用特型钢管的加工订货，要求为其加工 2 000 根钢

管，加工单价 50 元/根，该厂的财务部门对本次加工产品的成本进行了核算，如表 9-3 所示。后来用户又提出增加 500 根的订单，但其出价只能为 40 元/根，请问后面的 500 根订货能否接受？为什么？

表 9-3　2000 根产品成本构成　　单位（元）

费用项目	总成本	平均成本	成本性质
研制费	11 600	5.80	固定
设备改装费	15 600	7.80	固定
工资	23 400	11.70	可变
材料	27 200	13.60	可变
电力与材料处理	3800	1.90	可变
管理费	7800	3.90	固定
合计	89 400	44.70	

解　分析表 9-3 后，我们看出该厂生产 2 000 根钢管时，每根的加工成本为 44.70 元/根。订单价格为 50 元/根，可获利。而客户提出追加 500 根订货的要求，从表面上看是不合理的，如表 9-4 所示。

表 9-4　2000 根与 2500 根产品成本构成比较　　单位（元）

费用项目	2000 根		2500 根	
	总成本	平均成本	总成本	平均成本
研制费	11 600	5.80	11 600	4.64
设备改装费	15 600	7.80	15 600	6.24
工资	23 400	11.70	29 250	11.70
材料	27 200	13.60	34 000	13.60
电力与材料处理	3800	1.90	4750	1.90
管理费	7800	3.90	7800	3.12
合计	89 400	44.70	103 000	41.20

从表 9-4 中可以看出，2 500 根钢管每根平均成本为 41.20 元，高于用户出价（40 元/根），似乎不应接受用户的订货。但若用边际成本分析就能得出正确的结论。

由于研制费、设备改装费和管理费是固定不变的，即生产 2 000 根也好，2 500 根也好，以上三种费用固定不变。变化的是工资、材料、电力与材料处理费用。由于增加了 500 根产量，使成本相应增加。

工资增加：29 250−23 400=5 850（元）

材料增加：34 000−27 200=6 800（元）

电力与材料处理费增加：4 750−3 800=950（元）

总增加成本：5 850+6 800+950=13 600（元）

则追加的 500 根订货，每根只需成本为

$$\text{边际成本}=\frac{\text{成本变化}}{\text{产量变化}}=13\,600\div 500=27.20\text{（元）}$$

也就是说从 2 000 根产量起，每增加一根的成本是 27.20 元，它远远小于 40 元这个

数，企业应该接受订货。

企业接受 2 000 根时利润为

50 × 2 000−89 400=10 600（元）

企业在接受 2500 根订货时利润为

（50 × 2 000+40 × 500）−103 000=17 000（元）

利润增加：17 000−10 600=6400 元

增加的利润 6 400 元也可以用下式计算：500 ×（40−27.2）=6 400（元）

9.2.3　价值工程分析

价值工程（VE），就是通过对产品或作业进行功能成本分析，以最低的产品寿命周期成本，生产出在功能上能充分满足用户需要的产品，从而获得最大经济效益的一种方法。

1．价值的含义

这里所讲的价值，主要是从用户的角度考虑，购买此产品“值不值”。用户在购买产品时以下面的公式来评价“值不值”。

$$价值（V）=\frac{功能（F）}{成本（C）}$$

上式说明价值的高低决定于产品功能的大小和成本的高低。功能与价值成正比，在成本不变的情况下，功能大，价值就大，功能小，价值就小。成本与价值成反比，在功能不变的情况下，成本大，价值就小，成本低，价值就大。

2．产品功能

产品功能是指产品所具有的特定用途和使用价值。用户购买产品的目的就是为了得到产品的功能。如手表的主要功能：显示时间。产品的功能又是通过其不同的零部件的功能来实现的，我们可以将产品功能作为目的，而将零部件的功能作为手段，一层层分解下去。在企业的产品制造过程中，“目的是重要的，手段是可以广泛选择的”。

3．产品成本

在这里指产品寿命周期成本，从研制、设计、制造、使用到报废的整个时期。一般包括以下两种成本：

（1）生产制造成本。

（2）使用成本（用户使用中所支出的能源消耗、维修费用等）。

4．价值工程的含义

价值工程就是怎样以最少的产品成本得到最大的产品功能的活动。

（1）致力于提高二者的比值。

（2）以功能分析为核心。

5．价值系数

价值系数由以下三个公式来计算得出：

$$功能评价系数=\frac{某零件的功能分数}{全部零件的功能分数}$$

$$成本系数=\frac{某零件成本}{总成本}$$

$$价值系数=\frac{功能评价系数}{成本系数}$$

价值系数是用来评价整个产品是否为用户最喜欢的重要指标。我们通过以下的实例来说明价值工程分析的重要意义。

案例 9-4 某企业专门生产简易暖水瓶，为了使顾客对产品更加喜欢，企业对暖水瓶进行了价值工程分析，聘请了几位专家和用户对暖水瓶的各个零件进行功能重要性分析与评价，大家的意见为：暖水瓶由瓶胆、瓶壳、瓶塞、橡皮托、壳底、螺钉、螺母等七种零件组成，其中瓶胆比其他零件都重要，瓶壳次之，瓶塞第三，……，最不重要的是螺母。已知实际的制造成本为 20 元，如表 9-5 所示。

表 9-5 暖水瓶各个零部件实际成本构成 单位（元）

功能	瓶胆	瓶壳	瓶塞	瓶托	瓶底	螺钉	螺母
成本	10	5	1	1	1	1	1

问题：（1）如果要使产品更有价值（用户更喜欢），而不增加成本，应如何调整成本，使各个零部件的功能更符合价值要求。

（2）如果计划使成本降低为 15 元，应如何进行成本分析与控制。

解 计算结果如表 9-6 所示。

（1）功能重要性程度得分见 9-6 表中①，其数值是由专家和用户打分得出的。

（2）零件功能评价系数② $=\frac{①}{\sum ①}$，例如，瓶胆的功能系数=7 ÷ 28=40%=0.25。表示瓶胆这个零件的功能重要性占 40%。

表 9-6 零件成本降低期望值计算

	功能得分①	功能系数②	实际成本③	成本系数④	价值系数⑤	按实际成本调整⑥	按实际成本调整后关系⑦	目标成本⑧	降低期望值⑨
瓶胆	7	0.25	10	0.5	0.5	5	−5	3.75	−6.25
瓶壳	6	0.21	5	0.25	0.84	4.2	−0.8	3.15	−1.85
瓶塞	4	0.14	1	0.05	2.8	2.8	1.8	2.1	1.1
壳底	3	0.11	1	0.05	2.2	2.2	1.2	1.65	0.65
螺钉	2	0.07	1	0.05	1.4	1.4	0.4	1.05	0.05
螺母	1	0.04	1	0.05	0.8	0.8	−0.2	0.6	−0.4
合计	28	1.00	20	1.00	/	20	0	15	5

（3）成本系数④ $=\frac{③}{\sum ③}$，例如，瓶胆的成本系数=10 ÷ 20=50%=0.5。表示瓶胆这个零件的实际制造成本占产品总成本的 50%。

（4）价值系数⑤=$\frac{\text{②}}{\sum \text{④}}$，例如，瓶胆的价值系数=0.25 ÷ 0.5=50%=0.5。表示瓶胆这个零件的价值有 50%的功能需要加强或有 50%的成本需要降低。

价值分析：如果功能价值系数等于 1，表示功能程度和成本程度相当，很合适。

V>1，表示只花费很少的资金就可以体现出这种功能，只有功能增加才能满足用户需要，因此要增加成本。

V<1 表示功能价值只有一定程度，而在此功能上花费的成本太高了，需要降低。因此，凡是 V<1 的功能零件都应是价值功能分析的对象，需要降低成本。成本要降低多少才符合要求？一般是用目标成本与实际成本比较，得到各个零件的成本差异。

（5）可以使用功能系数调整实际成本。

按实际成本调整⑥=③ × ⑤，例如，瓶胆这个零件，按照实际成本调整后的成本应为 10 × 0.5=5。

分析说明：在实际成本不变时，重新调整的情况，见表 9-6 中的⑥列。

（6）在不增加成本的条件下，应调整成本的期望值。分析如下。

按实际成本调整后关系，⑦=⑥−③，例如，瓶胆这个零件的成本应降低 5（元）；瓶壳这个零件的成本应降低 0.8（元）；瓶塞这个零件的成本应增加 2.6（元），以加强其实际功能价值；以此类推，⑦列中的负值为应降低的成本额，正值为应增加的成本额。

本例中如果将产品总成本降低为 15 元，同样可以计算出每个零件的目标成本及成本降低的期望值，见表 9-6 中的⑧、⑨列。

（7）目标成本计算⑧=② × Σ 目标成本。

（8）成本降低期望值⑨=⑧−③。

成本分析：当目标成本为 15 元时，根据各个零部件的功能评价，就可计算出每个零件应有成本，如表 9-6 中的⑧列所示。对照产品各个零件的实际成本，就可计算出成本降低期望值，如表 9-6 中的⑨列所示。由此找出产品价值功能分析的对象，本例中的瓶胆、瓶壳、螺母三个零件，它们需要降低成本 6.25 元、1.85 元、0.40 元，如何降低呢？要依靠技术与管理水平；本例中其他零件都不同程度的需要增加一些成本来完善各自功能，以提高价值。

通过本例的学习，使大家能明白企业产品的价值主要是由用户来评判的。如何提高产品价值，提升产品功能，降低成本是企业生产经营者的目标。通过价值工程分析来控制成本、提高功能价值是企业常用的方法。

9.3　BEST 训练（管理者的一天）

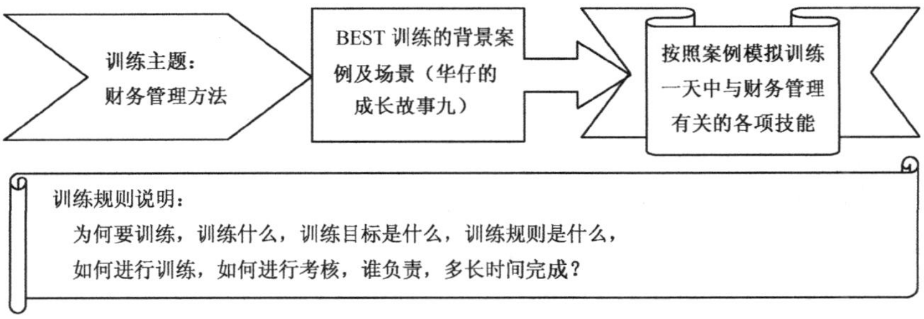

训练运行：分组及就职演说；上任需面对的问题（将背景案例中遇到的各种管理问题一一列出）；分析会议与解决方案（会议主题、形式、解决方案）；述职与小组讨论点评；讲师点评。

对各个小组考核评价。

考核标准：形式性考核占50%（包括流程、时间、角色、需要的书面材料等）；实质性考核占50%（包括小组及个人的实际表现、内容掌握程度、目标实现度等）。

能力测试：

目标实现度，差异性，如何提高？

9.3.1 活动安排

1）BEST 训练规则

BEST 训练规则见第1.4.1节中的BEST训练规则。

2）背景案例及场景

案例9-5 华仔的成长故事九。

华仔在华信厂了解到，工厂一直以来实行的是计件工资制，工人们的工作积极性很高，在建厂初期确实收到了非常好的效果，但是，随着规模的不断扩大，这种计件工资制也带来了许多负面的影响。例如二车间有几个工人在这三月内，每月的工件量都达到最高，工资也就最多。而车间张主任却说这几个工人生产工件的废品率也在成比例地增加。实际上对工厂来说，每增加一个废品，浪费的材料、设备折旧、消耗、管理等费用就会增加，这样一来，分摊到每件合格品上的成本就会增加。工人们只关心生产的工件量，而不关心成本是有问题的。如何解决这个问题呢？华仔请教了实习企业的王厂长。王厂长说：在我们机械厂执行的也是计件工资制，但我们实行的是差额计件工资制。具体来说就是在严格测定的基础上，将每件产品所需的原材料、能源消耗、机器折旧、设备工时、管理费等构成产品成本的费用，计算出每件产品在每道工序上的定额成本，然后同工人在实际生产中所形成的实际成本进行比较。如果实际成本高于定额成本，说明是由于工人个人原因致使产品成本增加，差额部分由工人个人全额赔偿；如果实际成本低于定额成本，说明是由于工人个人努力的结果使产品成本降低了，差额部分全部奖励给工人个人。

原来的计件工资计算公式为：

工人月收入=产品实际产量×每件产品的工资率。

差额计件工资计算公式为：

工人月收入=产品实际产量×每件产品的工资率±奖赔金额。

华仔听了王厂长的话，兴冲冲地回到华信厂，要对企业进行一次节能降耗，提高效益的改革。

3）BEST 训练运行

按照训练的标准流程运行，各个项目内容必需的时间由各小组具体设定。

（1）训练规则说明（建议时间15～20 min）。

主要是让学员明白为何要训练，训练什么，训练目标是什么，训练规则是什么，如何进行训练，如何进行考核，谁负责，多长时间完成等训练必需的内容。

（2）分组及就职演说（建议时间 15～20 min）。

按照训练规则与班级人数分组，采用角色扮演方式。经过准备后进行就职演说。

（3）上任需面对的问题（本章中的背景案例及可能遇到的各种问题，建议时间 15～20 min）。

① 背景案例中华仔怎样才能执行差额计件工资制？

② 对于各个部门人员华仔能执行差额计件工资吗？

③ 对于成本控制，你有什么办法？

④ 帮华仔制定一份完整的降低成本计划。

⑤ 如果你是一个基层管理者，应从哪些方面入手来提高企业的效益？

⑥ 帮华仔整理一下学习财务管理的收获。

（4）分析会议与解决方案（建议时间 80～100 min）。

对以上遇到的问题召集小组会议，逐项进行分析，找到解决方案，指定相应成员从以下五个方面进行完善。

① 会议主题：____________________。

② 会议形式：____________________。

③ 时间控制：____________________。

④ 会议结论：____________________。

⑤ 解决方案：____________________。

（5）主管对一天工作的述职（建议时间 20～30 min）。

对一天工作的过程描述；目标的实现度；自己是如何做的；不足之处在哪里，如何建议等。

（6）小组讨论点评与活动总结（建议时间 15～20 min）。

成员之间对组长及其他成员进行点评。可从目标实现程度、收获、主要问题、更好的方法是什么等方面进行点评。

（7）讲师点评：按照练习、小结（指出正误）、再练习、再小结，直至掌握的程序，对练习进行总结讲评。

（8）对各个小组考核评价（建议时间 20～30 min）。

考核组对各个小组上交的材料，结合考核组对其实际记录及表现进行评价。各个小组需上交给考核组的材料主要有：训练议程安排；人员分组分工及角色扮演名单；各角色的就职演说稿；所面临的问题清单；每个问题的解决方案；会议记录，各角色一天工作述职报告；经营活动总结报告。考核组对每个小组及个人的实际表现、内容掌握深度、目标实现度等的记录。

9.3.2 能力测试

（1）以当地某个企业为例，调查说明其财务活动与财务关系有哪些。

（2）你认为企业财务管理的任务是什么？

（3）如果需要你筹集 20 万元资金，你能想到有哪些办法？

（4）请你调查某企业的产品，根据产品的成本构成，提出节约成本的具体方法。

（5）如果你有一些资金（如有 100 万）你将做什么，如何做才能实现你的想法。

（6）A 工厂与 B 企业商定为其制作加工 20 000 件型号特殊的产品，单价为 20 元，在制作加工 20 000 件产品时，B 企业又要求增加 10 000 件，但单价只出 10 元。A 工厂计算出其成本构成如表 9-7 所示，请用边际成本分析法分析是否应接受后 10 000 件订货。

表 9-7　某产品成本构成　　单位（元）

费用项目	20 000 件成本	成本性质
研制费	15 700	固定
改装费	16 300	固定
工艺技术费	25 000	固定
工资	38 500	变动
材料	158 000	变动
电费	25 400	变动
管理及杂费	15 000	固定
合计	293 900	

（7）对某产品进行分析，各种零件功能进行评价后所得总分值及各零件功能的实际成本，如表 9-8 所示。假定目标成本为 500 元，试计算出各零件功能评价系数、成本系数、价值系数和改善的成本期望值，并确定价值分析对象，进行价值功能分析。

表 9-8　某产品各零件功能、成本构成　单位（元）

序号	零件	所得分	实际成本	目标成本
1	A	25	150	
2	B	20	50	
3	C	30	200	
4	D	45	120	
5	E	20	20	
6	F	10	60	
合计		150	600	500

9.3.3　成长日记（九）

结合本章所学的知识、方法与 BEST 训练写一篇 800 字以上的成长日记。

知识梳理与总结

本章通过对企业财务活动、财务关系、财务管理的任务与资金的时间价值的介绍，使大家对财务管理有了基本的认识与理解；从企业的资金如何筹集、如何投放、如何使用、如何控制等方面，详细介绍了财务管理的内容与方法；用边际成本分析与价值工程分析的案例，使大家学会财务管理方法的具体应用；用模拟训练的方式将所学知识与方法运用于实际之中，通过自主学习与系统的考核，达到理解财务管理内涵，掌握财务管理方法（特别是成本控制方法），并解决实际问题的目的。

第10章 技术设备管理

教学导航

教	知识重点	工艺技术管理内涵，设备的使用、点检和保养
	知识难点	基层设备管理方法
	推荐教学方式	以课堂案例教学与 BEST 训练为主，以企业现场观摩为辅
	教学场所	教室、实训室等，企业管理现场
	建议学时	12 学时
学	推荐学习方法	课堂：案例讨论，角色扮演，模拟训练； 课外：企业参观，查询资料，模拟企业演练
	必须掌握的理论知识	技术管理的内涵，工艺管理的内容，设备管理的内容，目视管理的内容
	需要掌握的工作技能	熟悉企业工艺技术标准、工艺流程，掌握工艺管理的基本方法，熟悉设备目视管理方法、定置管理方法
	训练	通过 BEST 训练，按照企业技术设备管理的理论与方法，将本章学习中所遇到的各种技术、设备管理问题与困惑，一一展现出来并加以解决
	考核	形式性考核占 50%（包括流程、时间、角色、需要的书面材料等）；实质性考核占 50%（包括小组及个人的实际表现、内容掌握程度、目标实现度等）

案例 10-1 5W1H 分析管理方法是日本著名企业家大野耐倡导的，他在总结发现问题的秘诀时指出：凡事都要问 5 个为什么？例如：有一次其生产线上的机器总是停转，虽然修过多次，但仍不见好转，于是大野耐与工人进行了以下的问题对话。

问：为什么机器停了？

答：因为超过了负荷，保险丝断了。

问：为什么超负荷？

答：因为轴承的润滑不够。

问：为什么润滑不够？

答：因为润滑泵吸不上油。

问：为什么吸不上油？

答：因为油泵轴磨损松动了。

问：为什么磨损了？

答：因为没有安装过滤器，混进了铁屑等杂质，于是大野耐让一名工人给油泵安装了过滤器，问题解决了。

案例启示：无论哪一家企业，都不能保证生产产品的机器设备不出现故障，问题是出现了故障后如何解决呢？怎样才能在最短的时间内使设备正常运转起来？企业的技术设备管理主要就是解决产品如何实现技术工艺与设备正常运转问题。

10.1 技术工艺与设备管理

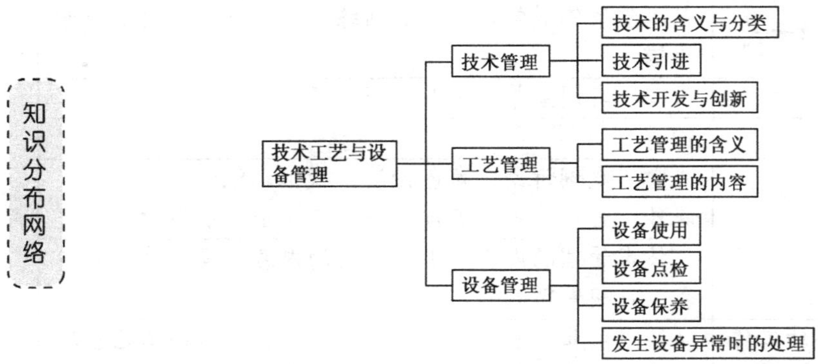

10.1.1 技术管理

1. 技术的含义

技术这一词源自希腊文，原意为“应用科学”或“实现特定目标的科学方法”。这个词在不同的研究领域中含义不尽相同。在企业管理领域中，技术被视为把科学知识转化为产品的手段。国际工业产权组织对技术的定义为：技术是制造一种产品或提供一项服务的系统的知识。这种知识可能是一项产品或工艺的发明、一项外形设计、一种实用新型专利、一种动植物新品种，也可能是一种设计、安排、维修和管理的专门技能。

2. 技术的分类

技术按功能划分可分为以下几类。

（1）产品技术：指技术被用来改变一项产品的特性，包括新产品的开发和对现有产品局部的改进或增加一部分功能。

（2）生产技术：指技术被用于产品的制造过程，可以是一项新工艺、新的生产流程、新的加工设备和手段等。生产工艺就是按照产品设计要求确定产品制造方法、生产流程和技术准备等一系列活动。

（3）管理技术：指管理思想、管理理念、管理方法与管理技能，或者对整个企业管理流程的全方位改造。

技术按生产要素特征划分可分为以下几类。

（1）劳动密集型技术：生产过程中所投入的劳动成本比资本多的技术。

（2）资本密集型技术：生产过程中所投入的资本比劳动成本多的技术。

3. 技术管理的概念

技术管理主要是企业在技术引进、技术开发与创新等方面进行计划、组织实施与控制的一系列工作。本章主要侧重于学习通过技术引进、技术开发与创新得到生产工艺技术的管理。

4. 技术引进

1）技术引进的定义

技术引进有广义和狭义之分。广义的技术引进是指对包含先进技术的产品和知识的引进，例如通过购买机器和成套设备来引进先进技术。狭义的技术引进专指技术知识的引进，包括专利、专有技术、商标使用权的转让，或以咨询、科研合作、培训技术人员等方式传授技术知识等。

2）技术引进的途径

技术引进的途径很多，一般包括许可贸易、技术咨询服务、工程承包、合作生产、国际合资经营、补偿贸易等。

5. 技术开发与创新

1）技术开发与创新的概念

技术开发是把研究所得到的发现或一般科学知识应用于产品和工艺上的技术活动。技术创新是指与新技术的研发、生产以及商业化应用有关的经济技术活动。技术开发与技术创新没有本质的区别，它们关注的不仅仅是一项新技术的发明，更重要的是要将技术发明的成果纳入经济活动中，形成商品并打开市场，取得经济效益。

2）技术开发的对象

工业企业技术开发的对象主要有：产品的开发、生产工艺的开发、设备与工具的开发、能源与原材料的开发、改善环境的技术开发等。不同的企业可根据情况选择不同的技术开发重点。

3）技术开发与创新应处理好的几个关系

（1）技术创新与科研管理的关系

① 技术创新必须建立在企业现有技术基础上，如何确定技术创新定位是与企业发展战略直接相关的，也是该技术开发成功的关键。

② 科研管理必须严格控制技术创新带来的随意性和不可预见性。

③ 技术创新必须建立在规范化科研管理的基础上。

（2）技术创新与面向市场的关系

① 技术开发要面向市场，有市场需求才有新技术、新产品的存在空间。

② 在技术开发创新立项之前，要调动一切信息渠道，了解当前市场的需求，并预测一定量的市场需求的超前发展的余量。

③ 在技术开发过程中，应跟踪市场需求的变化，所有的开发与研制过程都必须随市场的变化而做相应的调整。

④ 如果有可能，也可以在充分预测和论证的基础上，通过技术开发与创新创造市场，引导消费者的需求走向。

（3）系统最优和局部最优的关系

在进行技术开发创新决策时，应综合分析和考虑市场需求、技术储备、资金状态、设备状态，以及开发周期等重要因素，尽可能在当前情况下进行系统综合考虑，尽可能做到整个企业系统最优。

10.1.2 工艺管理

1. 工艺管理的含义

工艺管理是为了实现产品设计要求、确定产品制造方法和技术准备的一系列计划、组织、监督和控制工作的总称。产品设计主要解决生产什么产品的问题，至于怎样生产这种产品，包括确定使用什么样的设备和工具，采用什么样的加工顺序和方法，则需要通过工艺设计和工艺管理来解决。

2. 工艺标准

工艺标准是指导企业生产活动的基本技术标准。它是在生产活动中使每个环节正确地进行工作，保证产品符合图纸要求的指令性文件，又是企业安排生产计划、产品检测、劳动力配备、原材料采购、设备配置、生产操作等工作的重要依据。

3. 工艺管理的内容

1）工艺准备

（1）产品设计的工艺性分析与审查。根据工艺技术要求、企业的设备能力及外协的可能性，评定产品设计是否合理，是否能够保证企业在制造这种产品时获得良好的经济效益。它既要考虑设计上的先进性和必要性，又要考虑工艺上的经济性和可能性。要在保证产品结构、性能及精度的前提下，努力改善其工艺性，使所设计的产品尽量符合本企业的制造条件。

（2）制定工艺方案。工艺方案是工艺准备的总纲，是工艺设计的指导性文件。它要指出产品试制或生产过程中的技术关键问题及其解决方法，规定各项工艺工作应遵循的基本原则。

工艺方案的主要内容有：新产品的质量要求及特点；关键工艺及其解决方案，生产组织形式和工艺路线的安排原则；工艺规程的编制原则、形式，工艺装备的设计原则与工艺装备系数的确定，专用设备的设计原则；工艺准备工作量的估算及工作进度安排；工艺方案的经济效益分析等。

（3）编制工艺规程。工艺规程是最基本的关于工艺技术的文件，是组织生产和指导工人操作的基础资料。它对制造方法和顺序、设备的选择、切削用量的选取、工艺装备的确定、设备的调整方法、工作量和等级，以及其他零件加工条件和装配技术等进行说明。

工艺规程的不同形式适用于生产不同类型零部件的不同技术要求。单件小批生产或样品试制，一般只编制工艺过程卡；特殊的关键件可编制工艺卡；成批生产必须编制工艺卡；有些复杂的关键零件需编制工序卡；大批大量生产时，绝大部分零件都要编制工序卡。

（4）工艺装备的设计与制造。工艺装备是保证实现产品设计要求和工艺目的不可缺少的手段，包括工具、夹具、量具、模具、检具、辅助工具和工位器具等。工艺装备可分为通用和专用两种类型，前者适用不同零件加工，通常应用于按工艺专业化原则组成的生产单位中，由专业厂生产；后者是针对特定零件加工而设计制造的，多见于按对象专业化原则组成的生产单位中。

工艺装备的设计与制造应纳入企业的生产计划，并应加强日常管理。工艺装备的制造与管理，一般由企业工具部门负责，习惯上称工具管理，包括工具的分类、编号、维修、保管、领用、发放和报废等方面。

2）产品工艺设计

产品工艺设计是指按产品设计要求，安排或规划把原材料加工成产品所需要的一系列加工过程、工时消耗、设备和工艺装备需求等。工艺过程是结构设计过程和制造过程的结果，一方面可以反馈给产品设计用以改进产品设计，另一方面可以作为生产实施的依据。

产品工艺设计的主要任务是确定产品制造工艺及其相应的后勤支持过程。如图 10-1 所示。

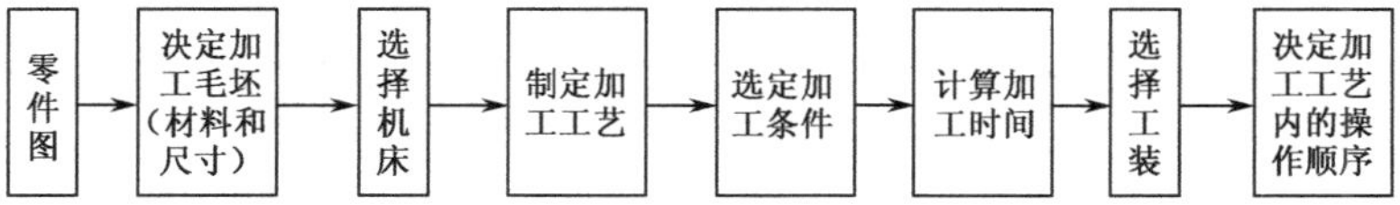

图 10-1　工艺设计过程

3）产品工艺定额制定

产品工艺定额是指产品在生产加工过程中应达到的原材料正常消耗的数量标准，是原材料成本控制中生产投料数量的依据，也是制定生产定额的依据。建立和控制工艺定额是组织技术管理的基本内容，也是组织成本管理重要的基础工作。产品工艺定额包括原材料的有效消耗和工艺损耗两部分。

（1）有效消耗是指构成产品的材料净耗，如产品净重的消耗或净含量的消耗。

（2）工艺损耗是指生产准备和加工过程中，由于产品形状或性能必须产生的损耗，如机械加工产品的边角余料、化工产品的工艺损失等。这些工艺损耗是制造企业生产过程中不可避免的，而且是不能再利用的。工艺损耗量取决于产品设计工艺、生产技术条件和人员的操作水平。

4）产品工艺文件管理

工艺文件是工厂指导生产、加工制作和质量管理的技术依据。为了确保工艺文件在生产中的作用，严明工艺纪律，保证生产的正常运行，特制定工艺文件管理制度。同时，工艺文件必须符合生产过程的工艺技术要求。

工艺文件归厂技术管理部门管理，对技术文件进行管理包括做好归档、登记、保管、收发等各项工作，并建立工艺文件登记目录。工艺文件在生产中要经过生产实践的考验，并不断地进行完善和改进。

（1）工艺文件的编制。编制工艺文件的依据：产品图样和技术标准、生产条件、批量大小、相关的工艺标准。工艺文件的种类：工艺文件目录、工艺流程、设备工装明细表、铸造、退火、机加工工序卡、作业指导书等。

工艺文件由生产技术部门编写，编制的工艺文件要做到流程合理，加工方法正确，工艺参数准确，控制方法合理，格式符合有关标准的规定，真正起到指导生产的作用。对于关键工序设控制点，明确控制内容和控制方法。

（2）工艺文件的审批。工艺文件由生产技术部门编写，组织质检科等有关部门会签，经主管厂长批准，方可作为正式文件下发执行。

（3）工艺文件的更改。工艺文件更改应有利于产品质量的提高，并符合相关标准的规定，更改时必须填写更改通知单，严格履行审批手续。更改的图线、数字、文字、符号等应清晰、正确，更改权属生产技术科。工艺文件一经批准发布应保持相对稳定，不宜经常变动。但遇到产品结构的材料、设备和工装等有变更时，应对加工工艺进行相应的变更，对工艺文件进行修改。更改时应由生产技术部门的工艺员进行修改，做出标记、签名并注明更改日期。

（4）工艺文件的保管和发放应符合工厂文件、资料、档案管理制度。

10.1.3 设备管理

设备的管理分三个方面，即使用、点检和保养。使用指根据机器设备的性能及操作要求来培养操作者，使其能够正确操作使用设备进行生产，这是设备管理员最基础的内容；点检指使用前后根据一定标准对设备进行状态及性能的确认，及早发现设备异常，防止设备非预期的使用，这是设备管理的关键；保养指根据设备特性，按照一定时间间隔对设备进行检修、清洁、上油等，防止设备劣化，延长设备的使用寿命，是设备管理的重要部分。设备管理中对操作人员有“三好、四懂、四会”要求。三好：用好、管好、修好；四懂：懂设备的结构、性能、原理、用途；四会：会使用、会保养、会检查、会排除一般故障。

1. 设备的使用

设备的使用是一线操作人员针对设备最主要的活动。为保证生产的正常运行，基层管理者的任务是监督检查操作人员的操作行为是否始终符合设备操作规程的要求，设备运行过程中是否存在异常情况。

为保障设备的正常使用，所有的设备都必须制定安全操作规程，对设备的操作方法、操作步骤和安全注意事项等方面进行细致明确的要求。安全操作规程的制定，一方面是保障设备运行和人员安全的需要，另一方面也是保证最终制造的产品符合工艺和质量要求。基层管理者通过现场的走动式管理，对现场设备的使用情况做到全面的掌握。

2. 设备点检

点检是为了能准确评价设备的使用程度、磨损程度等情况按一定周期进行的检查。外部点检由国家认可的计量机关实施，有时也称为“校正”，这里不做详述。内部点检由指定人员按点检指导书进行点检。

简单的日常点检一般由操作者负责，复杂的点检则由基层班组长或专门人员负责。根据各设备的点检项目不同，分别按每日、每周、每月进行点检，点检后将点检结果记入点检记录表。在设备修复时或使用备品前必须按点检指导书进行点检并记录。点检记录由各基层管理者保管，并根据各自企业的标准规定或重要程度确定保管期限。

3. 设备保养

设备保养的目的主要在于维持设备良好的使用条件，并通过排除故障、防止劣化来达到提高设备使用寿命的目的。

设备保养的对象多指大型机器设备，因为其结构复杂，价格昂贵，所以比点检分工更细，要求更高。根据组织分工的不同，设备保养一般可以分为三级（通常现场的班组长做到一级保养就可以了）。设备保养分级表如表 10-1 所示。

表 10-1　设备保养分级表

项　　目	一级保养（日常）	二级保养（定期）	三级保养（专门）
担当人员	设备使用人	设备维护人员	专业人员
周期/频率	每日、每周或使用前后	定期（一般每月或每季度）	定期（一般一年或几年）
主要特点	保养难度不大，通常作为日常工作	技术和专业性较强，包括定期的系统检查和更换修复	专业性很强，需要专用的仪器设备才能完成
主要内容	清洁、补给、润滑、紧固等	检查、调整、更换、修复	定期大修
相关制度	设备自主保养制度	设备巡检制度	设备定期维修制度

4. 发生设备异常时的处理方法

在日常点检或使用中如发现不良，点检者应记录不良内容，并立即向上级报告。报告途径：点检者→班组长→主管人员。

1）对设备的处理

（1）如该设备有备品，则对备品点检后使用备品替代。使用备品之后，应对产品进行区别管理以便对不良品进行追查。例如记录产品序列号。

（2）设备不良，可自行修复或排除故障的，由基层管理者处理，处理方法须得到主管人员的认可。

（3）对自己不能修复的设备，基层管理者应填写“设备修理申请”，经主管人员认可后交相关部门处理。

2）对产品的处理

对使用了不合格设备生产出来的产品，必须重新审视设备不良对其品质的影响程度，并根据这个影响程度采取相应的措施，必要时通知质检部门，对库存成品重新进行评价，防止品质事故的发生。

10.2 基层技术设备管理方法

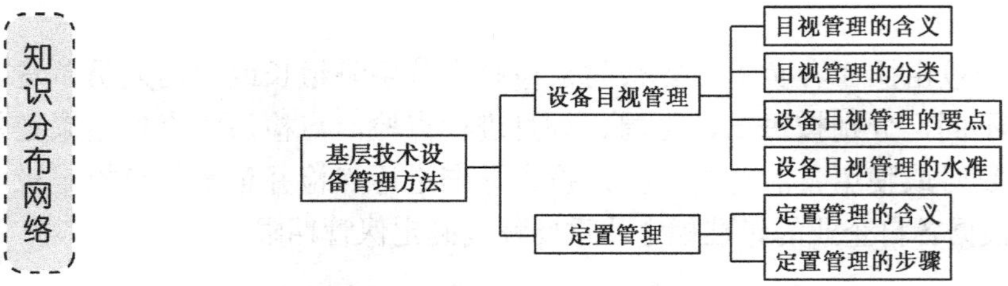

10.2.1 设备的目视管理

设备的管理除了建立系统的点检保养制度外，还应对存放现场进行规划、标志及目视管理。设备的目视管理是以能够正确地、高效率地进行清扫、点检、加油、紧固等日常保养工作为目的的。

1．何为目视管理

目视管理就是通过视觉使人的意识发生变化的一种管理方法。据统计，人的行动 60%是从“视觉”的感知开始的。因此在企业管理中，要使各种管理状态和管理方法清楚明了，达到“一目了然”的效果，从而容易明白、易于遵守，让员工自主地理解和接受并执行各项工作，这将会给管理带来很大的好处。

例如，交通用的红绿灯，即红灯停、绿灯行；包装箱的箭头管理，有零件的箱表面箭头朝上（↑），无零件的箱表面倒置箭头朝下（↓）；在排气扇上绑一根小红布条，看见布条飘起即可知道运行状况等均为目视管理。

2．目视管理的分类

目视管理通常分为五大类。

1）物品管理

在日常工作中，需要对工具夹具、计量仪器、设备的备用零件、消耗品、材料、在制品和完成品等各种各样的物品进行管理。

通常对这些物品管理有以下四种基本形式。

（1）随身携带。

（2）伸手可及之处。

（3）较近的架子及抽屉内。

（4）放于储物室及货架中。

此时，“什么物品、在哪里、有多少”及“必要的时候、必要的物品、无论何时都能快速地取出放入”是物品管理的目标。

2）作业管理

工厂中的工作是通过各种各样的工序及人组合而成的。各工序的作业是否按计划进行？是否按照规定正确地实施？在作业管理中，能很容易地明白各作业及各工序的进行状况及是否有异常发生等情况是非常重要的。

3）设备管理

设备管理是以能够正确并高效率地实施清扫、点检、加油和紧固等日常保养工作为目的的。

4）品质管理

目视管理能有效防止许多“人为失误”的产生，从而减少品质问题的发生。

5）安全管理

安全管理是要将危险的事和物予以“显露化”，刺激人的“视觉”，唤醒人们的安全意识，防止事故和灾难的发生。

3. 设备目视管理的要点与方法

目视管理的目的主要是解决这样几个问题：无论谁都能辨明是好、是坏（异常）；能迅速判断，精度较高；判断结果不会因人而异。因此，设备目视管理的要点与方法可以按照其分类加以明确。

设备目视管理的要点及方法如下。

要点 1：清楚明了地表示出应该进行维护保养的机器部位。

方法：用不同颜色分别加标贴，管道和阀门的颜色应区别管理。

要点 2：能迅速发现发热异常。

方法：在电动机和泵上使用温度感应标贴或温度感应油漆。

要点 3：对是否正常供给和运转要清楚明了。

方法：旁置玻璃管、小飘带和小风车。

要点 4：在各类盖板的极小化和透明化上下工夫。

方法：特别是驱动部分，下工夫使其容易“看见”。

要点 5：标志出计量仪器类的正常和异常范围，以及管理界限。

方法：用颜色表示出范围（如绿色表示正常范围，红色表示异常范围）。

要点 6：设备是否按要求的性能和速度在运转。

方法：标志出应有的周期和速度。

4. 目视管理的水准

（1）初级水准：能明白现在的状态。

（2）中级水准：谁都能判断优良。

（3）高级水准：管理方法（异常处置等）一一列出。

管理的工作是要结合众人的智慧与努力，所以管理的过程与结果要使员工“一看便知”。目视管理的实施水准在很大程度上反映了一个企业的内部管理水平。

10.2.2 定置管理

定置管理起源于日本，由青木龟男先生始创。他于 1982 年出版了《定置管理入门》一书。后来这一科学方法在日本许多公司得到了推广和应用，并取得了明显的效果。定置管理是对生产现场中的人、物、场所三者之间的关系进行科学的分析研究，使之达到最佳结合状态的一门科学管理方法。它以物所在场所的科学定置为前提，以完整的信息系统为媒介，以实现人和物的有效结合为目的。通过对生产现场的整理和整顿，把生产中不需要的物品清除掉，把需要的物品放在规定位置上，使其随手可得，促进生产现场管理文明化、科学化，以实现高效生产、优质生产和安全生产的目的。定置管理是 5S 活动的一项基本内容，也是 5S 活动的深入和发展。

开展定置管理应按照以下六个步骤进行。

1．进行工艺研究

工艺研究是定置管理开展程序的起点，它对生产现场现有的加工方法、机器设备、工艺流程进行详细研究，确定工艺在技术水平上的先进性和经济上的合理性，分析是否需要和可能使用更先进的工艺手段及加工方法，从而确定生产现场产品制造的工艺路线和搬运路线。工艺研究是一个提出问题、分析问题和解决问题的过程，包括以下三个步骤。

1）对现场进行调查，详细记录现行方法

通过查阅资料、现场观察，对现行方法进行详细记录，为工艺研究提供基础资料，所以要求记录要详尽准确。由于现代工业生产的工序繁多，操作复杂，如用文字记录现行方法和工艺流程，势必显得冗长烦琐。在调查过程中，如果运用工业工程中的一些标准符号和图表来记录，可以一目了然。

2）分析记录的事实，寻找存在的问题

对经过调查记录下来的事实，运用工业工程中的方法研究和时间研究的手段，对现有的工艺流程及搬运路线等进行分析，找出存在的问题及其影响因素，提出改进方案。

3）拟定改进方案

提出改进方案后，定置管理人员要对新的改进方案进行具体的技术经济分析，并和旧的工作方法、工艺流程和搬运线路进行对比。在确认是比较理想的方案后，才可以作为标准化的方法实施。

2．对人、物结合的状态分析

对人、物结合的状态分析，是开展定置管理中最关键的一个环节。在生产过程中必不可少的是人与物，只有人与物的结合才能进行工作。而工作效果如何，则需要根据人与物的结合状态来定。人与物的结合是定置管理的本质和主体。定置管理要在生产现场实现人、物和场所三者的最佳结合，首先应解决人与物的有效结合问题，这就必须对人与物的结合状态进行分析。

在生产现场，人与物的结合有两种形式，即直接结合和间接结合。直接结合是指需要的东西能立即拿到手，不存在由于寻找物品而发生时间的耗费。如加工的原材料、半成品就在自己岗位周围，工检量具、贮存容器就在自己的工作台上或工作地周围，随手即得；

间接结合是指人与物呈分离状态，为使其结合则需要信息媒介的指引。信息媒介的准确可靠程度影响着人和物结合的效果。

按照人与物有效结合的程度，可将人与物的结合归纳为 A、B 和 C 三种基本状态。A 状态，表现为人与物处于能够立即结合并发挥效能的状态。例如，操作者使用的各种工具，由于摆放地点合理而且固定，因此当操作者需要时能立即拿到或做到得心应手。B 状态，表现为人与物处于寻找状态或尚不能很好发挥效能的状态。例如，一个操作者想加工一个零件，需要使用某种工具，但由于现场杂乱或忘记了这一工具放在何处，结果因寻找而浪费了时间。又如，由于半成品堆放不合理，散放在地上，加工时每次都需弯腰，一个个地拣起来，既影响了工时，又加大了劳动强度。C 状态，指人与物没有联系的状态。这种物品与生产无关，不需要人与物相结合。例如，生产现场中存在的已报废的设备、工具和模具，生产中产生的垃圾、废品和切屑等。这些物品放在现场，必将占用作业面积，而且影响操作者的工作效率和安全。因此定置管理就是要通过相应的设计、改进和控制，消除 C 状态，改进 B 状态，使之都成为 A 状态，并长期保持下去。

3. 对信息流进行分析

人与物的结合有以下四个信息媒介。

（1）位置台账，表明“该物在何处”，通过查看位置台账，可以了解所需物品的存放场所。

（2）平面布置图，表明“该处在哪里”，在平面布置图上可以看到物品存放场所的具体位置。

（3）场所标志，表明“这儿就是该处”，它是指物品存放场所的标志，通常用名称、图示和编号等标志来表示。

（4）现货标志，表明“此物即该物”，它是物品的自我标志，一般用各种标牌表示，标牌上有货物本身的名称及有关事项。

在寻找物品的过程中，人们通过第一个、第二个媒介的引导到目的场所。因此称第一个、第二个媒介为引导媒介。再通过第三个、第四个媒介来确认需要结合的物品。因此称第三个、第四个媒介为确认媒介。人与物结合的四个信息媒介缺一不可。

建立人与物之间的连接信息，是定置管理这一管理技术的特色。是否能按照定置管理的要求，认真地建立、健全连接信息系统，并形成通畅的信息流，有效地引导和控制物流，是推行定置管理成败的关键。

4. 定置管理设计

定置管理设计，就是对各种场地（厂区、车间、仓库）及物品（机台、货架、箱柜、工位和器具等）进行科学、合理定置的统筹安排。定置管理设计主要包括定置图设计和信息媒介设计。

1）定置图设计

定置图是对生产现场的所在物进行定置，并通过调整物品来改善场所中人与物、人与场所及物与场所相互关系的综合反映图。其种类有室外区域定置图，车间定置图，各作业区定置图，仓库、资料室、工具室、计量室和办公室等定置图及特殊要求定置图（如工作台面、工具箱内，以及对安全、质量有特殊要求的物品定置图）。

定置图绘制的原则如下：

（1）现场中的所有物均应绘制在图上；

（2）定置图绘制以简明、扼要、完整为原则，物形为大概轮廓，尺寸要按比例，相对位置要准确，区域划分清晰鲜明；

（3）生产现场暂时没有，但已定置并决定制作的物品，也应在图上表示出来，准备清理的无用之物不得在图上出现；

（4）定置物可用标准信息符号或自定信息符号进行标注，并均在图上加以说明；

（5）定置图应按定置管理标准的要求绘制，但应随着定置关系的变化而进行修改。

2）信息媒介的设计

信息媒介的设计包括信息符号设计和定置示板图、标牌设计。

（1）信息符号设计：在推行定置管理，进行工艺研究、各类物品停放布置和场所区域划分等，都需要运用各种信息符号表示，以便人们形象地、直观地分析问题和实现目视管理。各个企业应根据实际情况设计和应用有关信息符号，并纳入定置管理标准。在信息符号设计时，如有国家规定的（如安全、环保、搬运、消防和交通等）应直接采用国家标准。其他符号，企业应根据行业特点、产品特点和生产特点进行设计。设计符号应简明、形象和美观。

（2）定置示板图是现场定置情况的综合信息标志，它是定置图的艺术表现和反映。标牌是指示定置物所处状态、标志区域及指示定置类型的标志，包括建筑物标牌，货架、货柜标牌，原材料、在制品和成品标牌等。它们都是实现目视管理的手段。各生产现场、库房、办公室及其他场所都应悬挂定置示板图和标牌，示板图中的内容应与蓝图一致。示板图和标牌的底色宜选用淡色调，图面应清洁、醒目且不易脱落。各类定置物、区（点）应分类规定颜色标准。

5．定置实施

定置实施是理论付诸实践的阶段，也是定置管理工作的重点。包括以下三个步骤。

（1）清除与生产无关的物品。生产现场中凡与生产无关的物品，都要清除干净。

（2）按定置图实施定置。各车间、部门都应按照定置图的要求，将生产现场、器具等物品进行分类、搬、转、调整并予以定位。定置的物要与图相符，位置要正确，摆放要整齐，贮存时要使用器具。可移动物，如推车、电动车等也要定置到适当位置。

（3）放置标准信息标牌。放置标准信息标牌要做到牌、物、图相符，设专人管理，不得随意挪动。要以醒目和不妨碍生产操作为原则。

总之，定置实施必须做到有图必有物，有物必有区，有区必挂牌，有牌必分类；按图定置，按类存放，账（图）物一致。

6．定置检查与考核

定置管理的一条重要原则就是持之以恒。只有这样，才能巩固定置成果，并使之不断发展。因此必须建立定置管理的检查、考核制度，制定检查与考核办法，并按标准进行奖罚，以实现定置管理长期化、制度化和标准化。

定置管理的检查与考核一般分为两种情况：一是定置后的验收检查，检查不合格的不予通过，必须重新定置，直到合格为止；二是定期对定置管理进行检查与考核。这是要长期进行的工作，它比定置后的验收检查工作更为复杂，更为重要。

定置考核的基本指标是定置率，它表明生产现场中必须定置的物品已经实现定置的程度。其计算公式是：

定置率 = 实际定置的物品个数（种数）/定置图规定的定置物品个数（种数）×100%。

10.3　BEST 训练（管理者的一天）

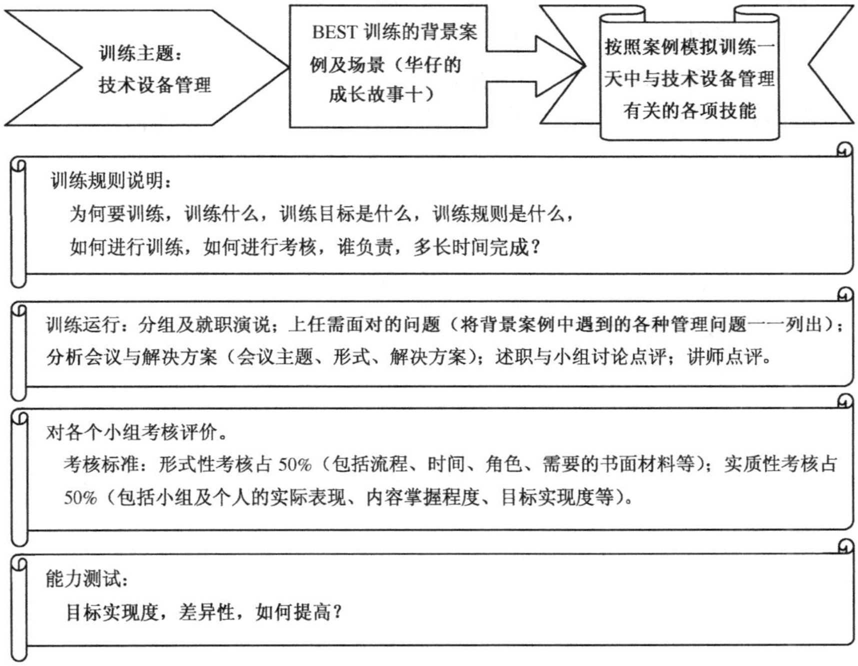

10.3.1　活动安排

1）BEST 训练规则

BEST 训练规则见第 1.4.1 节中的 BEST 训练规则。

2）背景案例及场景

案例 10-2　华仔的成长故事十。

华仔最近做错了一件事，给华信厂带来了近 2 万元的直接损失。华仔的父亲希望华仔能从中吸取教训。事情的经过是这样的，华仔从学校毕业后，父亲让他先到一车间负责设备维护与管理工作。由于在本月底之前，企业必须完成一批配件的生产任务，工人们都在加班加点的赶任务，本来就需要进行保养的几台建厂初购置的设备，在工人们的要求下，华仔决定到月底后再进行保养和维护。结果由于设备的老化和超负荷运转，造成产品质量不稳定，废品增多；故障频繁，生产效率下降；致使维修费与材料成本等增加了近 2 万元。华仔想尽快地弥补自己的过失，他向父亲提出了自己的想法：第一是严格工艺技术规程作业，严格执行设备管理制度，备齐备件，做到“磨刀不误砍柴工”；第二是对现有技术设备进行改造，改革工艺制造方法，用相应设备替代现有的“病设备”；第三是投资更新技术设备。

问题与分析：华仔的父亲会怎样做呢？

3）BEST 训练运行

按照训练的标准流程运行，各个项目内容必需的时间由各小组具体设定。

（1）训练规则说明（建议时间 15～20 min）。

主要是让学员明白为何要训练，训练什么，训练目标是什么，训练规则是什么，如何进行训练，如何进行考核，谁负责，多长时间完成等训练必需的内容。

（2）分组及就职演说（建议时间 15～20 min）。

按照训练规则与班级人数分组，采用角色扮演方式。经过准备后进行就职演说。

（3）上任需面对的问题（本章中的背景案例及可能遇到的各种问题，建议时间 15～20 min）。

① 背景案例中华仔的决策为什么会失误？

② 如果你是华仔，在当时的条件下你会怎样做？

③ 设想一下华仔的父亲会赞同华仔的什么方案？为什么？

④ 企业中的工艺技术如何管理？

⑤ 基层管理者如何进行设备管理？

⑥ 帮华仔整理一下学习技术设备管理的收获。

（4）分析会议与解决方案（建议时间 80～100 min）。

对以上遇到的问题召集小组会议，逐项进行分析，找到解决方案，指定相应成员从以下五个方面进行完善。

① 会议主题：____________________。

② 会议形式：____________________。

③ 时间控制：____________________。

④ 会议结论：____________________。

⑤ 解决方案：____________________。

（5）主管对一天工作述职（建议时间 20～30 min）。

对一天工作的过程描述；目标的实现度；自己是如何做的；不足之处在哪里，如何建议等。

（6）小组讨论点评与活动总结（建议时间 15～20 min）。

成员之间对组长及其他成员进行点评。可从目标实现程度、收获、主要问题、更好的方法是什么等方面进行点评。

（7）讲师点评：按照练习、小结（指出正误）、再练习、再小结，直到掌握的程序，对练习进行总结讲评。

（8）对各个小组考核评价（建议时间 20～30 min）。

考核组对各个小组上交的材料，结合考核组对其实际记录及表现进行评价。各个小组需上交给考核组的材料主要有：训练议程安排；分组分工及角色扮演名单；各角色的就职演说稿；所面临的问题清单；每个问题的解决方案；会议记录；各角色一天工作述职报告；经营活动总结报告。考核组对每个小组及个人的实际表现、内容掌握深度、目标实现度等的记录。

10.3.2　能力测试

（1）调查当地某生产企业的生产工艺流程，画出工艺流程图。
（2）企业对设备操作人员有哪些基本要求，对照自己的技能，找出差距。
（3）参观一家企业，看该企业是如何进行目视管理的，将其目视管理的要点记下来。
（4）请根据你对某生产企业的了解，编写一份设备管理的方案。

10.3.3　成长日记（十）

结合本章所学的知识、方法与 BEST 训练写一篇 800 字以上的成长日记。

知识梳理与总结

本章从基层管理者的角度介绍了技术设备管理的内涵，重点阐述了生产工艺管理的基本程序与方法，设备的使用、点检、保养方法；通过目视管理与定置管理的学习，使大家掌握了技术设备管理的方法；用模拟训练的方式将所学知识运用于实际之中，通过自主学习与系统的考核，达到了解掌握企业工艺技术流程与标准，学会设备管理的基本方法，在职业岗位上解决实际问题的目的。

第11章 安全管理

教学导航

教	知识重点	企业安全意识教育，安全管理规范，安全作业改善方法
	知识难点	找出各类安全隐患，处理安全事故的方法
	推荐教学方式	以课堂案例教学与 BEST 训练为主，以企业现场观摩为辅
	教学场所	教室、实训室等，企业管理现场
	建议学时	12 学时
学	推荐学习方法	课堂：案例讨论，角色扮演，模拟训练； 课外：企业参观，模拟企业演练
	必须掌握的理论知识	企业的安全意识培养，找出各类安全隐患，掌握安全管理规范，掌握消防安全管理的内容
	需要掌握的工作技能	具有安全生产意识，学会处理安全事故的方法，熟悉安全作业改善的方法
	训练	通过 BEST 训练，按照企业安全生产管理规范、消防安全与安全事故和安全作业改善的要求，将本章学习中所遇到的各种安全管理问题与困惑，一一展现出来并加以解决
	考核	形式性考核占 50%（包括流程、时间、角色、需要的书面材料等），实质性考核占 50%（包括小组及个人的实际表现、内容掌握程度、目标实现度等）

案例 11-1　屯兰煤矿瓦斯爆炸事故案例分析。2009 年 2 月 22 日，山西焦煤集团西山煤电屯兰煤矿发生一起瓦斯爆炸事故，造成 78 人遇难，该事故造成的沉痛教训至今仍记忆犹新。

屯兰煤矿年产能力 500 万吨，是山西焦煤集团公司的品牌矿井和窗口单位。从 2004 年以来一直保持了百万吨死亡率为零的纪录，其根本原因就在于科技进步，屯兰煤矿采用的是国内一流的智能化设备。在国内一流的智能化设备中间，有许多是屯兰煤矿的自主知识产权。如果没有这次矿难，屯兰煤矿俨然是中国“安全矿井”的品牌煤矿。

由以上可以看出屯兰煤矿在设备上的技术优势，但如此严重的矿难为什么却偏偏发生在屯兰？这不得不令我们深思。

既然技术不是问题，那问题便出在管理上。事故原因查明为局部瓦斯爆炸，也证明了这一推测。调查反映出爆炸采区的 4 个问题：通风管理不到位，瓦斯治理不彻底，现场管理不严格，安全措施不落实，我们下面对这几点展开讨论。

首先，麻痹心理。连续多年的百万吨死亡率为零的生产纪录，给屯兰煤矿带来极大的荣耀，但同时也麻痹了大多数人的危险意识，让他们越来越轻视松懈，危险评估失误，导致管理水平下降：管理不到位、不严格，危险源治理不彻底，安全措施不落实。

其次，职工冒险行为。正如海尔集团总裁张瑞敏曾经说过的一句诙谐的话“训练一个日本人擦桌子，每星期擦6次，日本人会一直擦下去，而训练一个中国人擦桌子，刚开始擦6次，过一段时间擦5次，看没什么问题，会擦4次、3次……最后干脆1次都不擦了……”我们常在趋利、省能等负面心理的影响下，尝试放松自己的安全行为要求，又由于事故发生的机率并不是太大，便会多次重复加强不安全行为。这种在侥幸心理作用下的多次重复会导致：不安全行为的强化和风险评估的失误以及风险意识的淡化，致使违章、危险行为成为潜意识下的行为模式。

第三，冒险组织行为。表现为安全管理的混乱，如通风管理不到位，瓦斯治理不彻底，现场管理不严格，安全措施不落实等。

总之，基本上所有的事故都是由于人的违章作业、指挥和不按措施施工所致，要解决这个问题必须从人的意思上下手。首先，加强思想教育，树立“安全第一，预防为主”的意识。加强领导和职工的家庭及社会责任感教育，端正工作目的，坚持自我暗示。其次，强化风险认知教育。告诉职工每次违章所承担的风险相同，加强对危险源的辨识教育。第三，消除强化机制。使违章无利可图，使违章无机可乘，并适当利用奖惩，以正面激励为主、反面惩罚为辅。第四，创建学习型区队。让员工参与到安全管理中来，让员工为自己的安全出谋划策，自主保安。开展周期性安全教育活动，从不同的角度来理解和构筑安全意识及行为，培养提高安全自觉性和应急能力。

最后，“安全”是煤矿的头等大事，必须持之以恒，不可有丝毫松懈，将尊重安全规程、措施等规章和自主安全行为，转化为员工潜意识下的行为模式。

案例启示：安全生产是企业在生产经营中的头等大事，每个企业都必须非常重视。现实中的各类安全事故，基本上都是由于安全意识不强，违反安全操作规程所造成的。辽宁铁岭的钢水事故、济南铁路火车相撞事故等的发生，给了我们太多的教训。

本章将介绍企业安全意识的培养、如何发现安全隐患、对安全事故的处理及安全作业改善方法等方面的内容。

11.1 安全意识培养与安全隐患

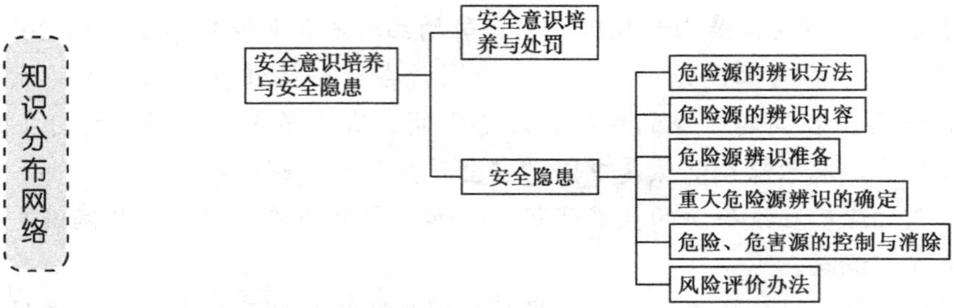

11.1.1 安全意识培养与处罚

安全管理工作是企业管理活动中的重要工作，是一切经营活动的基础。据统计，全世界每年都有 10 万人因为工伤事故或者职业病死亡，150 万人因此终身残疾，在很多国家，受职业危害的打击比战争带来的后果还要严重得多。

安全管理工作的方针是“安全第一，预防为主”。安全第一与预防为主，构成了安全生产的两个基本方面。安全第一，阐明了安全生产在生产过程中的重要地位和作用；预防为主，规定了安全管理工作的基本原则和方法。安全第一为预防为主确定了目标和依据，预防为主则是贯彻安全第一的必然要求，两者是紧密联系、缺一不可的统一体。

实践证明，要实现安全生产固然需要加强管理、严格规章制度和开展安全竞赛活动，但更重要的是培养职工树立牢固的安全意识。安全意识是指人们在生产活动中所具有的态度。安全意识的强弱，对安全生产有直接的影响。因为机械设备存在的缺陷和作业环境中潜藏的事故隐患，归根结底要依靠人们及时发现和正确处理，而人们的行为又是受思想意识支配的。安全意识强的人，必然会严格地遵守操作规程和安全规程，正确地作业。反之，安全意识淡薄的人，则往往忽视安全，或违章作业，或违章指挥，每每造成事故。事故统计表明，除客观的设备事故和自然灾害外，许多责任事故都与人们的安全意识不强、甚至违章蛮干有关。所以，必须把培养职工树立牢固的安全意识作为班组安全管理工作的重点环节来抓。

1. 安全意识培养方法

1）要启发自觉意识

安全意识首要的问题是“意识到”，即真正认识到安全的重要性并把它摆到应有的位置上。如果认识不到或发生偏差，便谈不上确立安全意识。因此，管理者应向职工讲清安全生产与维护企业和职工利益的关系，安全生产是第一位的，它为企业创造效益，为职工的生命与健康提供基本的保证。若忽视安全生产造成事故时，不但会危及自身或他人生命安全，而且会给企业带来不应有的损失。正像职工们讲的那样：“安全与效益结伴，安全与幸福同行”。

2）要抓好安全教育

安全教育是使职工确立安全意识的有效途径。在教育中可以使职工粗浅的认识得到深化，模糊的认识得到澄清，不懂的东西学懂弄通。管理者一定要重视抓好安全教育，通过学习国家颁布的安全生产方针、政策、法律和法规；传达上级有关安全生产的指示精神；召开事故分析会；请安全生产先进人物介绍经验；学习各种规程和规章制度等，来强化职工的安全意识。对上级布置的安全教育工作，要结合班组工作和思想实际，认真抓好；对上级未布置又需要抓的安全教育工作，应不等不靠，积极主动地去抓。

3）要把工作做到每个职工身上

安全生产是大家的事，培养安全意识不能有死角。有的管理者认为：培养安全意识是新职工的事，老职工技术过硬、经验丰富，用不着总去讲。这是一种误解，有无过硬的技术、丰富的经验，与安全意识的强弱既有联系又有区别。安全意识强就能刻苦钻研业务技术，善于总结和积累经验，时时重视安全。安全意识淡薄，即使技术过硬、经验丰富，也会因疏忽大意而导致事故。一些从事生产几十年，工作平平安安，未曾发生事故的老工人，就在即将退休之时，因为疏忽大意而酿成安全事故的例子，在我们日常的工作中是不少见的。所以，培养安全意识，对新职工固然重要，对老职工也不能放松。

4）常抓不懈

一个正确的认识往往需要由实践到认识，再由认识到实践，这样多次反复才能完成。确立牢固的安全意识也是如此。只有经过反复实践、反复认识的过程，才能使职工形成稳固的安全心理定势，并在工作实践中养成事事讲安全的行为习惯。因此，管理者决不能以为抓一两次安全教育，开一两次事故分析会，搞一两次岗位培训，就万事大吉了，应树立常抓不懈的思想。特别是在部门安全工作取得一定成绩时，对培养安全意识更要抓紧不能放松。实践已经证明，盲目自满情绪必然导致麻痹大意，松懈警惕是酿造事故的温床。

5）制度保障

员工安全意识的提高必须要借助强有力的制度保障。对待安全问题绝不能手软，对违章作业或者已经造成事故的职工给予处罚是必要的。但同时也要注意把处罚与教育结合起来，不可忽视安全教育的重要性。

2. 实施处罚时的几点要求

1）要明确处罚的目的和意义

实施处罚要树立正确的指导思想。处罚是组织维护安全规章的一种辅助教育手段，目的在于惩前毖后、治病救人，增强遵章守规的自觉性，更好地落实安全生产、预防事故的发生。对职工的处罚，管理者要秉公办事，不能掺杂个人的感情。

2）要严格掌握标准和依据

对于处罚，管理者不能凭想当然办事，而应在调查研究、弄清错误事实的基础上，根据上级的有关规定和事故责任者所犯错误的事实、性质、情节、后果，以及当时的环境、本人的一贯表现和对错误的认识等情况，全面地进行分析，并应听取群众意见和责任者的申述，然后才能做出决定。要罚其当罚，也就是说，事故责任者应该受到什么处罚，就给予什么处罚，不能偏宽，也不能偏严，否则达不到处罚的目的。

3）要做好说服教育工作

在实施处罚前，管理者应找职工谈话，讲清他们错在哪里，应吸取的教训，为什么要处罚等。实施处罚后，也应及时地找职工谈话，进一步帮助他们提高认识，解除思想负担，继续努力工作。

4）要严于责己，想一想自己的领导责任

职工受到处罚，固然是必须要做的事，但班组长作为他们的直接领导者，也不能推卸领导责任。

11.1.2 安全隐患

有效地控制和预防安全事故的发生，就必须对安全事故的发生条件进行仔细的分析，找出各类安全事故发生的根源。我们认为，所有事故的发生都是不安全条件和不安全行为共同作用的结果，也就是由人的不安全因素和物的不安全因素所造成的。因此，发现安全隐患并给予积极的预防和控制，是抓好安全管理工作的核心基础工作和前提条件之一。

对一线安全隐患的排查工作，是一项细致的、系统性的任务，作为基层管理者不能仅依靠自己的经验和感觉来确定，任何一项疏漏都可能给日后的安全管理工作留下隐患，很可能会因此带来严重的后果。因此必须掌握科学的辨识危险、危害的能力。

1. 危险源的辨识方法

为了便于进行危险源辨识和分析，首先应对危害因素进行分类。分类可任选以下两种方法中的一种。

1）按导致事故、职业危害的直接原因进行分类

（1）物理性危险源

① 设备、设施缺陷（强度不够、刚度不够、稳定性差、密封不良、应力集中、外形缺陷、外露运动件、制动器缺陷和设备设施其他缺陷）。例如，脚手架、支撑架的强度、刚度不够；厂内机动车辆制动不良和起吊钢丝绳磨损严重。

② 防护缺陷（无防护、防护装置和设施缺陷、防护不当、支撑不当、防护距离不够和其他防护缺陷）。例如，机械传动链条无防护罩和洞内爆破作业安全距离不够。

③ 电危害（带电部位裸露、漏电、雷电、静电、电火花和其他电危害）。例如，电线接头未包扎和化纤服装在易燃易爆环境中产生静电。

④ 噪声危害（机械性噪声、电磁性噪声、液体动力性噪声和其他噪声）。例如，手风钻、空压机和通风机工作时发生的噪声。

⑤ 震动危害（机械性震动、电磁性震动、液体动力性震动和其他震动）。例如，手风钻工作时的震动。

⑥ 电磁辐射（电离辐射有X射线、γ射线、α粒子、β粒子、质子、中子和高能电子束等；非电离辐射有紫外线、激光、射频辐射和超高压电场）。例如，核子密度仪发出的辐射。

⑦ 运动物危害（固体抛射物、液体飞溅物、反弹物、岩土滑动、堆料垛滑动、气流卷动、冲击地压和其他运动危害）。

⑧ 明火。

⑨ 能造成灼伤的高温物质（高温气体、高温固体、高温液体和其他高温物质）。例如，气割产生的高温颗粒。

⑩ 能造成冻伤的低温物质（低温气体、低温固体、低温液体和其他低温物质）。例如，液氮和氧气泄漏。

⑪ 粉尘与气溶胶（包括爆炸性和有毒性粉尘与气溶胶）。例如，洞内二氧化硅粉尘。

⑫ 作业环境不良（作业环境不良、基础下沉、安全过道缺陷、采光照明不良、有害光照、通风不良、缺氧、空气质量不良、给排水不良、涌水、强迫体位、气温过高、气温过低、气压过高、气压过低、高温高湿、自然灾害和其他作业环境不良）。

⑬ 信号缺陷（无信号设施、信号选用不当、信号位置不当、信号不清和其他信号缺陷）。

⑭ 标志缺陷（无标志、标志不清楚、标志不规范、标志选用不当、标志位置缺陷和其他标志缺陷）。

⑮ 其他物理性危险因素与危害因素。

（2）化学性危险因素与危害因素

① 易燃易爆性物质（易燃易爆性气体、易燃易爆性液体、易燃易爆性粉尘与气溶胶和其他易燃易爆性物质）。如火工品和瓦斯。

② 自燃性物质。如煤。

③ 有毒物质（有毒气体、有毒液体、有毒固体、有毒粉尘与气溶胶和其他有毒物质）。如沥青熔化过程中产生的毒气。

④ 腐蚀性物质（腐蚀性气体、腐蚀性液体、腐蚀性固体和其他腐蚀性物质）。如充电液中的硫酸。

（3）生物性危险因素与危害因素

生物性危险因素与危害因素包括致病微生物（细菌、病毒和其他致病微生物）；传染病媒介物；致害动物；致害植物；其他生物性危险因素与危害因素。

（4）心理、生理危险因素与危害因素

负荷超限（体力负荷超限、听力负荷超限、视力负荷超限和其他负荷超限）；健康状况异常；从事禁忌作业；心理异常（情绪异常、冒险心理、过度紧张和其他心理异常）；辨识功能缺陷（感知延迟、辨识错误和其他辨识功能缺陷）；其他心理、生理性危险因素与危害因素。

（5）行为性危险因素与危害因素

① 指挥错误（指挥失误、违章指挥和其他指挥失误）。

② 操作失误（误操作、违章作业和其他操作失误）。

③ 监护失误。

④ 其他错误。

⑤ 其他行为性危险因素与危害因素。

2）按照事故类别和职业病类别进行分类

（1）物体打击：是指由失控物体的惯性力造成人身伤亡事故。如落物、滚石、锤击、碎裂、砸伤等造成的伤害，不包括机械设备、车辆、起重机械、坍塌和爆炸引发的物体打击。

（2）车辆伤害：是指本企业机动车辆引起的机械伤害事故。如机动车在行驶中的挤、压、撞车或倾覆等事故，在行驶中上下车，搭乘电瓶车、矿车，或放飞车引起的事故；以及车辆挂钩、跑车事故。

（3）机械伤害：是指机械设备与工具引起的绞、碾、碰、割、戳和切等伤害。如工具或刀具飞出伤人，切削伤人，手或身体被卷入，手或其他部位被刀具碰伤，被转动的机具缠压住等。不包括车辆、起重机械引起的伤害。

（4）起重伤害：是指从事各种起重作业时引起的机械伤害事故。不包括触电、检修时制动失灵引起的伤害，上下驾驶室时引起的坠落。

（5）触电：指电流流经人身，造成生理伤害的事故，包括雷击伤亡事故。

（6）淹溺：包括高处坠落淹溺，不包括矿山、井下、隧道和洞室透水淹溺。

（7）灼烫：是指火焰烧伤、高温物体烫伤、化学灼伤（酸、碱、盐和有机物引起的体内外灼伤）和物理灼伤（光、放射性物质引起的体内外灼伤），不包括电灼伤和火灾引起的烧伤。

（8）火灾：指造成人员伤亡的企业火灾事故，不包括非企业原因造成的火灾。

（9）高处坠落：是指在高处作业中发生坠落造成的伤亡事故，包括脚手架、平台和陡壁施工等高于地面和坠落，也包括由地面坠入坑、洞、沟、升降口和漏斗等情况，不包括触电坠落事故。

（10）坍塌：是指建筑物、构筑物和堆置物等倒塌及土石塌方引起的事故。适用于因设计或施工不合理而造成的倒塌，以及土方、岩石发生的塌陷事故。如建筑物倒塌、脚手架倒塌、挖掘沟、坑和洞时土石塌方等情况，不适用于矿山冒顶片帮和爆炸、爆破引起的坍塌。

（11）冒顶片帮：指隧道、洞室矿井工作面、巷道侧壁由于支护不当和压力过大造成的坍塌，称为片帮；拱部、顶板垮落为冒顶。二者常同时发生，简称冒顶片帮。

（12）透水：指矿山、地下隧道、洞室开采或其他坑道作业时，意外水源带来的伤亡事故。

（13）放炮：是指爆破作业中发生的伤亡事故。

（14）瓦斯爆炸：是指可燃性气体瓦斯和煤尘与空气混合形成了达到燃烧极限的混合物，接触火源时引起的化学性爆炸事故。

（15）火药爆炸：是指火药、炸药及其制品在生产、加工、运输和贮存中发生的爆炸事故。

（16）锅炉爆炸：是指锅炉发生的物理性爆炸事故。

（17）容器爆炸：如压力容器、汽瓶等是比较容易发生事故的承受压力负荷的密闭装置，其事故危害性较大。容器爆炸是指压力容器破裂引起的气体爆炸，即物理性爆炸，包括容器内盛装的可燃性液化气在容器破裂后立即蒸发，与周围的空气形成爆炸性气体混合物，遇到火源时形成的化学爆炸，也称容器的二次爆炸。

（18）其他爆炸：不属于上述爆炸的事故。

（19）中毒和窒息：是指人体接触有毒物质，如在误食有毒食物或呼吸有毒气体引起的人体急性中毒事故，或在废弃的坑道、横通道、暗井、涵洞和地下管道等不通风的地方工作，因为氧气缺乏有时会发生突然晕倒，甚至死亡的事故称为窒息。不适用于病理变化导致的中毒和窒息事故，也不适用于慢性中毒和职业病导致的死亡。

（20）其他伤害：凡不属于上述伤害的事故均称为其他伤害。如扭伤、跌伤、冻伤、野兽咬伤和钉子扎伤等。

2．危险源的辨识内容

（1）工作环境：包括周围环境、工程地质、地形、自然灾害、气象条件、资源、交通和抢险救灾支持条件等。

（2）平面布局：功能分区（生产、管理、辅助生产和生活区）；高温、有害物质、噪声、辐射、易燃、易爆和危险品设施布置；建筑物、构筑物布置；风向、安全距离和卫生防护距离等。

（3）运输路线：施工便道、各施工作业区、作业面、作业点的贯通道路及与外界联系的交通路线等。

（4）施工工序：物资特性（毒性、腐蚀性和燃爆性）：温度、压力、速度、作业及控制条件、事故及失控状态。

（5）施工机具、设备：高温、低温、腐蚀、高压、震动、关键部位的备用设备、控制、操作、检修和故障、失误时的紧急异常情况；机械设备的运动部件和工件、操作条件、检修作业、误运转和误操作；电气设备的断电、触电、火灾、爆炸、误运转和误操作、静电和雷电。

（6）危险性较大的设备和高处作业设备：提升和起重设备等。

（7）特殊装置、设备：锅炉房和危险品库房等。

（8）有害作业部位：粉尘、毒物、噪声、震动、辐射、高温和低温等。

（9）各种设施：管理设施（指挥机关等）、事故应急抢救设施（医院卫生所等）、辅助生产和生活设施等。

3．危险源辨识准备

在危险源辨识前，各单位负责此项工作的员工应做好充分准备。

（1）各级管理者要高度重视，在人员、时间和其他资源上给予支持和保证。

（2）必须由懂专业、有经验的人员组成辨识小组，如生产副经理、总工、工程师、技术员、安全员、班组长、机械司机、管库员和现场施工人员。

（3）法律、法规要健全，基本覆盖本单位、本项目的所有施工、作业（工作）及设备（设施）。

（4）对参加辨识的员工掌握辨识范围和类别的基本情况，了解法律法规对本单位、本项目安全的具体要求。

（5）资料准备齐全。

4．重大危险源辨识的确定

（1）重大危险源是指能导致重大事故发生的危险因素，具有伤亡人数众多、经济损失严重和社会影响大的特征。

（2）重大危险源一般出现在：隧道坍塌、突泥涌水、煤层瓦斯、斜竖井提升、洞内外爆破、桥基开挖、起吊作业、多人高处作业、高压电气、锅炉压力容器、油料和爆破物品储运等。

（3）重大危险源的确定要防止遗漏。不仅要分析正常施工、操作时的危险因素，更重要的是要分析防护失效，设备、装置破坏及操作失误，可能产生严重后果的危险因素。

5. 风险评价办法

风险评价应由有关管理人员、专家成立评价小组，在熟悉作业现场、相关法规、标准和评价方法后方可进行。

1）专家打分评价法

（1）由评价小组（一般有 5～7 人）对本单位、本项目已辨识出的危险源进行逐个打分，根据分值大小确定一般危险源和重大危险源。在评价时要考虑：① 伤害程度；② 风险发生的可能性；③ 法律法规符合性；④ 影响程度；⑤ 资源消耗等因素。其分值大小如表 11-1 所示。

表 11-1　危险源评价专家打分表

评 价 项 目	伤害可能的程度	应 得 分 值
A 伤害程度	严重	5
	一般	3
	轻微	1
B 发生的可能性	大	5
	中	3
	小	1
C 法律法规符合性	超标	5
	接近标准	3
	达标	1
D 影响范围	周围社区	5
	场界内	3
	操作者本人	1
E 资源消耗	大	3
	中	2
	小	1

（2）评价时，对危险源评价专家打分表，几个人同时对某一危险源进行打分，然后由主持人将各位专家的分值相加，再除以人数，所得分数即为危险源和级别分数。综合得分在 12 分以下为一般危险源，12 分以上为重大危险源；当 A=5 和 B=5 时，也应定为重大危险源。评价情况填入危险源专家打分评价表内。

2）作业条件危险性评价法（LEC 法）

（1）作业条件危险性评价法，使用与系统风险有关的三种因素之积来评价操作人员伤亡风险的大小。这三种因素是：L（事故发生的可能性，如表 11-2 所示）、E（人员暴露于危险环境中的频烦程度，如表 11-3 所示）和 C（一旦发生事故可能造成的后果，如表 11-4 所示）。

表 11-2　事故发生的可能性（L）

分　值	事故发生的可能性	分　值	事故发生的可能性
10	完全可以预料	0.5	很不可能，可以设想
6	相当可能	0.2	极不可能
3	可能，但不经常	0.1	实际不可能
1	可能性小，完全意外		

表 11-3　人员暴露于危险环境中的频烦程度（E）

分　值	人员暴露于危险环境中的频烦程度	分　值	人员暴露于危险环境中的频烦程度
10	连续暴露	2	每月一次暴露
6	每天工作时间内暴露	1	每年几次暴露
3	每周一次或偶然暴露	0.5	非常罕见的暴露

表 11-4　发生事故可能造成的后果（C）

分　值	发生事故可能造成的后果	分　值	发生事故可能造成的后果
100	大灾难，许多人死亡，或造成重大财产损失	7	严重，重伤，或造成较小的财产损失
40	灾难，数人死亡，或造成很大财产损失	3	重大，致残，或很小的财产损失
15	非常严重，一人死亡，或造成一定的财产损失	1	引人注目，不利于基本的安全生产要求

（2）由评价小组专家共同确定每一危险源的 L、E、C 各项分值，然后再以 3 个分值的乘积来评价作业条件危险性的大小，即 D=L×E×C。

（3）将 D 值与危险性等级划分标准中的分值相比较，若 D 值大于 70 分，则应定为重大危险源。

无论专家打分法还是 LEC 法，危险等级的划分都是凭经验判断，难免带有局限性，应用时要根据实际情况进行修正。

6．危险、危害源的控制与消除

根据上述一整套危险、危害源辨识的方法，就可以较全面系统地评价和掌握生产过程中的各类不安全隐患，为进一步消除和控制隐患提供了条件。因此对管理者来讲，下一步就是如何对已经发现的危险、危害源进行控制和消除。现场常用的消除和控制方法主要有以下几种。

（1）消除——通过合理的计划、设计和科学管理，尽可能地从根本上消除危险和危害因素，如采用自动化作业、遥控技术等。

（2）预防——当消除危害源有困难时，可以采取预防性技术措施，如使用防爆膜、熔断器和安全阀等。

（3）减弱——在无法消除危害源和难以预防的情况下，可以采取减少危害的措施，如在化工生产中用低毒性物质代替高毒性物质。

（4）隔离——在无法消除、预防和减弱的情况下，应将人员与危险和有害因素隔开，如使用安全罩和防护屏等。

（5）联锁——当操作者失误或设备运行一旦达到危险状态时，通过联锁装置，终止危险运行。

（6）警告——易发生故障或危险性较大的地方，配置醒目的识别标志。必要时采用声、光或声光组合的报警装置。

除以上提到的针对危险、危害源本身的控制措施外，必要时还要采取一些必要的被动防护措施，以降低危险危害源对员工的影响。例如，为在噪声环境下工作的员工佩戴耳塞，为粉尘环境下工作的员工佩戴防尘口罩等。

11.2　企业班组安全管理

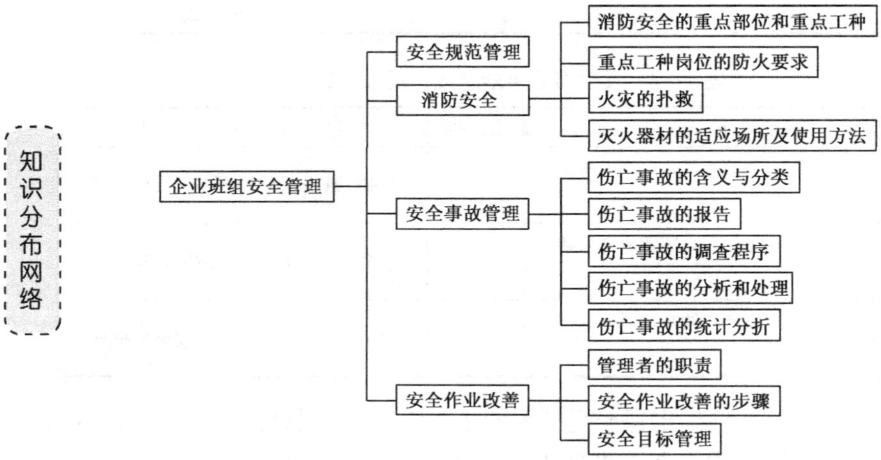

11.2.1　安全规范管理

安全管理工作是一项长期的、细致的工作，无论对员工的安全意识培养，还是相关的安全措施、规程及制度，只有真正地落实到日常的管理活动中，并持之以恒地加以坚持，才能最终实现整个班组的安全生产。安全管理规范的落实，是一线班组长日常安全管理工作的重点。为此，务必加强以下几个方面的工作。

1．落实安全岗位责任制

安全岗位责任制要突出班组长是班组安全生产的第一责任人，即对班组安全负全面管理的责任。其主要内容如下。

（1）班组长是班组组织生产和完成各项生产任务的领导者，对班组安全生产负全面责任。

（2）对本班组成员负有进行安全技术和安全意识教育的责任；负责对新员工进行安全技术和操作方法的具体指导和考核，对尚未熟悉岗位规程和安全考试不合格者，不允许单独操作。

（3）对生产作业现场的安全设施、本班组管辖的机器设备保持完好和安全运行负责；对员工遵守操作规程，实行标准化作业负责。

（4）进行经常性的安全检查，发现违章作业要及时制止。

（5）遇有险情时，要立即采取果断的措施予以处理并及时上报。

（6）坚持班前会讲安全，班中会检查安全，班后会总结安全，安全活动日认真研究安全。

（7）本班组发生的各种事故（包括异常、未遂、火灾及火警），按照“三不放过”（事故原因分析不清不放过、事故责任者和群众没有受到教育不放过和没有防范措施不放过）的原则查明原因，明确责任，及时报告，采取防范措施。对重大事故应负责保护现场，以待上级有关人员调查处理。

（8）负责国家安全生产法规和企业安全指令、制度在班组的贯彻执行，如有违反者，及时制止和处理。

2. 强化日常安全检查工作

安全检查的目的是发现隐患，落实整改措施，消除隐患，克服不安全因素，做到防患于未然。班组长在日常生产管理的同时，必须随时对班组进行安全检查。安全检查的内容主要是查思想、查操作和查安全设施。

（1）查思想。要随时掌握一线操作员工对安全生产的认识和态度，对员工当中出现的轻视安全、思想麻痹、侥幸心理，以及好奇心、爱冒险、抢进度等思想要给予及时的纠正。使“安全生产、人人有责”的思想得到真正的落实。

（2）查操作，查纪律。要检查各岗位安全操作规程的执行情况和员工遵守工作纪律的情况，对现场的违章操作行为给予及时的纠正和处理。尤其注意纠正和预防“习惯性”违章作业，对现场出现的普遍性违章苗头必须采取强有力的措施，给予教育和扼制。

（3）查事故隐患，查安全设施。要结合危险、危害源的辨识和评价，对现场的安全隐患部门做到全面的掌控，严格执行安全点检制度，对安全防护装置的使用和运行情况做出评价，安全防护措施失效或出现故障的，必须果断地将现场的作业活动停下来，做到防护功能不恢复，生产不恢复。

3. 抓好班组交接班制度

交接班制度是班组日常管理的基本制度，抓好班组的交接班工作，也是对安全生产的重要保障。

（1）要抓好交接班目的、意义的教育。要引导大家认清，搞好交接班是一项非常重要的制度，它有利于安全生产和预防事故。每个值班员都必须以严肃认真、积极负责的态度来对待这项工作，交接班发生错误，有时会直接导致事故的发生。

（2）要加强督促检查，有错必纠。交接班是一项经常性的工作，时间一长就容易松懈，特别是在安全运行的情况下，更容易疏忽大意。要把交接班制度有效地坚持下来，班组长必须经常进行督促检查，不断提醒大家的注意力，显得非常重要。

（3）严格执行劳动纪律。交接班是否认真不是一件小事，从中可以看出一个职工是否对工作负责任，有无较强的安全意识。所以应把执行交接班制度的情况与奖惩挂钩。

11.2.2　消防安全

消防安全工作是关系企业财产和员工生命安全的重要工作。不仅如此，无数火灾实例说明，一些单位发生火灾后，还会影响到一个系统、一个行业、一个企业集团，甚至影响到一个地区人民群众的生活和社会的安定。为此，我们国家专门制定了《中华人民共和国消防法》，以法律的形式规范和管理消防工作。

作为企业的一线生产单元，班组的消防安全工作是整个企业消防安全管理的基础和根本。班组长必须发挥其应有的作用，保证消防安全管理工作的落实，消除火灾隐患，保证企业财产和人员的安全。

1. 企业消防安全的重点部位和重点工种

在企业内部，有一些部位很容易发生火灾，或者一旦发生火灾后会造成巨大损失或伤亡，因此这些部位是日常安全消防工作的重点。主要有以下几类。

（1）火灾危险性大的部位。如化工生产设备间、化验室、油库、化学危险品库，可燃液体、气体和氧化性气体的钢瓶、储罐库，液化石油气储备站、供应站、乙炔站、煤气站，油漆、喷漆、油浸出、烘烤、电气焊接操作间、木工间、汽车库等。

（2）发生火灾会影响整个单位正常运转的部位和机要部位。如变配电所、生产总控制室、计算机房、燃气锅炉房、档案资料室、贵重仪器和设备间等。

（3）物资集中，发生火灾造成损失大的部位。如各种库房、露天货场，使用或存放先进技术设备的实验室、车间和储藏室等。

（4）人员集中的场所。如办公楼和会议室等。

同时，针对上述重点消防部位，那些从事具有较大火灾危险性和从事容易引发火灾的操作岗位，我们称为重点工种。加强对重点工种岗位操作人员的管理，是预防火灾的重要措施。消防安全重点工种根据不同岗位的火灾危险性程度和岗位的火灾特点，可以分为以下三级。

（1）A 级工种，是指引起火灾的危险性极大，在操作中不慎或违反操作规程容易引起火灾事故的岗位操作人员。例如，从事可燃气体、液体设备的焊接、切割，超过液体自燃点的熬炼，使用易燃溶剂的机件清洗、油漆喷涂，液化石油气、乙炔气体的灌瓶，高温、高压和真空等易燃易爆设备的操作人员等。

（2）B 级工种，是指引起火灾的危险性较大，在操作过程中不慎或违反操作规程容易引起火灾事故的岗位操作人员。例如，从事烘烤、熬炼、热处理，氧气、氮气等乙类危险品仓库保管等岗位的操作人员等。

（3）C 级工种，是指在操作过程中不慎或者违反操作规程有可能造成火灾事故的岗位操作人员。例如，电工、木工等，丙类仓库保管等岗位的操作人员等。

2. 重点工种岗位的防火要求

1）焊工的防火要求

（1）焊工未经学习和考核，无操作证，不能进行焊接和焊割作业。

（2）盛装过易燃液体或气体的设备，未经彻底清洗和分析不得动焊。

（3）对负有压力的管道、气瓶不得进行焊接作业。

（4）对靠近木板墙、天棚、木地板及通过板条抹灰墙的管道等金属构建，不得在没有采取防火安全措施的情况下进行焊割和焊接作业。

（5）电气焊作业现场周围的可燃物及高空作业时地面上的可燃物必须清理干净，或者进行防火保护。

（6）焊接管道和设备时必须采取防火安全措施。

（7）需要焊接输送汽油、原油等易燃液体的管道时，通常必须拆卸下来，经过清洗处理后才可以进行作业；没有绝对的措施不得带液焊接。

（8）焊接作业完毕，应检查现场，确认没有遗漏火种后方可离开。

（9）在火灾危险较大的场所从事电气焊作业，必须按动火审批制度的规定办理动火作业许可证。

（10）在有火灾危险的场所进行焊接作业时，现场应有人监护，并配备一定数量的应急灭火器材。

2）电工的防火要求

（1）电工必须有操作证，严禁非电工人员作业，徒工作业时必须有有证电工监护。

（2）对前期设备必须定期巡视、检查和保养，高空、高压作业要由两人以上进行，同时要有一定的安全措施。

（3）停送电时，在确认安全后方可操作。停电时先断负荷开关，后断电源开关，送电时先送电源开关，再送负荷开关。

（4）安装时按所需电流、电压选择导线界面和绝缘性能，不准有铜铝电线混接，房屋闷顶内应用金属管配线。

（5）熔断器（保险丝）应根据设备负荷正确选用。

（6）凡在防爆、防潮和防尘的场所安装电气设备时，必须符合安全要求。

（7）凡能发热起火的电气设备不准安装在可燃的结构上。

（8）凡安装和修理电气设备，必须遵守有关电业规定和技术规范，不准违章作业。

（9）凡安装临时电气设备，必须按负荷临时要求经有关部门批准后再行安装，使用后应彻底拆除，如较长时间使用，必须正式安装。

3）仓库保管员的防火要求

（1）保管员必须坚守岗位，尽职尽责，严格遵守仓库的入库、保管、出库和交接班等各项制度。

（2）保管员不得在库房内吸烟和使用明火，对外来人员要严格监督，防止将火种或者易燃品带入库内。

（3）保管员应熟悉和掌握所贮存物品的性质，并根据要求进行贮存和操作。

（4）易燃易爆危险品要按类、项标准和特性分类存放，贵重物品要和其他材料隔离存放，进入贮存易燃易爆危险品库房的人员不得穿带钉鞋和化纤衣服，搬运物品时要防止摩擦和碰撞，不得使用能产生火星的工具。

（5）对爆炸品、剧毒品要执行双人保管、双本账册、双把门锁、双人领发和双人使用的“五双”制度。

（6）库房内不准超量贮存，应留有主要通道和检查堆垛的通道，垛与垛和垛与墙、柱之间应有规定的防火距离。

（7）经常检查物品堆垛、包装，发现洒落、包装损坏等情况及时处理，并按时打开门窗或通风设备进行通风。

（8）遇水或受潮能发生化学反应的物品，不得露天存放或存放在低洼易受潮的地方；遇热分解自燃的物品，应贮存在阴凉通风的库房内。

（9）下班前，应仔细检查库房内外，拉闸断电，关好门窗，上好门锁。

（10）保管员应熟悉、会使用库内的灭火器材、设施，并加强维护保养，使其完整好用。

3．火灾的扑救

1）火灾扑救原则

火灾一旦发生，其初起阶段是火灾扑救的最有利阶段。将火灾控制和消灭在初起阶段，就能赢得灭火的主动权，能够显著地减少事故损失。初起火灾的扑救要遵循以下几个原则。

（1）救人第一和集中兵力的原则。救人第一原则，是指火场上如果有人受到火势威胁，所有救火人员的首要任务就是把被火围困的人员抢救出来；集中兵力原则，是指发生火灾时，要把尽可能多的消防器材集中到火场，重点对火场中全局影响最大的部位进行扑救。

（2）先控制、后消灭的原则。对不可能立即扑灭的火灾，要首先控制火势的继续蔓延和扩大，在具备了扑灭火灾的条件时，再展开全面进攻，一举扑灭。

（3）先重点、后一般的原则。主要指：人和物相比，救人是重点；贵重物资与一般物资相比，贵重物资是重点；火势蔓延猛烈的方面和其他方面相比，控制火势蔓延猛烈的方面是重点；有爆炸、毒害、倒塌危险的方面和没有这些危险的方面相比，处置这些危险的方面是重点；火场的下风方向和上风、侧风方向相比，下风方向是重点；要害部位和其他部位相比，要害部位是重点等。

2）火灾扑救的方法

灭火的基本方法就是根据起火物质燃烧的状态，为破坏燃烧必须具备的基本条件而采取的一些管理措施。具体有以下四种。

（1）冷却灭火法，就是将灭火剂直接喷洒在可燃物上，使可燃物的温度降低到自燃点以下，从而使燃烧停止。最常见的冷却灭火法就是用水灭火。

（2）隔离灭火法，是将燃烧物与附近可燃物质隔离或者疏散开，从而使燃烧停止。这种方法使用于各种固体、液体和气体火灾。

（3）窒息灭火法，即采取适当的措施，阻止空气进入燃烧区或用惰性气体稀释空气中的含氧量，使燃烧物质因缺乏氧气而熄灭。这种方法适用于扑救封闭式的空间、生产设备及容器内的火灾。

（4）抑制灭火法，是将灭火剂喷入燃烧区参与燃烧反应，中止链接反应而使燃烧反应停止。

4．灭火器材的适应场所

灭火器的种类有很多，按其移动方式可分为手提式和推车式；按驱动灭火剂的动力来源可分为储气瓶式、储压式、化学反应式；按所充装的灭火剂又可分为泡沫、干粉、卤代烷、二氧化碳、酸碱和清水等。各种灭火器的使用方法略。

1）化学泡沫灭火器适应的火灾

适用于扑救一般 B 类火灾，如油制品、油脂等火灾，也可适用于 A 类火灾，但不能扑救 B 类火灾中的水溶性可燃、易燃液体的火灾，如醇、酯、醚和酮等物质火灾；也不能扑救带电设备及 C 类和 D 类火灾。

2）空气泡沫灭火器适应的火灾

适用范围基本上与化学泡沫灭火器相同。但抗溶泡沫灭火器还能扑救水溶性易燃、可燃液体的火灾，如醇、醚和酮等溶剂燃烧的初起火灾。

3）酸碱灭火器适应的火灾

适用于扑救 A 类物质燃烧的初起火灾，如木、织物和纸张等燃烧的火灾。它不能用于扑救 B 类物质燃烧的火灾，也不能用于扑救 C 类可燃性气体或 D 类轻金属火灾。同时也不能用于带电物体火灾的扑救。

4）干粉灭火器适应的火灾

碳酸氢钠干粉灭火器适用于易燃、可燃液体、气体及带电设备的初起火灾；磷酸铵盐干粉灭火器除可用于上述几类火灾外，还可扑救固体类物质的初起火灾，但都不能扑救金属燃烧火灾。

5. 班组长在消防工作中的作用

班组长是一线走动式管理的主体，因此也是消防工作的主要责任人。班组长在消防安全工作中担负着非常重要的作用。

1）检查监督作用

班组长在日常的生产活动中要定期对所在班组和区域的消防设施、消防通道进行点检，保证完好畅通。此外要重点检查和监督现场操作人员是否按照操作规范进行安全操作，遇到违反消防安全要求的行为要及时给予制止。

2）教育培训作用

班组长要根据生产活动的间隙，对班组人员进行安全消防方面的培训和教育，培养一线操作人员的安全消防意识和消防操作技能。

3）现场消防组织作用

火灾的发生都是突发性的事故，作为一线的管理人员，火灾一旦发生，班组长必须担负起现场组织的职责。要积极组织班组人员进行报警、人员撤离和火灾扑救等工作。必要时要安排专人到交通道口接应消防车辆。

11.2.3 安全事故管理

1. 伤亡事故的含义与分类

事故是指个人或集体在为实现某一目的而进行活动的过程中，由于突然发生了与人们意志相反的情况，迫使原来的行为暂时或永久的停止的事件。伤亡事故分为因工伤亡事故和非因工伤亡事故。因工伤亡事故是因生产或工作而发生的事故；非因工伤亡事故是与生产或工作无关的伤亡事故。

只要是在生产或工作场所，为了生产和工作而发生的事故，或虽不在生产或工作岗位上，但由于企业设备或劳动条件不良而造成的伤亡事故，都应是因工伤亡事故。

1）因工伤亡事故按照伤害程度不同可分为以下几种

（1）轻伤。负伤或需要歇工一个及一个以上工作日的伤害。

（2）重伤。负伤后经医生诊断为残废，或有可能成为残废，或虽不至于成为残废，但伤势严重的伤害。

（3）死亡。

2）按照事故的严重程度可分为以下几种

（1）记录事故。

① 职工受伤，但伤情甚微，未造成歇工或歇工不足一个工作日的事故。

② 已发生的威胁人身安全的危险事件，但未造成人身伤害的未遂事故。

③ 已发生的性质恶劣、严重威胁人身安全的危险事件，但未造成人身伤害的严重未遂事故。

（2）轻伤事故。一次事故中只发生轻伤的事故。

（3）重伤事故。一次事故中发生重伤（包括伴有轻伤），无死亡的事故。

（4）死亡事故。一次事故中死亡1～2人（包括伴有轻伤和重伤）的事故。

（5）重大伤亡事故。一次事故中死亡3人及3人以上的事故或死亡和重伤合计达10人及10人以上的事故。

（6）特别重大死亡事故。一次事故中死亡50人及50人以上的事故。

2. 伤亡事故的报告

（1）记录事故（不含严重未遂事故），由事故当事人或事故现场有关人员向班组长报告，由班组长主持调查、处理后并向车间报告。

（2）轻伤事故，由事故当事人或事故现场有关人员向班组长报告，由班组长报告车间领导，车间领导应在当日报告企业安全主管部门。

（3）重伤以上的各类事故，由车间领导向企业安全主管部门和企业领导报告，企业按照国家相关法规要求向上级安全主管部门书面报告。

3. 伤亡事故的调查程序

对伤亡事故的调查处理是事故管理工作中非常重要的内容，只有找出事故发生的原因，分清责任，吸取教训，采取措施，消除事故隐患，才能防止事故的重复发生。

死亡、重伤事故应按照以下要求进行调查。对轻伤事故的调查可参照执行。

1）现场处理

（1）事故发生后，应救护受伤害者，采取措施制止事故的蔓延扩大；并认真保护好事故现场。

（2）因抢救受伤害者需要移动现场某些物体时，必须做好现场标志。

2）物证搜集

（1）现场要搜集的物证包括：破损部件、碎片、残留物和致害物的位置等，所搜集到的所有物件均应贴上标签，注明地点、时间和管理者。

（2）所有物件应保持原样，不准冲洗擦拭。

（3）对健康有害的物品，应在不损坏原始证据的条件下，采取安全防护措施。

3）对事故材料的搜集

（1）与事故鉴别、记录有关的材料应包括：事故发生的单位、地点和时间；受害人和肇事者的姓名、性别、年龄、文化程度、职业、技术等级、工龄、本工种工龄和支付工资的形式；受害人和肇事者的技术状况，接受安全教育情况；出事当天，受害人和肇事者什么时间开始工作，工作内容、工作量、作业程序和操作时的动作（或位置）；受害人和肇事者过去的事故记录。

（2）事故发生的有关事实：发生前设备、设施等性能和质量状况；使用的材料；必要时对材料进行物理性能或化学性能试验与分析；有关设计和工艺人的技术文件、工作指令和规章制度方面的资料与执行情况；关于工作环境方面的状况包括：照明、湿度、温度、通风、声响、色彩度、道路、工作面状况及工作环境中的有毒、有害物质的取样分析记录；个人防护措施状况：应注意它的有效性、质量和使用范围；出事前受害人和肇事者的健康状况；其他可能与事故原因有关的细节或因素。

4）证人材料的搜集

要尽快找到被调查者并搜集材料，对证人的口述材料应认真考证其真实性。

5）现场摄影

（1）显示残骸和受害者原始存息地的所有照片。

（2）可能被清除或被践踏的痕迹：如刹车痕迹，地面各建筑物的痕迹，火灾引起损害的照片等。

（3）事故现场全貌。

（4）利用摄影或录像，以提供比较完善的信息内容。

6）事故图

报告中的事故图应包括了解事故情况所必需的信息。如事故现场示意图、流程图和受害者位置图等。

4．伤亡事故的分析和处理

分析和处理伤亡事故时，一定要坚持“三不放过”的原则和国家的有关规定进行处理。

职工因公伤亡事故按照其性质可分为责任事故、非责任事故和破坏事故。责任事故是指由于工作人员的失职或没有尽到责任而造成的事故；非责任事故是指由自然因素造成的、人力不可抗拒的事故，或在发明创造、科学实验过程中，预料不到的事故；破坏事故是指为达到一定的目的而故意制造的事故。

责任事故、非责任事故，由安全生产监督管理机构、人民检察院和工会等部门按照有关规定处理；破坏事故由公安机关按照有关规定处理。

凡属责任事故，根据事故发生的原因和过程，按照安全生产责任制的规定，分清事故的直接责任者、主要责任者和领导责任者。

1）事故直接责任者和主要责任者

由下列原因之一造成伤亡事故的，应当追究直接责任者和主要责任者的责任：

（1）违章指挥或违章作业。

（2）擅自拆除、毁坏、挪用安全装置和设施。

（3）违反安全生产责任制、作业指导书、操作规程和劳动纪律。

（4）制定的作业指导书、操作规程等违反国家和主管部门颁布的有关规定。

（5）施工设计等有错误。

2）事故的领导职责

由下列原因之一造成伤亡事故的，应当追究企业领导人或企业主管部门领导人的责任：

（1）发布的指示、命令、决定和规章制度等违反国家安全生产法规。

（2）规章制度不健全，无章可循。

（3）安全工作无人负责，规章制度不落实，管理混乱。

（4）未按规定进行安全生产教育、培训，职工缺乏安全生产知识。

（5）作业环境不安全，安全设施不完善，又不采取措施。

（6）对已发现的事故隐患不采取有效措施而导致事故发生，或发生后仍未采取有效措施。

对事故责任者，应根据情节轻重和责任大小分别给予罚款、辞退或行政处分。对情节严重、触犯刑律的，应请司法机关追究刑事责任。

职工因公伤亡事故报告书由企业或企业主管部门提出经审查批准后，方可视为结案。

5．伤亡事故的统计分析

职工伤亡事故的统计分析就是运用事故调查统计资料，进行综合性的统计分析，研究事故情况，找出事故发生的规律，从而采取措施预防事故的发生，对事故资料的分析大致有以下几种。

1）事故主要原因分析

发生伤亡事故是多种原因造成的，每件事故都必须从企业的管理思想、技术、设备和制度等各个方面进行细致地调查分析，找出主要原因，一般造成事故的原因有下列几个方面。

（1）设备、工具和附件有缺陷。

（2）防护、保险和信号等装置缺乏或有缺陷。

（3）个人防护用品缺乏和有缺陷。

（4）光线不足或工作地点及通道情况不良。

（5）没有安全操作规程和制度不健全。

（6）劳动组织不合理。

（7）对现场工作缺乏检查或指导有错误。

（8）设计有缺陷。

（9）不懂操作技术知识。

（10）违反操作规程或违反劳动纪律。

（11）其他。

2）对事故发生的地点、设备和工种的分析

事故发生的类别往往与人们使用的设备、工作地点与工种有关系。例如，锅炉安装工人在高空作业时容易发生高处坠落事故等。有些特殊工种一般比普通工种更容易发生事故，而且可能危及他人。

3）对发生事故时间的分析

事故的发生往往与季节、昼夜、节假日和工作的开始与结束等因素有一定的关系，如雨季容易触电等。

4）对伤亡人员情况的分析

一般情况下，年龄较大、工龄较长、技术级别较高的工人，因其技术熟练，安全施工的知识丰富，与新工人相比发生的事故较少；思想情绪容易波动的人，因其操作时精力不集中，也容易发生事故。

6. 伤亡事故的预防

通过对大量事故的分析可以看出，对某一特定的事故，一般都有人、物和环境等因素构成。预防事故的措施有工程技术措施、教育措施和管理措施三类。

（1）工程技术措施是指对设备、设施、工艺和操作等，从安全角度考虑计划、设计、检查和保养的措施。

（2）教育措施是指通过各种途径和形式对职工进行安全教育，提高职工安全意识。

（3）管理措施是指国家机关、企业组织制定的有关安全规程、规范、安全标准和安全规章制度等。

11.2.4 安全作业改善

安全管理工作是一个动态变化的过程，只有随时根据环境和资源的变化，结合现场的实际条件，不断地提高和改善，才能使安全管理工作步入良性循环的过程。安全管理的提升同样要遵循 PDCA 的循环过程，安全管理的改善是一个系统性的工作，涉及全方位的改进和提高。图 11-1 所示的是对安全工作非常形象的表述。

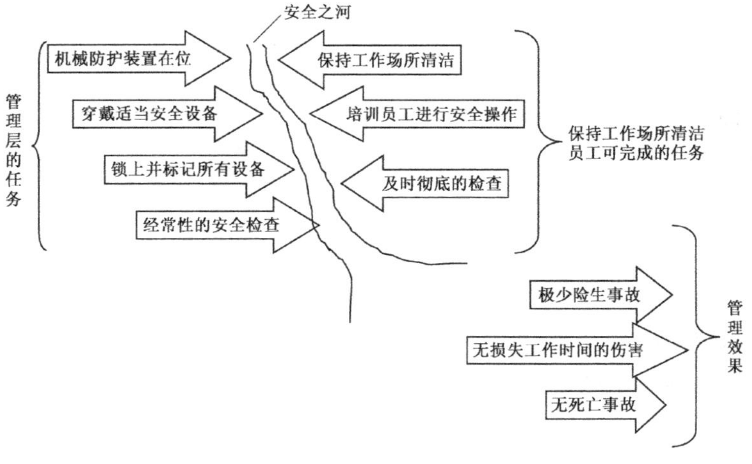

图 11-1　安全管理的改善

1．管理者的职责

为实现现场安全管理工作的持续改善，现场的管理者必须担负以下主要职责。

（1）建立安全操作规程。建立安全操作规程工作，实质上就是前面章节介绍过的标准化的工作。通过研究设备和工艺的特点，结合产品生产的实际，将设备的操作和生产的流程进行标准化，并随时根据运行状况和危险、危害的辨识及事故的原因分析进行改进，从而建立动态的安全操作规程。安全操作规程的建立是现场操作安全的基础。

（2）计划设备和环境的安全保护措施。从解决“物”的不安全因素出发，分析设备和环境的危险和危害情况，主动进行安全保护，将可能遇见的危险、危害情况从源头得到控制。例如，对旋转设备配置防护罩、安装除尘装置、配置联动或锁紧装置等。

（3）指导工人进行安全生产。通过上岗前的操作技术培训、操作技能考试和传帮带等工作从技能上提升员工的安全防范能力。

（4）促进工人提高安全保护意识。从意识上提高员工的安全防范能力，这一内容在11.1节已专门介绍过。

（5）在非常时期和事故发生时能够采取相应的措施。安全管理人员不但要抓好日常的安全管理工作，更要具备非常时期对事故的控制能力。企业和班组要对可能发生的安全事故制定事故应急预案，并定期进行培训和演练，保证在非常时期能够有效地控制局面的发展。

（6）找出事故的原因，防止事故再次发生。每次事故的发生，都不能简单地归结为偶然的因素，必须认真找出事故发生的真正原因，按照“三不放过”的原则进行处理，避免类似事件的重复发生。

（7）对现场时刻进行检查，预防事故的发生。一切防护的装置和措施，如果得不到严格的执行和落实，都将失去意义。因此，检查工作是保证现场安全的关键所在，必须时刻对关系到安全生产的环节进行认真的检查，使安全措施真正落到实处。

2．安全作业改善的步骤

安全作业改善，可以遵循以下四个步骤。

1）考虑事故发生的原因

（1）观察现象。

（2）检查记录。

（3）主动询问。

（4）按规章标准执行。

（5）时刻注意周围的事。

（6）预知事故的危险。

（7）深入挖掘事故的主要原因。

2）研究和制定对策

（1）找出原因和原因之间的相互关系。

（2）制定对策时，向有经验的人请教。

（3）从多方面考虑对策。

（4）对策必须符合企业的方针、规章和标准。

（5）制定出两套对策。
（6）查找自身的原因。

3）实施对策

（1）独自是否能做。
（2）是否向上司汇报。
（3）是否需要他人的帮助。
（4）立即转化为行动。

4）检查结果

（1）经常检查。
（2）切实的实施。
（3）是否排除了事故隐患。
（4）有无新的隐患。

3. 安全目标管理

安全目标管理是目标管理在安全管理方面的应用，是企业确定在一定时期内应该达到的安全生产总目标，再分解展开、落实措施和严格考核，通过组织内部自我控制达到安全生产目的的一种安全管理方法。它以企业总的安全管理目标为基础，逐级向下分解，使各级安全目标明确、具体，各方面关系协调、融洽，把企业的全体职工都科学地组织在目标体系之内，使每个人都明确自己在目标体系中所处的地位和作用，通过每个人的积极努力来实现企业安全生产目标。

1）安全目标管理的作用

（1）充分地体现“安全生产，人人有责”的原则，使安全管理向全员发展。
（2）促进职工安全素质的提高。
（3）促进企业推行现代安全管理。

2）安全目标管理的内容

动员全体职工参加制定安全生产目标，并保证目标的实现。

具体地说，由企业领导根据上级要求和本单位具体情况，在充分听取广大职工意见的基础上，制定出企业的安全生产总目标，即组织目标，然后层层展开、层层落实，下属部门以至每个职工根据安全生产总目标，分别制定部门及个人安全生产目标和保证措施，形成一个全过程、多层次的安全目标管理体系。

制定安全管理目标要有广大职工的参与，领导与群众共同商定切实可行的工作目标。安全目标要具体，根据实际情况可以设置若干个。例如，事故发生指标，伤害严重度指标，事故损失指标或安全技术措施项目完成率等。但是目标不宜太多，以免力量过于分散。应将重点工作首先列入目标，并将各项目标按照其重要性分成等级或序列。各项目标应能够数量化，以便考核衡量。

3）企业制定安全管理目标的依据

（1）国家的方针、政策和法令。
（2）上级主管部门下达的指标或要求。

（3）同行业企业的安全情况和计划动向。

（4）本企业情况的评价。

（5）历年中企业伤亡事故情况。

（6）企业的长远安全规划。

4）安全管理目标的分解

安全管理目标确立以后，还要把它变成各科室、施工处、班组和每个职工的分目标。在安全管理目标展开时，应注意下面的问题。

（1）要实现每个分目标与总目标密切配合，直接或间接地有利于总目标的实现。

（2）各部门或个人的分目标之间要协调平衡，避免相互牵制或脱节。

（3）各分目标要能够激发下级部门和职工的工作欲望及充分地发挥其工作能力，应兼顾目标的先进性和实现的可能性。

11.3 BEST 训练（管理者的一天）

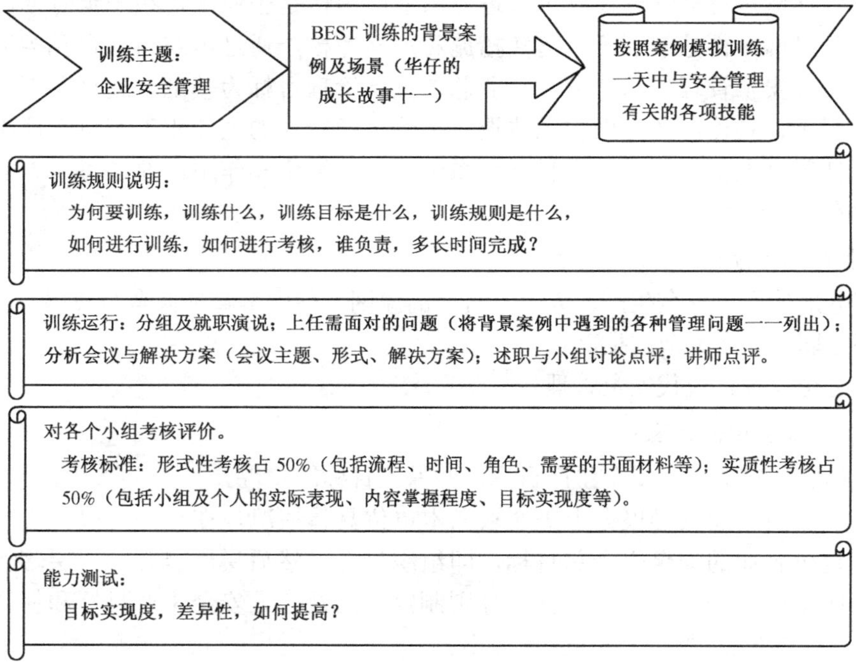

11.3.1 活动安排

1）BEST 训练规则

BEST 训练规则见第 1.4.1 节中的 BEST 训练规则。

2）背景案例及场景

案例 11-2　华仔的成长故事十一。

华信厂进了一批新员工，按照惯例，新员工进厂后，都要接受安全教育培训，父亲计划让华仔来抓此项工作，华仔正在积极准备新进员工的安全教育培训方案，为此华仔查阅了大量的资料。他计划先用一些发生的重大安全事故来“点醒”新员工的安全意识；再按安全管理规定来规范大家的行为；第三是带领新员工现场检查安全隐患；第四提出安全管理的注意事项。下面是华仔参考资料的部分内容。

（1）搜集到 2007 年的山西临汾矿难、辽宁铁岭钢水事故，2008 年的济南火车相撞事故等资料，并分析事故发生的原因。

（2）某公司的劳动安全规定如下。

第一章　总则

第一条　为规范企业职工劳动安全卫生教育（以下简称安全教育）工作，提高职工安全素质，防止伤亡事故的发生，减少职业危害，根据《劳动法》的有关规定制定本规定。

第二章　生产岗位职工安全教育

第二条　企业新职工上岗前必须进行厂级、车间级和班组级三级安全教育。三级安全教育时间不得少于 40 学时。

第三条　厂级安全教育由企业主管厂长负责，企业安全卫生管理部门会同有关部门组织实施。厂级安全教育应包括劳动安全文化的基本知识，本企业劳动安全卫生规章制度及状况、劳动纪律和有关事故案例等内容。

第四条　车间级安全教育由车间负责人组织实施。车间级安全教育应包括本车间劳动安全卫生状况和规章制度，主要危险、危害因素及安全事项，预防工伤事故和职业病的主要措施，典型事故案例及事故应急处理措施等内容。

第五条　班组级安全教育由班组长组织实施。班组级安全教育应包括遵章守纪，岗位安全操作规程，岗位间工作衔接配合的安全卫生事项，典型事故案例，劳动防护用品（用具）的性能及正确使用方法等内容。

第六条　企业新职工应按规定通过三级安全教育并经考核合格后方可上岗。

第七条　从事特种作业的人员必须经过专门的安全知识与安全操作技能培训，并经过考核，取得特种作业资格方可上岗工作。具体办法按国家有关规定执行。

第八条　企业职工调整工作岗位或离岗一年以上重新上岗时，必须进行相应的车间或班组级安全教育。企业在实施新工艺、新技术或使用新设备、新材料时必须对有关人员进行相应的有针对性的安全教育。

第三章　管理人员安全教育

第九条　企业法定代表人和厂长、经理必须经过安全教育并经考核合格后方可任职。安全教育时间不得少于 40 学时。

第十条　企业安全卫生管理人员必须经过安全教育并经考核合格后方可任职。安全教育时间不得少于 120 学时。

第四章　组织管理

第十一条　企业法定代表人和厂长、经理对本企业安全教育工作负责。企业安全卫生管理部门负责组织实施安全教育工作。

第十二条　企业安全教育工作应纳入本单位培训教育年度计划和中长期计划，所需人员、资金和物资应予保证。

第十三条　企业应建立、健全生产岗位职工安全教育、管理人员安全教育、安全员安全教育和班前教育、事故教育及安全活动日（周、月）等项安全教育制度。

第十四条　企业应建立健全的安全教育档案。安全教育档案由企业安全卫生管理部门管理或实行分级管理。

第十五条　企业对于认真开展安全教育并在防止伤亡事故、减少职业病危害方面做出成绩的单位和职工，应予以表彰和奖励。

第十六条　各级劳动行政部门的劳动安全卫生监察人员有权进入企业，对企业安全教育制度、教育内容和组织实施情况等进行监督检查。

第十七条　劳动行政部门对于认真开展安全教育并在防止伤亡事故、减少职业危害方面做出成绩的企业和人员，应予以表彰和奖励。

第五章　罚则

第十八条　凡未按本规定进行安全教育的，由劳动行政部门责令改正，并可按有关规定给予行政处罚；凡未按本规定进行安全教育而造成职工伤亡事故或严重职业危害的，由劳动行政部门按有关规定从重处罚。

第十九条　企业无理阻挠劳动行政部门及其劳动安全卫生监察人员行使监督检查权的，由劳动行政部门按有关规定处罚。

问题与讨论：①你如果是华仔，将怎样组织新职工进行安全教育？写出安全教育提纲。②如果由你组织大家开展安全教育活动周，请你认真制定一份安全教育活动周计划，与小组成员讨论并完善。③你能否根据以上的案例与你企业的实际情况提出对本企业安全生产与管理的建议？

3）BEST 训练运行

按照训练的标准流程运行，各个项目内容必需的时间由各小组具体设定。

（1）训练规则说明（建议时间 15～20 min）。

主要是使学员明白为何要训练，训练什么，训练的目标是什么，训练的规则是什么，如何进行训练，如何进行考核，谁负责，多长时间完成等训练必需的内容。

（2）分组及就职演说（建议时间 15～20 min）。

按照训练规则与班级人数分组，采用角色扮演方式。经过准备后进行就职演说。

（3）上任需面对的问题（本章中的背景案例及可能遇到的各个问题）（建议时间 15～20 min）。

① 如果你是华仔，你将怎样组织新职工进行安全教育？写出安全教育提纲。

② 在网上搜集 2007 年的山西临汾矿难、辽宁钢水事故，2008 年的济南火车相撞事故等资料，分析事故发生的原因。

③ 如果你是华仔，请你帮华仔设计检查现场安全隐患的方案。

④ 华信厂也计划要开展安全教育活动周，请你帮助华仔组织大家开展安全教育活动周，认真制定一份安全教育活动周计划，与小组成员进行讨论并完善。

⑤ 请你帮助华仔提出对企业安全管理的建议与注意事项。

⑥ 帮华仔设计华信厂班组岗位安全责任书。

⑦ 模拟演习：一个火灾消防事故（或其他事故）的全过程。

⑧ 帮华仔整理一下学习收获。

（4）分析会议与解决方案（建议时间 80～100 min）。

对以上遇到的问题召集小组会议，逐项进行分析，找到解决方案，指定相应成员从以下五个方面进行完善。

① 会议主题：________________。

② 会议形式：________________。

③ 时间控制：________________。

④ 会议结论：________________。

⑤ 解决方案：________________。

（5）主管对一天工作述职（建议时间 20～30 min）。

对一天工作的过程描述；目标的实现度；自己是如何做的；不足之处在哪里，如何建议等。

（6）小组讨论点评与训练活动总结（建议时间 15～20 min）。

成员之间对组长及其他成员进行点评。可以从目标实现程度、收获、主要问题和更好的方法是什么等方面进行点评。

（7）讲师点评：讲师按照练习、小结（指出正误）、再练习、再小结直到掌握的程序，对练习进行总结讲评。

（8）对各个小组考核评价（建议时间 20～30 min）。

考核组对各个小组上交的材料，结合考核组对其实际记录及表现进行评价。各个小组需上交给考核组的材料主要有：训练议程安排；人员分组分工及角色扮演名单；班组长就职演说稿；所面临的问题清单；每个问题的解决方案；会议记录；班组长一天工作述职报告；训练活动总结报告。考核组对每个小组及个人的实际表现、内容掌握深度和目标实现度等的记录。

11.3.2　能力测试

（1）调查你周边的某个企业，请你罗列该企业的不安全状况，如何改善？

（2）调查某企业（或你所熟悉单位），请设计该企业（或单位）的安全生产“目视管理与看板管理”牌。

（3）如果让你对某企业进行安全检查，请设计安全检查方案。

（4）设计一份消防事故模拟演习方案。

11.3.3　成长日记（十一）

结合本章所学的知识、方法与 BEST 训练写一篇 800 字以上的成长日记。

知识梳理与总结

本章通过对安全意识的教育，从落实班组长安全岗位责任制，强化安全日常检查工作，抓好班组交接班制度，重视消防安全，做好安全事故的原因调查与责任追究处理，不断地进行安全改善活动。利用案例与模拟训练，使大家系统地掌握安全生产管理的知识、技能与方法，通过自主学习与系统的考核，树立“安全第一，预防为主”的安全意识，强化安全管理，使学员达到职业岗位的安全生产规范要求。

第12章 企业基层管理实践

教学导航

教	知识重点	车间管理，车间主任应具备的条件，5S 管理，现场 OJT 要点，看板的编制，TPM 活动
	知识难点	5S 管理的实施，现场 OJT 实施，看板管理应用，TMP 实施
	推荐教学方式	以课堂案例教学与 BEST 训练为主，以企业现场观摩为辅
	教学场所	教室、实训室等，企业管理现场
	建议学时	12 学时
学	推荐学习方法	课堂：案例讨论，角色扮演，模拟训练； 课外：企业参观，模拟企业演练
	必须掌握的理论知识	车间管理的性质与任务，车间管理规章制度，车间主任的职责与条件，班组现场 OJT，5S 是什么，推行 5S 管理的程序，5S 活动实施要领，开展 5S 活动的原则，看板管理应用，TMP 实施步骤
	需要掌握的工作技能	熟悉车间管理的任务，能开展现场 OJT，掌握 5S 活动方法，进行看板管理与实施 TMP 活动
	训练	通过 BEST 训练，按照企业车间班组管理的任务，运用 5S 管理等理论与方法，将本章学习中所遇到的各种基层管理问题与困惑，一一展现出来并加以解决
	考核	形式性考核占 50%（包括流程、时间、角色、需要的书面材料等）；实质性考核占 50%（包括小组及个人的实际表现、内容掌握程度、目标实现度等）

案例 12-1　日本丰田汽车公司，根据丰田喜一郎非常准时的思想，设置了“传票卡看板”，节约了成本，提高了生产效率。他运用了倒转顺序的想法，即把原来的顺序颠倒过来，以最后一道工序为起点，禀承“后一道工序是客户”的思想。

首先在最后一道工序安排产量，然后据此安排各工序的产品，以满足最后一道工序的需要，前一道工序根据后一道工序的订货进行生产，这里最重要的就是把生产出来“东西”的运送方式倒过来，采取后一道工序向前一道工序领取“东西”的方式，中间的工具就是“传票卡看板”，上面记载着何时生产、生产多少、运往何地等具体生产指标，如图 12-1 所示。

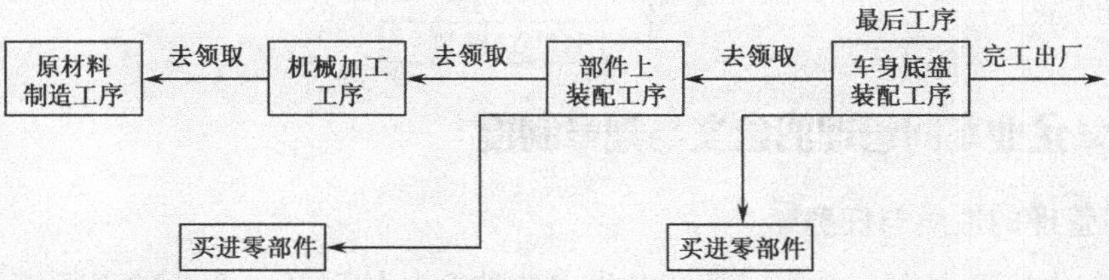

图 12-1　传票卡看板示意图

传票卡看板有如下两种功能。

（1）传票卡看板是指示作业的情报，它是把什么物品、在什么时候、多少数量、用什么方法进行生产和运送的情报自动发出的指示器，一切指标只要看看“传票卡看板”就可知道。

（2）传票卡看板一定要随着实物（容器）一起移动，运用传票卡看板必须遵守以下六项规则。

① 不向后一道工序送次品，保证质量。

② 由后一道工序来领取，后工序要按传票时间、数量领取。

③ 只按后一道工序的订货量进行生产。

④ 进行均衡生产，最后一道工序是最高命令，依此类推逐级下达命令。

⑤ 根据传票卡看板，进行微小的调整。

⑥ 使生产工序稳定化、合理化（标准化生产是非常必要的）。

根据日本丰田公司的传票卡看板，请设计你所在企业（或你所熟悉企业）的生产管理看板，并说明如何实施。

案例启示：日本丰田汽车公司的传票卡看板是“精益”管理的精髓，造就了丰田公司驰骋世界的神话。

本章将通过企业基层单位的管理实践与管理方法的学习，为大家介绍车间班组管理、5S 管理、看板管理等现场管理实践，使大家掌握现代企业管理的基本技能。

12.1 企业车间管理内容与培训

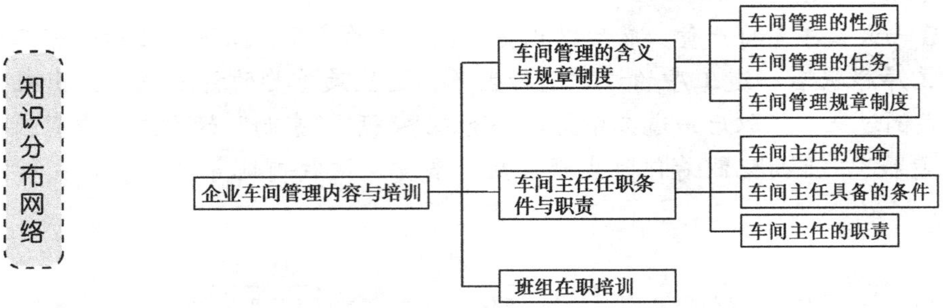

12.1.1 企业车间管理的含义与规章制度

1．车间管理的性质与任务

车间是企业的基本生产单位，是企业生产制造产品的现场，企业的现场管理主体是在车间完成的。它是企业的一级行政管理组织，拥有必需的原材料、零部件、外购件等加工对象，又拥有厂房（或场地）、机器设备、工夹量具等物质资源，还拥有工程技术人员、管理人员与生产工人等各类员工，车间中的班组是车间的最基层单位。车间是中小型制造类企业的中层生产单位，是企业的主体，是企业内部生产过程中完成某些工序或单独生产某些产品为企业直接产生经济效益的一线部门。

1）车间管理的性质

（1）执行性。企业的经营管理活动主要分四个层次：战略决策层、职能管理层、监督执行层、现场作业层，它们之间的关系如图 12-2 所示。

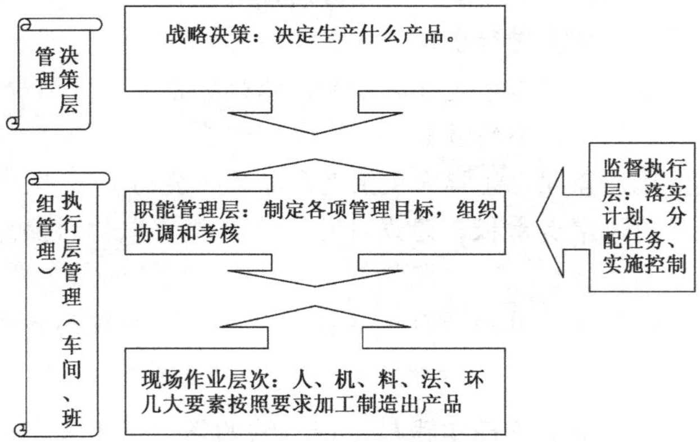

图 12-2　企业的管理系统

（2）生产性。车间管理的主要任务是按照高层管理者的决策，生产制造出适销对路的产品。如何完成生产制造任务是车间管理的大事。车间要根据生产计划，编制生产作业计划，组织人、机、料、法、环等要素实施完成生产任务。

（3）相对独立性。车间一方面是一个开放的机构，在企业的生产经营活动中起承上启下的作用，另一方面又是一个相对独立的部门。车间主任对车间内部的管理具有一定的决策权，对车间的资源有一定的配置权，对车间内的干部、员工有一定的任免、奖惩权，但仅限于本车间，因此有相对独立性。

2）车间管理的任务

车间管理就是在生产现场，利用“人、机、法、料、环”等条件，高效率地完成自己应承担的组织目标或被分担的任务。通常有“品质、效率、成本、安全”四方面任务。

2. 车间管理规章制度

企业规章制度一般包括：责任制度、技术规程、经管制度。车间管理制度几乎涉及到企业规章制度的每一方面。车间管理是通过责任制度，按照技术标准，利用经济管理制度对生产制造活动进行计划、组织、指挥、协调、控制，最终实现“品质、效率、成本、安全”四方面的任务。车间规章制度如图 12-3 所示。

- 车间规章制度
  - 责任制度
    - 岗位责任制
      - 领导人员责任制
      - 职能部门人员责任制
      - 工人责任制
    - 管理业务责任制
      - 生产责任制
      - 技术责任制
      - 经济责任制
      - 安全责任制
  - 技术标准
    - 标准
      - 产品标准
      - 零部件标准
      - 原料标准
      - 设备工具标准
    - 规程
      - 工艺规程
      - 操作规程
      - 安全技术规程
      - 设备维护和修理规程
  - 经济管理制度
    - 计划管理
      - 计划编制程序
      - 统计报告制度
    - 生产管理
      - 调度工作制度
      - 在制品管理制度
    - 劳动管理
      - 职工考勤制度
      - 培训制度
      - 奖惩制度
    - 物资管理
      - 采购制
      - 保管制
      - 收发制
    - 财务管理制度
      - 现金收支制度
      - 资金管理制度
      - 经济核算制度

图 12-3 企业车间规章制度

12.1.2 车间主任任职条件与职责

1. 车间主任的使命

车间管理是一个对企业决策层高度负责的执行部门，又是一个对生产管理独立实施计划、组织、指挥、协调、控制的主体部门。车间主任要围绕着产量、质量、消耗、设备、班组建设和安全生产等六个方面展开工作。因此，车间主任的使命是：组织生产、协调经营、带好队伍。

2. 车间主任应具备的条件

1）懂技术

车间主任作为车间的主要管理者，必须对本车间的生产技术比较熟悉，掌握生产加工、制造、工艺技术、设备维护、安全生产等技术标准。

2）懂管理

懂车间的计划管理、生产管理、技术管理、成本管理、物资管理及生产过程的组织实施工作，人员激励等管理方法与艺术。

3）组织协调能力

车间主任的主要职责是利用车间的各类资源完成企业的生产任务，必须能把上下左右的关系协调好，组织车间各工段（班组）及管理、技术人员，按照产品生产计划的要求完成任务。

4）具有良好的品质与创新精神

车间主任应有优良的品质，同时还应具备技术创新、管理创新等精神。海尔集团认为：优秀的产品是优秀的员工造出来的，优秀的员工是品质优秀的领导带出来的。

5）充沛的体力与干劲

车间的管理工作任务繁重、艰巨，车间主任必须有充沛的体力与对工作积极、主动、热情的干劲，才能胜任。

3. 车间主任的职责

（1）按照公司（厂部）的方针、目标和任务，制定车间的目标任务和具体计划、方案，组织实施并保证产品质量，按期完成生产任务。

（2）负责落实安全生产责任制，定期检查安全消防、劳保设施，确定无隐患，严格执行安全操作规程。

（3）负责设备、环境等条件符合生产要求，保证资源充分利用。

（4）负责领导车间经济责任制的落实，分解落实各项经济指标，努力降低生产成本，提高生产效率和综合经济效益。

（5）负责技术革新与技术进步方案的提出与实施，推进企业技术水平，积极推行现代管理方法。

（6）负责对车间实施经济责任制的考核与员工奖惩方案的落实，积极开展团队建设与维护工作。

（7）负责上传下达企业的各项方针、政策，迅速及时处理车间的各种问题与突发事件。

（8）负责车间的业务培训、质量教育、安全教育、资料归档等工作。

（9）其他工作，企业领导交办的各种其他任务。

> 贯上：贯彻上级精神，落实、完成任务。
>
> 维下：维护团队建设，激励员工。

12.1.3　班组在职培训

1. 开展在职培训的意义

开展在职培训 OJT（On Job Training），目的是使企业的班组成员从实践中提高自己的能力，使班组成为“学习型组织”最有力的贯彻者。OJT 即职业培训或在职培训，是指有计划地实施有助于提高员工学习与工作能力的活动。这些能力包括知识、技能或对工作绩效起关键作用的行为，培训的目的在于让员工掌握培训项目中强调的知识、技能和行为，并且让他们应用到日常工作当中。相对于脱产培训，OJT 有不耽误工作时间、节约培训费用、建立与员工之间的沟通渠道及更有针对性这四个优点。

OJT 不仅是一种有效的培训手段，更是一种培训观念，如果能把在职培训这个理念导入日常管理活动当中，无论管理层的管理还是员工的工作，都将发挥更大的效力。

按照一般理论，一个新员工在企业内某个岗位上的价值，按照六个月为一个周期，可分为四个阶段：第一个阶段是“学习投入阶段”，第二个阶段是“价值形成阶段”，第三个阶段是“能力发挥阶段”，第四个阶段是“价值提升阶段”。这四个阶段都需要给员工学习和培训的机会，让员工不断地进步、成长。

2. 班组在职培训 OJT 要点

1）帮助员工制定明确的绩效目标

首先得让员工知道自己该干什么，干到什么程度，把工作做好的标准是什么。班组长要帮助团队成员订立明确的绩效目标，让团队成员学会用目标指导自己的工作。

班组长在指导班组成员制定目标时，要明确目标的制定标准。

（1）符合公司的发展战略。

（2）符合管理者的意图。

（3）符合员工的职位要求。

（4）有严格的考核标准。

（5）有明确的截止期限。

（6）符合员工发展的要求。

2）帮助员工有效执行目标

没有有效的执行，任何美好的设想和规划都只是文件里的一些漂亮词汇的组合，没有任何实际意义。另外，由于工作当中的流程问题、人际关系问题、员工的能力问题、一些突发事件及其他不可预料的问题客观存在，可能会导致员工在执行目标的过程中出工不出力，费力不讨好，导致员工执行目标出现变形。

为防止这些问题的出现，保证绩效目标得到有效执行，现场管理者必须在日常的工作当中继续导入 OJT 的观念，在执行目标的过程中持续与员工保持绩效沟通，不断强化对员工的在职培训，不断对员工进行业绩方面的辅导，使员工在执行目标的过程中不断提高执行能力。

3）领导员工创新工作

创新是对原有工作的改善和提高，是对未来的深入思考和前瞻性的预测。唯有不断创新，员工才能不断地被激励，潜能才可以不断地被挖掘出来，培训才更有效果。

创新工作就是鼓励员工在工作中不断对工作做出前瞻性的思考，不断提出创新的建议，改善工作流程，提高工作效率，让员工在工作中不断被创新所激励，不断激发创新的动机和潜能，使员工的潜能得到最大限度的开发和利用。

4）帮助员工总结工作

总结才能提高，总结才能更加清楚自己的实力，才能明确改进的方向和方法，现场管理者必须帮助员工不断对自己的工作做出总结，从总结中获得提高和进步。

现场管理者应鼓励员工向自己汇报工作进展情况，鼓励员工指出工作中遇到的障碍，提出有关资源、协调和推动的请求，帮助员工更加高效地工作。

3．班组在职培训 OJT 实施步骤

班组在职培训 OJT 的主要目的是让员工熟悉本岗位工艺管理，正确判断生产中的异常情况并及时进行处理。熟知所属设备的结构和性能，以便正确控制工艺条件，充分挖掘设备潜力，使员工达到熟记工艺流程和工艺指标的目的。

班组现场 OJT 主要由车间主管和班组长等基层管理人员负责实施。

班组现场 OJT 适用于技巧、技术与操作型任务。此方法可以协助下属熟练技术，学习新技巧。实施分为以下五个步骤。

（1）说明：向学习者说明即将学习的事项、重要性、操作要点与步骤。

（2）示范：由指导者或示范人员亲身操作。

（3）操作：让学习者自己操作一次，并观察其动作是否正确，是否依照规范操作。如果有错误或有偏差，应及时纠正，避免养成不良习惯。

（4）边操作，边说明：学习者自己一边操作，一边说明要点。此步骤的目的是确保学习者的想法与动作一致，并能掌握所有的要点。

（5）定期检查：正确者予以鼓励，有错误要加以纠正。

班组现场 OJT 的成功要诀在于事前的准备。首先对动作要加以分解和标准化，如能编成口诀更佳，其次是一次一个动作，以便学习与观察。善用此方法，可以让下属快速正确地学会许多新的技能，对于处在快速变迁的环境的班组极具意义。

4．班组在职培训 OJT 的技能

（1）工艺原理方面：原料及产品性质。

（2）设备结构及性能方面：设备结构及主要尺寸、构造原理、设计指标和维护保养要求。

（3）工艺流程及指标方面：详细流程、工序控制点、厂控和一般工艺指标，以及主要指标的控制原理和上下限。

（4）操作和事故处理方面：正常操作、事故处理及异常情况的判断和处理。

案例 12-2 是什么造就了西门子公司 150 多年的辉煌？高质量的产品、完善的售后服务、不断创业和创新，以及高效的人才培训被认为是西门子公司成功的关键。

在人才培训方面，西门子公司创造了独具特色的培训体系。西门子公司对员工进行培训的根本目标是使他们能够从容应对来自各方面的挑战。为此，西门子公司为员工设计了各种各样高效的培训。这些培训从内容上看，主要分为三种：①新员工培训；②大学精英

培训；③员工在职培训。

1）新员工培训

新员工培训又称第一职业培训。在德国，一般 15～20 岁的年轻人，如果中学毕业以后没能进入大学，要想工作，必须先在企业接受 3 年左右的第一职业培训。在第一职业培训期间，学生要接受双轨制教育：一周工作 5 天，其中，3 天在企业接受工作培训，另外 2 天在职业学校学习知识。这样，学生不仅可以在工厂学到基本的熟练技巧和技术，在日常的工作实践中学到很多东西，而且可以在职业学校受到相关的基础知识教育。通过接近实践的作业，他们的职业能力及操作能力也会得到提高。由于企业内部基本上使用的是最先进技术的培训设施，保证了第一职业培训的高水平，因此第一职业培训证书在德国经济界享有很高的声誉。由于第一职业培训理论与实践相结合，为年轻人进入企业提供了有效的保障，深受年轻人欢迎。在德国，中学毕业生中的 60%～70%接受第一职业培训，20%～30%选择上大学。

西门子公司早在 1922 年就拨专款设立了专门用于培训工人的“学徒基金”。现在公司在全球拥有 60 多个培训场所，如在公司总部慕尼黑设有韦尔纳·冯·西门子学院，在爱尔兰设有技术助理学院，他们都配备了最先进的设备，每年培训经费近 8 亿马克。目前共有 10 000 名学徒接受第一职业培训，大约占员工总数的 5%，他们学习工商知识和技术，毕业后可以直接到生产一线工作。

在中国，西门子公司与北京市国际技术合作中心合作，共同建立了北京技术培训中心，西门子公司投资 4 000 万马克。合同规定，中心在合同期内负责为西门子公司在华建立的合资企业提供人员培训，目前该中心每年可对 800 人进行培训。

第一职业培训（新员工培训）保证了员工一正式进入公司，就有很高的技术水平和职业素养，为企业的长期发展奠定了坚实的基础。

2）大学精英培训

西门子公司计划每年在全球接受 3 000 名左右的大学生，为了利用这些宝贵的人才，西门子公司也制定了专门的计划。

西门子公司注意加强与大学生的沟通，增强对大学生的吸引力。公司同各国高校建立了密切的联系，为学生和老师安排活动，并无偿提供实习场所和教学场所，举办报告会等。1995 年 4 月，西门子公司在北京成立了“高校联络处”，开始与高校建立稳定而持久的伙伴关系，加强与高校教师、学生及各院系、研究所的联系和沟通。西门子公司每年在重点院校颁发 300 多项奖学金，并为优秀学生提供毕业后在西门子公司求职的指导和帮助，“高校联络处”也因而被称为西门子公司和高校沟通的桥梁。

进入西门子公司的大学毕业生首先要接受综合考核，考核内容既包括专业知识，也包括实际工作能力和团队精神，公司根据考核的结果安排适当的工作岗位。此外，西门子公司还从大学生中选出 30 名尖子进行专门培训，培养他们的领导能力，培训时间为 10 个月，分三个阶段进行。第一阶段，让他们全面熟悉企业的情况，学会从因特网上获取信息；第二阶段，让他们进入一些商务领域工作，全面熟悉本企业的产品，并加强他们的团队精神；第三阶段，将他们安排到下属企业（包括境外企业）承担具体工作，在实际工作中获取实践经验和知识技能。目前，西门子公司共有 400 多名这种“精英”，其中 1/4 的人在接受海外培训或在国外工作。大学精英培训计划为西门子公司储备了大量的管理人员。

3）员工在职培训

西门子公司人才培训的第三个部分是员工在职培训。西门子公司认为，在世界性的竞争日益激烈的市场上，在革新、颇具灵活性和长期性的商务活动中，人是最主要的力量，知识和技术必须不断更新换代，才能跟上商业环境及新兴技术的发展步伐，所以公司正在努力走上“学习型企业”之路。为此，西门子公司特别重视员工的在职培训，在公司每年投入的 8 亿马克培训费中，有 60%用于员工在职培训。西门子公司员工的在职培训和进修主要有两种形式：西门子管理教程和西门子员工再培训计划。其中，管理教程培训尤以独特和有效闻名。

知识经济时代，知识更新的速度越来越快，信息量呈几何级数增长，要跟上时代步伐，立于不败之地，必须提高人的素质，加强培训。好的团队领导是团队成员的导师和教练，他不仅能敏锐地发现团队中的问题，并提出有见地的新观点和新思路，同时又能发现团队成员各自的优势，在合适的岗位放置合适的人才，并耐心细致地指导和帮助每一名队员进步成长。许多优秀的企业诸如西门子、GE、麦当劳等公司，每天都在积极努力地为员工提供和创造学习与发展的机会，力求把企业变成一个“学习”的殿堂。作为企业的班组长，我们应利用一切机会，把班组成员培养成适应团队发展的高素质人才。

12.2 企业基层管理典型方法

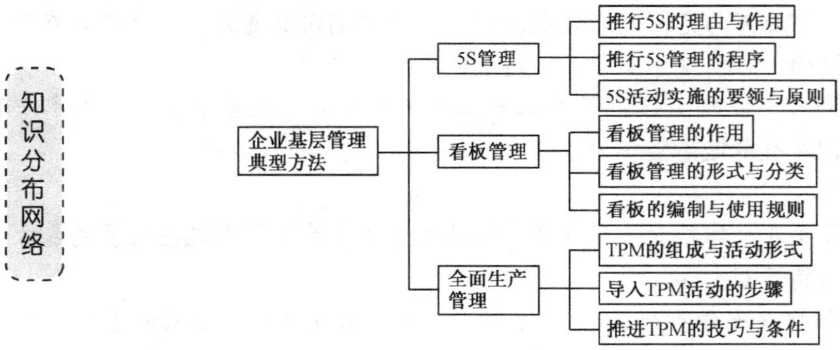

12.2.1 5S 活动

1. 工作中经常出现的现象

（1）急等要的东西找不到，心里特别烦躁。

（2）桌面上摆得很凌乱，办公室空间有一种压抑感。

（3）没有用的东西堆了很多，处理掉又舍不得，不处理又占用空间。

（4）工作台面上有一大堆东西，理不清头绪。

（5）每次找一件东西，都要打开所有的抽屉箱柜狂翻。

（6）环境脏乱，使上班人员情绪不佳。

（7）制定好的计划，事务一忙就忘。

（8）材料和成品仓库堆放混乱，账和物不符，堆放长期不用的物品，占空间。

（9）生产现场的设备上灰尘很厚，长时间未清扫，有用和无用的物品同时存在，活动场所变得很小。

（10）生产车道路被堵塞，行人和搬运无法通过。

如果每天都被这些小事缠绕，员工的工作情绪就会受到影响，大大降低工作效率。解决上述问题的方法最好用“5S”管理。

2．5S 的定义

“5S”管理源于日本，是指在生产现场，对材料、设备和人员等生产要素开展相应的整理、整顿、清扫、清洁和提高员工素养等活动，为其他管理活动奠定良好的基础。它是日本产品行销全球的成功之处。整理、整顿、清扫、清洁和素养用日语外来词汇的罗马文拼写时，其第一个开头的字母均为“S”，故简称“5S”管理，其改善对象及目标如表 12-1 所示。

表 12-1　5S 改善对象及目标

实施项目	改善对象	目　标
整理	空间	清爽的工作环境
整顿	时间	一目了然的工作场所
清扫	设备	高效率、高品质的工作场所
清洁	乱源	卫生、明亮的工作场所
素养	纪律	全员参与、自觉行动的习惯

（1）整理：工作现场，区别要与不要的东西，只保留有用的东西，清除没有用的东西。

（2）整顿：把要用的东西，按规定位置摆放整齐，并进行标志与管理。

（3）清扫：将不需要的东西清除掉，保持工作现场无垃圾、无污秽状态。

（4）清洁：维持以上整理、整顿、清扫后的局面，使工作人员觉得整洁。

（5）提高员工素养：通过进行上述 4S 的活动，让每个员工都自觉遵守各项规章，养成良好的工作习惯，做到“以厂为家、以厂为荣”。

3．推行 5S 的理由与作用

1）推行 5S 的理由

实践证明“5S”推行不良，会产生下列不良后果。

（1）影响员工的工作情绪。

（2）造成职业伤害，发生各种安全事故。

（3）降低设备的精度及使用寿命。

（4）由于标志不清而造成误用。

（5）影响工作和产品质量。

2）推行 5S 管理的作用

（1）提供一个舒适的工作环境。

（2）提供一个安全的作业场所。

（3）塑造一个企业的优良形象，提高员工工作热情和敬业精神。

（4）稳定产品的质量水平。

（5）提高工作效率降低消耗。

（6）增加设备的使用寿命，减少维修费用。

3）推行5S管理的目的

（1）降低员工作业的出错几率，不良品下降，产品品质上升。

（2）提高员工士气。

（3）避免不必要的等待和查找，提高了工作效率。

（4）资源得以合理配置和使用，减少浪费。

（5）整洁的作业环境给客户留下深刻印象，提高公司整体形象。

（6）通道畅通无阻，各种标志清楚醒目，人身安全有保障。

（7）为其他管理活动的顺利开展垫定基础。

4. 推行5S管理的程序

（1）决策	高层管理者的决心是原动力
（2）成立组织	落实责任是成功的保证
（3）设定目标	应设定阶段性目标和长远目标
（4）制定计划	周密、切实的计划会保证活动成功
（5）建立评价标准	评价标准应结合目标
（6）培训	培训的重点是改变观念
（7）试点	试点是为了取得经验并树立榜样
（8）检查、评价	检查评价实现效果
（9）总结	采取纠正措施、总结经验、树立榜样
（10）调整/再计划	对目标和计划进行调整
（11）再培训	一个新PDCA循环开始
（12）推广	
（13）再检查/评价	
（14）再总结	又一个PDCA循环开始
（15）再计划	

5. 5S活动实施的要领

1）整理

整理现场可以腾出空间，使空间活用；还可以防止误用、误送，创建清爽的工作场所。实施要领如下。

（1）对自己的工作场所（范围）全面检查，包括看到的与看不到的。

（2）制定“要”和“不要”的判断基准。

（3）将不要的物品清除出工作场地。

（4）对需要的物品调查使用频度，决定日常用量及放置位置。

（5）制定废弃物处理方法。

（6）每日自我检查。

2）整顿

整顿的三要素：场所、方法和标志。

（1）放置场所：物品的放置场所原则上要百分之百设定；物品的保管要定点、定容和定量；生产线附近只能放真正需要的物品。

（2）放置方法：不超过所规定的范围，在放置方法上多下功夫。

（3）标志方法：放置场所和物品在原则上要一对一地标志；物品的标志与放置场所的标志统一；某些标志方法全公司统一；在标志方法上多下功夫。

（4）整顿的“三定”原则：定点，放在哪里合适；定容，用什么容器和颜色；定量，规定合适的数量。

3）清扫

（1）建立清扫责任区（室内外）。

（2）执行例行扫除，清理脏污。

（3）调查污染源，并予以杜绝或隔离。

（4）建立清扫基准，作为规范。

4）清洁

（1）落实前面的 3S 工作。

（2）制定考评方法。

（3）制定奖惩制度，加强执行。

（4）高级主管经常带头巡查，以表重视。

5）素养

（1）制定服装、仪容和识别证标准。

（2）制定共同遵守的有关规则和规定。

（3）制定礼仪守则。

（4）教育训练（新进人员强化 5S 教育、实践）。

（5）推动各种精神提升活动（晨会和礼仪运动等）。

6．开展 5S 活动的原则

1）自我管理的原则

良好的工作环境，不能单靠增加设备，也不能指望别人来创造，应当充分依靠现场人员，现场人员自己动手创造一个整齐、清洁、方便和安全的工作环境，使他们具备现代化大生产所需要的遵章守纪、严格要求的风气与习惯。

2）勤俭的原则

开展 5S 活动，要从生产现场清理出废品。其中，有的只是在现场无作用，但可用于其他地方；有的虽然是废品，但应有废物利用，变废为宝的精神。

3）持之以恒的原则

5S 活动开展起来比较容易，可在短时间内取得明显的效果，但要坚持下去，持之以恒，不断优化就不太容易了。许多企业都是“一紧、二松、三停、四重复”，即开始时轰轰烈烈，过后明显地松弛下来，再后来就完全停下来了，来年又认为必须开展，因此又从头再来，无法提升。

12.2.2 看板管理

1．看板管理的定义及分类

看板管理是管理可视化的一种表现形式，即将数据和情报等状况一目了然地表现出来，主要是指对管理项目、特别是情报进行的透明化管理活动。它通过各种形式如标语、现况板、图表和电子屏等把文件上、脑子里或现场等隐藏的情报揭示出来，以便任何人都可以及时掌握并管理现状和必要的情报，从而能够快速制定并实施应对措施。因此，看板管理是发现问题和解决问题非常有效且直观的手段，是现场管理必不可少的工具之一。

看板就是表示出某工序何时、需要多少数量的某种物料的卡片。看板管理是只对最后一道工序下达生产指令，而不将主生产计划按照物料清单分解到各个工序和原材料采购的方法。按照责任主管的不同，一般可以分为公司管理看板、部门车间管理看板和班组管理看板三类，如表 12-2 所示。

表 12-2　看板分类

	公司管理看板	部门车间管理看板	班组管理看板
责任主管	高层领导	中层管理干部	基层班组长
常用形式	各种 ERP 系统， 大型标语/镜框/匾/ 现况板/移动看板	标语/现况板/移动看板/ 图表/电子屏	现况板/移动看板/活动日志/ 活动板/图表
项目内容	企业远景或口号， 企业经营方针/战略， 质量和环境方针， 核心目标指标， 目标分解体系图， 部门竞赛评比， 企业名人榜， 企业成长历史， 大型活动展示， 员工才艺展示， 总经理日程表， 生产销售计划	部门车间口号， 部门方针战略， 公司分解目标指标， 费用分解体系图， PQCD 月别指标， 设备 MTBF/MTTR， 改善提案活性化， 班组评比， 目标考核管理， QC 工序基准， 部门优秀员工， 部门日程表， 进度管理板， 员工去向板， 部门生产计划， 安全保健现况板	区域分担图/清扫责任表， 小组活动现况板， 活动日志， 设备日常检查表， 定期更换板， 变更点管理， 工艺条件确认表， 作业指导书或基准， 个人目标考核管理， PQCD 每日趋势管理， 主题活动/QC 工具， 个人生产计划， 班组管理现况， 报表， 物品状况板， TPM 诊断现况板

2．看板管理在生产过程中的作用

（1）主生产计划：看板管理的理论中不涉及如何编制和维护主生产计划，它是以一个现成的主生产计划作为开端。所以采用准时化生产方式的企业需要依靠其他系统来制定主生产计划。

（2）物料需求计划：虽然采用看板管理的企业通常将仓库外包给供应商管理，但是仍然需要向供应商提供一个长期、粗略的物料需求计划。一般的做法是按照一年的成品销售计划得出原材料的计划用量，同供应商签订一揽子订单，具体的需求日期和数量则完全由看板来体现。

（3）能力需求计划：看板管理不参与制定主生产计划，自然也就不参与生成能力的需求计划。实现看板管理的企业通过工序设计、设备布置和人员培训等手段来实现生产过程的均衡化，从而大大减少了生产过程中的能力需求不平衡的现象。看板管理可以很快地暴露出能力过剩或不足的工序或设备，然后通过不断地改进来消除问题。这种对问题的根源进行分析并解决问题的方法是非常值得借鉴的。

（4）仓库管理：订货点法的缺点是仓库库存积压或短缺，看板管理并不能解决问题。采用看板管理后，生产线从仓库领取物料的数量被控制在看板数量之内，仓库订购的物料数量也不能超过看板数量，这样能在一定程度上解决库存积压问题。

（5）生产线在制品管理：实现准时化生产方式的企业在制品数量被控制在看板数量之内，关键在于确定一个合理有效的看板数量。

（6）技术支撑：有些企业忽略了看板管理的技术支撑体系，从而导致在实践中失败。根据日本丰田汽车公司的经验，单纯地采用看板管理不可能全面实现生产过程的合理化，应该首先从生产过程的合理化入手，不断改进作业方法，完善生产条件，然后逐步过渡到看板管理。由此可以看出是否具备技术支撑体系是实现看板管理的关键所在。

（7）人员素质要求：实施看板管理的企业不仅仅要求员工能在正常情况下进行标准化作业，还要求员工能尽快解决生产过程中的各种突发问题，保障生产流程的顺畅。

（8）适用行业：准时化生产方式的适用范围比较窄，通常只有采用流水线方式制造或装配产品的企业才适用。典型行业是汽车制造业，但是准时化生产方式中的一些管理思想，如杜绝浪费和过量生产、柔性生产计划、设备快速调整和全员参与改善活动等，对于所有企业都是有借鉴意义的。

3. 看板管理在使用过程中的作用

1）看板是领货、运送和生产的指令

“没有看板不领货”，后工序根据消耗掉的零件的相应“看板”量去向前工序领货；“没有看板不运送”，搬运员工根据“看板”的数量在工序之间运送零件；“没有看板不生产”，送来多少看板，就生产多少零件，一个不多，一个不少。

2）防止“过量制造”、“过量运送”

“看板”的数量是限定的。如果装配线上今天装配的数量较少，还有些零件没有用完，那么能够拿出来的向前工序领取零件的“看板”数量也会相应地减少，前工序的零件加工量也就相应地减少。这样“看板”就像货币的发行量制约着商品流通的数量那样，在生产过程中防止在制品的过量制造和贮存。

3）看板还是贯彻“目视管理”的工具

“看板”与在制品同时存放在一起，只要一看“看板”标明的型号和数量，就可以一目了然地知道在制品的品种和数量。有的“看板”直接放置在工位器具上，一个工位器具就是一张“看板”，更可以帮助相关人员直观和形象地掌握在制品的储备状况。

4. 看板管理的形式与分类

在企业的生产管理中看板的形式很多。常见的有卡片、标志牌、信号灯和电视图像等。按照看板的功能差异和应用对象的不同可进行如下分类。

1）工序看板

在一个工厂内各工序之间使用的看板统称为工序看板。工序看板又分为如下几种。

（1）取货看板：操作者按看板上所列数目到前道工序领取零部件。没有取货看板，不得领取零部件。

（2）送货看板：由后道工序填写零部件的取货需要量，当前道工序送货时，将收发清单带回，作为下次送货的依据。

（3）加工看板：加工看板指示某工序加工制造规定数量的看板，一般根据机械加工、装配、运输、发货和外部订货的需要情况分别进行编制。

（4）信号看板：在固定的生产线上作为生产指令的看板，一般是信号灯或不同颜色的小球等。

（5）材料看板：进行批量生产时用于材料准备工作的看板。

（6）特殊看板：当生产按订货顺序进行时，按每一项订货编制，交货后即收回。

（7）临时看板：生产中出现次品、临时任务或临时加班时用的看板，只用一次，用完即刻收回。

2）外协件看板

工厂向外部订货时，用以表示外部应交零部件数量和时间等的一种领取看板，仅适用于固定的协作企业之间。

5. 看板的编制

由于看板是实现准时生产的工具，具有计划和调度指令的作用，又是联系企业内部各道工序及协作厂之间的接力棒，起着实物凭证和核算根据的作用，因此在编制看板时一般要做到如下几点。

（1）内容齐全。产品名称、型号、件号、件名、每台件数、生产的工序或机台、运送时间、运送地点、运送数量、放置位置和最低标准数量等都要写清楚。

（2）识别标记醒目。看板上所记载的各项内容应用不同的颜色标记清楚，背面号码容易看出。

（3）便于制作。生产流水线上用的看板数量很大，因此设计看板时，必须考虑到便于制作。

（4）便于保管和处理，做到耐油、耐蚀，不容易破损。

（5）注意看板内容与实物相符。看板一般随实物传递，应注意采用与实物相适应的形式。

6. 看板的使用规则

（1）看板是实现准时生产的工具。准时生产要求只在必要的时候，按必要的数量，生产必要的零件、部件和产品。

（2）使用中要坚持由下道工序向上一道工序提取零部件，各道工序尽可能做到在必要的时候只生产一件、只传递一件、只储备一件零部件，用最后装配工序来调节平衡全部生产的原则，发现问题时宁可中断生产，采取措施，解决问题，绝不积压零部件。

（3）要做到看板同实物一道运动。下一道工序带着看板到上一道工序领货，上道工序只根据看板的种类和数量进行生产，没有看板就不运送、不制造，不合格的零件和毛坯不准挂看板。

案例 12-3 某集团公司的看板管理方案。

（1）“目标分解展示板”使高层领导从管理中解脱出来。所谓目标分解，是公司经营管理的一级指标向二级、三级指标层层展开的一个系统验证图。制定目标时必须根据公司的经营方针，对主要的指标进行重点分解管理，包括如下三个步骤。

① 综合目标设置：进行对比后选择课题，确定综合目标。综合目标不宜选择太多，否则会分散注意力。一般选择 1 个指标或 2～3 个指标，大多数情况不超过 4 个指标，其目标值应用数值具体表示出来。

② 目标展开：按综合生产力目标展开，建立对策体系。一般可以按照产品、工序、原因和技术等方式对目标分解，但应考虑现象把握难易度和对策实施难易度和成果把握难易度等情况，然后决定按什么顺序来展开。

③ 对策选择：对策检讨、选择，树立对策案和验证。为达成每个目标值，应该探索能够实践的具体对策。至今为止，在以由下到上为主的改善活动中，经常出现一些因盲目选择对策而发生负作用的事例。或者对“什么是对策”进行直观的判定，或者根据以往的经验树立并实施对策而导致在对效果不能预测的状态下盲目实施，造成无法改善的结果。为了预防上述问题，提高目标完成率，在目标展开阶段开展原因验证的工作是至关重要的，这样对对策手段的选择会大有帮助。

（2）“设备计划保全日历”指的是设备预防保全计划，包括定期检查、定期注油及大修的日程，以日历的形式预先制定好，并按日程实施。优点是像查看日历一样方便，而且日历上已经记载了必须做的事项，完成后对其进行标记。

（3）“区域分担图”也称责任看板，是将部门所在的区域（包括设备等）划分给不同的班或小组，由其负责清扫点检等日常管理工作。这种看板的优点是从全局考虑，不会遗漏某区域或设备，是彻底落实责任制的有效方法。

（4）“安全无灾害板”的目的是为了预防安全事故的发生而开展的每日提醒活动，包括安全无灾害持续天数、每日安全一句话和安全教育资料与信息。一般设置在员工出入或集中的地方。

（5）“班组管理现况板”集合了部门目标、出勤管理、业务联络、通信联络、资料、合理化建议和信箱等内容，是班组的日常管理看板，一般设置在休息室或早会的地方。

（6）“定期更换板”是根据备件的使用寿命定期进行更换的管理看板，一般张贴在需要更换作业的部位，方便任何人检查或监督。优点是能将文件上或电脑里要求的作业事项直观地表现在现物上，不容易遗忘。

（7）“QC 工具”是开展主题活动必要的手段，主要是针对特定的工作失误或品质不良运用 QC 工具展开分析讨论，并将结果整理在容易看到的地方，以提醒防止发生这样的问题，而且员工随时可以提出新的建议并进行讨论修订。一般适合于工作比较单一的情况，或特定的课题活动，并不是每个小课题都这样。

（8）“TPM 诊断现况板”是为了持续推进 TPM（全面生产管理）活动而进行的分七个阶段的企业内部认证用记录板，体现小组活动水平的高低，阶段越高水平越高。

管理看板的使用范围非常广，凡是需要管理的地方都可以选用适当的看板。如果用得好，无疑是一种高效而又轻松的管理方法，对于企业管理层来说是一种管理上的大解放。相反，若使用不当，不仅成为浪费资金的花架子，而且还会成为管理形式主义的温床。

12.2.3 全面生产管理

全面生产管理（或全面生产维护）TPM（Total Productive Management）的具体含义有以下四个方面：

（1）以追求生产系统效率（综合效率）的极限为目标。

（2）从意识改变到使用各种有效的手段，构建能防止所有灾害、不良、浪费的体系，最终构成“零”灾害、“零”不良产品、“零”浪费的体系。

（3）从生产部门开始实施，逐渐发展到开发、管理等所有部门。

（4）从最高领导到第一线作业者全员参与。

1. TPM 活动的组成

TPM 活动由“设备保全、质量保全、个别改进、事务改进、环境保全、人才培养”这六个方面组成，对企业进行全方位的改进。从 20 世纪 80 年代开始，在日本，TPM 已在汽车、半导体、家电、木工、机械等产业，以及钢铁、化工、食品、医药品、造纸、印刷、石油、燃气等产业中实施。

2. 推行 TPM 可期待的效果

（1）有形效果包括：设备综合效率的提高；劳动生产率的提高；市场投诉的减少；各种损耗的降低；生产周期的缩短；部门效率的提高。

（2）无形效果包括：企业得到革新；企业充满活力；企业有良好的信誉，能让顾客信赖。

3. 如何选择合适的改善工具

很多企业在选择管理工具时表现出来的最典型问题就是好高骛远。例如，有的工厂生产现场还处于杂乱无章的状况，却想推动六西格玛活动。在这种情况下，六西格玛不但不能解决工厂所面临的问题还会带来巨大的浪费。

因此，管理者应该注意根据企业自身的管理水平来选择合适的管理工具。如表 12-3 所示，如果将企业的管理水平划分为初级水平、中级水平和高级水平这三个等级，每个等级都有若干种管理工具可供选择使用。

表 12-3　工厂状况与工具选择

企业情况	初级水平	中级水平	高级水平
具体表现	现场脏、乱、差， 员工没有良好的习惯， 标准化管理能力差， 基本上无改善文化	现场 5S 状况良好， 业务实现了标准化， 员工能按标准做事， 已有相当程度改善	现场管理比较卓越， 业务改善活动活跃， 员工积极参与变革， 已有较好的改善文化
适合的改善工具	标准化管理（ISO 9000）， 5S 活动	TPM 全面改善活动， 精益生产 JIT	SCM 供应链管理， 六西格玛管理

（1）初级水平：管理水平处于初级阶段的企业，现场脏、乱、差，员工缺乏良好的工作

习惯，标准化管理能力差，企业内部基本上没有形成文化。这类企业不应选择很高级的管理工具，而应该着重运用 ISO 9000 体系来加强标准化管理。此外，5S 活动是工厂一切管理活动的基础，初级水平的企业尤其要重视开展 5S 活动，培养员工的良好习惯，提高员工的素养。

（2）中级水平：处于中级管理水平的企业，现场管理状况较为良好，基本上具备了规划现场的能力，业务上也实现了标准化，员工们能够按照标准来工作，ISO 体系能够切实地对企业的生产起到维护的作用。这类企业的管理水平能够维持一定的水平，不至于越来越坏，并且已经有相当程度的改善，适合开展 TPM 活动和精益生产 JIT 活动。

（3）高级水平：具有高级管理水平的企业是指那些世界 500 强企业开设的工厂，它们已经实现了比较卓越的现场管理，业务改善活动比较活跃，员工革新意识强，能够积极主动地参与变革，并且已经形成了良好的企业文化。这些企业可以开展供应链管理 SCM 活动，有条件的企业甚至可以开展更高级的管理活动，即六西格玛活动，追求零缺陷的品质文化。

每一个企业的管理者都应当正视自身的管理现实，根据管理水平的高低选择合适有效的管理工具。总体来说，5S 活动、TPM 活动及精益生产 JIT 活动六西格玛活动是国内企业现阶段可以逐步选择的管理工具。企业可以从六西格玛等高级管理工具中学习管理思想，但是不要指望通过任务一个管理工具来解决企业的所有管理问题，因为打好管理基础是前提。

4．TPM 的三大活动形式

1）以现场为中心的自主管理。

自主管理活动是最核心的内容。自主管理活动是为了建设卓越的现场，追求无为而治的管理境界。当员工具备自主管理的意识和技能，并且能够自主地行动时，就具备了自主管理活动的条件。因此，自主管理既是一种机制，也是一种追求。

2）以效益为中心的焦点改善

焦点改善活动则着眼于企业的效益，通过将问题转化为改善项目，制定相应的改善方案，进而获得效益的提升。

3）以员工为中心的提案活动

员工提案活动则是以员工为中心，目的是培养有进取精神的员工，提高员工对改善活动的参与度，具体可以体现为人均员工提案数量上。

5．导入 TPM 活动的步骤

TPM 的推行通常可以按表 12-4 所列出的 11 个步骤具体进行。这 11 个步骤并不是一成不变的，而应根据企业的实际需要进行相应的调整。经过这些步骤，企业就可以一步步地把 TPM 推向深入。

表 12-4 TPM 的推进步骤

阶 段	步 骤	主要内容
导入准备阶段	1. 最高经营者宣布导入 TPM	领导宣布 TPM 开始，表示决心
	2. TPM 的导入教育和实践活动	按不同层次组织培训
	3. 设定 TPM 方针和目标	找准基准点和设定目标
	4. 成立 TPM 推进组织	成立推进委员会
	5. 制作 TPM 推进计划	制定详细的推进计划并进行宣传

续表

阶　段	步　骤	主要内容
开始导入	6. TPM 正式启动	举行仪式，宣布开始
导入实施阶段	7. 彻底的 5S 活动，追求现场的改变	把 5S 活动再彻底执行一次
	8. 开展自主管理，导入诊断机制	步骤、方法和诊断方式
	9. 开展员工提案活动，促进员工参与	举行提案改善活动
	10. 开展焦点改善活动，构筑效率化体制	先做一些示范工程
提升阶段	11. TPM 活动持续推进，全面提升	按步骤循环进行，持续不断地进行改善

6. 成功推进 TPM 的技巧

良好的方法能够起到事半功倍的效果。在开展 5S 或 TPM 活动时，很多企业由于方法不正确而导致中途夭折。因此，在确保 TPM 活动推进成功的过程中，要注意方法与技巧的运用，归纳起来有以下三大诀窍。

1）创造现场的变化

企业在推广新的管理活动时，如果要让员工积极参与，最重要的就是要创造局部的变化，消除员工的认识障碍，走出活动误区。通过在现场部门创造局部的变化，让员工和高层领导看到这些变化，从而增强他们对改善活动的信心，提高参与积极性。

2）促进员工参与

对于 TPM 管理活动的推广而言，几个人或者局部人员的参与是不可能完成的。因此，在消除了大家的认识障碍之后，企业要用各种各样的形式，特别是设计一些趣味化的形式，吸引员工轻松地参与进来，这样才能有利于 TPM 的整体推广。

3）不断提出更高的目标

成功推进 TPM 活动的第三个诀窍就是不断地提出更高的目标。如果企业一开始设定的目标过高，可能使员工们产生遥不可及的感觉，从而缺乏改善的信心和动力。因此，企业应当选择适当的时机，提出不同的阶段性目标，逐步提高目标层次。

案例 12-4　有一家专门生产油墨的公司，由于其产品的特殊性，生产现场通常比较脏。在推行 TPM 活动的过程中，这家公司的总经理结合自身企业的特性，提出了三个阶段的目标。在第一阶段，他要求公司所有员工在三个月内将身上的围裙去掉。在这一目标指引下，全公司开展了 5S 改善活动，如解决油墨飞溅问题，处理掉工作台上的污迹等。三个月后，员工们确实实现了总经理设定的目标，只穿工装作业。这时候，总经理又提出了新的目标，要求用半年的时间进行彻底的治理，将黑色的工装改成淡颜色的工装。半年后，总经理的目标又提高了，他要求员工不穿工装，直接穿自己的衣服上班。通过这种形象的目标提示，让员工有不断的追求目标，企业的管理水平也得到了很大的提升。

7. 成功推进 TPM 活动的条件

与其他变革活动一样，成功推进 TPM 活动也需要以下几个基本条件。

1）高层的坚定意志

企业高层的意识虽然是推行管理的诱导性因素，但却是成功推行 TPM 活动的最重要条件。也就是说，仅有意识是不够的，企业高层要形成坚定的意志，即一定要把这件事做好，并且一定要长期坚持下去。

2）中层的积极推动

在任何变革活动中，中层管理者都自始至终扮演着主要推动人的角色。因此，中层管理者仅有知识是不够的，还需要有强大的推动力和执行力，能够将 TPM 活动的管理理念推广下去，确保各项改善活动的落实，否则一切都是没有意义的。

3）基层的全面参与

基层员工是具体工作的落实者，基层的参与是实现各项变革活动最基础的条件。因此，仅仅有高层的坚定意志和中层管理者的积极推动还是不够的，基层的参与也是十分重要的。如果没有基层的参与，那么 TPM 活动的推行也就成了“无本之木，无水之源”，是不能实现的。员工们在参与中要充分发挥自己的智慧，为管理提升服务。

12.3　BEST 训练（管理者的一天）

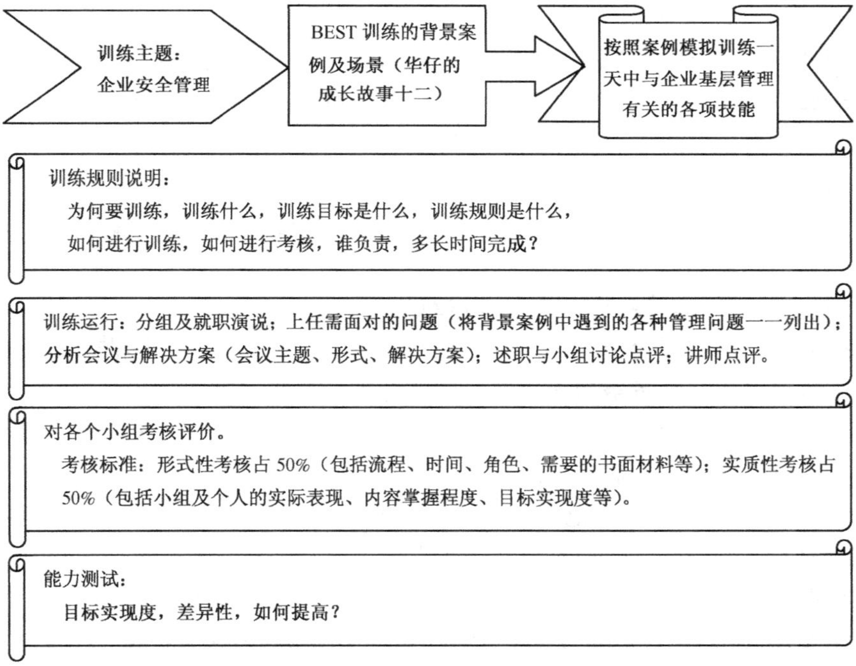

12.3.1　活动安排

1）BEST 训练规则

BEST 训练规则见第 1.4.1 节中的 BEST 训练规则。

2）背景案例及场景

案例 12-5　华仔的成长故事十二。

华仔由于积极的工作态度与娴熟的操作技能，顺利地完成了毕业实习和毕业论文答辩，成为一名机械专业的高职毕业生。他的目标是子承父业，把父亲辛苦创办的华信厂发展壮大。要强的华仔希望父亲能看到儿子的能力，华仔认为只有练好内功，从基层管理入手，企业才有希望。他计划为华信厂提供一份基层班组建设方案让父亲参考。下面是华仔搜集的资料——白国周班组建设法。

河南原平煤集团七矿的一名开拓队班长白国周在日常的生产实践中总结出了一套行之有效的班组管理方法，其主要内容可以概括为“六个三”：即三勤、三细、三到位、三不少、三必谈、三提高。

1. “三勤”：勤动脑、勤汇报、勤沟通。

勤动脑：对井下现场情况，勤于分析思考，总结其中的规律，寻找解决问题的办法，以便在出现安全问题时，能够迅速处理，避免事态的进一步发展；

勤汇报：对生产过程中发现的隐患和问题，及时向领导汇报，以便领导及时了解情况，迅速采取应对处置办法；

勤沟通：经常与队领导沟通，了解队里的措施要求；与上一班和下一班的班长沟通，了解施工进度和施工过程中出现的问题；与工友沟通，了解掌握工友工作和生活情况，及时化解可能对生产安全构成危险的因素。

2. “三细”：心细、安排工作细、抓工程质量细。

心细：从召开班前会开始，针对当班出勤状况，分析各岗位人员配置，做到心中有数，尤其是一些特殊岗位，班前会上要仔细观察这些岗位人员的精神状态；

安排工作细：认真考虑什么性格的人适合干什么性质的工作，量才使用，发挥长处，提高效率，减少个人因素可能带来的隐患；

抓工程质量细：严格按照施工要求、操作规程和安全技术措施施工，严把工程质量关。

3. “三到位”：布置工作到位、检查工作到位、隐患处理到位。

布置工作到位：班前布置工作必须详细、清楚，工作任务、安全措施等必须向工友交待明白，哪个地方有上一班遗留的问题，必须提请工友注意，及时解决；

检查工作到位：对自己所管的范围，不厌其烦地巡回检查，每个环节、每个设施设备都及时检查，不放过任何一个隐患点；

隐患处理到位：无论到哪个地方，发现隐患和问题，能处理的及时处理掉，当时处理不了的，就在明显处用粉笔写下隐患情况，指令有关人员处理。

4、“三不少”： 班前检查不能少、班中排查不能少、班后复查不能少。

班前检查不能少：接班前对工作环境及各个环节、设备依次认真检查，排查现场隐患，确认上一班遗留问题，指定专人整改；

班中排查不能少：坚持每班对各个工作点进行巡回排查，重点排查在岗职工精神状况、班前隐患整改情况和生产过程中的动态隐患；

班后复查不能少：当班结束后，对安排的工作进行详细复查，重点复查工程质量和隐患整改情况，发现问题及时处理，处理不了的现场交接清楚，并及时汇报。

5. “三必谈”：发现情绪不正常的人必谈、对受到批评的人必谈、每月必须召开一次谈心会。

发现情绪不正常的人必谈：注重观察工友在工作中的思想情绪，发现有情绪不正常、心情急躁、精力不集中或神情恍惚等问题的工友，及时谈心交流，弄清原因，因势利导，消除急躁和消极情绪，使其保持良好心态投入工作，提高安全生产注意力；

对受到批评的人必谈：对受到批评或处罚的人，单独与其谈心，讲明原因，消除抵触情绪；

每月必须召开一次谈心会：每月至少召开一次谈心会，组织工友聚在一起，谈安全工作经验，反思存在的问题和不足，互学互帮，共同提高。

6. “三提高”：提高安全意识、提高岗位技能、提高团队凝聚力和战斗力。

提高安全意识：引导职工牢固树立“安全第一”理念，通过各种方式教导工友时刻绷紧安全这根弦，时刻把安全放在心上，坚决做到不安全绝不生产；

提高岗位技能：经常和工友一起学习、研究掘进各工种的工作原理和操作技术，提高安全操作技能。经常组织工友针对生产和现场管理中出现的问题一起讨论，共同寻找解决问题的办法，着力提高班组每一名工友的综合素质；

提高团队凝聚力和战斗力：想方设法调动每一个工友的积极性，不让一名班组成员掉队，争取使大家都学会本事。针对职工中存在的一些不文明现象，要求大家做文明人、行文明事。工友偶犯错误，不乱发脾气，而是因人施教，耐心指出问题根源，大伙儿一起帮助改正。

问题与讨论：①华仔计划借鉴“白国周班组建设法”进行班组建设，请你分析班组建设的意义在哪里？②你如果是华仔，你会从哪些方面入手来开展班组建设活动？③请你帮华仔设计如何实现持续改善和推行 QCDS 的方案；④通过以上案例资料，你试着帮华仔设计从生产准备、制程控制、制品控制、现场异常管理、推行 QCDS 到设备管理及物料管理的班组生产管理改革方案。⑤华仔还计划分步骤地在企业内开展 5S 活动，你能帮他写出方案吗？

3）BEST 训练运行

按照训练的标准流程运行，各个项目内容必需的时间由各小组具体设定。

（1）训练规则说明（建议时间 15～20 min）。

主要是让学员明白为什么要训练，训练什么，训练目标是什么，训练规则是什么，如何进行训练，如何进行考核，谁负责，多长时间完成等训练必需的内容。

（2）分组及就职演说（建议时间 15～20 min）。

按照训练规则与班级人数分组，采用角色扮演方式。经过准备后进行就职演说。

（3）上任需面对的问题（本章中的背景案例及可能遇到的各种问题）（建议时间 15～20 min）。

① 华仔计划借鉴“白国周班组建设法”进行班组建设，请你分析班组建设的意义在哪里？

② 你如果是华仔，你会从哪些方面入手来开展班组建设活动？

③ 请你帮华仔设计如何实现持续改善和推行 QCDS 的方案。

④ 请你试着帮华仔设计华信厂的班组生产管理改革方案。

⑤ 请你帮华仔写出在企业内开展 5S 活动的方案。

⑥ 还有其他好的方案吗？请给华仔以提示。

⑦ 帮华仔整理一下今天的收获。

（4）分析会议与解决方案（建议时间 80～100 min）。

对以上遇到的问题召集小组会议，逐项进行分析，找到解决方案，指定相应成员从以下五个方面进行完善。

① 会议主题：__________________。

② 会议形式：__________________。

③ 时间控制：__________________。

④ 会议结论：__________________。

⑤ 解决方案：__________________。

（5）主管对一天工作述职（建议时间 20～30 min）。

对一天工作的过程描述；目标的实现度；自己是如何做的；不足之处在哪里，如何建议等。

（6）小组讨论点评与活动总结（建议时间 15～20 min）。

成员之间对组长及其他成员进行点评。可从目标实现程度、收获、主要问题、更好的方法等方面进行点评。

（7）讲师点评：按照练习、小结（指出正误）、再练习、再小结直到掌握的程序，对练习进行总结讲评。

（8）对各个小组考核评价（建议时间 20～30 min）。

考核组对各个小组上交的材料，结合考核组对其实际记录及表现进行评价。各个小组需上交给考核组的材料主要有：训练议程安排；人员分组分工及角色扮演名单；各角色的就职演说稿；所面临的问题清单；每个问题的解决方案；会议记录；各角色的一天工作述职报告；经营活动总结报告。考核组对每个小组及个人的实际表现、内容掌握深度、目标实现度等的记录。

12.3.2 能力测试

（1）车间主任的使命与职责是怎样的？

（2）怎样进行企业班组现场 OJT？

（3）企业如何推行 5S 活动？

（4）参观当地一家企业，为企业编制一份生产管理看板。

（5）调查当地一家企业，分析该企业推进 TPM 的条件，如果合适，怎样推进。

12.3.3 成长日记（十二）

结合本章所学的知识、方法与 BEST 训练写一篇 800 字以上的成长日记。

知识梳理与总结

本章通过学习车间管理的任务、车间主任的使命与职责、企业班组现场 OJT 的要点与实施步骤，使大家掌握了车间主任的使命与班组建设的具体内涵；从班组角度详细介绍了 5S 活动、看板管理和 TPM 活动的实施要点，使大家能熟练应用现代企业的管理技能。用模拟训练的方式将所学知识与技能运用于实际之中，通过自主学习与系统的考核，达到学生胜任职业岗位技能要求的目的。

参考文献

[1] 德鲁克. 管理的实践. 北京：机械工业出版社，2005.

[2] 纲目. 现代管理的“五常法则”. 北京：中信出版社，2002.

[3] 艾伯斯. 一线管理者. 北京：中国经济出版社，1992.

[4] 赵凡禹. 管理基本功. 北京：企业管理出版社，2003.

[5] 全海. 经验管理——68 个实务问题. 北京：中国物资出版社，1999.

[6] 季辉，冯开红. 管理学原理. 北京：北京大学出版社/林业出版社，2007.

[7] 樊丽丽. 制造业车间主任训练课程. 北京：中国经济出版社，2007.

[8] 傅煜. 营销内参. 深圳：海天出版社，2004.

[9] 陈杰. 管理是什么. 北京：人民日报出版社，2004.

[10] 李树林. 中国企业管理科学案例库教程. 北京：光明日报出版社，2002.

[11] 杨剑，刘雨虹. 优秀班组长工作手册. 北京：中国纺织出版社，2006.

[12] 单凤儒. 企业管理. 北京：高等教育出版社，2002.

[13] 陈其林. 企业管理. 北京：机械工业出版社，2006.

[14] 李英伟. 影响生产主管一生的 101 个杀手锏. 武汉：武汉大学出版社，2006.

[15] 潘林岭. 现场管理实践. 广州：广东经济出版社，2003.

[16] 赵涛，高林. 发现戴明. 北京：北京工业大学出版社，2002.

[17] 胡建宏，刘雪梅. 企业管理实务与操作. 大连：大连理工大学出版社，2006.

[18] 吴忠平. 现代企业管理. 北京：机械工业出版社，2002.

[19] 谢文辉，刘海峰. 新主管培训教程. 北京：中国时代经济出版社，2005.

[20] 陈幼其. 企业战略管理案例. 上海：立信会计出版社，2001.

[21] 刘兆信. 现代企业管理. 北京：北京交通大学出版社，2007.

[22] 冯开红，张少华. 企业班组长技能训练. 北京：电子工业出版社，2008.

[23] 刘晓峰. 现代工业企业管理. 北京：机械工业出版社，2007.

[24] 徐国良，王进. 企业管理案例精选精析. 北京：经济管理出版社，2000.

[25] 冯开红. 现代营销策划实务. 北京：电子工业出版社，2005.

[26] 立正 TPM 项目部. 如何推进 TPM. 深圳：海天出版社，2006.

[27] 陈法成. 一位厂长（经理）的自述. 南京：东南大学出版社，2000.

[28] 刘啸天. 管理的细节. 北京：金城出版社，2000.

[29] 朱少军. 现场管理简单讲. 广州：广东经济出版社，2005.

[30] 陈仲华，李景元. 现代企业现场管理运作实务. 北京：中国经济出版社，2003.